Roasting Bible

로스팅 바이블

세상의 모든 로스터를 위한
로스팅 지식 총집합체

김길진 지음

Prologue

'로스팅을 잘한다', '로스팅을 잘하는 사람'. 이 두 가지는 무엇을 뜻할까? 수백 가지 생두의 특징을 잘 살려서 로스팅하는 것? 화려한 로스팅 프로파일을 만드는 것? 화학적인 이론 지식이 많은 것? 아니면 누군가의 혹은 어제의 프로파일을 띄워두고 그대로 재현하는 것? 참으로 어려운 질문이다.

첫 번째 저서인 『커핑 바이블』에 이어 이번 책을 집필하는 중 필자의 머릿속에는 많은 생각이 떠올랐다. 과연 로스팅을 잘하는 것은 무엇일까? 어떻게 하면 중립성을 지키며 로스팅에 대한 팁을 하나라도 더 줄 수 있을까? 실력 있는 로스터란 기본적으로 본격적인 로스팅을 시작하기 전 반드시 샘플 로스팅 후 커핑을 진행하며, 생두가 지닌 특징을 잘 파악하고, 맛있는 커피를 생산할 수 있는 이유가 '내가 로스팅을 잘해서가 아니라 생두의 퀄리티가 좋아서'라는 사실을 인정하고 생각할 줄 알아야 한다. 추가로 덧붙이자면 자신이 이렇게 로스팅한 이유가 무엇인지 뚜렷한 데이터로 입증할 수 있고, 그 결과를 객관적으로 바라볼 수 있어야 한다.

본인 만족을 위해 로스팅하는 사람이라면 주관적이어도 상관없다. 그러나 대부분의 로스터는 사업을 영위하기 위해 로스팅하므로 본인의 생각이 언제나 정답인 게 아니라는 사실을 빨리 깨우쳐야 한다. 아무리 손님들이 커피가 맛있다고 하더라도 나의 로스팅이 절대적으로 옳다는 신념을 가져서는 안 된다. 늘 객관적인 데이터를 기반으로 로스팅하는 것도 필수다. 정확한 데이터 없이 온도와 시간만으로 어떻게 일관성 있는 로스팅을 하겠는가? 센서리(커핑) 또한 검증을 통해 칼리브레이션을 받아야 한다. 필자가 2년마다 CQI에서 커핑 시험을 치르는 것처럼 말이다. 인간은 평가받는 것을 몹시 싫어한다. 그러나 평가받지 않는 사람은 주관화되어갈 수밖에 없다.

어찌 됐건 '로스팅을 잘하는 방법은 무엇인가'라는 질문은 운전을 잘하는 방법은 무엇이냐는 질문과도 같다. 자동차 브랜드는 수백여 가지이며 엔진 배기량에 따라 액셀러레이터를 밟는 깊이와 속도가 달라지고, 운전 습관에 따라 운전 방법에도 차이가 생긴다. 이 밖에 전기차인지 휘발유 차인지 등 여러 요인에 따라 운전하는 방법은 천차만별이다. 로스팅도 마찬가지다. 무수한 종류의 생두와 그에 따른 수분과 밀도에 의한 변화, 로스터기 제조사별 메커니즘, 열원의 종류 등 변수가 너무 많다. 고로 어떤 생두를 몇 도에 투입해 몇 분간 유지해야 하는지, 1차크랙은 몇 도에 몇 분간 발생하는 것이 가장 이상적인지 등에 대한 해답은 그 누구도 제시할 수 없을 것이다.

단, 중립적인 입장에서 그리고 센서리를 근거로 한 입장에서 필자는 이 책을 통해 여러분에게 정확한 정답이 아니라 범해서는 안 되는 오류에 대한 가이드를 제시한다. 내용을 저술함에 있어 최대한 중립적인 관점을 유지하고자 했음을 미리 밝힌다.

커피에는 정답이 없다. 로스팅 시 언더 디벨롭된 곡물cereal 맛을 대중에게 '고소한 맛'으로 소개하며 판매할 수 있고, 오버 디벨롭된 숯처럼 탄charred 맛을 '누룽지 맛'으로 표현 할 수 있는 것이 커피다. 그러니 로스터는 어떤 맛을 추구하든 일관성을 중요시해야 하며, 내가 어떤 이유로 이 맛을 추구하고 이렇게 로스팅 했는지 직관적으로 설명할 줄 알아야 한다.

필자가 항상 하는 말이 있다. "커피 맛은 거짓말하지 않는다"라는 것이다. 커피는 결국 사람이 만들어낸 결과물이므로 생각의 한 끗 차이로 인해 커피 맛이 달라진다는 사실을 반드시 명심하길 바란다. 그리고 내가 만든 커피는 맛있을 거라는 자만에 빠지지 말자. 항상 새로운 생두를 접하고 시도하며, 커피 앞에서는 절대 겸손해지는 참된 로스터가 되길 바란다.

2023년 7월 어느 무더운 여름에 한국에서
김길진(Paul Kim)

Contents

프롤로그 ··· 02
목차 ··· 05

PART 0. 인트로 08

1. 로스터기 구매 시 고려해야 하는
   중요한 요소들 ······································· 12

PART 1. 커피 사이언스 18

1. 생두 과학 ··· 20
   1.1 은피 ·· 20
   1.2 내배유 ·· 21
2. 로스팅 화학 변화 ······································ 27
   2.1 로스팅 중 원두의
       물질적/화학적 변화 ····························· 27
   2.2 생두에서 발생하는
       향미 전구체 ······································· 33
   2.3 로스팅 시 전구체
       구성요소의 변화 ································· 40
   2.4 향미 프로파일 및 로스팅 정도 ············ 42

3. 커피 향의 과학 ··· 45
   3.1 비효소 반응 ····································· 46
4. 열전달 과학 ··· 49
   4.1 전도열 ··· 49
   4.2 대류열 ··· 51
   4.3 복사열 ··· 52
5. 유기산 총정리 ·· 54
   5.1 클로로겐산 ······································· 54
   5.2 아세트산 ·· 56
   5.3 구연산 ··· 58
   5.4 말산(사과산) ····································· 58
   5.5 인산 ·· 59

PART 2. 로스팅 기초 이론 — 62

1. **각종 측정 기구** — 64
   - 1.1 열 공급 — 64
   - 1.2 배기 온도 센서 — 66
   - 1.3 생두 온도 센서 — 69
2. **로스팅 프로파일링을 위한 준비** — 70
   - 2.1 로스터기 선택의 중요성 — 70
   - 2.2 로스팅 프로파일에 필요한 설명 — 71
   - 2.3 하드 빈 VS 소프트 빈 — 72
3. **로스팅 디벨롭먼트** — 76
   - 3.1 로스터기 예열 및 투입 온도 — 76
   - 3.2 가스 압력 게이지 — 76
   - 3.3 배치 용량 — 77
   - 3.4 생두 가공 방식 — 78
   - 3.5 생두 밀도 — 78
   - 3.6 로스팅 시간 — 79
   - 3.7 드럼 속도 — 81
   - 3.8 디벨롭 타임 — 82
4. **1차크랙과 디벨롭 타임** — 86
   - 4.1 DT를 중요시하고 이해할 필요가 있는 이유 — 88
5. **공기 흐름** — 92
6. **일반적인 열 전달 가이드** — 94
7. **초보자를 위한 로스팅 구간별 인지할 수 있는 감각적 표현** — 97
8. **아그트론의 정확도와 중요성** — 100
9. **샘플 로스팅** — 107
10. **대중적인 맛을 위한 로스팅 곡선** — 111
11. **온도 상승률(RoR)** — 113
12. **RoR과 발열 단계의 관계** — 119
13. **로스팅 프로파일링 예시** — 121

PART 3. 고급 로스팅 — 124

1. **커피 랩 장비들** — 126
   - 1.1 기본 로스팅을 위한 장비 — 126
   - 1.2 로스팅 색상 측정 — 127
   - 1.3 대략적인 생두의 특징 파악 — 131
   - 1.4 생두의 수분과 밀도 측정 — 135
   - 1.5 생두의 경도 — 140
   - 1.6 수분활성도 — 141
2. **로스팅 전략** — 144
   - 2.1 로스팅 프로파일링 — 144
   - 2.2 로스터기 공기 흐름 조절하기 — 149
   - 2.3 높은 공기흐름과 낮은 공기흐름을 사용하는 시기 — 150
   - 2.4 생두 밀도에 적합한 투입 온도 — 151
   - 2.5 디카페인 로스팅 — 154
   - 2.6 터닝포인트의 중요성 — 156
   - 2.7 1차크랙의 비밀 — 157
   - 2.8 커피 가공방식에 따른 향미 차이 — 157
3. **상업적 로스팅** — 159
   - 3.1 적합한 로스터기 정하기 — 159
   - 3.2 로스터기 비교 — 159
   - 3.3 버너 종류 — 162
   - 3.4 로스터기의 최소 적재량 — 165
   - 3.5 로스터기의 진짜 최대 수용 용량 — 166
   - 3.6 높은 고도에서의 로스팅 — 168
4. **로스팅 디펙트** — 171

PART 4. 블렌딩의 비밀 — 176

1. **블렌딩이란?** — 178
   - 1.1 블렌딩이 필요한 이유 — 179
   - 1.2 커피 블렌딩 이론 — 179
2. **블렌딩** — 184
   - 2.1 블렌딩 프로토콜 — 184
   - 2.2 블렌딩 만들기 — 185
   - 2.3 로스팅 프로파일 정하기 — 187
   - 2.4 선블렌딩 VS 후블렌딩 — 190

PART 5. 로스터기 관리 — 194

1. 로스터기 청소 — 196
2. 로스팅 화재 시 — 198

PART 6. 결점두 — 200

1. **결점두의 이해** — 200
   - 1.1 아라비카 결점두 — 200
   - 1.2 로부스타 결점두 — 221

PART 7. 커핑 노하우 — 246

1. **2004/2023 SCA 아라비카 커피 커핑** — 248
   - 1.1 센서리 과학과 커핑의 역사 — 248
   - 1.2 향미 과학 — 254
   - 1.3 2004/2023 SCA 아라비카 커핑 프로토콜 — 258
   - 1.4 자세한 2004 SCA 아라비카 커핑 폼 설명 — 280
   - 1.5 자세한 2023 SCA 커피 가치 평가 설명 — 296
2. **CQI/UCDA 로부스타 커피 커핑** — 319
   - 2.1 로부스타 향미에 영향을 주는 요소 — 319
   - 2.2 CQI 로부스타 프로토콜 — 321
   - 2.3 자세한 CQI 로부스타 커핑 폼 설명 — 324

PART 8. 생두 무역과 선물시장 — 338

1. 생두 가격과 커피 선물시장 — 338
2. **인코텀즈 2020** — 349
   - 2.1 EXW(공장인도) — 359
   - 2.2 FCA(운송인 인도) — 365
   - 2.3 FAS(선측 인도) — 372
   - 2.4 FOB(본선 인도) — 378
   - 2.5 CFR(운임 포함 인도) — 385
   - 2.6 CIF(운임·보험료 포함 인도) — 391
   - 2.7 CPT(운송비 지급 인도) — 398
   - 2.8 CIP(운임·보험료 지급 인도) — 400
   - 2.9 DAP(도착 장소 인도) — 408
   - 2.10 DPU(도착지 양하 인도) — 414
   - 2.11 DDP(관세 지급 인도) — 420

참고문헌 — 428

Part 0

인트로

로스팅은 숫자에만 의존하는 것이 아니다. 나는 커피가 로스팅되는 과정이 맛의 형성에 어떤 영향을 미치는지에 대한 많은 생각을 정리해왔고, 무수한 테스트를 통해 가설을 실험하고 확인하고 싶었다. 샘플 로스팅과 프로덕션 로스팅을 수천 번 거듭하며 1만 시간의 법칙을 깨고 나서야 진정한 로스팅이 무엇인지를 파악했으며, 같은 아이디어가 커핑에도 적용된다는 것을 알게 됐다. 하지만 그때의 나는 실제로 발견한 것이 무엇인지를 미처 깨닫지 못했던 것 같다. 이 책을 쓰면서 그동안 로스팅과 커핑에만 적용해 온 원리가 더 넓은 범위에 통한다는 사실을 깨달은 것이다.

주변을 면밀히 살피면 우리는 어떤 영역이든 원칙이 지배한다는 것을 알게 된다. 그 원칙을 이해하고 노력하면 무엇이든 성취하고 변화시키고 구축할 수 있다. 하지만, 내가 발견한 그 원리가 정말 내가 생각한 대로 작용하는지 어떻게 확인할 수 있을까? 그 원리는 단일한 공식이 아니라 유사한 특성을 가진 다양한 프로세스를 통해 영향을 미치므로 주어진 원리가 정확히 작용하도록 보장해야 한다.

로스팅 원칙의 원리는 다음과 같다. 로스팅 로그log에서 가로축의 선은 '시간'을 나타낸다. 로스팅 시간은 자연의 지배를 받는다. 세로축으로 표현되는 것은 우리의 품질 인식인 '온도'다. 우리의 후각은 자연이 제공하는 최고의 측정 도구다. 이 후각적 감지는 과일이 자연환경에서 어떻게 익는지를 완벽하게 설명한다. 첫째, 과일의 맛이 균형 잡혀있고 완벽할수록 우리는 과일의 센서리 품질을 더 잘 인식한다. 완전히 익었다고 인지하는 것도 이 센서리 품질에 익숙하기 때문이다. 과일이 성숙하는 속도는 재배 환경에 따라 결정된다. 과일이 완벽히 익은 상태로 방치하면 과하게 익고, 완전히 익지 않은 경우 인지되는 센서리 품질이 낮아진다.

이제 위의 설명에서 과일 부분을 삭제해 보겠다. 그럼 과하게 익은Over Developed, 잘 익은Peak과 설익은Under Developed에 포함하는 커피체리가 익어가는 과정이나 로스팅의 전반적인 프로세스를 설명하고 있다. 이 원칙은 커피 로스팅의 모든 각 단계에 적용된다. 잘 익어가는 체리의 모습을 보라. 우리 모두는 커피체리가 가장 잘 익은 시점에 수확하기를 원하고 무엇을 해야 하는지 그 누구보다 더 잘 알고 있다. 예를 들어 재배와 가공방식처럼 아주 세분된 단계로 나눌 수 있다. 개별 단계는 언더under, 최고정점peak 그리고 오버over로 동일한 원칙에 따라 진행된다.

커피의 발효는 너무 길거나 짧으면 안 된다. 가장 중요한 것은 전체 프로세스의 중심 어딘가에 있는 정점을 찾는 것이다. 그래야만 좋은 품질을 얻을 수 있다. 발효와 건조 속도는 모두 자연의 지배를 받는다. 건조 시에는 약 0~50% 사이의 수분함량에 도달해야 한다. 펄핑이나 세척은 다음 단계로 넘어가는 전환점이다. 이전 단계의 절대적인 수분이 얼마나 정확한지에 따라 커피 품질이 달라진다.

생두 보관을 예로 들면 건조 직후의 생두로는 최상의 결과를 낼 수 없다. 생두의 수분율이 안정화되려면 휴지 시간을 가져야 한다settling/stabilizing. 그렇다고 보관 기간이 너무 길어지면 품질이 떨어지고 앞에서 언급한 원칙이 동일하게 작용한다.

본질적으로 로스팅은 커피 가공과 유사한 과정이다. 크게 두 가지 단계로 이뤄져 있으며 각 단계는 커피의 발효와 세척과 마찬가지로 각기 다른 방식으로 접근해야 한다. 이 과정은 특정한 시간적 투자와 개발의 결정적 지점이 필수적이다. 첫 번째 과정에서는 자연스럽게 발생하는 결정적 지점인 1차크랙이 나타나며, 두 번째 단계는 로스팅이 완료되는 온도와 시간에 따라 정해진다. 두 단계 모두 자연스러운 속도로 진행되어야 한다.

로스팅된 원두는 어떻게 보관해야 할까? 커피가 가진 잠재력을 최대로 끌어내기 위해서는 원두의 가스 배출과 안정화를 위한 시간을 가져야 한다. 이후에는 시간이 지날수록 커피의 품질이 감소한다. 품질의 정점은 로스팅 프로세스와 장비 그리고 기술에 의해 결정된다.

분쇄 Grinding　　분쇄는 원두의 신선도와 품질을 표출하고자 저장 과정을 끝내는 지점이자 추출Brewing로 넘어가는 전환점이다. 참고로 이 책은 추출 직전에 원두를 분쇄하는 스페셜티 커피 프로토콜을 기준으로 작성됐다.

추출 Brewing　　추출에도 동일한 원칙이 적용된다. 추출에는 결과물에 영향을 미치는 변수가 훨씬 더 많다. 푸어오버 방식과 에스프레소의 추출방식은 최적의 추출 시기를 결정하는 지침으로 간주된다. 물론, 물의 성분과 미네랄 및 pH 조성에도 동일한 원리가 적용된다. 그러나 과도한 미네랄 및 pH 농도는 피하는 것이 좋다.

추출에 사용되는 물의 온도도 이미 연관성을 가지고 있다. 브루잉 레시피, 로스팅 프로파일링, 가공 기술, 수확 프로토콜 모두 각 공정의 최고 품질에 도달하는 방법에 대한 가이드다. 기본적으로 원칙과 시기적절한 결정적 단계(수확, 펄핑, 세척, 건조 종료, 로스팅 시작, 1차 크랙, 로스팅 종료, 그라인딩, 추출 종료)에 관한 것이다. 이 결정적 단계의 시간이 완벽할수록 로스팅 결과물의 품질이 더 좋아질 것이다.

0.1 로스터기 구매 시 고려해야 하는 중요한 요소들

로스팅 사업을 계획하는 이들이라면 가장 필수적인 장비인 로스터기를 구매하기 위해 여러 브랜드의 다양한 제품들을 조사하고 견적을 받아 볼 것이다. 이어지는 내용에서는 로스터기를 구매할 때 따져봐야 하는 항목들을 꼼꼼히 살펴본다.

로스팅 용량 현실적인 미래를 위해 용량이 본인이 생각하는 수준의 두 배 이상인 로스터기를 추천한다. 물론 소용량도 필요하다. 일반적인 샘플 로스터기는 100g에서 1kg 정도의 소형 제품으로 품질 평가를 위한 로스팅을 담당한다. 많은 사람이 샘플 로스터기 수준인 500g 용량의 로스터기를 먼저 구매한 뒤 1~3kg 사이의 프로덕션 로스터기를 추가로 두고, 이후 물량이 늘어나면 5~12kg 로스터기를 찾는다. 사실 이는 매우 비효율적인 방법인데 이유는 분명하다. 1kg 로스터기로 100g의 생두를, 15kg 로스터기로 3kg의 생두를 로스팅할 수 있기 때문이다. 로스터기 제조사의 최소 최대 용량은 단지 가이드에 불과하다. 고속도로 제한 주행속도가 100km라고 해서 100km로만 달릴 수 있는 게 아닌 것처럼 말이다. 개인적으로 2~3kg 로스터기 하나와 12~15kg 로스터기를 한 대씩 두는 것이 개인 매장에 가장 이상적이지 않을까 생각한다. 참고로 2kg의 로스터기로 최소 200g의 생두를 로스팅하는 일도 가능하다. 특별한 것 없는 기술이긴 하지만 향후 설명하도록 하겠다.

로스터기 브랜드 냉철하게 생각해 보자. 우리가 커피 사업을 하려는 이유는 단순히 커피와 사랑에 빠져서가 아니라 생계를 유지하기 위해서다. 커피산업은 노력한 만큼 수익을 낼 수 있는 구조이며 '유명 로스터기로 볶아 맛이 좋다'는 식의 홍보가 먹히는 시대는 지났다. 우리 아시아인들은 유독 브랜드를 좋아하고 필자 또한 그렇지만, 로스터기의 브랜드는 다른 이야기다. 브랜드를 따져 로스터기를 구매하는 것보다 대중이 좋아할 만한 경쟁력 있는 블렌드를 개발하거나 고품질의 생두를 합리적으로 소싱하는 등의 노력이 필요하다.

좋은 로스터기를 고르려면 여러 요소를 신중하게 고려해야 한다. 올바른 제품을 선택하는 데 도움이 될 만한 몇 가지 조언을 소개한다.

- 나에게 필요한 스펙을 결정하자. 크기, 생산량, 원하는 로스팅 강도 등의 사항들을 정리한 뒤 이를 충족하는 제품으로 선택지를 좁히면 비교적 수월하다.
- 신뢰할 만한 브랜드를 조사하자. 커피 로스팅 장비에 특화된, 잘 알려진 브랜드를 추린 뒤 각각의 평판, 사용 후기, 업계에서의 성과를 조사해보길 바란다.
- 로스터 등 업계 전문가에게 신뢰할 만한 로스터기 브랜드나 모델을 추천받아 보자. 그들의 경험과 통찰력은 결정에 큰 도움이 될 것이다.
- 예산을 미리 정해두고 이를 꼭 고려하자. 로스터기의 가격은 기계의 크기, 수용량, 기능에 따라 천차만별이다. 현실적인 예산을 설정하고 가격 대비 훌륭한 제품을 찾아야 한다.
- 기능 및 성능을 살펴보자. 온도와 공기 흐름의 조절, 프로그래밍, 제연 그리고 데이터 기록 기능 등 로스터기의 중요한 요소를 놓치지 말고 파악하는 것이 좋다.
- 제품 사양과 기술적 세부 사항을 꼼꼼히 읽어보자. 로스팅 용량, 전력, 열원, 제어 시스템 등이 로스터기를 설치하려는 공간에 적합한지를 확인해야 한다.

- 커피 전시회나 행사에 참석해 다양한 로스터기를 직접 보고 비교해 볼 필요가 있다. 현장에서 업체와 소통함으로써 제품을 더 잘 이해할 수 있다.
- 제조업체가 제공하는 보증 범위와 A/S 서비스를 확인해라. 제품에 문제가 발생했을 시 안심하고 지원을 받을 수 있는 업체와 거래하는 것이 좋다.

배기 및 드럼 속도 조절 로스터기의 드럼 속도를 신경 쓰는 사람이 많으나 필자는 배기 흐름과 가스버너를 잘 제어하는 것만으로 충분하다고 생각한다. 당신은 한 번에 몇 개의 공을 저글링 할 수 있는가? 두 개 아니면 세 개? 드럼 내부의 생두에 가해지는 전도열과 대류열이 증가함에 따라 생두가 팽창하면 드럼이 이상적인 속도를 유지한다는 이론은 타당하다. 드럼 속도를 제어할 수 있다면 다양한 무게를 로스팅하는 경우에 유용하다. 드럼의 속도를 높이면 생두가 공처럼 통통 튀어 드럼 표면과의 접촉이 줄어들기 때문에 전도열의 영향을 낮출 수 있다. 그러면 과한 대류열로 인해 원두의 내부가 어두워진다. 이 경우 유기산의 강도가 낮아질 수 있으며 생두 전체의 발달이 균질화homogenization[01] 된다. 반대로 드럼 속도가 너무 느리면 원심력이 증가해 생두가 드럼 측면과 좀 더 오래 접촉하게 된다. 그 결과 콩의 외부가 과도하게 발달하고 최악의 경우에는 타버릴 수 있다.

  배기 흐름을 제어하는 목적은 드럼을 통과하는 공기의 속도를 제한하거나 증가시키기 위해서이며, 이를 통해 생두에 전달되는 대류열을 조절하는 것도 가능하다. 만약 배기 흐름을 제어해주는 댐퍼damper가 없다면 팬 모터fan motor 속도를 조절해주는 인버터를 장착할 수 있다. 댐퍼를 닫으면 로스팅 속도가 빨라져 콩 외부와 내부의 편차가 커진다. 이 경우 풋내greenish 혹은 초산acetic acid으로 인한 불쾌한 신맛piquant이 날 수 있다. 반대로 댐퍼를 많이 개방하면 로스팅 시간이 길어지면서 원두 외부와 내부의 편차가 확 줄어들면서 생두의 유기물질들이 제대로 발현되지 않을 수 있다.

01 **균질화** 강한 압력을 가해 유지방 입자를 매우 미세한 입자 상태가 되도록 터뜨리는 것.(네이버 지식백과)

제연기(애프터버너) 필자는 지금까지 로스팅 시설을 총 세 번 옮겼다. 도시 외곽에 12kg 로스터기를 두었을 땐 제연기를 달지 않았고, 도심에서 15kg 로스터기를 설치했을 땐 제연기를 필수로 달아야만 했다. 이유는 민원 때문이다. 로스터기를 설치하려는 장소가 연기와 냄새로 인한 민원이 발생할 만한 곳이라면 제연기를 반드시 갖춰야 하며 그렇지 않은 경우엔 자유롭게 선택하자. 제연기는 로스터기의 용량에 맞게 고르면 되는데, 꼭 알아 두어야 할 사실은 아무리 비싼 제연기라고 해도 로스팅 냄새를 100% 잡을 수 없다는 것이다.

제연기 구매 시에는 아래와 같은 요소들을 고려하자.

- 용량: 로스팅 시 발생하는 연기와 배기가스를 충분히 처리할 수 있는 용량을 택해야 한다. 로스팅 용량과 생산 요구에 맞는 제품을 구매하자.
- 효율 및 성능: 제연기는 무엇보다 연기와 배기가스를 효과적으로 연소시켜 환경에 미치는 영향을 최소화하는 것이 중요하다. 연소 기능이 뛰어나고 열효율이 높은 제품을 찾자.
- 규정 준수: 지역 규정과 환경 기준을 충족하는 제품인지를 확인해보자. 책임 있고 지속 가능한 로스팅을 위해 관련 규정을 준수해야 한다.
- 제어와 모니터링: 제어하기가 수월한 동시에 모니터링 시스템을 갖춘 제연기를 추천한다. 이상적인 연소 온도를 유지하고 일관된 성능을 보장하려면 온도 제어 기능이 있어야 한다. 제연기의 작동 상태와 효율성을 실시간으로 확인할 수 있는 모니터링 기능도 필수다.
- 안전성: 화염 감지 시스템, 자동 폐쇄 장치, 환기 시스템과 같은 안전 기능이 잘 갖춰져 있어야 미연의 사고를 방지하고 안전하게 로스팅할 수 있다.
- 유지 보수의 용이성: 유지 보수와 청소가 쉽게 이루어질 수 있는지도 살펴보자. 사용자가 손쉽게 유지 보수할 수 있도록 설계된 제품을 택하면 최상의 상태를 유지할 수 있다.

- 제조업체의 지원: 기술 지원, 예비 부품 공급, 서비스 등의 종합적인 고객 지원을 제공하는 업체와 거래하는 것이 좋다. 제조업체가 제품에 대한 지속적인 지원을 제공하는지를 확인하자.

Part 0. 인트로

Part 1

커피 사이언스

1. 생두 과학

커피 씨앗은 은피silverskin, 배유endosperm[01], 배아embryo로 구성되어 있다. 일반적인 씨앗은 한쪽 면이 평평하고 홈이 있으며 다른 쪽 면은 볼록하고 타원형이다. 열매에 씨앗이 하나뿐인 것은 피베리라고 부른다. 열매에 수정된 배젖ovules[02]이 있는 세 개의 포실locules이 있다면 트라이앵귤러 빈triangular bean 모양의 생두가 형성된다. 두 개의 씨앗이 하나의 포실에서 성장할 때 씨잇 종 하나의 핵core은 다른 하나인 껍질에 부분적으로 박히게 된다. 이 두 개의 씨앗이 가공 과정 중에 분리되면 결점두 중 하나인 '쉘shell'이 된다. '시든 콩withered bean'은 배유가 제대로 발달하지 않아 발생하는 결점두다.

1.1 은피

씨앗의 가장 바깥쪽을 덮고 있는 은피는 세포막cell membrane에 의해 형성된다. 은피가 배아낭의 부착물에 의해 형성된다는 주장이 있으나 사실은 핵세포 조직에 남아 있는 세포층에서 형성된다. 따라서 은피는 커피 씨앗의 내피가 아니라 외배유perisperm 혹은 종피spermoderm으로 보는 것이 맞다. 은피의 기능은 잘 알려지지 않았는데 엽록소chlorophylls a와 b를 함유하고 있으며, 커피 생산

01　**배유**　식물 종자의 한 조직으로 배아 발달 및 발아에 필요한 영양분을 저장, 제공하는 역할을 한다. (네이버 식물학백과)

02　**배젖**　종자식물의 씨앗을 구성하는 조직 중 하나. 나중에 식물 본체가 되는 배에 영양을 공급하기 위한 조직이다.

지역에 따라 진한 색이나 캐러멜색을 띤다. 진한 갈색 은피를 지닌 생두를 폭스 빈fox bean이라고 부르기도 하는데 결점은 아니다.

1.2 내배유

내배유는 성숙한 커피 씨앗의 가장 큰 부피를 구성하는 주요 저장 조직이다. 이는 정핵sperm nucleus과 두 개의 극핵polar nucleus이 융합되어 만들어진 단일 조직으로, 삼배체Triploid 조직을 형성한다.

내배유는 작고 기름이 많은 세포로 이뤄져 있으며, 내부는 좀 더 얇은 벽과 더 큰 세포로 구성되어 있다. 이러한 세포군의 특성 차이 때문에 내배유의 외부는 'Hard endosperm'으로, 내부는 'Soft endosperm'으로 명명됐다.

내배유는 세포 사이의 연결을 확립하고 물과 다른 물질의 운송에 중요한 역할을 하는 세포질의 좁은 실인 원형질연락사 plasmodesmata를 포함, 두꺼운 벽을 가진 다면체 세포로 구성된다. 내배유 세포의 벽은 다각형이다. 유근radicle[03] 앞쪽에 있는 주공극 배유micropylar endosperm 세포는 측면 내배유lateral endosperm의 세포보다 작고 얇은 벽을 지니고 있다. 세포벽은 커피 품질에 기여하는 중요한 예비 화합물이 많이 축적될수록 두꺼워지는데, 두꺼운 세포벽은 종자 발아 중에 꼭 필요한 에너지원이다. 내배유의 화학적 구성은 로스팅된 커피에서 형성되어 커피 품질에 직접적인 영향을 미치는 풍미와 향의 전구체precursor[04] 요소를 나타내기 때문에 매우 중요하다.

커피가 수확된 후 과육과 대기 사이 물의 교환은 한 가지 성분의 우세에 따라 결정되기 때문에 내배유의 화학적 구성은 중요하다. 물은 탄수화물carbohydrates에 강하게 끌리고 지질lipids에는 약하게 끌리는 특성이 있다. 따라서 수용성 탄수화물이 풍부한 종자는 수분 함량을 최대 14%까지 저장할 수 있으나, 기름진 종자가 저장 가능한 수분 함량은 약 8~9% 정도로 낮다. 참고로

---

03 **유근** 첫 유근은 발아 과정에서 종자에서 나오는 묘목의 첫 번째 부분이다. 유근은 식물의 배아 뿌리이며 토양에서 아래쪽으로 자란다.
04 **전구체** 어떤 물질대사나 화학반응 등에서 최종적으로 얻을 수 있는 특정 물질이 되기 전 단계의 물질. (wiki)

커피는 가용성 화합물soluble compounds과 불용성 화합물insoluble compounds로 구성되어 있기 때문에 11%의 수분 함량이 가장 이상적이다.

커피 내배유의 수용성 성분은 커피를 물에 용해했을 때 환원되거나 추출되는 성분을 말한다. 커피의 특징적인 맛과 향을 형성하는 수용성 성분들은 다음과 같다.

커피의 수용성 성분

- **카페인Caffeine** 커피의 가장 잘 알려진 성분으로 중추 신경계를 자극한다. 커피에 향과 쓴맛을 부여한다.
- **트리고넬린Trigonelline** 커피 향의 주요 성분 중 하나로, 로스팅 과정에서 니코틴산으로 전환된다. 커피의 특유한 향과 쓴맛 형성에 기여한다.
- **니코틴산Nicotinic acid** 트리고넬린이 로스팅 과정 중 전환된 것. 커피의 쓴맛과 향을 형성하는 데 중요한 역할을 하다.
- **클로로겐산Chlorogenic acid** 커피의 주요 폴리페놀 성분으로 항산화 작용과 함께 커피의 쓴맛과 향을 형성한다.
- **올리고당류Oligosaccharides** 작은 분자 크기의 당분으로 커피의 단맛 형성에 기여한다.
- **일부 단백질Proteins과 미네랄Minerals** 커피의 영양성을 조금이나마 높여 주는 역할을 한다.

반대로 물에 잘 용해되지 않는 불수용성 성분도 있다. 커피의 불수용성 성분은 다음과 같다.

커피의 불수용성 성분

- **셀룰로스Cellulose** 식이 섬유의 주요 구성 성분으로, 커피 내에 셀룰로스가 존재한다.
- **다당류Polysaccharides** 여러 개의 당분 분자로 구성된 성분으로, 커피 내에 다당류가 함유되어 있다.

- **리그닌Lignin** 식물 세포벽의 주요 구성 성분으로, 커피에 존재한다.
- **헤미셀룰로스Hemicellulose** 셀룰로스와 유사한 식물 세포벽 성분으로, 커피 내에 헤미셀룰로스가 포함되어 있다.
- **일부 단백질Proteins과 미네랄Minerals** 커피에는 물에 잘 용해되지 않는 일부 단백질과 미네랄 성분도 포함되어 있다.
- **지질Lipids** 지방 성분으로, 커피에 일부 지질이 함유되어 있다.

이러한 성분들은 커피의 맛, 향, 텍스처 등에 영향을 미치는데, 이 중 일부는 로스팅 과정에서 변화하며 커피의 특징을 형성한다.

세포벽에 위치한 다당류는 생두에서 가장 큰 비중(50%)을 차지한다. 다당류의 주성분은 셀룰로스, 아라비노갈락탄 단백질arabinogalactan protein(25~30%), 만난mannan 및 갈락토만난galactomannan(50%), 펙틴pectin(5%)이다. 생두의 전분starch 농도는 약 0.5%로 적고, 아라비노갈락탄과 갈락토만난 다당류의 절대 농도는 아라비카와 카네포라 모두 동일하다.

아라비노갈락탄은 생두 세포벽의 화학 성분을 응집시키고, 만난은 주요 예비 다당류뿐만 아니라 두껍고 조밀한 세포벽의 구조를 담당한다. 이 세포벽의 골격 구조는 셀룰로스로 구성되어 있다. 아라비카는 세포벽에 있는 헤미셀룰로스의 침착으로 인해 특히 단단한 배유를 가지고 있다.

자당sucrose은 생두에서 가장 풍부한 저분자량 탄수화물이다. 아라비카 커피의 자당 함유량은 5~12% 정도이고 카네포라의 경우 4%에서 6% 수준이다. 생두의 자당 농도는 포도당glucose, 과당fructose, 스타키오스stachyose와 서분자량의 기타 탄수화물을 합한 농도의 최대 400배까지도 달할 수 있다.

지질과 단백질은 탄수화물 다음으로 생두에서 발견되는 가장 풍부한 화합물이다. 일반적인 브루잉으로 추출할 수 있는 지질의 농도는 아라비카 커피가 12~18%, 카네포라 커피가 9~13%다. 지질은 대부분의 콩을 구성하는 실질 조직의 예비 세포의 세포질parenchyma 그리고 왁스wax를 형성하는 표피 세포의 세포질 cytoplasm과 세포벽에서 발견된다. 왁스는 생두의 약 0.25%, 지질의 약 1.5%를 구성한다.

또한 커피의 지질은 트라이글리세리드triglycerides의 형태로 유리 지방산과 에스테르화 지방산을 함유하고 있다. 아라비카와 카네포라 커피에서 가장 높은 농도로 존재하는 지방산에는 미리스틱myristic, 리놀릭linoleic, 가돌릭gadoleic, 팔미트palmitic, 리놀렌릭linolenic, 베헨behenic, 스테아르릭stearic, 아라키돈릭arachidonic, 리고노세릭ligonoceric, 올레릭oleic이 있다.

아라비카는 평균 9.2%, 카네포라는 9.5%의 단백질을 함유하고 있다. 여기에는 가용성 단백질과 불용성 단백질, 유리 아미노산amino acids[05] 그리고 펩타이드peptides까지 포함된다. 가용성 단백질은 세포막에 결합되고 세포벽 다당류에 결합하거나, 세포질에서 자유로운 총 단백질 절반을 구성한다.

카페인산, 페룰산, p-쿠마릭산은 퀴닉산과 계피산의 결합체이며, 커피 씨앗에서 정량적으로 중요한 화합물의 종류를 구성한다. 클로로겐산은 생두 내배유의 표면 세포, 실질 조직 세포 그리고 세포벽 근처에서 발견된다. 생두에는 최소 18개의 클로로겐산이 함유되어 있으며, 이는 카페인산(3개), p-쿠마릭산(3개), 페룰산(3개), 디카페인페룰산(3개), 카페인(6개)으로 나뉜다. 생두에 가장 풍부한 클로로겐산은 카페오일퀴닌산으로 씨에서 발견되는 전체 클로로겐산의 최소 80%를 차지한다. 카페오일퀴닌산 중 커피 씨앗에서 비중이 가장 큰 것은 5cc 카페오일퀴닌산(70~85%)이다. 카네포라와 아라비카는 총 클로로겐산의 농도와 산의 구성에 차이가 있다. 아라비카 커피의 클로로겐산은 평균적으로 4%에서 7.5% 사이의 농도를 띠는 반면, 카네포라의 클로로겐산 농도는 7%에서 11% 사이이다.

커피 씨앗에서 가장 잘 알려진 화합물인 카페인은 아라비카에 0.53~1.45% 사이의 농도로 존재하며, 카네포라에서는 더 높은 농도를 띤다. 대표적으로 코닐론과 로부스타 품종의 카페인 농도는 각각 0.194~3.04% 수준이다. 카페인은 세포질에서 자유롭게

---

05 **유리 아미노산**   단백질이나 펩티드와 같은 결합형 아미노산에 반해 아미노산이 단독분자로 존재하는 상태. (네이버지식백과)

발견되며 클로로겐산과 관련 있을 가능성이 높은 세포벽에 부착된다.

커피 씨앗에서 발견되는 다른 화합물은 트리고넬린, 니코틴산, 다른 카볼릭산 그리고 미네랄이다. 트리고넬린의 농도는 0.95%에서 1.44%까지 다양하며, 카네포라종에서는 0.81%에서 1.0% 정도로 함유되어 있다. 생두의 니코틴산 수치는 0.016%에서 0.04%정도로 나타나는데, 브라질 아라비카 커피는 0.03%, 코트디부아르 카네포라 커피는 0.02% 수준이다. 커피 씨앗에서 가장 일반적으로 발견되는 카르복실산의 농도는 다음과 같다.

- 초산: 아라비카에서 0.058%, 카네포라에서 0.20%
- 구연산: 아라비카에서 0.50~1.58%, 카네포라에서 0.33~1.28%
- 사과산: 아라비카에서 0.26~0.67%, 카네포라에서 0.18~0.73%
- 퀸산: 아라비카에서 0.33~0.70%, 카네포라에서 0.16~0.86%
- 호박산: 아라비카에서 0~0.74%, 카네포라에서 0.013~0.30%

생두 내 아스코르브산은 아라비카에서 0.337% 카네포라에서 0.308%의 농도로 발견된다. 아스코르브산은 감귤류 같은 과일과 녹색채소에 많이 들어 있는 비타민이다. 인산의 경우 아라비카 생두에 0.107%에서 0.147%, 카네포라에는 0.142~0.279% 정도로 함유되어 있다. 낮은 함량의 글리콜산과 젖산도 생두에 존재할 수 있다.

미네랄은 아라비카 커피와 카네포라 커피 건조 질량의 약 4%를 차지하며, 칼륨, 마그네슘, 인, 칼슘이 가장 높은 비율로 발견된다. 이 중 칼륨은 아라비카에서 평균 약 1.54%, 카네포라에서 평균 약 1.71%의 가장 높은 농도를 띤다.

다음 페이지의 표는 두 품종에서 발견되는 미네랄 농도다.

					농도 × 10^{-4}(%)									
		Zn*	P*	Min*	Fe*	Mg*	Ca*	Na*	K*	Cu*	Sr*	Ba*	Al**	Co**	Ni**
	아라비카														
	최소	3.62	1,410	16.20	24.80	1,720	930	28.40	12,110	14.30	1.30	2.49	0.60	0.00	0.00
	최대	61.27	1,700	50.00	55.10	2,060	1,370	118.00	18,820	76.90	11.60	7.85	32.20	1.20	44.20
	평균	10.40	1,520	32.30	33.90	1,867	1,081	52.00	15,426	18.63	5.00	4.80	13.00	0.30	4.90
	카네포라														
	최소	5.38	1,720	14.50	28.80	1,600	950	18.20	15,450	15.20	3.30	1.65	-	-	-
	최대	19.87	2,220	19.70	93.30	1,970	1,620	10.10	18,960	16.20	10.10	6.40	-	-	-
	평균	10.80	1,955	16.40	50.70	1,770	1,281	56.40	17,084	21.90	7.10	3.80	-	-	-

* %dry Basis / **% Wet Basis

2. 로스팅 화학 변화

커피는 여러 농산물 중 아마 가장 복잡한 식품일 것이다. 초콜릿에는 약 350종, 와인에는 150종의 화합물이 포함되어 있다. 그러나 한 과학연구에 따르면 커피는 무려 1,000~1,200종 화합물을 지닌다. 여기서 말하는 화합물은 탄수화물, 지질, 단백질, 카페인 그리고 로스팅을 거쳐 결합되는 커피의 독특한 풍미를 만들어내는 많은 성분을 일컫는다.

      로스팅은 생두에 열을 가해 독특한 향미를 만들어내고 원두의 특질을 결정짓는 핵심 단계다. 생두는 뜨거운 열에 노출되면 광범위한 화학반응과 탈수, 심한 미세구조 변화가 일어난다. 이 과정에서 기분 좋은 향미를 풍기는 화합물이 만들어진다. 이 장에서는 현재의 커피 로스팅 과정을 간략하게 요약한다.

2.1 로스팅 중 원두의 물질적/화학적 변화

2.1.1 온도

생두의 화학반응을 촉발하기 위해서는 190℃ 이상의 온도를 가해야 한다. 이는 견과류, 코코아 등 기타 식품을 로스팅할 때보다 높은 온도다. 현실적인 이유로, 대부분의 로스팅 시스템은 생두와 뜨거운 공기가 지속적으로 접촉하는 로스팅 챔버 내에 있는 온도계를 사용한다. 따라서 온도계가 가리키는 수치는 원두 표면 및 뜨거운 공기의 온도가 혼합된 결과물이라고 볼 수 있다. 보통 이 온도로도 로스팅 과정을 통제하는 데에는 문제가 없지만, 이를 다른 로스팅 시스템의 온도와 비교하는 것은 어렵다.

2.1.2 부피 증가 및 구조 변화

원두 구조는 커피의 전형적 로스팅 향미 창출의 본질적인 것으로 여겨진다. 로스팅에서 유사한 온도에 노출된 분쇄 원두가 원하는 향미 화합물을 생산하지 못한다는 사실은 실험을 통해 입증됐다. 손상되지 않은 생두는 화학반응을 위한 본질적인 '미니 반응기minireactor' 역할을 한다. 이 생두의 전구체는 정확한 진행 절차에 따라 서로 반응하는 방식으로 반응 환경을 통제한다. 물질전달 현상뿐만 아니라 온도, 물의 움직임과 압력은 구조와 밀접하게 관련이 있고, 향미를 생산하는 화학반응의 동역학[06]을 지배한다.

생두는 로스팅 중 팽창하며 조밀한 미세구조에서 구멍이 많이 뚫린 구조로 변화한다. 팝콘처럼 갑작스럽게 터지는 형태의 팽창과 달리 생두는 일정한 과정하에 지속적으로 팽창한다. 생두 내부의 가스 압력 증가가 팽창의 주요 원인이며, 두꺼운 식물 세포벽이 팽창에 저항한다. 유리전이glass transition 이론에 따르면, 세포벽의 다당류는 실제 수분 함량과 온도에 따라 유리 또는 고무 같은 상태로 변할 수 있다. 부피 증가는 세포벽 물질의 저항력이 줄어드는 고무 상태에서 일어난다. 결론적으로 생두의 팽칭은 가스 형성과 세포벽 저항력 사이의 복잡한 상호작용으로 인한 결과다.

로스팅 중의 부피 증가, 탈수, 화학적 반응은 생두 조직의 미세구조에 큰 변화를 초래한다. 생두는 매우 조밀한 구조와 정교한 세포 조직을 지니고 있으며, 세포벽은 다른 종의 식물 물질에 비해 비정상적으로 두껍다. 로스팅은 이러한 구조를 파괴하고 파내진 세포의 형성을 천천히 유도한다. 세포벽의 틀은 온전한 채로 남아 있지만 감소된 세포질은 가스가 잔뜩 채워진 공간이 중앙을 차지하도록 벽 쪽으로 밀려난다. 일부 남아 있는 성질이 바뀐 세포질은 세포벽을 따라 뻗어나간다. 이 층은 로스팅이 지속되면서 얇아진다. 더 많은 세포덩이가 가스와 수증기로 전환되고 세포 크기가 늘어나기 때문이다.

2.1.3 탈수 반응

생두는 약 10~12%의 수분 함량을 지니는데, 로스팅 중 수분이

---

[06] **동역학**   물리학의 세부 분야 중 하나인 고전역학의 한 부분으로 물체 사이에 작용하는 힘이 물체의 운동에 미치는 영향을 다루는 것. (나무위키)

날아가면서 탈수 반응이 일어나고 그 결과 로스팅된 원두는 약 2.5%의 최종 수분율을 보인다. 등온과정isothermal process[07] 중의 탈수는 일정하고 지속적인 방식으로 일어나긴 하지만, 그렇지 않은 경우에는 로스팅 프로파일에 좌우된다. 생두의 화학적·물질적 변화의 동역학에 핵심 역할을 하는 것은 실제적인 총 수분 함량과 로스팅 각 단계에서의 수분 활동이다. 온도를 제외하고 중요한 향미 생성 화학 반응의 속도를 좌우하는 요인은 물의 가용성이다. 수분함량이 특정 값 이하로 떨어지면 일부 화학 반응이 느려진다.

2.1.4 로스팅 손실

생두를 로스팅하면 수분은 증발하고 일부 건조물은 부분적으로 휘발성 물질로 변형된다. 일반적으로 원두는 생두의 품질, 로스팅 기준, 최종 로스팅 정도에 따라 로스팅 중 12~20%의 무게를 잃는다. 로스팅 손실(RL, %)은 아래와 같은 수식으로 정의된다.

$$RL = \frac{m_{green} - m_{roast}}{m_{green}} \times 100$$

* m_{green} = 생두무게(kg), m_{roast} = 원두 무게(kg)

로스팅 손실은 수분 증발, 유기물질의 가스 및 휘발성 물질로의 변형, 실버스킨의 물질적 손실, 먼지나 생두 조각, 기타 가벼운 물질 등으로 구성된다. 보통 로스팅 초기 단계의 손실률이 가장 높은데 이는 탈수 반응에 의한 것이며, 유기물질의 손실은 로스팅 후반에 일어난다. 강하게 로스팅된 원두는 더 많은 열에 노출되기 때문에 약하게 볶은 원두보다 손실률이 높다. 손실률은 로스팅 과정의 복잡성과 다양성을 반영하며 생두의 품질, 모양, 두께 등 다양한 요소에 영향을 받는다. 이는 로스팅의 각 단계에서 다르게 나타나므로 로스터는 커피의 고유한 특성을 고려해 과정을 세밀하게 조정해야 한다.

로스팅 전에 품질 특히 원재료의 수분이 일정하게 유지되

---

07 **등온과정**   열역학에서 어떤 계의 상태가 온도 변화 없이 변화하는 과정을 뜻한다. 실제에서 등온과정은 흔히 어떤 계가 외부의 열 저장체와 접촉하고 있거나 열 저장체에 둘러싸여 있는 경우에 일어난다. (네이버 지식백과)

고 있는 한, 로스팅 손실은 로스팅 정도를 가리키는 지표 역할을 할 수 있다. 현실적으로 생두는 타고난 품질(ex. 최초 수분 함량)의 기복에 좌우되는 만큼 동일한 색으로 로스팅하더라도 배치마다 손실률이 다를 수 있다. 순수유기건조물질의 손실은 다양한 수분 손실을 고려하기 때문에 로스팅 정도에 대한 보다 정확한 정보를 제공한다. 이러한 유기로스팅손실organic roast lost(ORL, %)은 아래와 같은 수식으로 정의된다.

$$ORL = 100 - [(100 - RL) \times \frac{dm_{roast}}{dm_{green}}]$$

* RL = 로스팅 손실, dm = 생두 무게(g/100g, wb), dm = 원두 무게(g/100g, wb)

로스팅 전 생두는 부분적으로 실버스킨에 덮여 있다. 실버스킨은 로스팅 중 생두가 부풀 때 자연적으로 벗겨지며 공기에 실려 사라진다. 생두 품질에 따라 실버스킨의 손실은 약 1%의 무게 손실이라는 결과로 이어지기도 한다.

2.1.5 원두 표면으로의 오일 이동

원두의 지질(커피 오일) 함량은 최대 18%까지 달한다. 지질은 세포벽을 따라 자리한 별도의 막으로 보호된 오일 체내에 있는 식물 세포의 세포질에 내재되어 있다. 로스팅 중 일어나는 생두 조직의 구조적 변화는 원래의 생물학적 세포조직을 파괴하고 오일체를 해체해 커피 오일을 이동시킨다. 생두 내부의 가스 압력이 세포벽의 작은 마이크로채널을 통해 커피 오일을 원두 표면으로 밀어낸다. 최초의 오일 이동 중에는 원두 표면에 수많은 작은 오일 방울이 나타난다. 그 양은 차츰 늘어나 결국에는 원두 전체를 뒤덮는다. 이 과정에 의해 커피는 강렬한 향과 맛을 갖게 된다. 마지막으로, 원두의 표면에 나타나는 오일은 원두의 고유한 광택을 만들어내며 로스팅 품질을 판단하는 하나의 요인이 된다. 로스터라면 이러한 과정들을 잘 이해하고 제어해야 한다.

2.1.6 흡열 및 발열 로스팅 단계

로스팅으로 생두 온도가 오르면 복합적인 화학반응이 일어나면서 생두의 구성요소가 달라진다. 탄수화물에 영향을 미치는 가장 중요한 화학반응에는 마이야르 반응maillard reaction, 스트레커 분해strecker degradation, 열 분해pyrolysis, 캐러멜화caramelization가 있다. 또한 로스팅은 단백질 변성과 분해를 야기하며 생두에 나타나는 많은 산을 분해한다.

  로스팅 초반에는 생두의 수분을 날리고 화학반응을 유발하기 위해 상당한 양의 에너지를 투입해야 한다(흡열단계). 로스팅 중 화학반응의 에너지 균형이 자가촉매적(발열적)[08]이 되면 생두는 스스로 열을 생성하기 시작한다. 이런 까닭에 로스팅의 최종 단계는 과정 진행률을 높이고, 점차 연소과정의 조건으로 다가가는 것으로 특징지어진다. 이 단계에서는 진행 과정을 엄격히 통제하는 것이 매우 중요하다. 단 몇 초만으로 로스팅 결과물의 품질이 갈릴 수 있다. 효율적인 사전 냉각 혹은 냉각단계와 함께 바람직한 정도에서 로스팅을 갑자기 멈춰야 한다. 로스팅 과정이 제대로 통제되지 않는다면 화재 등 위험 상황이 발생할 수 있다.

2.1.7 가스 형성

로스팅 시에는 열 분해와 마이야르 반응의 결과로 상당량의 가스가 생성된다. 등온isothermal[09] 로스팅 중의 가스 생성률은 로스팅 초반에는 낮지만 후반에 접어들수록 매우 높아진다. 그러나 이는 로스팅 조건에 크게 좌우된다. 로스팅 시 형성되는 지배적인 가스는 이산화탄소CO_2다. 다른 중요한 구성 요소에는 일산화탄소CO와 질소N_2가 포함된다. 일부 가스는 로스팅 중에 대기로 방출되고, 나머지는 원두 내부에 갇혀 있다가 완만한 탈착 과정에서 저장되는 동안, 그리고 이후의 단계(ex. 그라인딩)에 방출된다. 원두의 포장재에 통상 가스 방출을 위한 원웨이one-way 밸브가 부착되는 건 많은 양의 가스를 억누르고 있는 원두의 특성 때문이다.

  생두 속에 갇힌 가스는 높은 압력을 발생시킨다. 한 연구에 따르면 가스 측정과 모형 계산으로 로스팅 시 생두 내부의 가

---

08 **자가촉매적**   스스로 합성을 촉진시키는 성질.
09 **등온**   온도가 일정할 때 나타나는 어떠한 과정을 말한다. 가스 또는 다른 유체의 압력과 부피에 대한 등온관계는 온도가 일정한 경우 또는 열이 외부 물질로부터 가감되는 경우에 따라 다르다.(지구과학사전)

스 압력은 10bar보다 높다. 생두의 두꺼운 세포벽은 깨지지 않고 이런 압력을 견디면서 늘어나는 공극부피pore volume에 맞춰 점차 팽창한다. 그러나 최종 로스팅 단계에서 일부 구조적 파괴와 틈새가 발생함에 따라 갑작스런 미세 폭발이 일어난다. 이때 약간의 가스가 방출되면서 갈라지고 터지는 소리가 난다. 수증기는 가스와 함께 로스팅 중 원두 팽창의 원인이 된다.

로스팅 정도의 증가에 따른 신맛/쓴맛의 진화

좋은 커피는 일반적으로 신맛과 쓴맛의 균형에 따라 결정된다. 노련한 로스터라면 로스팅 중 바람직하고 높은 함량의 산미에 신경을 쓰고, 쓴맛 화합물의 진화에도 주의를 기울여야 한다. 로스팅 강도가 강해지면 대체로 신맛은 약해지고 쓴맛은 강해진다. 따라서 균형 잡힌 맛을 내기 위해서는 최적의 로스팅 정도를 파악해야 한다.

먼저 신맛을 형성하는 산에 대해 먼저 살펴보자. 클로로겐산은 로스팅 중에 크게 줄어든다. 그러나 이 산이 전반적인 감각 인식에 미치는 영향은 몹시 제한적이다. 반면 구연산과 사과산은 감각 인식과의 연관성이 높다. 두 가지 산은 생두 상태에서도 찾아볼 수 있으며 로스팅 중 점차 감소한다. 아세트산과 포름산도 신맛을 인식하는 총체적인 감각에 큰 영향을 미친다. 생두 상태에서는 굉장히 낮은 농도로 존재하는 아세트산과 포름산은 로스팅 초반에 탄수화물 전구체로부터 생성되고, 로스팅 후반에는 온도가 높아짐에 따라 줄어든다. 퀸산과 일부 휘발성 산들의 농도는 로스팅 중에 약간 높아진다. 전반적으로 감각이 인식할 수 있는 총 산성은 로스팅 중 명백히 감소한다. 즉, 밝게 로스팅된 원두는 강하게 로스팅된 원두보다 신맛의 강도가 더 높다.

다음으로 쓴맛. 커피에서 쓴맛의 확인 및 형성 경로는 최근에 들어서야 밝혀지고 있으며, 관련 연구가 여전히 진행 중이다. 생두에 함유된 카페인은 강한 쓴맛을 지니고 있긴 하지만 감각적으로 인식되는 쓴맛에서 10~20% 정도의 미미한 영향을 끼친다. 쓴맛의 주요 요소는 로스팅을 거쳐 형성되는데, 클로로겐산 락톤과 클로로겐산 분해 산물이 대표적이다. 다크 로스팅한 커피를 마셨을 때 입안에 감도는 강한 쓴맛은 클로로겐산 락톤의 분해산물인 페닐인단phenylindanes 때문이다. 통상적으로 인식되는 쓴맛은 로스팅 정도와 비례하여 증가한다. 이 쓴맛의 형성과정은 커피의 복잡한 향미를 이해하는 데 중요한 역할을 하는데, 각 로스팅 단계에서 서로 다른 쓴맛의 요소들이 생성되며, 이는 커피의 최종 품질과 복합성에 큰 영향을 미친다. 쓴맛은 커피의 풍미를 보완하는 요소로, 적절한 비율로 존재하면 맛의 균형을 이루고 풍미에 깊이를 더한다. 그러나 과도한 로스팅으로 쓴맛이 너무 강해지면 커피의 풍미가 저하될 수 있어 주의해야 한다.

2.2 생두에서 발생하는 향미 전구체

커피는 기분 좋은 향미로 진가를 인정받는데, 이는 향기와 맛이라는 두 가지 감각적 양상으로 구성된다. 커피 소비 트렌드는 꾸준히 변화하고 있으며, 전 세계적으로 품평가 집단이 급격히 늘어나면서 더욱 뛰어난 향미를 지닌 커피에 대한 니즈가 증가하고 있다. 소비자의 커피 지식도 많이 향상돼 원산지와 로스팅 정도는 중요한 커피 선택 기준이 되었다.

커피 품질에 영향을 미치는 요소는 다양하다. 먼저 커피의 가치사슬 시작 시점에서 보면 품종, 기후, 수확 후 가공과 같은 농업적 요소들이 있다. 이는 향미 품질과 연관된 생두의 구성을 결정한다. 그러나 커피 가치사슬에서 가장 중요한 단계를 꼽으라면 로스팅일 것이다. 로스팅 중 발생하는 물리적·화학적 변화가 커피의 특성을 개발하기 때문이다. 커피의 고유한 품질은 생두의 전구체 구성요소에 의해 결정된다. 생두 전구체는 200°C이상의 온도가 가해져야만 색깔, 아로마, 맛을 발현하는 커피 구성성분으로 탈바꿈한다. 적절하고 최적화된 로스팅을 통해 커피가 지닌 잠재력을 발현할 수 있는 것이다. 따라서 향미 전구체에 대한 지식은 로스터가 필수적으로 갖춰야 할 덕목이다. 이를 기반으로 한 원재료의 선택과 로스팅 기술의 이해, 그리고 적용을 통해 더 나은 품질의 커피를 생산할 수 있다.

커피에 대한 과학적 이해와 기술적 전문성은 커피 제조의 모든 단계에서 강조된다. 로스터의 역할은 풍미를 만들어내고 최적화하는 것인데, 이는 생두의 품질, 재배지의 조건 그리고 수확 및 가공 단계에 정립된 전체적인 틀 안에서 이뤄진다. 각 요소는 상호 연관되어 있어 어느 한 요소도 다른 요소들과 독립적으로 존재할 수 없다. 결국 완벽한 커피를 생산하려면 과학적, 기술적 접근법과 예술적인 능력, 그리고 감각적인 통찰력이 조화롭게 결합되어야 한다.

생두의 구성성분은 로스팅 과정에서 형성되는 아로마와 맛의 품질을 결정한다. (일반적인 로스팅 프로파일인 경우)로스팅은 건조단계(~약 100°C, 흡열)로 시작되는 건열 식품 과정, 대부분의 향미 구성성분을 얻는 발열단계(약 170~220°C), 마지막으로 냉각단계로 설명된다. 생두는 주로 탄수화물, 질소N함유 화합물(대부분 단백질, 트리고넬린, 카페인), 지질, 유기산, 수분으로 구성된다. 거의 대부분의 생두 구성성분은 향미와 색깔의 잠재적 전구체이거나, 그것의 개발과 연관된다. 수분함량조차도 최종적인 커피 품질에 매우 중요한 역할을 할 수 있다. 이 같은 생두 구성성분 중에서도 1차적인 향미 전구체로는 설탕, 단백질, 유리아미노산, 트리고넬린, 클로로겐산이 있다.

아라비카와 로부스타 종의 전반적인 구성요소는 매우 유사한데 각 요소의 상대적인 비율은 몹시 다르다. 아라비카 커피는 탄수화물(자당, 올리고당, 만난), 지질, 트리고넬린, 유기산(사과산, 구연산, 퀸산), 3-페루오일-퀸산3-FQA의 함량이 더 높다. 반면 로부스타 커피는 아라비카보다 많은 카페인, 단백질, 아라비노갈락탄, CGA3-FQA 제외, 총 인산염, 재Ca-salts, 전이원소Fe, Al, Cu를 함유하고 있다.

아라비카 커피의 높은 탄수화물과 유기산 함량은 풍미와 아로마의 복합성에 기여한다. 로부스타 커피는 카페인 함량이 높은 만큼 풍미가 더 강렬해, 독특하고 풍부한 풍미를 선호하는 커피 애호가들에게 인기가 있다. 그러나 이 두 종류의 커피 사이에는 맛 외에도 농업 및 환경적 차이점이 존재한다. 아라비카는 더 많은 관리와 관심을 필요로 하는 반면, 로부스타는 더 튼튼하고 질병에 강하며 다양한 조건에서 성장할 수 있다.

2.2.1 탄수화물

탄수화물은 커피 성분에서 상당 비중(커피 총 건조 중량의 약 50%)을 차지한다. 탄수화물은 일반적으로 '당'으로 통칭되기도 하지만 이러한 당이 모두 단맛을 내는 것은 아니다. 테이블 설탕으로 알려진 수크로스(자당) 함량은 아라비카와 로부스타에서 각각 6~9%, 3~7% 정도다. 수크로스 외 과당, 포도당, 만노스 같은 소량의 단당류도 존재한다. 자당의 한 구성요소인 과당은 단맛이 자당의 두 배에 달하는 반면, 아라비노스와 만노스 같은 당은 단맛이 거의 없다. 모든 농산물이 그렇듯 당 농도의 변화는 여러 가지 이유로 발생하는데, 수확 전 생두의 숙성 정도도 여기에 포함된다. 일반적으로는 커피체리가 숙성됨에 따라 수크로스 수치도 증가한다.

연구자들이 생두에 함유된 당 함량과 커피 품질 사이의 상관관계를 관찰한 결과, 일반적으로 자당 함량이 높을수록 컵 프로파일이 더 좋다고 한다. 이를 토대로 무엇을 추측할 수 있을까? 로스팅 중 탄수화물에는 어떤 일이 발생할까? 한 가지 염두에 두어야 할 점은 탄수화물이 또 다른 반응에 변화한다는 사실이다. 바로 마이야르 반응이다. 이로 인해 탄수화물 농도는 로스팅 후 크게 떨어진다. 자당은 라이트 로스팅 시에도 최대 90%까지 파괴되고 일부 조각이 생성되는데 이는 아주 약한 아세트산, 포름산과 같은 산이다.

생두 건조 상태에서의 약 40~65%는 수용성 및 불용성으로 구성되는 탄수화물로 나타난다. 아라비노스, 갈락토오스, 글루코오스, 만노오스의 중합체는 수용성 다당류와 침전물 둘 다로 구성되는데, 이는 단백질 및 CGA와 함께 세포벽 구조를 형성한다. 셀룰로오스, 갈락토만난, 아라비노갈락탄은 건조 원두 무게의 약 45%를 차지하는데, 이들은 모두 복잡한 구조를 띤다. 나머지는 수용성 이당류 자당이다.

생두에는 물에 잘 녹는 수용성 성분이 함유되어 있는데 이는 커피의 맛과 향, 색깔을 만드는 데 가장 중요하게 작용한다. 수용성 성분들은 로스팅의 시작과 함께 즉각적으로 다양한 화학반응을 일으킨다.

수용성 성분은 크게 두 가지로 나뉜다. 하나는 크기가 큰 고분자량HMW이고 다른 하나는 작은 크기의 저분자량LMW이다. HMW는 주로 갈락토만난과 아라비노갈락탄이라는 이름의 당류로 구성되어 있다. 특히 아라비노갈락탄은 건조 커피에서 약 14~17%의 비중을 차지하며, 단백질과 결합하여 아라비노갈락탄 단백질AGPs을 만든다. 커피를 로스팅하면 이 아라비노갈락탄 단백질의 구조가 달라지는데, 그 결과로 '유리 아라비노오스free arabinose'라는 당이 나온다. 이 당은 커피가 로스팅되면서 생기는 갈색 물질인 멜라노이딘을 만드는데 중요한 역할을 하는데, 로스팅 과정에서 빠르게 줄어든다. 또한 아라비노갈락탄에 있는 아라비노오스 부분은 다른 종류의 산, 예를 들어 포름산이나 아세트산을 만드는데 도움을 준다.

수용성 LMW 파편은 유리당, 트리고넬린, 클로로겐산 같은 중요한 향미 전구체들을 함유한다. 단당류와 이당류는 소수의 구성성분이긴 해도 캐러멜화 및 마이야르 형태의 반응으로 아로마 형성에 필수적이다. 자당은 아라비카 생두에서 약 8%, 로부스타에서는 그 절반가량이 함유되어있는 단연코 가장 풍부하고 중요한 당분이다. 아라비카 커피의 복합적인 아로마와 전반적인 향미는 높은 자당 함량으로 설명된다. 올리고당(스타키오스), 라피노오스와 단당류(과당, 포도당, 갈락토오스, 아라비노오스)는 미량 발견된다. 포도당과 과당의 농도는 초기 로스팅 단계에 높다. 자당의 지속적인 감소 때문이다. 거의 모든 유리당은 로스팅 중 수분, 이산화탄소, 색깔, 아로마, 맛을 형성하는 마이야르 반응과 캐러멜화로 인해 소실된다.

다당류의 약 12~24%는 라이트 로스팅에서, 35~40%는 다크 로스팅에서 감소한다. 이는 아라비노오스에 대한 아라비노갈락탄의 곁사슬side chain이 감소하는 반면, 셀룰로오스와 만난은 로스팅 커피에서 거의 온전한 상태인 것으로도 설명된다. 다당류는 향의 생성에 기여하는 요인으로 여겨지지는 않지만, 점착성과 입맛 같은 감각적 속성을 부여한다.

요약하자면, 단당류와 이당류 자당은 열에 매우 취약해 로스팅 시 양이 감소한다. 다당류의 해중합과 향미 형성 관여도는 그 구조에 좌우된다. 아라비노갈락탄에서 가지 친 아라비노오스는 기여할 가능성이 높고, 골조를 구축하는 갈락탄은 훨씬 덜하며,

셀룰로오스와 만난 같은 초분자 구조는 거의 변하지 않는다.

      커피에는 자유롭게 떠 있거나 다른 원소와 결합해 있는 단백질이 10~13% 정도 들어있다. 단백질 함량은 커피 품종에 따라 조금씩 다른데, 보통 로부스타의 단백질 함량이 더 높다. 단백질은 커피 맛의 형성에 있어 중요한 역할을 한다. 이를 마이야르 반응이라고 부른다. 그러나 로스팅 중에는 높은 열로 인해 단백질의 많은 부분이 파괴되어 맛에는 거의 영향을 주지 않는다. 예를 들어 아르기닌이라는 단백질은 전부 파괴되며 시스테인, 라이신도 상당 부분 파괴된다. 메티오닌, 세린, 테오린은 아예 사라진다.

2.2.2 질소 함유 화합물

주로 단백질인 질소 화합물은 생두의 약 11~15%를 차지한다. 아라비카와 로부스타 생두 모두 총 단백질 함량은 약 10%다. 단백질의 일부는 수용성 다당류인 아라비노갈락탄[10]과 관련이 있다. 유리 아미노산은 생두의 1% 미만을 차지한다. 그러나 커피의 최종 향미에 미치는 영향은 높다. 스트레커분해[11]에서뿐만 아니라 마이야르 반응에서도 많은 강렬한 향을 생성한다. 글루탐산, 아스파르트산, 아스파라긴 세 가지는 주요 유리 아미노산이다. 이는 로스팅 시에 거의 완전히 분해된다. 단일 아미노산의 분포는 마이야르 반응에 대한 방향 프로파일을 결정한다. 단백질과 펩티드도 더 작은 반응 분자로 분해될 수 있어 방향 전구체 역할을 하기도 한다.

      커피는 단백질과 유리 아미노산 외에 알칼로이드 카페인을 함유하고 있는데, 이는 아마 가장 잘 알려지고 가장 많이 연구된 식물 알칼로이드일 것이다. 또 다른 질소 화합물은 트리고넬린이다. 이는 로스팅 시 부분적으로 감소하며 니코틴산과 피리딘, 피롤 같은 휘발성 화합물로 변환된다.

2.2.3 지질 함유 화합물

---

10   **아라비노갈락탄**   식품의 점착성 및 점도를 증가시키고 유화안정성을 증진하며 식품의 물성 및 촉감을 향상시키기 위한 식품첨가물이다. 라면, 소시지, 식빵 등에 유화안정제로 사용된다. (두산백과)

11   **스트레커분해**   α-아미노산이 α-디케톤과 반응하여 암모니아와 이산화탄소를 방출하여 탄소수가 하나 적은 알데히드로 분해하는 반응. α-아미노산 합성반응의 일종인 스트레커합성의 역반응이다. (네이버백과)

지질은 아라비카 생두의 15~18%, 로부스타의 8~12%를 구성한다. 지질 파편은 생두를 싸고 있는 커피왁스와 트리글리세리드로 구성된다. 리놀레산(40~45)%과 팔미트산(25~35%)은 주요 지방산이다. 유리 및 에스테르화 형태의 디테르펜과 스테롤은 총 지질 파편의 일부이다. 로스팅 중에 온도가 떨어지면 지질은 알데히드[12]를 형성하는데, 이후 다른 커피 구성성분과 반응할 수 있다. 지질은 커피에서 매우 중요한 역할을 한다. 일반적으로 커피 오일의 대부분은 콩의 내배유 내에 위치하며, 콩 바깥쪽에 있는 커피왁스 내에는 소량만이 침전된다. 공교롭게도 이 기름들의 화학적 구성 대부분은 식물성 기름에서 발견되는 것과 비슷한 비율을 지닌다. 아라비카 커피의 지질 함량은 로부스타 커피보다 약 60% 더 높다. 높은 지질 함량은 커피의 향과 마우스필을 전달하는 데 주요한 역할을 한다. 어째서일까? 대부분의 아로마 화합물은 기름에 잘 녹는다. 그러나 커피의 지질 농도는 로스팅에도 대체로 안정적이며 잘 변하지 않는다. 생각해보자. 감자튀김이나 스테이크, 그 외 다른 음식들을 요리할 때 우리는 기름을 사용한다. 연구를 통해 밝혀진 바에 따르면 이 기름들 중 대다수가 몹시 높은 녹는점을 가지고 있어 훌륭한 매개체 역할을 한다. 이는 커피의 지질이 왜 그렇게 안정적인지를 보여주는 부분이다. 물론 지질 농도도 낮아질 수 있다. 이는 효소 활성이나 지질 자체의 자연 분해 때문으로 생두의 부적절한 저장으로 인해 발생한다.

2.2.4 카페인

카페인은 아라비카의 약 1.2%, 로부스타 커피의 2.2%를 차지하는 알칼로이드다. 대부분의 알칼로이드와 마찬가지로 카페인은 60종 이상의 식물에서 생산되는 쓴맛이 나는 화합물이며, 커피가 재배되는 동안 곤충에 대한 방어 메커니즘으로 작용한다. 커피체리를 공격한 곤충이 카페인의 쓴맛에 저지되어 다음 작물로 이동하는 것이다. 이는 오랜 시간 커피나무가 잘 자랄 수 있었던 이유이자 로부스타 커피가 훨씬 튼튼한 이유 중 하나다. 연구에 따르면 카페인은 로스팅 과정에도 쉽게 살아남는 것으로 입증됐다. 그러

---

12 **알데히드** 알데히드기 CHO를 가진 화합물의 총칭이다. 공기 중의 산소에 의해 산화되며, 산화되어 카복실산으로 되기 쉽다. (두산백과)

나 카페인과 관련된 모순이 하나 있다. 다크 로스팅 커피가 밝게 로스팅된 것보다 더 많은 카페인을 함유하고 있다는 '믿음'이다. 이는 커피가 더 강하게 로스팅될수록 더 많은 쓴 화합물이 생성된다는 사실에서 비롯된다. 카페인도 쓴맛이 나기 때문에 다크 로스팅 커피의 카페인 함량이 더 높다고 믿는 것이다. 그러나 이는 사실이 아니다. 100g의 건조 생두의 카페인 함량은 약 1.2g으로 추정된다. 이를 가볍게 로스팅해 초기 질량의 10%를 잃는다고 가정해 보자. 원두는 100g에서 90g으로 줄어들며 총 카페인 함량은 1.33g이 된다. 아라비카 커피의 카페인은 상대적으로 융점이 높은 백색 분말로 존재해 로스팅에 상당히 강하다. 그러나 로스팅 시간이 길수록 커피의 질량이 감소한다는 점을 기억해야 한다. 라이트 로스팅의 경우 약 10%, 다크 로스팅의 경우 최대 20%의 질량이 줄어든다. 즉, 로스팅으로 인해 카페인 함량이 달라지지는 않지만, 생두 무게 대비 카페인의 비율은 달라진다. 물론 모든 추출조건과 비율이 동일하다고 가정했을 때 말이다.

2.2.5 클로로겐산

클로로겐산은 생두와 원두 모두에서 발견되는 중요한 유기산 계열이다. 아라비카에서 6~7%, 로부스타에서 7~10%를 차지하는 등 커피의 클로로겐산 함량은 식물계에서 가장 높다. 식물에서 클로로겐산은 환경 조건의 변화, 식물 스트레스, 해충 감염을 포함한 몇 가지 요인에 의해 만들어진다. 가혹한 환경에서 자란 로부스타 커피의 클로로겐산 함량은 아라비카 커피의 거의 두 배다.

초기 클로로겐산의 60%는 미디엄 로스팅 중 분해되며 대

	아라비카(%)	카네포라(%)
카페인	0.9~1.2	1.6~24
미네랄	3~4.2	4~4.5
지질	12~18	9~13
단백질	11~13	11~13
클로로겐산	5.5~8	7~10

부분의 부산물은 퀸산과 카페익산을 형성한다. 이것이 맛에 어떤 영향을 미칠까? 클로로겐산은 타액 단백질을 침전시키고 커피의 전체적인 떫은맛을 높인다. 커피를 더 강하게 로스팅 할수록 이 같은 현상이 더욱 쉽게 발생한다. 로스팅하는 동안 클로로겐산 수치가 감소함에 따라 떫은맛에 기여하는 퀸산과 카페인산 수치도 동시에 증가한다.

더 강하게 로스팅된 커피에서 일반적으로 볼 수 있는 과도한 농도의 퀸산은 커핑 중에 일반적으로 나타나는 바람직하지 않은 신맛과도 관련이 있다. 커피에서 클로로겐산 농도는 카페인 수준을 5~7배 훨씬 초과한다.

2.3 로스팅 시 전구체 구성요소의 변화

로스팅은 생두의 물리적·화학적 변형을 유발한다. 로스팅 초기 건조 단계에서는 자유수분이 증발되고 뒤이어 탈수, 가수분해, 에놀화, 고리화, 균열, 파편화, 파편의 재결합, 열분해, 중합반응 등의 건열 단계가 따른다. 발열 단계와 원두 건조단계에서는 온도가 상승함에 따라 전구체로부터의 향미 생성을 동반한 압력이 증가하면서 원두 크기가 팽창한다.

2.3.1 주요 화학반응

이들 변화의 많은 부분이 원두에 탄맛roasted, 캐러멜caramel, 흙earthy, 굽는toasted 향을 불어넣는 향미 구성성분과 탄산가스 같은 저분자량 화합물의 형성을 유도하는 마이야르 반응과 관련이 있다. 원두 색상의 변화는 보다 많은 분자량의 멜로노이딘[13] 생성 때문이다. 마이야르 반응은 항산화 효과와 화학적 예방을 유도할 수도 있지만, 아크릴아미드와 푸란같은 바람직하지 않은 성분도 유발할 수 있다.

마이야르 반응은 환원당과 아미노산의 아미노 카르보닐 결합으로 시작하여 N-치환 글리코실아민으로 이어지는 복잡한 반응이

---

13 **멜로노이딘**   당과 아미노산이 반응하는 메일라드 반응의 최종 산물로서 커피 로스팅 등 식품의 거의 모든 과정에서 일어날 수 있다. (두산백과)

다. 활성화된 당 접합체는 반응성 종들인데, 쉽게 분해되어 더 작은 파편들을 유발하며 다수의 휘발성 및 비휘발성 반응 산물을 형성하는 추가 반응을 일으킬 수도 있다. 마이야르 반응은 기본적으로 향, 맛, 색깔(멜라노이딘)을 형성하는 아미노 촉매 당 분해 작용이다. 생두에서 가장 풍부한 유리당인 자당은 마이야르 반응을 일으키기 위한 열 처리를 통해 글루코오스와 과당으로 분해돼야 한다. 마이야르 반응의 결과물인 휘발성 성분에는 피리딘, 피라진, 디카보닐, 옥사졸, 티아졸, 피롤, 이미다졸, 에놀론, 퓨라네올, 말톨, 사이클로텐 등이 있다.

마이야르 반응의 산물과 로스팅된 원두의 구성요소 스펙트럼은 생두의 추출물 구성요소에 따라 다양할 수 있다. 또한 향미 형성은 관련 당과 아미노산 형태, 반응 온도, 시간, 압력, pH, 수분량 같은 많은 매개변수에 의해 영향을 받는다.

아세트산과 포름산은 총 신맛 지각에 크게 기여한다. 이들은 로스팅 최초 단계의 마이야르 반응과 캐러멜화 과정 중 탄수화물 전구체로부터 생성된다. 그러나 로스팅 최종 단계에는 높은 온도로 인해 감소되거나 증발한다. 로스팅 중에는 짧은사슬 휘발성 산의 농도가 약간 높아지긴 해도 지각할 수 있는 총 신맛은 오히려 줄어드는데, 이는 이들이 커피의 신맛에 제한적으로 작용한다는 사실을 드러낸다. 마이야르 반응 네트워크의 한 부분으로서, 스트레커분해는 맥아(3/2-메틸부타날), 감자(메티오날), 꿀(페닐아세트알데히드)같은 요소를 지닌 휘발성 알데히드와 함께 커피의 향미 형성에 중요하게 작용한다. 스트레커분해는 커피의 흙냄새와 볶는 향에 기여하는 알킬피라진도 생성한다. 유황 함유 아미노산(시스테인, 메티오-나인은 티올과 황화물에 반응한다. 이들 중 일부는 낮은 냄새 역치를 지녀 커피 아로마에 매우 낮은 농도로 기여한다. 티올은 황화물에 잘 산화된다. 마이야르 반응으로 인해 로스팅 후에는 약간의 유리 아미노산과 유리당이 발견되는 반면, 조단백질 함량과 대부분의 다당류는 로스팅을 아주 조금만 해도 쉽게 변한다.

또한 높은 온도의 열은 당의 캐러멜화를 유발하여 커피에 캐러멜 향과 조미료 느낌을 더한다. 그러나 향의 생성은 반응성 니트로겐 종들(ex. 아미노산)이 존재할 때 더 낮은 활성화 에너지로 인해 마이야르 경로에서 유리해진다. 마이야르 반응과 캐러멜화는 갈색 중합체(즉, 멜라노이딘) 형성의 주요 경로다.

클로로겐산은 커피 로스팅 시에 크게 감소한다. 클로로겐산 분해는 퀸산과 같은 가수분해 산물과 과일산 같은 페놀산을 야기하는데, 이는 추가로 과이어콜과 4-비닐과이어콜 같은 중요한 페놀 방향성분을 감소시킨다. 9분간의 로스팅 후에는 약 90%의 총 클로로겐산(즉, 7%의 생두 고형체)이 반응한다. 다크 로스팅된 에스프레소용 커피를 연상시키는 강한 쓴맛 생성의 핵심 매개체인 카페산을 지닌 CQA 락톤의 분해산물이다. 이들 쓴맛 화합물의 구조는 로스팅 시 카페산 일부로부터 방출된 4-비닐카테콜의 올리고당화에 의해 생성된다. 불포화 지방산의 지질 산화는 헥산알, 노넨알, 기타 에날, 다이에날처럼 매우 강력한 알데히드[14]를 생산한다. 그러나 이들은 커피 아로마의 핵심 화합물에는 속하지 않는다. 알데히드는 고리형성을 통해, 혹은 다른 커피 구성성분과 함께 추가로 반응할 수 있다.

2.4 향미 프로파일 및 로스팅 정도

로스팅된 커피의 향미는 생두 구성성분과 로스팅 방식에 좌우된다. 어떤 화합물이 형성되는지는 전구체 구성요소가 결정하는 반면, 물질적 매개변수는 주로 물리적 운동에 영향을 미친다.

생두의 품질은 아로마와 맛을 결정하는 주요 요소인데, 이는 정의된 로스팅 정도에서의 스냅사진이기도 하다. '최적의 로스팅 정도' 같은 표현이 문헌에서 자주 사용되긴 하지만, 로스팅 정도에 대한 간결한 정의는 없다. 최적의 로스팅 정도는 생두 원산지의 기능, 의도한 추출 방법, 개인적 맛 선호에 달려있다는 사실은 명백해 보인다. 무게 감소 혹은 로스팅 색상만으로 원두의 품질을 특성화하는 것은 불충분하다.

숙련된 로스터는 라이트 로스팅의 단 향sweet, 과일 향fruity, 꽃향기floral, 빵 구운 냄새toast, 견과류 향nutty이 미디엄 로스팅에서

14　**알데히드**　탄소 원자가 산소원자와 수소 원자에 이중 연결된 유기화합물을 지칭한다. (그랑 라루스 요리백과)

는 보다 복합적으로 진화한다는 것을 알고 있다. 여기서 로스팅 정도가 더 강해지면 코코아cocoa, 매운spicy, 페놀 향phenolic, 재 냄새ashy 등의 향미가 형성된다. 이처럼 향미 구성요소는 로스팅 전체 단계에 걸쳐 지속적으로 달라진다.

감각적으로 지각할 수 있는 산미는 통상적으로 로스팅 중에 감소하는 반면, 쓴맛은 꾸준하게 증가한다. 생두 색상은 로스팅이 진행될수록 연한 갈색에서 검은색에 가까울 정도로 짙어진다. 자당과 유리 아미노산은 높은 반응성을 지닌다. 이는 유리 기능성 아미노 그룹의 존재와 자당이 당을 감소시키는 신속한 열 가수분해로 설명된다. 클로로겐산은 로스팅 후반에 감소한다. 기타 중합 탄수화물(갈락탄, 만난, 셀룰로오스) 혹은 결합 아미노산은 가수분해와 중합해체 반응이 덜 일어나는 경향이 있어 로스팅 후반의 마이야르 반응에만 기여한다.

과도한 로스팅은 디케톤, 푸르푸랄 혹은 4-비닐과이어콜 같은 많은 휘발성 물질의 감소를 유발한다. 이들 화합물은 주로 유리당과 아미노산 소비와 병행하여 로스팅 초기에 형성되며 미디엄 로스팅 단계에 최대화된다. 예를 들어 과일 향, 블랙베리 냄새가 나는 유황향기 3-메르캅토-3-메틸부틸 포름산염은 다크 로스팅 시에는 완전히 사라질 수 있다. 커피의 흙냄새earthy, 견과류nutty 향의 원인인 알킬피라진은 초기 단계에 생성되어 최종단계 전체에 걸쳐 지속적으로 남는다. 이들 모든 분자 변화가 감각 특성에 영향을 미친다. 로스팅 후반에 형성되는 아로마 성분에 의한 마스킹 효과masking effect로 인해 로스팅 초반에 나타나는 과일 향과 꽃 향기는 견과류 향과 타는 냄새로 대체된다.

2.4.1 시간-온도 프로파일

특정 향미 프로파일에 이르기 위해서는 로스팅 시간과 온도를 정확하게 통제해야 한다. 향미 화합물 생성은 도달한 시간과 최종 원두온도에 좌우된다. 동일한 원재료로 동일한 로스터가 똑같은 강도로 로스팅했더라도 시간-온도의 로스팅 조건에 따라 향미 프로파일이 달라진다.

고온-단시간 로스팅은 더 낮은 온도의 장시간 로스팅에 비해 물질적 속성과 아로마 형성의 물리적 운동에서 상당한 차이를 보인다. 빠른 로스팅은 보다 잘 녹는 고형물을 생성하며 클로로겐산 분해가 덜 일어나게 하고 휘발성 물질의 손실을 낮춘다. 또, 페놀 농도가 훨씬 낮게 형성되어 타는 연기 향미가 줄어든다. 로스팅 속도가 빨라 생두 내부에서 표면으로 이동하는 오일의 양이 많아지기 때문에 지질 산화의 더 많은 영향을 받는 것으로 추정된다.

3. 커피 향의 과학

효소적 갈변 반응enzymatic browning reaction은 상온에서 자발적으로 일어난다. 자연에서 일어나는 모든 반응과 마찬가지로 초기 활성화를 위해서는 에너지의 원천이 필요하다. 커피의 경우 로스터에 의해 생성된 열에 의해 활성화 에너지가 제공되지만, 효소 반응은 특정한 촉매 또는 효소를 필요로 한다. 간단히 말해 효소는 특정한 반응을 가속화하는 독특한 단백질이다. 생물학적 시스템에는 수천 개의 효소가 있다. 와인에 함유된 알코올은 알코올 탈수소효소에 의해 대사되고, 스테이크의 단백질은 위 효소인 펩신에 의해 더 작고 소화가 잘 되는 조각으로 분해된다.

효소적 갈변이라는 용어가 어렵게 느껴지지만 이는 사실 우리가 일상 속에서 쉽게 접하는 현상이다. 신선한 사과를 반으로 잘랐을 때 이를 확인할 수 있다. 사과를 자르면 그 안에 있는 세포가 파열돼 많은 물질이 주변으로 퍼져 나간다. 그중 하나로 폴리페놀 옥시다아제라는 효소가 있는데, 이 효소는 공기에 닿으면 사과의 페놀을 갈색 고분자 화합물로 바꾼다. 사과 표면이 갈색으로 변하는 이유다.

효소적 갈변은 건포도, 자두, 무화과, 카카오 등 일부 식품에서는 이점으로 작용하지만, 과일이나 채소를 판매하는 이들에게는 큰 경제적 손실을 안기기도 한다. 과일이나 채소의 약 50%가 운송 중 상처를 입어서 갈변이 일어나는 것으로 추정되기 때문이다.

이 문제를 해결하기 위해 과학자들은 효소를 멈추게 하는 간단한 방법을 찾았다. 식품을 데우거나 삶는 것으로, 폴리페놀 옥시다아제를 비활성화해 갈변을 방지한다. 하지만 이 방법이 모든 식품에 적용될 수는 없다. 다른 해결책은 식품에 산을 추가하는 것으로 아스코르브산을 많이 사용한다. 아보카도 소스 제조 시 라임 주스를 첨가하는 것을 예로 들 수 있다. 라임 주스의 산성이 페놀의 산화를 방지하여 갈변을 막거나 늦추는 효과가 있다.

3.1 비효소 반응

비효소 반응은 효소 반응과 상당히 다르다. 비효소 반응에는 효소 대신 열, 당 및 아미노산이 필요하다. 더 자세히 설명하겠지만 커피에서 가장 중요한 두 가지 비효소 반응은 캐러멜화와 마이야르 반응이다.

3.1.1 캐러멜화

캐러멜화는 간단히 말해 설탕이 색으로 산화 또는 열 분해되는 것이다. 어떤 설탕이든 캐러멜화 될 수 있지만, 요리용으로는 보통 수크로스 또는 일반 흰색 설탕이 쓰인다. 수크로스는 160°C로 가열하면 서서히 녹으면서 물 분자가 손실되고 점성이 있는 반투명 액체로 변한다. 온도가 200°C에 도달하면 녹은 설탕의 화합물이 재배열되면서 갈색 캐러멜 같은 화합물이 형성되고 특유의 탄 캐러멜 향이 난다. 하지만 이는 캐러멜 사탕과는 달리 단맛이 거의 없다. 커피에서도 비슷한 반응이 일어난다. 당이 분해되면서 생성된 이산화탄소 가스가 콩 내부의 세포 압력을 높여 원두를 파열시킨다. 1차 크랙은 로스팅으로 인해 수증기가 증발하면서 원두 안의 세포 압력이 급격하게 증가함에 따라 발생한다.

    로스팅 시 초기 수크로스의 90%는 분해되어 포름산과 아세트산을 포함한 다양한 부산물을 생성한다. 아세트산 농도는 초기 농도의 최대 20배까지 늘어날 수 있다. 다시 말하면 로스팅 초기에 증가했다가 후기에는 휘발성으로 인해 빠르게 증발한다. 아세트산은 비교적 약한 산이지만 커피의 산도와 전반적인 품질에 영향을 미친다. 아라비카의 수크로스 농도는 로부스타보다 거의 두 배 정도 높아 더 강한 향과 산미를 지닌다.

요약하면 캐러멜화 반응(갈변반응)은 로스팅 중 색과 향, 산, 이산화탄소를 생성한다. 캐러멜화와 마이야르 반응은 각기 다른 온도에서 일어나므로 로스팅 결과물은 두 가지 반응의 부산물을 모두 함유하고 있다고 볼 수 있다.

3.1.2 마이야르 반응

마이야르 반응은 어쩌면 모든 갈변 반응의 대부라고 할 수도 있겠다. 갈변 반응은 일반적으로 음식과 관련이 있지만, 진정한 기원은 의학 분야에 깊은 뿌리를 두고 있다. 1900년 루이 카밀 메일라드Louis Camille Mailard 박사는 '인간의 몸은 어떻게 단백질을 만들어 낼까?'라는 복잡한 질문에 대한 답을 찾기 시작했다. 이를 위해 그가 시도한 것은 유리병에 아미노산을 넣고 흔들어 동요시키는 것이었지만 성공적이지 못했다. 이후 환원당을 혼합해 동일한 아미노산 혼합물을 가열한 그는 깜짝 놀란다. 혼합물에 열을 가하자 투명했던 용액이 갈색으로 서서히 변하며 견과류 향을 발산한 것. 이게 바로 마이야르 반응의 발견이었다. 그 후 수많은 제조업자가 마이야르 반응이 최대 성능을 낼 수 있도록 연구한 결과 이는 식품 산업 내 향미 개발의 원천 역할을 하게 됐다. 지금도 우리는 이 복잡한 반응의 수수께끼를 풀고 있다.

마이야르 반응은 본질적으로 아미노산과 당이 결합하는 과정으로, 구운 빵, 스테이크, 커피 등의 열 처리 식품에서 향과 맛을 낸다. 스테이크와 커피에서만 600가지 이상의 화합물이 결합해 복합적인 향을 내는 것으로 추정된다. 마이야르 반응은 크게 네 단계로 요약할 수 있다. 로스팅 시 아미노산이 설탕과 결합해 여러 N-글루코사민 화합물을 형성한다(1단계). 불안정한 이들 화합물은 아마도리 또는 헤인즈 같은 두 번째 반응을 통해 몇 가지 다른 중간 생성물을 형성한다(2단계). 이때까지 생성된 모든 화합물은 무색이며 감지되는 향미가 없다. 이후 3단계 또는 스트레커 분해에 도달하면 소수의 N-글루코사민이 다른 아미노산과 반응해 커피 향과 관련된 화합물을 형성한다. 마지막으로 4단계에서는 남아있는 모든 중간 생성물들이 결합해 커피의 색깔을 담당하는 화합물인 갈색 멜라노이딘의 긴 사슬을 형성한다.

마이야르 반응에 영향을 미치는 요인에는 수분과 pH 그리고 온도를 포함한 여러 가지가 있다. 아미노산과 설탕이 결합하면 물이 생성되기 때문에 수분이 과도한 생두는 마이야르 반응을 일으키기 힘들다. 그래서 수분 활성이 낮은 빵, 분유, 또는 계란분말 등의 갈변이 훨씬 더 빨리 일어난다. 또한 마이야르 반응은 알칼리성 환경(pH 7이상)에서 가속화되고, 당과 존재하는 아미노산의 종류에 따라 달라진다. 이러한 요인 중에는 인간이 직접 통제하기 어려운 것들이 있지만, 온도는 통제가 가능하다. 마이야르 반응은 온도가 10°C 오를 때마다 두 배로 활성화된다. 그 이유는 다음과 같다. 로스팅 정도가 강해질수록 더 많은 수분이 원두 밖으로 배출되어 잠재적 반응물의 농도를 증가시키고(바다에서 물이 증발할 때 염분 농도가 높아지는 것과 동일) 결과적으로 더 많은 반응이 일어난다. 또, 온도가 상승하고 성분 변화가 일어남에 따라 여러 변수가 반응하여 풍미 경향을 발생시킨다. 로스팅이 진행될수록 피라진, 페놀 그리고 피리딘 수준이 크게 증가한다. 로스팅 초기 아세트산이 증가해 정점에 도달한 뒤 자체 변동성으로 인해 급격히 감소한다. 말 그대로 수백 개의 다른 반응들이 동시에 일어나는 것인데, 이 모든 것은 결국 향과 바디감, 떫은맛, 쓴맛의 수준이 증가하고 산미가 약해지는 이유를 설명한다. 그리고 다음과 같은 의문이 생길 수 있다. 바로 '캐러멜화 반응과 마이야르 반응은 다른 것인지'다. 두 반응은 얼핏 비슷하게 보이고 실제로 유사하지만 완전히 같지는 않다. 요점은 다음과 같다.

- 캐러멜화는 질소가 필요 없는 단순한 설탕 분해다. 당과 아미노산(질소 공급원)을 필요로 하는 마이야르 반응과 다르다.
- 캐러멜화는 마이야르 반응보다 훨씬 높은 온도에서 일어난다. 마이야르 반응은 상온에서 매우 느리게 일어나며, 캐러멜화 반응은 훨씬 더 높은 온도(150°C 이상)를 필요로 한다.
- 두 반응 모두 멜라노이딘과 향미 화합물을 형성한다. 캐러멜화 반응과 마이야르 반응의 경로는 각기 다르지만, 결과적으로는 같은 색상과 향을 만들어낸다.

4. 열전달 과학

열 전달의 세 가지 유형인 전도conduction와 대류convection, 복사radiation는 논쟁의 중심에 있다. 그 논쟁 중 하나는 실용적이며 다른 하나는 철학적이다. 실용적인 논쟁은 로스팅 중 열 전달 속도를 제어하는 방법, 간단히 말해 로스팅 자체를 제어하는 방법에 초점을 맞추고 있다. 이 논쟁은 드럼 대 공기 문제뿐만 아니라 어떤 도구가 가장 필요하며 투자 가치가 있는지, 어느 제조업체의 장비가 다양한 유형의 열과 그 외 사소한 논란 사이에서 완벽한 균형을 이루는지 등에 기초를 두고 있다.

    로스팅을 잘한다는 것은 효율적인 방식으로 일관성 있는 제품을 생산한다는 것과 같다. 이를 위해서는 전도, 대류, 복사에 대해 제대로 이해할 필요가 있다.

4.1   전도열

로스팅 열원은 공기와 드럼 두 가지로 구분할 수 있다. 1차크랙에 도달할 때를 생각해보자. 이때 탁탁 터지는 소리가 나는데, 이 크랙 소리는 에너지의 한 형태로 에너지가 방출되고 있다는 것을 의미한다. 이 시점에 로스팅을 제어하는 방법에는 세 가지가 있다. 버너를 조정해서 화력을 줄이거나 공기 흐름을 늘리는 것, 그리고 공기와 버너 모두를 조절하는 것이다. 보통 우리는 전체 에너지와 로스팅 프로파일을 제어하기 위해 대류 속도를 조작한다. 로스팅이 끝나갈 무렵에는 생두 자체의 열원이 미치는 영향을 고려해야 한다. 로스팅 종료 시점에 빠르게 도달할수록 냉각기는 더 많은 운동 에너지를 써야 한다. 즉, 이 시점에 프로파일 곡선이 가파르게 상승하면 원하는 온도에 로스팅을 끝마치기가 어려워진다. 이때 로스팅이 끝날 무렵 열을 천천히 낮추거나 줄이는 식으로 에너지를 더 많이 제어해 적은 에너지를 사용할 수 있다. 다시 한번 대류 속도를 조작하여 원두 자체의 에너지 영향을 줄일 수 있다.

전도는 더 뜨거운 물질의 분자들이 직접 접촉을 해서 더 차가운 물질로 열을 전달하는 것이다. 원두 냄새를 맡으려다 실수로 샘플러 끝에 코를 데였다면 이는 열 전도의 결과다. 샘플러의 뜨거운 분자들이 피부의 차가운 분자들에게 열을 직접 전달하는 것이다. 드럼 로스터기에는 드럼, 면판, 그리고 커피 생두라는 세 가지 잠재적인 열원이 있다. 뜨거운 열을 식히는 냉각 트레이의 금속 또한 잠재적인 도체라고 주장하는 사람들이 있지만, 여기에서 열이 발생하려면 트레이의 측면 및 하단이 커피 자체보다 더 뜨거워야 한다. 아울러 냉각 트레이가 따뜻하면 냉각 시간이 늘어날 수 있지만, 커피에 직접 열을 전달할 만큼 뜨거워서는 안 된다. 드럼 로스터기에서 전도 속도와 전도율은 처음에는 드럼 예열 온도와 부하 질량의 영향을 받는다.

전도 온도는 저장된 에너지를 나타낸다. 예열 온도가 높을수록, 로스터기가 뜨거울수록 드럼과 면판에 더 많은 에너지가 저장되고, 전도를 통해 더 많은 에너지가 전달된다. 예열 과정에서 일관성을 유지하면 거의 동일한 양으로 저장된 에너지로 모든 로스팅을 시작할 수 있어 보다 일관된 로스팅이 가능하다.

소량을 로스팅할 경우, 풀 배치 로스팅과 유사한 프로파일을 따르려면 반드시 예열 온도를 낮추어야 한다. 질량이 적으면 필요한 예열 에너지도 적어지기 때문이다. 이때 예열 온도는 약간의 실험을 통해 쉽게 결정할 수 있다. 바로 생두를 드럼에 투입한 뒤 드럼온도를 낮게 설정하는 것이다. 로스터라면 프로파일 곡선의 평형점이 로스팅 양과 관계없이 동일하거나 거의 동일하기를 원할 것이다. 소량 로스팅 시의 평형점이 전체 배치보다 높다면 다음에 로스팅할 땐 예열 온도를 낮추도록 한다.

이 실험을 통하면 궁극적으로 다양한 로스팅 규모에 맞는 올바른 예열 온도를 결정할 수 있다. 드럼 로스터기로 적은 양의 커피를 로스팅할 땐 반드시 기억하길 바란다. 로스팅을 시작하고 나면 에너지를 더하는 것보다 추가하는 것이 더 수월하다는 것을.

(예시) 2.5kg 용량의 로스터기에 2.3kg의 생두 투입 시 투입온도charge temperature 210°C, 화력 95%, 댐퍼 50%로 설정했더니 5분 35초에 1차크랙이 터지고, 화력 30%, 댐퍼 60%의 경우 디벨롭 시간(DT)이 1분 48초라고 가정하자. 상식적으로 이 로스터기에 투입할 수 있는 최저 무게는 500~800g일 것이다. 투입량을 줄이고 싶다면 온도를 낮추는 과감함이 필요하다. 200g을 로스팅하고 싶다면 그만큼 예열 온도를 낮추고 투입온도를 130°C로 낮게 설정해보자. 화력과 대류열을 잘 조절하면 충분히 정확한 로스팅이 가능하다. 양이 적어서 샘플러에 원두가 담기지 않는 경우엔 드럼속도를 올리면 된다.

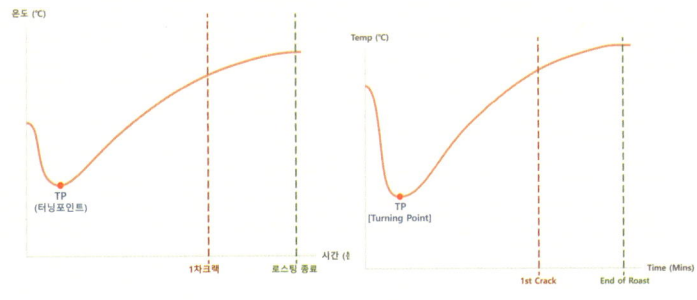

← 왼쪽. 200g 로스팅 예시
← 오른쪽. 2.5kg 로스팅 예시

4.2 대류열

대류열은 유체(기체 또는 액체)의 움직임을 통해 발생하는 열 전달의 한 유형이다. 유체는 가열되면 확장되고 밀도가 낮아지며 상승한다. 그 결과 더 차가운, 밀도가 높은 유체가 그 자리를 차지하고 가열되게 하여 순환 과정을 만든다. 이 순환 운동, 즉 대류는 한 곳에서 다른 곳으로의 열 전달을 유발한다. 커피 로스팅에서 전달 물질은 공기이며 수신 물질은 커피다. 대류 가열은 뜨거운 공기가 생두 주위를 흐를 때 발생하며 이때 생두에 열이 전달된다. 열 전달의 정도는 공기의 온도, 공기 흐름의 속도, 그리고 생두 크기와 모양 등의 요소에 영향을 받을 수 있다. 대류 가열은 대체로 더 균일한 로스팅을 가능하게 하는데, 이는 이동하는 공기에 의해 생두 전체에 열이 균등하게 분포되기 때문이다.

REAL TALK!

필자가 경험한 잘못된 로스팅 예열과 관련한 잘못된(부적절한) 김생두(가명)님과의 대화다. 여러분도 얼마나 공감되는지 반드시 생각해보길 바란다.

김생두 제가 로스팅할 때 '항상' 첫 배치는 버리거든요. 두 번째부터는 로스팅이 잘돼요.
Paul Kim 네? 그 아까운 생두를 왜 매번 버리세요?
김생두 선생님은 안 버리세요?
Paul Kim (하...) 네, 절대 안 버립니다!
김생두 ...

필자 Says 첫 배치 때 무조건 생두를 버린다고 생각하지 말고, 예열이 충분히 됐는지 혹은 과하게 됐는지를 파악하자! 그럼 첫 배치 생두를 절대 버리지 않는다!

대류에는 '자연 대류'와 '강제 대류' 두 가지 주요 유형이 있다. 자연 대류는 공기가 뜨거워질 때 발생하며 밀도 변화를 일으킨다. 공기는 뜨거워질수록 가벼워지고 상승하는 성질이 있어서 밀도가 높은 차가운 공기는 떨어진다. 이 흐름에 의해 열은 부력의 자연스러운 움직임을 통해 전달된다. 강제 대류는 펌프 또는 팬과 같은 외부 힘으로 움직이는 흐름을 통해 열을 전달한다. 자연 대류보다 더 빠르고 효율적인 방법이다.

다시 말하지만 강제 대류는 팬 또는 송풍기에 의해 생성된 흐름으로 열이 전달되는 것이기에 공기 흐름이나 버너의 에너지 출력, 혹은 두 가지 모두를 변경하는 식으로 대류 속도를 조절할 수 있다. 로스팅의 모든 형태의 전도와 달리, 대류 속도를 조정해서 로스팅 프로파일에 거의 즉각적인 영향을 미칠 수 있다. 대류를 제대로 판독할 수는 없지만, 드럼 온도 센서를 이용한 드럼 환경 온도 체크 혹은 실시간 데이터 기록 일지를 통해 대류의 영향을 파악할 수 있다.

대류는 열 전달 유형 중 가장 지배적이면서 가장 제어가 수월하다. 즉, 이를 이용해 로스팅을 더욱 잘 제어할 수 있다. 올바른 프로파일링은 전문 로스터의 특질보다 효율적이고 일관성 있는 방식으로, 더 좋고 풍미 있는 커피를 만드는 데 도움이 된다. 이에 로스터기는 대류의 흐름을 자유자재로 컨트롤할 수 있는 것, 댐퍼가 장착됐거나 팬 모터 혹은 댐퍼 모터의 속도를 제어하는 옵션을 보유한 것이 이상적이며, 인버터inverter를 장착해 대류 속도를 조절하여 로스팅하는 것이 권장된다.

4.3 복사열

복사열은 두 물체 간에 온도 차이가 있을 때 자연스럽게 발생하는 형태의 열 전달 방식이다. 이는 전자기파, 즉 빛과 같은 형태로 전달되며 전도나 대류처럼 매개체가 필요 없이 진행되고, 빛처럼 매우 빠르게 이동한다. 물질이 복사열을 받아들이거나 방출하는 능력은 색상, 온도, 밀도, 표면적, 물질의 표면 마감 상태, 그리고 그 물질이 위치한 지리적 방향 등 여러 요인에 의해 달라진다. 복사열은 우리 일상에서 가장 이해하기 어려운 형태의 열 전달 방식일 수 있다. 특히 커피 로스팅과 같은 작업에서는 복사열을 정확하게 측정하거나 제어하기가 매우 어렵다.

로스터기를 사용할 때 중요한 점은 복사열이 존재한다는 사실을 인지하는 것이다. 복사열을 직접 측정하거나 제어할 수 없지만, 그 존재를 알고 그에 따른 영향을 이해하면 다른 형태의 열, 즉 우리가 측정하고 제어할 수 있는 열에 대한 이해를 높일 수 있다. 그러나 드럼 로스터기의 경우에는 복사열 또는 적외선 버너에 대해 약간의 혼동이 있다. 적외선 버너를 사용할 때도 로스터의 관심은 여전히 공기의 강제 대류는 물론, 드럼과 생두의 전도에 있을 것이다. 로스터기 내 복사열의 속도와 복사율은 알 수 없다.

복사열의 속도와 복사율은 총 에너지에 관한 것이다. '드럼', '공기', '생두'. 이는 로스터인 여러분이 어느 정도 제어할 수 있는 세 가지 열원이다. 로스팅을 시작할 땐 드럼 또는 예열 온도로 표시되는 드럼의 저장에너지 양이 가장 중요한데 이는 잠재적으로 생두에 가장 큰 손상을 입힌다. 공기 또는 대류는 로스팅 전 과정에서 가장 지배적인 열 전달 형태인 동시에 바디감과 향미 형성의 가장 중요한 원동력이기도 하다. 로스팅이 끝날 무렵 생두 자체는 중요한 에너지원이 되며, 실제로는 일부 로스팅 및/또는 로스터기에서 열이 전달되는 지배적인 방법이 될 수 있다.

결국 모든 형태의 에너지는 로스팅 공정에서 그들 나름의 역할을 한다. 다양한 장비의 각 열원에 대한 지식을 쌓아 로스팅을 잘 제어하는 것이 로스터로서 해야 할 일이다.

REAL TALK!

필자가 경험한 댐퍼와 관련한 잘못된(부적절한) 김생두(가명)님과의 대화다. 여러분도 얼마나 공감되는지 반드시 생각해보길 바란다.

김생두   제 로스터기는 댐퍼가 없어도 로스팅이 잘돼요. 필요성을 못 느끼겠던데요.
Paul Kim   네? 그럼 '모든' 생두를 댐퍼(열량) 조절 없이 화력만으로 로스팅하세요?
김생두   (자신 있게) 네! 잘돼요!
Paul Kim   (OMG) 생두, 수분, 밀도, 가공방식, 투입 용량에 따라 절대 화력만으로 원하는 로스팅으로 디벨롭하기 힘들 텐데요.
김생두   ...

필자 Says   오로지 화력만을 통해 모든 종류의 생두를 디벨롭하는 건 절대 불가능하다. 댐퍼가 없는 로스터기에는 팬모터의 풍량 모터를 조절하는 인버터를 장착할 수 있음을 잊지 말자.

5. 유기산 총정리

5.1 클로로겐산

클로로겐산은 커피에서 가장 흔히 발견되는 유기산 중 하나로, 커피의 총 유기산 농도의 대부분을 차지한다. 아라비카 커피의 클로로겐산은 건조 상태에서 약 6~7%를 차지하며, 로부스타 커피에서는 비중이 최대 10%에 이른다. 카페인 함량과 비교했을 때 약 7~8배 많은 양이다. 또한 240㎖의 커피에서 클로로겐산은 대략 80㎖를 차지한다. 이는 커피 부피의 약 30%에 해당하는 수치로, 클로로겐산이 커피의 중요한 구성 요소임을 나타낸다. 클로로겐산의 농도가 너무 높으면 커피의 맛이 너무 진해질 수 있으므로 이를 잘 조절하는 것이 중요하다.

로스팅하는 동안 클로로겐산은 커피 맛 형성에 중요한 역할을 한다. 클로로겐산 함량의 거의 절반은 로스팅 중간 단계에 분해되고, 원두 색상이 아그트론 45 이상에 도달하면 80%까지 손실될 수 있다. 분해된 클로로겐산은 퀸산과 향미 전구체[15] 생성에 사용된다.

클로로겐산은 단일 화합물[16]을 지칭하는 것이 아니라, 각기 다른 풍미 특성을 가진 여섯 개 이상의 산 이성질체[17] 군을 의미한다. 이들 두 산의 기본을 이루는 것은 모노-카페올리 퀸산과

---

15 **전구체** 화학 반응에서 반응에 참여하는 물질. (나무위키)
16 **단일 화합물** 유기 화합물에 함유되어 있는 관능기가 1개뿐인 화합물. (화학용어사전)
17 **이성질체** 분자식은 같으나 분자 내에 있는 구성원자의 연결방식이나 공간배열이 동일하지 않은 화합물. (두산백과 두피디아)

다이-카페올리 퀸산이다. 모노-카페올리 퀸산 군은 로스팅 과정에서 쉽게 분해되지만, 다이-카페올리 퀸산 군은 거의 변하지 않고 금속성 쓴맛을 내는 것으로 알려져 있다. 결과적으로 비슷한 금속 맛을 나타내는 로부스타가 아라비카산보다 더 많은 양의 산을 함유하고 있다고 추정할 수 있다.

로스팅 중 2차크랙을 막 지나면 다이-카페올리 퀸산은 분해되고 금속성 쓴맛은 서서히 감소하는데, 가용성 물질은 생두의 이러한 산을 증기 처리를 통해 변화시킨다.

클로로겐산의 분해는 중요한 두 가지 성분인 카페산과 퀸산의 생성으로 이어진다. 두 성분은 모두 페놀 화합물로 분류되며 종종 떫은맛을 함유하고 있어, 다크하게 로스팅하면 커피의 떫은 맛과 바디감이 더 높아지는 경향이 있다.

색을 나타내는 자연 발생 물질에는 언제나 색이 있는 페놀 화합물의 한 종류인 많은 농도의 발색단chromophores[18]이 포함된다. 200mg 이하의 클로로겐산은 HCl(염화수소, 자극적인 냄새가 나는 유독한 기체) 수치를 증가시킬 수 있는 것으로 추정된다. 일반적인 커피 한 잔에는 15~325mg의 클로로겐산이 함유되어 있다. 카페인을 제거하면 클로로겐산 함량이 약간 감소하기 때문에 디카페인 커피를 마시는 사람들은 HCl 수치 증가에 효과적이다. 로스팅 초반 산미의 증가 또한 카페인이 아니라 전적으로 클로로겐산 때문이다.

클로로겐산은 1차크랙이 발생하기 전까지 계속 분해되는 반면, 퀸산의 농도는 점진적으로 증가한다. 페놀 화합물인 퀸산은 비례적으로 바디감과 떫은맛을 높이며 멜라노이딘[19]이라는 착색 화합물을 형성한다.

생두를 창고에 장기간 보관하는 경우 퀸산의 농도는 1.5%까지 오르는 것으로 보고되어 있다. 생두 수분율 6.5%를 초과하는 로스팅 단계에서는 토닉워터에서 흔히 발견되는 것과 같은 화합물인 퀸산이 형성되는 것을 볼 수 있다. 이 화합물은 뜨거운 혼합물에 남아 있다가 다시 천천히 퀸산으로 가수분해되고, 우리가

---

18 **발색단**   염료나 색소 발색의 원인이 되는 유기화합물에 포함된 원자단.
19 **멜라노이딘**   식품을 가열할 때 환원당과 아미노산이 반응하여 생기는 갈색 색소.
(두산백과 두피아)

인식하는 신맛의 강도를 높이는 역할을 한다. 이처럼 커피 한 잔에서는 인식이 어려울 정도로 무수한 반응이 일어나기 때문에 커핑은 시간에 의존하는 극도로 어려운 과제가 된다. 커피를 워머 위에 올려 장시간 가열할 때도 수십 가지 반응이 일어난다. 이 반응을 막을 마법의 묘약은 없어 커피의 신선도가 얼마나 중요한지 다시금 상기하게 된다.

클로로겐산의 또 다른 부산물 중 하나는 카페산이다. 카페산 역시 페놀 화합물이며 커피의 떫은맛과 약간의 쓴맛에 조금 기여한다. 참고로 카페산은 최근 강력한 항산화제이면서 암의 발병을 막는다고 알려졌다.

5.2 아세트산

식초의 주성분으로 잘 알려져 있는 아세트산은 대부분 로스팅에 의해 생성된다. 6~10개의 탄소로 구성된 탄수화물은 로스팅을 하는 동안 더 작은 조각으로 부서진다. 부서진 이 조각들은 아세트산을 포함한 많은 부산물을 만들어내는데, 이를 커피에 투입하면 용해되어 용해성 고형물량을 증가시킨다.

로스팅된 커피의 아세트산 수치는 로스팅 조건에 따라 최대 25배까지 증가할 수 있다. 아세트산의 생성은 탄수화물의 분해에서 비롯되기 때문에, 당 농도가 로부스타의 두 배가량 높은 아라비카 원두는 로스팅 후 아세트산이 더 많아진다. 하지만 아세트산은 로스팅 중간 지점을 지나면 빠르게 소실돼 때로는 90%까지 감소한다.

아세트산은 다른 산들과 달리 커피를 끓일 때 단 7%만 분자로 분해되는 약한 산이다. 그러나 이 산은 무시하지 못할 정도로 중요하다. 커피에서 양성자proton[20] 기여는 중요하지 않을 수도 있다. 커피에서 느껴지는 산미는 용액 내 자유 양성자의 작용일 뿐만 아니라, 분해되지 않은 산으로 인한 '보존되어 있는 산미'의 작용이라는 사실은 과학계에서 오랜 시간 전해지고 있는 이야

20 **양성자** 수소 중에서 가장 흔한 동위원소인 경수소. 우리가 흔히 말하는 수소원자는 양성자 하나에 전자 하나가 붙은 것이기 때문에 전자가 떨어져나가고 양이온이 되면 양성자만 남는다. (나무위키)

기다. 커피에서 느껴지는 산미는 쉽게 분해되지 않고 pH에 크게 기여하며, 아세트산과 같은 약한 산에서 흔히 볼 수 있는 성질의 산이다.

아울러 분해되지 않은 산으로 인한 pH의 미세한 변화조차도 향미와 맛, 그리고 전반적인 특성을 크게 바꿀 수 있다는 사실이 연구에서 확인됐다. 아세트산의 또 다른 특성은 인간의 후각 시스템이 쉽게 감지할 수 있는 휘발성 분자라는 것이다. 이는 식초 한 병이면 알 수 있다. 실온에서 식초의 아세트산 분자가 열을 흡수하기 시작하면 많은 분자가 동시에 충돌하며 수천 개의 진동이 발생한다. 그 결과 액체를 탈출해 주변 공기로 들어갈 수 있는 충분한 에너지를 얻게 된다. 이내 수천 개의 초산 분자로 가득 차면서 고약한 식초 냄새가 공기에 스며들게 된다.

아세트산은 휘발성이 강하기 때문에 커피 향미에 중요한 역할을 한다. 확인된 대부분의 방향족 화합물은 오일을 기반으로 하기 때문에 대부분 커피 안의 기름방울 내에 용해되어 있다. 흥미롭게도 아라비카의 지질함량은 로부스타보다 약 60% 많은데, 이는 어쩌면 아라비카의 향미가 왜 훨씬 더 복잡한지를 설명하는 요인이 될 수 있을 것이다. 아세트산의 함량은 라이트 로스팅 단계에 최고조에 달했다가 로스팅이 더욱 진행됨에 따라 증발에 의한 손실로 인해 급격히 감소한다.

로스터기에 열의 압력을 급격하게 가하면fast roasting 휘발성 산의 손실을 최소화하고 더 높은 함량의 산미를 유지할 수 있다. 이 같은 로스팅 방법에서 커피의 pH는 가끔 0.20 단위까지도 증가할 수 있다. 미국의 한 로스팅 공장에서는 주로 품질이 낮은 로부스타 커피나 아라비카 커피에 이러한 로스팅 테크닉을 적용한다고 한다.

아세트산은 수확 후 가공 과정에서도 발생한다. 습식 가공 중에 발효의 부산물로 생성되는 것이다. 발효 시간은 12~36시간으로 당연히 지역 온도에 따라 달라진다. 48시간을 초과하면 일반적으로 아세트산과 프로피온산, 그리고 뷰티르산과 같은 바람직하지 않은 휘발성 산이 과도하게 생성되어 '불쾌하게 톡 쏘는 stinkers' 향미가 만들어진다. 가공하는 동안 생두의 끈적끈적한 점액을 제거하고 물로 깨끗이 씻으면 발효가 끝난다. 그러나 아무리 잘 씻어내도 생두에는 미량의 아세트산이 남아있다. 이 미량의 아세트산은 커피의 클린함과 밝기에 기여하는 바람직한 특성이다.

5.3 구연산

식물의 대사 과정에서 자연적으로 생성되는 구연산은 클로로겐산 다음으로 농도가 높다. 다른 많은 산과 달리 구연산은 로스팅 공정에서 생성되지 않으며 천천히 분해된다. 생두의 중량이 9% 감소하면 구연산의 농도도 서서히 떨어지기 시작한다. 중간 정도로 로스팅한 커피의 구연산 함량은 생두 상태일 때에 비해 50% 정도 적다. 구연산은 향미 프로파일에 기여하는 주요 산 중 하나라서 우리가 인지하는 산미에 미치는 구연산의 영향은 상당히 크다. 매우 강렬한 신맛을 지니고 있는 구연산은 젤라틴 기반의 과자 생산에 흔히 쓰인다. 그 이유를 이해하려면 좀 더 광범위하게 살펴볼 필요가 있다. 누구나 한 번쯤 맛봤을 설익은 귤을 떠올려보자. 과일은 성숙 초기에 농도 짙은 다량의 유기산을 생성하는데, 이러한 산들은 익어갈수록 당으로 전환된다. 익지 않았던 귤을 며칠간 두면 훨씬 달콤해지는 것처럼 말이다.

커피의 풍부한 산미를 지각할 수 있는 로스터라면 배송 받은 생두에서 비슷한 경험을 해봤을 것이다. 로스터는 이 정보를 이용해 생두의 품질을 확인할 수 있다. 만약 가공 과정에 결함이 있어 생두를 제대로 선별하지 못한다면 구연산 수치가 높아지면서 커피에서 시큼한 맛이 날 것이다.

5.4 말산(사과산)

사과에서 고농도로 발견되는 말산은 보통 '사과산apple acid'이라는 별칭으로 불린다. 사과산은 구연산보다 신맛이 더 강하며 혀의 측면에 있는 엽상유두에서 감지된다. 일반적으로 식품 산업에서 껌, 사이다, 저칼로리 음료 등에 신맛/과류 특성을 첨가하기 위해 사과산을 자주 사용한다. 인산 다음으로 식품에 많이 사용되는 가장 일반적인 산성 물질이다.

사과산은 커피 식물의 중요한 대사 과정에서 핵심 역할을 하는 화합물이다. 그 생성량은 환경 조건, 즉 커피가 자라는 지역의 온도와 습도에 크게 영향을 받는다. 일반적으로 커피의 과일산 fruit acid 수치는 온도와 습도가 높은 지역에서 더 높게 나타난다.

로스팅 과정에서 사과산은 크게 줄어든다. 이는 사과산의 녹는점이 130°C로 비교적 낮기 때문이다. 생두는 약 0.30~0.70%의 사과산을 함유하고 있지만, 중간 정도로 로스팅하면 사과산의 약 30%가 열 분해로 인해 소실된다.

이렇게 볼 때, 사과산은 커피의 풍미에 큰 영향을 미치는 화합물 중 하나임을 알 수 있다. 그래서 커피를 로스팅할 때 이 사과산의 양을 잘 제어하는 것이 커피의 최종 맛을 결정하는 중요한 요인이 된다. 덧붙여 커피 재배 환경을 잘 관리해 적절한 양의 사과산이 생성되도록 해야 한다는 사실도 알 수 있다.

5.5 인산

인산은 무기산의 한 종류로, 구조상 충분한 탄소가 없어서 그렇게 분류된다. 커피에서 인산은 흔히 피트산이라 불리는 이노시톨 헥사포스페이트라는 유기산을 커피 식물이 토양에서 흡수하면서 생성된다. 로스팅 과정에서는 이 피트산이 분해되어 인산이 만들어지는데, 인산은 앞서 설명한 다른 유기산들보다 약 100배 강력한 산성을 가지고 있다. 이로 인해 인산은 커피의 산미에 상당한 영향을 미친다. 강한 산도와 빠르게 용해되는 특성을 가지고 있어 (그렇기 때문에 인산이 많이 함유되어 있는 커피에서 오토 브레이킹auto breaking 현상이 일어난다) 커피의 산도를 높이는 주요 요소 중 하나다. 따라서 커피를 선택하거나 로스팅할 땐 인산의 존재와 그 영향을 고려해야 한다.

일반적으로 케냐 특정 지역에서 생산된 커피에는 중남미 워시드 커피에 비해 훨씬 많은 인산이 함유되어 있다. 이를 검증하기 위해 인산을 다른 지역의 커피에 첨가해본 결과, 인산을 인위적으로 첨가한 커피와 케냐 커피가 동일한 인산 농도를 보였다. 무기산인 인산은 로스팅 과정에서 대부분 유지되며, 다크 로스팅에서 더 잘 추출된다. 이에 대해서는 여러 견해가 있다. 일부 연구

> **REAL TALK!**
>
> 필자가 경험한 생두의 산미에 관련한 잘못된(부적절한) 김생두(가명)님과의 대화다. 여러분도 얼마나 공감되는지 반드시 생각해보길 바란다.
>
> **김생두** 아프리카 커피를 로스팅했는데 신맛의 기준을 모르겠어요.
> **Paul Kim** 어떤 신맛이요? 식초 같은 신맛이요? 아니면 화사한 과일의 산미를 말하는 걸까요?
> **김생두** 아! 사람들이 말하는 밝은 과일의 산미요! 청포도의 청량감, 레몬의 화사함이요!
> **Paul Kim** 커피의 세포호흡 때 생성되는 유기산을 뜻하시는군요!
> **김생두** 네, 맞아요!
>
> **필자 Says** 커핑을 하는 이유는 서로가 이해할 수 있는 객관적인 표현을 하기 위함이다.

자들은 인산의 강력한 특성과 쉬운 분해 능력이 커피의 산미 강도에 크게 기여한다고 주장한다. 반면 다른 연구자들은 커피 제조 과정에서 생성되는 동등한 양의 칼륨이 이 인산을 중화시킨다고 말한다. 이 둘 사이의 관계에 대해서는 아직 명확한 결론이 나지 않았다. 따라서 인산의 역할에 대한 깊은 이해와 그 효과에 대한 추가적인 연구가 필요하다. 이는 커피의 맛과 향에 대한 이해를 더욱 높이고 커피 로스팅 및 제조 과정에서 이러한 요소를 어떻게 활용하면 좋을지에 대한 통찰을 제공할 수 있다.

이번 장에서는 주로 커피의 유기산에 대해 다뤘다. 클로로겐산과 구연산은 열을 받으면서 분해되어 농도가 줄어들어 로스팅 정도와 반비례한다. 반면 퀸산과 카페산은 클로로겐산이 분해되면서 오히려 농도가 높아지는 특징을 가지고 있다. 로스팅 중에는 800개 이상의 화합물이 생성되는데, 그중 60개 정도가 커피의 주요한 향을 결정한다. 그러나 아직 밝혀지지 않은 화합물이 많다. 중요한 사실은 커피 맛에 유기산이 중요한 역할을 한다는 것이다. 유기산은 단순히 산미를 부여하는 것 이상의 역할을 하는데, 맛의 전구체 발달과 향미 형성에 크게 기여한다.

즉, 유기산의 존재와 그 역할은 커피의 풍부한 맛과 향을 형성하는 중추적인 요소다. 이를 이해하고 활용하는 것은 커피의 품질을 향상시키고 맛의 다양성을 추구하는 데 큰 도움이 된다.

Part 2

로스팅 기초 이론

1. 각종 측정 기구

로스팅 공정을 측정하는 데 필요한 도구가 장착된 로스터기의 구성을 살펴보기로 한다. 필자는 그동안 로스팅 중 시간대별 변화를 제대로 측정하지 않거나, 기존에 만들어 놓은 프로파일을 모든 로스팅에 동일하게 적용하는 소규모 로스터리를 많이 봤다. 이는 선글라스를 낀 채 어두운 곳을 막연히 걸어가는 것과 다름없어 로스팅 자료를 수집(프로파일링Profiling)하기가 어렵다. 열 공급과 생두 온도 간의 연관성을 확립하려면 시간대별 변화 측정은 필수다.

로스터기에는 가스 압력을 조절할 수 있는 세 가지 주요 컨트롤러가 있다. 물론 이 세 가지 외에도 각 제조사에 맞는 컨트롤러가 존재하지만, 이 책에서는 주요 컨트롤러에 대해서만 다루겠다.

1.1 열 공급

왼쪽 사진은 일반적인 가스 매니폴드에 가해지는 압력을 측정하는 매우 간단한 가스 압력 게이지다. 압력은 임의의 물체의 단위 면적에 수직으로 가해지는 힘이다. 어떤 게이지는 mmH2O(수주밀리미터)를 단위로 사용하는데 1,000mmH2O를 kPa(킬로파스칼)로 환산하면 9.80665kPa이다. 가스 압력을 나타내는 단위인 kPa에서 K는 킬로Kilo, 즉 1,000을 뜻하므로 1kPa은 1,000Pa이다. Pa(파스칼)은 SI(국제단위계)[01] 유도 단위로,

[01] SI 1960년 국제도량형총회에서 국제적인 표준으로 채택한 단위계. (물리학백과)

↗ 가스 압력 게이지

1Pa는 대략 1cm2 당 1N(뉴턴)[02]의 힘이 작용할 때 10g 질량에 의해 가해지는 압력이다. 간단히 설명하면 100g짜리 물건을 들어 올릴 때 손에 느껴지는 힘이 약 1N이다. 간혹 mb(밀리바)로 표기된 매니폴드도 있다. 10mb는 1,000Pa, 즉 1kPa로 환산할 수 있다.

압력 밸브를 조정해 압력을 올리면 가스가 유입되면서 게이지의 수치가 높아지고, 반대로 압력을 줄이면 수치가 낮아진다. 따라서 열 출력의 몇 퍼센트(10%, 50%, 100%)에서 로스팅할지를 결정하는 일은 매우 간단하다.

가스 압력 매니폴드는 가스 압력을 측정하는 가장 정확한 방법으로 여겨진다. 이는 여러 압력 지점을 동시에 측정하여 정밀하고 신뢰할 수 있는 값을 제공한다. 이에 비해 백분율에 기반한 다이얼 및 디지털 방식은 다소 정확도가 떨어진다. 하지만 세밀한 제어와 높은 정확성 또는 편의성이 필요한 실제 응용 분야에서는 다이얼이나 디지털 방식이 일반적으로 사용된다. 가스 압력을 더 정밀하게 조절할 수 있으며 사용자 친화적인 인터페이스 덕에 압력 수준의 제어와 모니터링이 용이하기 때문이다. 가스 압력 매니폴드만큼의 정확성은 아니어도 로스팅 목적을 효과적으로 달성하는 데 유용하다.

로스터는 자신이 선택한 가스 제어 방법과는 별개로 로스팅과 관련된 몇 가지 핵심 요소의 분석에 우선적으로 신경 써야 한다. 이 중 하나는 생두 온도 상승률RoR로, 로스팅 중 생두의 온도가 얼마나 빠르게 증가하는지를 나타낸다. RoR을 모니터링하면 향미 발달과 로스팅 진행 상황에 대한 통찰력을 얻을 수 있으며, 생두에 열이 적용되는 방식을 이해하고 가스 제어를 조정할 수 있다.

RoR 외에도 배기 온도ET와 드럼 온도BT의 변화도 고려해야 할 중요한 매개 변수이다. 배기 온도는 열 전달 효율과 전체 로스팅 조건을 반영하며, 드럼 온도는 로스팅 드럼 내의 열 분포를 나타낸다. 이러한 온도 변화를 분석하면 로스터의 열 강도가 생두에 미치는 영향에 대한 유용한 정보를 얻을 수 있다.

로스터의 열 강도를 기반으로 RoR, ET 및 BT를 주의 깊게 분석함으로써 열의 강도를 수치적으로 파악할 수 있다. 이러한 이

---

02 **1N**　1N은 1kg의 물체를 1m/s의 가속도로 가속시키는 힘이며, N을 국제단위계의 기본단위로 표현하면 m·kg·s이다. (물리학백과)

해는 커피 생두에서 일관된 원하는 풍미 프로파일을 달성하기 위해 정보를 기반으로 결정하고 조정할 수 있게 해준다. 이 온도 매개 변수의 분석은 로스팅 과정에서 품질을 유지하고 로스팅 결과를 최적화하며 성공적인 결과를 보장하는 데 매우 중요하다.

결론적으로, 가스 제어에 선택한 방법과는 상관없이 RoR, ET 및 BT의 분석은 매우 중요하다. 이는 로스팅 과정에서 열의 동학을 이해하는 데 유용한 통찰력을 제공하며 로스터가 데이터 기반의 결정을 내리고 최적의 결과를 달성할 수 있도록 도와준다.

시장에는 다양한 종류(LPG, LNG, 전기, 열풍식)와 크기의 로스터기가 존재한다. 자동차의 종류와 엔진 배기량에 따라 액셀러레이터 페달을 밟는 힘이 같아도 가속력은 달라진다. 그러므로 자동차를 처음 운행할 땐 반드시 액셀러레이터 페달과 브레이크 페달의 깊이감을 직접 체험해야 한다. 로스터기도 이와 마찬가지다. 현실적인 측면을 고려했을 때 가스 조절을 위한 디지털화에는 추가 비용이 소요되므로 어떤 방법이 가장 효율적이고 최고인지는 여러분의 판단에 맡긴다. 물론 이 책을 읽는 독자 중에는 전기 로스터기(혹은 적외선) 또는 열풍식 로스터기를 사용하는 이들도 있을 것이다. 어떤 로스터기를 사용하든 설치할 환경과 경제적 여건을 고려하여 구매하되, 반드시 로스터기에 설계된 열량을 가장 먼저 파악하고 분석해야 한다.

ET센서

1.2 배기 온도 센서

배기 온도를 측정하는 것은 로스터기 드럼에서 배기관 쪽으로 빠져나가는 대기 온도를 측정하는 것이기도 하다. 이 경우 온도 센서TC를 사용해 측정한다. 'Exhaust Temperature', 'Environmental Temperature' 등 여러 이름으로 알려져 있는 이 값은 로스팅 챔버에서 나오는 공기 흐름의 열 에너지 측정값을 나타낸다. 이는 열 적용, 로스팅 시스템에 의한 열 흡수, 생두의 질량에 의한 열 흡수 등 다양한 변수의 결과다.

대부분의 로스터가 사용하는 로스터기에 배기 온도 센서가 달려있지 않아 이를 별도로 장착한다. 배기 온도는 댐퍼 장착

여부와 팬 모터 rpm 조절 가능 여부 등에 따라 화력 다음으로 가장 효율적인 통제 요인이다. 로스팅 중 많은 열 전달이 드럼의 공기를 통해 이루어지는 만큼 배기 온도가 로스팅 제어에 중요한 것이다. 배기 온도를 조절할 수 있게 만들어진 로스터기도 있고 아닌 경우도 있는데, 후자라면 로스터기를 튜닝해 배기 온도를 화력과 함께 통제하면 이상적이고 성공적인 로스팅이 가능해진다.

온돌방 온도가 너무 뜨거워서 급히 식혀야 하는 경우를 예로 들어보자. 이때 가장 먼저 낮춰야 하는 것은 온돌방의 온도이며 창문도 활짝 열어야 할 것이다. 만약 창문에 단계별로 조절할 수 있는 환풍기가 달려 있다면 더욱 빠르게 온도를 낮출 수 있을 것이다.

여기서 생각해 보아야 하는 점이 하나 있다. 온돌방이 작든 크든 환풍기를 제어하는 데 어려움이 없다는 사실이다. 이는 어떤 용량의 로스터기를 사용하든 배기 온도를 통제하기가 어렵거나 다르지 않다는 것과도 같다. 물론 앞에서 언급한 댐퍼나 팬 모터의 rpm 속도를 제어할 수 있는 여건이 갖춰져 있다면 말이다.

세밀한 ET 조절을 위해 우리는 드럼에서 나와 사이클론으로 배출되는 배기가스의 온도를 측정한다. ET 센서 또는 프로브 probe가 설치된 위치에 따른 특징을 알아보자.

생두 호퍼 아래
ET 프로브가 생두를 담고 있는 호퍼 아래에 있으면 생두가 드럼에 들어가면서 처음 노출되는 공기의 온도를 측정해준다. 이 초기 온도를 모니터링함으로써 열을 미세하게 조절할 수 있다.

드럼 반대편 또는 배기 파이프 위
일부 로스터기의 ET 프로브는 생두 호퍼가 위치한 드럼의 반대편 또는 드럼 위를 지나가는 파이프 근처에 설치된다. 이 경우에는 일반적으로 로스팅 챔버 다른 부분에서의 공기 온도를 측정할 수 있다.

사이클론 배출구
ET 센서가 사이클론을 통해 드럼에서 배출되는 공기의 온도를 측정한다. 사이클론은 로스터기에서 배출되는 뜨거운 공기로부터 채프와 다른 입자들을 분리하는 역할을 한다. 이 지점에서 온도를 측정하면 로스팅 중에 적용된 열과 이것이 얼마나 효과적으로 관리되는지 알 수 있다.

　　ET 센서의 설치 위치는 로스팅 과정에 적용되는 열을 정확하게 모니터링하고 제어하는 데 매우 중요하다. 로스터기의 디자인과 원하는 로스팅 프로파일에 따라 ET 프로브는 다양한 위치에 설치될 수 있다. 온도 센서는 위치한 곳의 배기 온도를 읽기 때문에 센서가 어디에 설치됐는지에 따라 수치는 달라진다. 같은 제조사의 로스터기여도 센서와 배기가스가 빠져나가는 통로의 거리가 다르거나, 센서의 민감성에 차이가 있으면 측정값이 달라진다.

　　배기 온도ET와 원두 온도BT의 관계는 로스팅에서 매우 중요하다. 두 온도의 차이는 로스팅 종료 시점에 가까워질수록 적어져야 한다. 만약 ET 그래프가 특정 시점에서 BT와 교차하거나, 간격이 점차 멀어지거나 또는 급격히 가까워진다면 이는 대류열의 흐름에 문제가 있음을 나타내는 신호일 수 있다. 이 경우에는 팬 모터와 사이클론, 배기관의 상태를 반드시 점검해야 한다. 이 같은 현상은 화력 조절의 실패나 온도 센서의 오류로 인한 것일 수도 있다. 따라서 여러 가능성을 고려해 원인을 분석해야 한다.

　　아울러 배기 온도의 표시는 온도 센서의 민감도에 따라 달라질 수 있다. 그래서 로스터기가 설치된 상태에서의 실제 수치를 직접 체감하고 이해하는 것이 중요하다. 이러한 경험은 로스팅을 더욱 정교하게 조절하고 다양한 상황에 적응하는 능력을 키우는 데 큰 도움이 된다.

1. 정상적인 BT와 ET 그래프
2. BT와 ET가 교차하는 잘못된 그래프(댐퍼가 개방됐거나 드럼 속도가 느린 경우)
3. BT와 ET가 멀어지는 잘못된 그래프(댐퍼가 닫혀 있거나 드럼 속도가 빠른 경우)

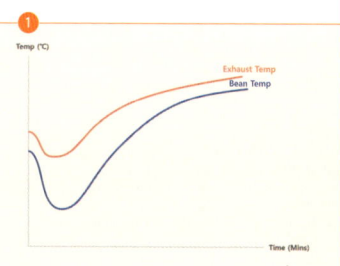
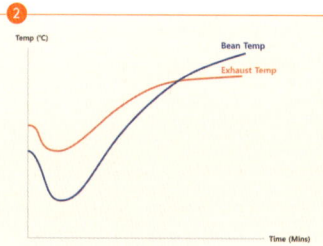
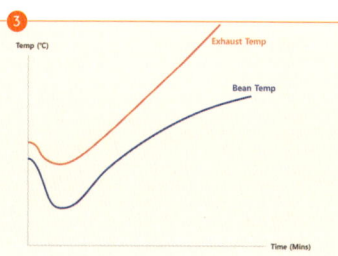

1.3 생두 온도 센서

생두 온도BT는 로스팅 진행 수준을 판단하는 핵심 지표다. 로스터기 드럼 내에서 회전하는 생두에 가해지는 열을 모니터링하는 BT 센서는 생두가 가열된 드럼에 접촉할 때의 열을 측정해 게이지로 보여준다. ET 센서와 마찬가지로 BT 센서도 센서의 민감도, 길이, 제조회사, 오염 정도 등에 따라 달라진다. 최적의 BT 센서 위치는 로스터기의 출구에 가까운 곳이다. 로스팅을 종료하는 시점의 생두 온도를 가장 정확하게 읽을 수 있기 때문이다.

↗ BT 센서

로스팅할 때 생두와 드럼 표면의 접촉을 최소화해야 간헐적인 탄화나 불균일한 로스팅을 방지할 수 있다. 그러려면 드럼 속도를 조정해야 한다. 로스터기에 따라 다르지만 드럼의 회전 속도는 종종 조정(튜닝)이 가능하다. 회전 속도를 높이면 생두와 드럼 표면의 접촉은 줄어들고, 반대로 속도를 낮추면 접촉이 늘어난다. 이상적인 드럼 속도는 생두와 원하는 로스팅 프로파일에 따라 다르다.

로스터는 BT 센서를 통해 여러 가지 프로파일을 구사할 수 있다. 이 센서는 BT가 시간에 따라 변화하는 속도를 나타내는 상승 속도RoR를 기록하고 분석하는 데 사용된다. 로스터는 생두의 온도가 특정 구간에서 상승하거나 하락하지 않는 안정적인 프로파일을 설계할 수 있도록 적합한 RoR을 찾아야 한다.

로스팅 시간을 직접적으로 늘리면 배기 온도는 직접적·선형적으로 증가하고, 간접적으로 늘리면 생두 온도가 올라가기 때문에 화력과 생두 온도, 그리고 배기 온도는 상관관계에 놓여있다고 볼 수 있다. 그러나 로스팅 시간을 지연시키는 것은 선형 상관관계로서 필요치 않다. 로스팅하는 동안 표면 온도와 수분, 드럼과 배관을 통해 흐르는 기류 등 다양한 변수가 나타나기 때문이다. 결론적으로 로스팅 프로파일을 구축할 때 화력과 생두 온도, 배기 온도 이 세 가지를 가장 우선으로 설정해야 한다.

REAL TALK!

필자가 경험한 로스팅 용량에 관한 잘못된(부적절한) 김생두(가명)님과의 대화. 여러분들도 얼마나 공감되는지 반드시 생각해보길 바란다.

김생두 왜 1kg 용량의 로스터기보다 10kg 용량의 로스터기 로스팅 속도가 늦죠?
Paul Kim 네? 왜 늦어져야만 하죠?
김생두 (자신 있게) 당연히 10kg짜리는 투입하는 생두 양이 많아지니깐 시간이 길어지죠!
Paul Kim 너구X 라면을 끓인다고 가정해 보죠. 1인분을 끓일 때 물이 끓기 시작하는 시점부터 대략 3분이 걸린다면 10인분 끓일 때는 30분이 걸리나요?
김생두 아니죠. 너구X 라면은 3분 30초까지 끓여야 면발이 꼬들꼬들하고 맛있죠!
Paul Kim 그쵸? 그런데 커피는 왜 로스팅하는 시간이 달라야만 한다고 생각하세요?
김생두 …

필자 Says BT, ET 값을 자유자재로 통제할 줄 알아야만 실력 있는 로스터다. 만약 ET 센서가 없거나 ET를 조절하는 장치가 없으면 추가 비용을 들여서라도 장착할 것을 꼭 권한다.

2. 로스팅 프로파일링을 위한 준비

2.1 로스터기 선택의 중요성

로스터기 제조업체는 수없이 많아 어떤 제품을 어떻게 선택해야 할지 판단하기가 어려울 수 있다. 대부분의 로스터기는 100% 수동으로 조립된다. 따라서 제조업체들은 기계에 대해 정확히 파악하고 있다. 그러나 기술자들의 숙련도와는 별개로 커피 로스터기만을 전문으로 하는 제조업체는 해외의 경우 거의 없다. 이는 구매에 앞서 로스터기를 먼저 테스트해봐야 하는 이유 중 하나다. 로스터기는 여러분의 매장에서 가장 중요한 자산이 될 수도 있다는 점을 명심해야 한다.

로스터기는 일반적으로 다음과 같은 장치들을 필수적으로 갖추어야 한다.

- **생두 온도BT 센서** : 온도 센서는 실제 콩의 내부 온도가 아니라 표면 온도를 표시해준다.
- **배기 온도ET 센서** : 이 센서의 판독 값은 일반적으로 버너의 BTU[03] 출력 변화에 즉시 반응한다.
- **가스 압력 게이지** : 이 게이지는 버너의 BTU 출력을 정확하게 표시한다. 수동이든 자동이든 본인에게 잘 맞는 것을 선택하면 된다.

---

03 **BTU** British Thermal Unit의 줄임말로 미국, 영국에서 공업상 사용하는 열량 단위다. (두산백과)

2.2 로스팅 프로파일에 필요한 설명

이제 로스팅의 매우 중요한 부분인 프로파일링에 관해 이야기해 보기로 한다. 그래프로 들어가기 전에, 먼저 어떤 방법으로 접근해야 하는지에 대한 기본 체제를 설명하고자 한다. 로스팅 프로파일링에 대한 많은 오해와 편견이 존재하기 때문이다. 기본적으로 로스팅 프로파일이란 무엇인가? 가장 먼저 로스팅 프로파일링에 관해 이야기할 때 다뤄야 하는 몇 가지 기본 요소를 설명하기로 한다.

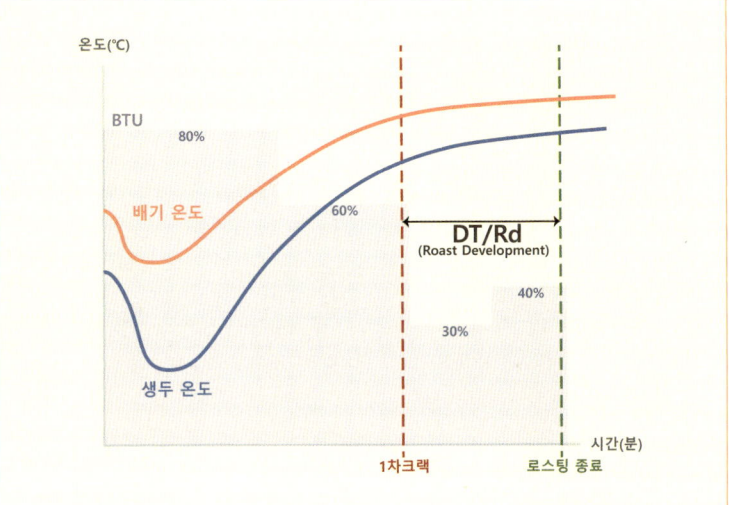

위 그림은 시간과 온도 그리고 열 공급BTU 프로파일 그래프다. 여러분은 각 그래프를 별개의 것으로 생각할지 모르지만, 사실 세 그래프는 밀접하게 연관되어 있다. 먼저 주황색 선의 시간 온도 프로파일은 배기 온도ET를 나타낸다. 이는 호퍼 주변 어딘가에 부착된 디지털 또는 아날로그 온도계로 측정되는 온도다. 다음으로 파란색 선은 생두 온도BT를 나타낸다. 이는 로스팅 과정 중 생두에 전달되는 온도의 변화를 보여준다. BTU 프로파일은 로스팅 진행 단계를 나타낸다. BTU 프로파일이 나타내는 것은 버너의 잠재적인 열 출력을 백분율로 표시한 열 공급이다. 이때 사용되는 단위는 영국의 열 단위인 BTU다. 이는 물 1갤런(약 4리터)의 온도를 1°F(–17.22°C) 올리는 데 필요한 에너지를 말한다.

그래프의 수직선은 온도 를, 수평선은 분 단위의 시간을 의미한다. 미국이나 유럽에서는 온도 단위로 화씨를 주로 사용하는데 섭씨나 켈빈Kelvin(절대온도 단위)을 쓰기도 한다. 우리나라에서 사용하는 섭씨의 경우 0 는 물이 어는 온도, 100°C는 물이 끓는 온도라는 논리를 기반으로 한다. 참고로 화씨 기준 해수면(1기압)에서 물이 끓는 온도는 212°F이며 이는 섭씨 100°C와 같다.

수년 전만 해도 BT 센서만 탑재된 로스터기가 많았다. 이것만으로는 열 온도의 흐름을 예측하기가 힘들다. BT와 ET 그리고 BTU까지 세 측정 단위가 서로 밀접하게 연관되어 있기 때문이다. 로스터기 열 공급의 결과에 따른 반응을 강요하는 것이 ET다. 이는 열 증가 또는 열 감소의 직접적인 영향으로 달라진다. 생두가 반응하여 ET에서 열을 흡수할 땐 지연이 발생한다. 그 지연은 정상적인 현상으로 열 공급 변화는 ET와 BT에 즉시 영향을 미친다고 볼 수 있다. 커피를 로스팅할 땐 이 상관관계를 염두에 두어야 한다.

흥미로운 사실은 생두 내부와 로스터기 내부의 온도 변화뿐 아니라 생두 화학에서 매우 중요한 생두 온도의 변화도 함께 일어난다는 점이다. 이러한 화학적 성질은 커피의 색과 향미, 그리고 향기에 의해 나타나지만, 세포 구조의 실질적인 속성도 변화한다. 그래서, 이 그래프는 여러분이 로스팅한 커피의 다양한 변화를 표시하는 데 사용될 것이다.

2.3 하드 빈 VS 소프트 빈

하드 빈과 소프트 빈을 어떻게 구분할까? 만약 여러분이 하드 빈과 소프트 빈을 가지고 있다면 추측에 필요한 모든 정보와 밀도 측정 장비 또한 가지고 있기를 바란다. 생두의 밀도는 육안이 아닌 수치로 판단하는 것이 정확하다. 다만 몇 g/l(밀도의 단위)가 정확하게 하드빈인지 소프트 빈인지 정의 내리기는 어렵다. 생두의 수분과 밀도는 밀접한 관계를 맺고 있고 이에 따른 로스팅 변수가 다양하게 발생하기 때문이다.

위. 하드빈, 아래. 소프트빈

생두의 밀도는 주로 커피 품종, 재배 고도, 토양 조성, 기후 조건 및 농업 관행과 같은 요인에 의해 결정된다. 위도는 생두의 밀도에 직접적인 영향을 주지는 않지만 커피 재배지의 기후 조건을 결정하는 데 간접적인 영향을 미친다. 커피나무는 일반적으로 특정 위도 범위 내에 자리한 열대 및 아열대 지역에서 번성한다. 커피 재배에 가장 적합한 위도는 일반적으로 캔서Cancer와 캡리콘Capricorn 자리의 열대 지역에 해당하며, 적도로부터 약 23.5도 북쪽과 남쪽에 위치한다. 다른 위도에서의 기후는 커피의 전반적인 성장과 발달에 영향을 미친다. 온도, 강수량, 일조량 및 계절 변화 같은 요소들은 위도와 마찬가지로 다양하며, 이는 커피체리의 성숙 과정과 이에 따른 생두의 밀도에 영향을 준다.

적도에 가까운 더 높은 위도의 지역에서는 보통 더 서늘한 온도가 지배하는 높은 고도에서 커피를 재배한다. 이러한 기후에서는 커피체리가 익는 속도가 느려져 보다 밀도 높은 생두가 만들어진다. 긴 성숙 기간은 생두가 발달하고 용해성 고형물을 축적할 시간을 더 많이 제공하기 때문이다. 반면 적도에 가까운 낮은 위도의 지역은 기후가 온화하다. 이 경우 커피체리가 더 빠르게 익어 생두의 밀도가 낮아진다.

생두의 센터 컷을 잘 관찰하면 밀도를 대략적으로 파악할 수 있다. 생두의 밀도가 낮을수록 센터 컷은 많이 벌어진다. 반면 센터 컷이 닫혀 있다면 하드 빈일 가능성이 크다. 그러나 이것은 대략적인 추측일 뿐이니 화력과 ET를 제대로 통제하기 위해서는 수분과 밀도 측정기로 정확한 수치를 확인해야 한다.

측정 도구를 사용하지 않는 것은 처음 가는 장소를 내비게이션 없이 찾아가는 것과 마찬가지다. 생두의 밀도 값을 알면 어떤 로스팅 프로파일을 접목할지 계획을 세우고 부피 변화율도 계산할 수 있다. 참고로 생두의 부피 계산법은 다음과 같다.

생두의 부피(l) = 무게 / 밀도

하드 빈의 로스팅 프로파일

하드 빈을 로스팅할 때, 특히 2차크랙 이후까지 로스팅을 끌고 갈 땐 S-곡선을 권장한다. 이는 수없는 커핑 실험과 다양한

하드 빈 프로파일

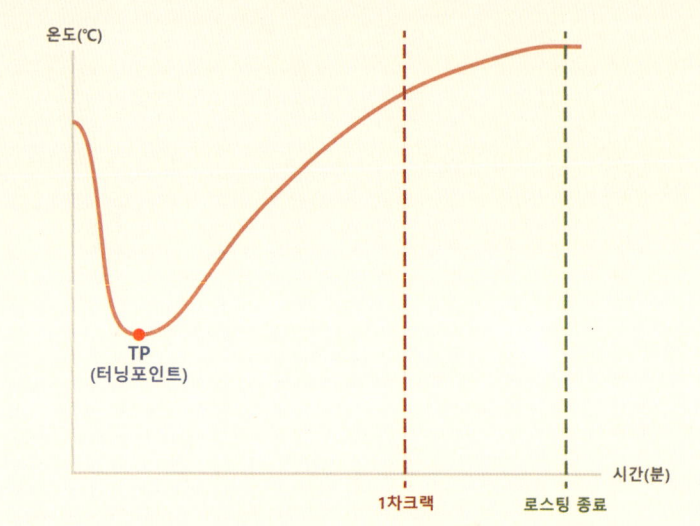

로스팅 프로파일 비교를 기반으로 내린 결론이다.

드럼에 생두를 적재하면 그래프와 같이 BT가 떨어지고, 터닝포인트TP에서 최저 온도를 찍는다. 이제 처음에는 높은 온도로 로스팅할 것이다. 1차크랙이 전까지 생두 내부 열은 흡열성으로, 생두는 공급되고 있는 열을 흡수한다. 1차크랙이 일어나기 직전, 생두 안의 열이 발열되고 생두는 열을 생성하기 시작한다. 이 시점에는 열 공급을 줄여야 한다. 화력이나 댐퍼 조절 혹은 팬 모터 속도를 통제하면 된다.

2분간 열 공급을 줄여서(BTU를 낮추거나 공기 흐름을 통제) 로스팅을 제어한 다음, 1차크랙 후 로스팅을 마무리하기 위해 다시 열 공급을 늘릴 수 있다(흡열 단계). 그래프에서는 온도 곡선이 다시 올라가는 시점에 에너지가 증가하는 흐름을 볼 수 있다.

필자는 수없는 커핑을 통해 샘플 로스팅의 1차크랙 시점과 로스팅 종료 시점Develop time 간의 이상적인 시차가 최소 1분에서 2분(±30초)이라는 결론에 도달할 수 있었다. 2023년 새로 공개된 SCA 커피 가치 평가Coffee Value Assessment 프로토콜에서는 홀빈 아그트론 값 63만 언급하며[04], 이전에 정해두었던 SCA 샘플 로스팅

[04] 이 수치는 기존 58에서 63으로 변경됐다.

시간(8~12분) 항목을 삭제하고 정확한 시간 범주를 표기하지 않았다. 필자가 현실적으로 생각하는 적정 샘플 로스팅 시간은 5분 30초~7분(±30초)이며 홀빈 아그트론 63±2, 그라운드(분쇄원두, 841 μm)아그트론 80~84다. 이 또한 200번의 큐그레이더 수업을 진행하며 정립한 수치다. 구체적으로 어떤 근거로 이러한 기준을 세웠는지는 샘플 로스팅 단원에서 자세히 다루겠다.

샘플 로스팅 시 대류열이 있는 드럼 로스터기의 이상적인 로스팅 시간은 대략 5~8분이다. 로스팅 시간이 이보다 길어질 경우 맛이 밋밋해지고 baked, 이보다 짧으면 초산이 정점을 찍어 매우 불쾌한 신맛 acid이 난다. 어떤 로스팅 프로파일을 선택하고 개발하든 '밸런스가 좋고 클린한'과 같은 진부하고 잘못된 표현은 삼가고, 최대한 SCA 플레이버 휠에 근거한 표현을 사용해야 한다. SCA 플레이버 휠이든 커핑 폼이든 이 세상에 나와 있는 그 어떠한 평가 플랫폼보다 더 인지도 있고 기술적으로 만들어진 것은 없다. 객관적으로 커피를 평가하기 위한 커핑에서 '밸런스가 좋고 클린한' 같은 표현은 너무나 두루뭉술하며, SCA 커핑 폼에서 밸런스와 클린컵은 향미 표현 시 다른 개념으로 사용된다. 이 내용은 커핑 부분을 참고하길 바란다.

필자는 수년 전 시각 visualization, 소리 sound, 냄새 smell를 이용한 어려운 방법으로 로스팅을 배웠다. 나중에서야 배기, 환경, 그리고 BT 센서와 같은 적절한 측정 도구가 매우 중요하다는 것을 깨달았다. 로스터기를 사용하는 사람이라면 누구든지 필자가 지난 몇 년간 완성한 데이터를 모방하고 참고할 수 있다. 각 생두를 제대로 로스팅하는 방법을 배우는 것은 완벽한 커피 한 잔을 만드는 첫 단계일 뿐이다. 로스팅 후 매번 약식이 아닌 정확한 커핑을 한다면 분명히 최적의 로스팅 프로파일을 결정할 수 있을 것이다.

REAL TALK!

필자가 경험한 생두 밀도와 관련한 잘못된(부적절한) 김생두(가명)님과의 대화다. 여러분들도 얼마나 공감되는지 반드시 생각해 보길 바란다.

김생두 브라질 커피는 많이 로스팅해봐서 잘 알겠는데 코스타리카는 감이 안 와요!

Paul Kim 혹시 유기산의 산미를 살리는 게 어려운가요?

김생두 네! 밝은 유기산이요!

Paul Kim 밀도 체크하고 로스팅 프로파일 잡으셨나요?

김생두 아니요! 브라질이랑 같은 프로파일로 했어요.

Paul Kim (하…) 밀도에 따라 화력과 열량이 당연히 달라지죠! 그럼 DT 시간도 달라지고요!

김생두 …

필자 Says 생두의 밀도를 파악하지 않고 로스팅하는 것은 한 번도 만나보지 못한 이성과 결혼하는 것과 같다. 그만큼 리스크 부담은 여러분들 몫이다.

3. 로스팅 디벨롭먼트

3.1 로스터기 예열 및 투입 온도

로스팅을 위해선 가장 먼저 차가운 로스터기 드럼을 예열해야 한다. 기계의 가열 에너지를 계산하는 것은 쉽지 않다. 드럼 로스터기의 드럼 자체 온도는 BT와 ET 센서에 표시되는 것과 엄밀히 다르다. 예열 온도는 처음 로스팅을 하기 전에 센서가 가리키는 로스터기 온도를 기반으로 한다. 그러나 센서 온도는 로스터기마다 조금씩 다르기 때문에 자신의 환경과 설정에 가장 적합한 예열 온도를 직접 체득해야 한다.

필자는 직접 가열 방식의 15kg 드럼 로스터기를 사용하는데, 풀 배치 로스팅 시 로스터기를 210°C까지 예열한다(그러나 210°C는 절대적인 수치가 아니다). 댐퍼 조절 외에도 원활한 화력 조절을 위해서 가스의 공급(LNG, LPG)에 따른 추가 버너 튜닝이 권장될 수 있다.

전기와 열풍 로스터기는 또 다르다. 로스터기에는 가스 스로틀과 버너 사이에 아날로그 압력 게이지가 장착되어 있어야 한다. 이 게이지는 버너의 kPa에 대한 정보를 정확하게 표시한다. 일반적으로 배기 팬 속도를 로스팅 속도보다 약간 낮게 유지하면 예열이 더 빠르게 이뤄지며 로스터기가 뜨거운 공기를 너무 많이 내뿜지 않는다.

3.2 가스 압력 게이지

첫 번째 로스팅을 시작하기 전, 자신의 이상적인 시작 온도Charge Temp보다 15°C 높게 예열하도록 설정한다. 이 시점에는 ET 센서의 온도가 BT 센서의 온도보다 떨어지는 것을 볼 수 있을 것이다. BT와 ET 센서 판독 값이 같아질 때까지 이 온도로 열을 올리고 내리길 반복한다. 설정 온도에 도달하면 약 15분 동안 로스터기를 공회전시킨다. 그다음, 가스 설정을 낮추어 이상적인 시작 온도로 떨어뜨린 후 5분 정도 더 공회전시킨다. 첫 배치 로스팅 시간이 두 번째나 세 번째 로스팅 시간보다 느리면 시작 온도에서 더 오래 공회전시키고, 너무 빠르면 공회전 시간을 줄인다. 이 과정을 몇 번 반복하면 자신에게 가장 적합한 루틴을 알 수 있다.

　　　　로스팅 기술이 향상되고 경험이 풍부해지면 선택한 시작 온도에 영향을 미치는 다양한 요인들을 고려할 필요가 있다. 그 요인들은 다음과 같다.

3.3　배치 용량

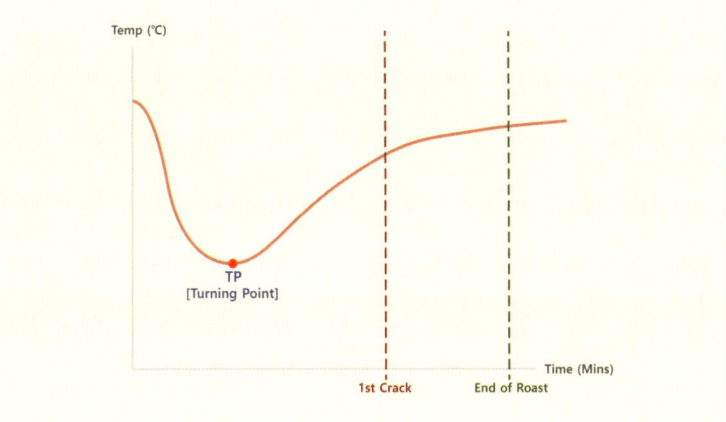

지정된 용량의 80% 미만의 배치를 로스팅하는 경우 낮은 투입 온도에서 시작한다. 투입 온도가 항상 180~210°C 사이여야 한다는 편견을 버려라. 전체 용량의 10%를 투입할 경우 매우 낮은 온도인 140~160°C 사이에서도 충분한 향미가 만들어지는 로스팅이 가능하다. 이 온도 또한 필자가 무수히 많은 커핑을 통해 얻은 데이터다. 이 책을 읽는 여러분도 다양한 화력 조절과 ET 조절을 실험해보고 커핑해 보길 바란다. 생두 양이 적어 생두가 샘플러에 담기지 않는다면 드럼 회전수를 조금 빠르게 조절해라(드럼 회전수를 조절할 수 있는 튜닝이 필수적인 이유다). 그리고 화력과 ET로 로스팅 프로파일을 세팅해야 한다.

3.4 생두 가공 방식

워시드 생두는 일반적으로 높은 투입 온도를 견딜 수 있으나 내추럴 생두의 투입 온도는 약간 낮아야 한다. 내추럴 생두는 풍부한 단맛과 가공 시 발생하는 사과산의 2차 발효로 젖산이 형성돼 더 나은 바디를 지니지만, 워시드 생두를 로스팅하는 것처럼 프로파일을 설정하면 콩이 타버릴 가능성이 매우 크다. 내추럴 생두 특유의 단맛을 보존하기 위해서는 로스팅 전체 속도를 늦추는 게 좋다.

생두의 수분이 날아가는 건조 단계가 끝나고 옐로우 단계로 넘어가면서 당은 산과 단백질을 캐러멜화하기 시작한다. 이 단계를 길게 끌어감으로써, 그리고 1차크랙을 통해 효소반응의 결과인 살구apricot, 복숭아peach, 베리berry 등 묵직한 과일의 풍부한 향미, 플레이버와 바디를 향상시킬 수 있다. 만약 캐러멜화가 너무 빨리 지나가면 당을 충분히 캐러멜화할 기회가 없어지기 때문에 커피의 단맛이 많이 배제된다. 또, 어떠한 이유로 인해 예측할 수 없는 순간 내추럴 생두의 온도가 급속도로 상승하면서 열이 내부로 빨리 침투될 수 있다. 이 경우 홀빈 아그트론이 밝더라도 그라운드 아그트론은 어두울 수 있기 때문에 유의해야 하며, 로스팅 결과물은 반드시 분쇄하여 색상을 체크해야 한다. 한 번 더 여러분에게 강조하건대 필자는 단맛과 밸런스 그리고 클린컵이 어떻다는 애매모호한 표현은 절대 하지 않겠다.

3.5 생두 밀도

도구를 이용한 측정 없이는 정확한 생두 밀도 수치를 얻기 힘들다. 생두의 밀도는 로스팅 과정과 커피의 최종 맛에 중대한 영향을 미친다. 밀도는 생두의 질량을 그 용량으로 나눈 것이며 이는 커피 품종, 재배 고도, 그리고 가공 방식 등 여러 요인에 따라 달라진다.

생두의 밀도를 잘 이해한다면 로스팅 과정(열 적용 및 시간)을 올바르게 조정하여 일관되고 바람직한 맛 특성을 달성할 수 있다.

생두 밀도에 따른 로스팅

- **로스팅 시간** : 보통 밀도가 높은 생두는 더 긴 로스팅 시간을 필요로 한다. 밀도 높은 생두가 더 단단하고 수분 함유량이 많아 충분한 열을 흡수하고 원하는 로스팅 단계에 이르기까지 더 오랜 시간이 걸리기 때문이다.
- **열 전달** : 밀도가 높은 생두는 밀도가 낮은 생두와는 열을 흡수하고 전달하는 방식이 다르다. 밀도 높은 생두는 단단해 열을 더 천천히 전달하므로 종종 더 높은 온도나 오랜 시간을 요구한다.
- **맛 형성** : 밀도는 로스팅 중 커피의 맛 형성에도 영향을 미친다. 보통 높은 고도에서 성장한 생두의 밀도가 더 높으며(하드 빈), 이런 생두는 고도가 더 낮은 곳(소프트 빈)에서 자란 생두보다 신맛이 높고 맛이 더 복합적이다. 그러나 밀도 높은 생두가 제대로 로스팅되지 않으면 추출이 미흡하게 되어 신맛이 나거나 맛이 부족한 커피가 될 수 있다.
- **로스팅 일관성** : 한 배치의 생두가 서로 다른 밀도를 가지고 있다면 이는 로스팅의 일관성에 문제를 일으킬 수 있다. 일부 생두는 로스팅이 잘 안되고, 다른 생두는 과도하게 로스팅돼 같은 배치에서도 맛의 범위가 넓어질 수 있다. 이를 방지하기 위해서는 로스팅 전에 생두를 밀도에 따라 분류하는 것이 중요하다.

3.6 로스팅 시간

어떤 로스팅을 추구할지에 따라 밀도가 높은 워시드 생두는 그렇지 않은 생두보다 로스팅을 더 오래 해야 한다고 결론을 내릴 수 있다. 이 책에서 이야기하는 로스팅은 샘플 로스팅, 대중의 입맛에 맞춰 산미를 낮추는 로스팅, 개인의 선호도에 따른 다크 혹은 라이트 로스팅, 블렌딩 콘셉트에 맞는 로스팅 등 다양하다. 필자가 중간 중간 삽입하는 로스팅 로그 그래프나 거기에 따른 로스팅 방법을 설명할 때 '일반적으로' 혹은 '예시'라는 표현을 쓰는 이유는 로스팅 방법에 따라 로스팅 전체 시간은 충분히 달라질 수 있어 절대적인 로스팅 시간을 제시하는 것은 의미가 없기 때문이다(예외로 SCA 프로토콜에서 샘플 로스팅의 시간과 홀빈/분쇄 아그트론을 명확히 제시하는 것은, 샘플 로스팅은 생두가 지닌 모든 유기물질이 최고치를 찍을 때까지 진행하는 것이기 때문이다).

배치 용량도 로스팅 시간 결정에 영향을 미친다. 용량이 큰 배치를 더 빨리 로스팅하려면 당연히 투입 온도와 화력, 배기 온도를 더 높여야 한다. 이 말은 곧 배치 크기가 작든 크든 동일한 결과물을 얻고 싶다면 투입 온도, 화력, 배기 온도를 조절해 똑같은 시간 그래프를 그려야 한다는 뜻이다. 다시 말해 더 많은 양의 생두를 로스팅할 때 더 긴 시간이 걸린다는 것은 완전히 다른 로스팅 프로파일을 구축하는 것과 마찬가지다.

열량을 최대치까지 끌어다 써도 오랜 시간이 걸려 로스팅 됐다는 것은 1차크랙이 적게 터졌다거나 터지지 않았다는 것일 수 있다. 이 경우 베이크드baked한 로스팅이 될 수도 있고 홀빈과 분쇄 아그트론의 편차가 작아질 수밖에 없다. 버너, 배기 온도, 드럼 속도 조절 튜닝이 필요한 이유다.

이해하기 쉬운 상황으로 예시를 들어보겠다. 샘플 로스팅 시 화학적인 변화가 정상적으로 이뤄졌다면 홀빈 아그트론은 63, 분쇄 아그트론은 80~84가 나온다. 반면 전체 시간이나 디벨롭 타임DT이 길어지면 홀빈 아그트론이 63이어도 그라운드 아그트론은 70 이하로 나오면서 스페셜티 커피의 특징인 과일fruity, 꽃floral, 채소vegetative 등 유기산 계열의 향미가 감소한다는 점을 잊지 말자.

다만 여기서는 투입 온도의 차이를 이야기하는 것이 아니다. 동일한 양과 생두를 로스팅할 때 필자는 특별한 요청으로 매우 라이트하게 로스팅하는 경우를 제외하고는 투입 온도에 10°C 이상의 변화를 주지 않는다. 직접 가열한 드럼은 매우 뜨겁기 때문에 나중에 로스팅할 배치를 고려하는 것이다. 좋은 방법은 가스 버너가 꺼지거나 BT가 낮아질 때 투입하는 것이다. 각 배치 사이

간격에 투입 온도 하강 후 상승을 유도하여 최소의 예열 화력으로 투입하는 방법도 있다.

또 다른 예시로 15kg 용량의 로스터기의 예열을 완료해 BT 센서와 ET 센서가 모두 210°C(또는 최적 투입온도)를 가리키고 있다고 가정해보자. 호퍼 안에는 12kg의 생두가 들어있으며 로스터기 온도는 방금 210~215 로 순환해 이제 온도가 내려가는 단계에 있다(그렇지 않으면 수동으로 낮춰야 한다). BT 온도가 210°C에 도달하면 생두를 로스팅 챔버에 투입한다. 가장 먼저 눈에 띄는 것은 급락하는 온도 수치다. BT는 ET보다 더 빠르게 떨어진다. 이때 가끔 수동으로 버너를 최대 수치로 다시 조정해야 할 수도 있다. 생두 온도는 80~90°C에서 최저점을 찍고 다시 올라가기 시작할 것이다. 이보다 낮으면 초기 투입 온도가 너무 낮았거나, 생두 투입 후 버너를 최대 전력으로 조정하는 속도가 충분히 빠르지 않아서일 수도 있다. 첫 번째 배치 이후에는 로스터기 자체가 많은 열을 흡수한 상태이므로 동일한 양을 넣더라도 TP가 더 높을 것이다.

3.7 드럼 속도

드럼 속도는 로스팅 중 BT와 ET 그래프에 큰 영향을 미친다. 드럼이 회전하는 속도는 생두가 얼마나 균일하고 빠르게 로스팅되는지를 결정하기 때문이다. 드럼 속도가 BT와 ET에 미치는 영향들을 살펴보자.

빠른 드럼 속도

드럼 속도가 빠르면 생두가 더 자주 움직이기 때문에 각 생두가 뜨거운 드럼 표면에 접촉하는 시간이 줄어들어 더 균일한 로스팅을 할 수 있다. 이에 따라 모든 생두에 열이 골고루 가해져 BT가 더욱 일정해진다. 그러나 이런 활발한 움직임은 생두가 열을 더 빨리 흡수하게 하고, 드럼 내 환경에 열이 반사되는 경우도 줄어들어 ET가 더 낮아질 수 있다.

느린 드럼 속도

드럼 속도가 느리면 생두가 뜨거운 드럼 표면에 접촉하는 시간이 더 길어진다. 이로 인해 BT가 더 높아지고 균일성이 떨어질 수 있다. 아울러 생두가 열을 덜 흡수하고 더 많은 열이 드럼 환경에 반사되기 때문에 ET가 더 높아질 수 있다.

BT와 ET 그래프 측면에서 봤을 때, 드럼 속도가 빠르면 BT가 더 부드럽고 점진적으로 증가하며 ET는 약간 낮고 더 안정적이다. 반대로 드럼 속도가 느리면 BT는 더 가파르게 증가하며 ET는 더 높고 변동성이 있을 수 있다.

최종적으로 로스팅에는 '정답'이라고 할 만한 드럼 속도는 없다. 최적의 드럼 속도는 생두의 종류, 원하는 로스팅 프로파일, 사용하는 로스터기, 그리고 로스터의 개인적인 선호도 등 다양한 요소에 따라 달라진다. 원하는 BT와 ET 프로파일을 얻으려면 다양한 드럼 속도를 실험해봐야 한다.

3.8 디벨롭 타임

필자는 로스팅을 가르칠 때 "1차크랙 직전까지 최적의 프로파일을 세팅하면 1차크랙이 터지기 전에는 약간의 시간적 여유가 생길 수 있다"라고 말한다. 복잡한 로스팅 프로파일을 비싼 웃돈을 주고 살 이유는 없다. 훌륭한 로스터는 생두의 다양한 특징에 맞게 최대한 간단하고 현실적인 프로파일링을 한다. 로스팅은 굉장히 힘든 노동이다. 여기에 화력과 배기 조절까지 자주 한다면 로스터로서 절대 롱런할 수 없다.

전체 로스팅을 큰 그림으로 보았을 때 꼭 주의를 기울여야 할 단계는 1차크랙의 시작과 끝나는 지점이다. 만약 다크 로스팅을 위해 2차크랙 이후까지 로스팅한다면 엄청난 발열이 일어나기 때문에 더욱더 주의가 필요하다. 요점은 진정한 로스팅은 1차크랙이 시작되기 직전부터라는 것이다. 로스팅 단계 발전과 최종 로스팅 / 향미 프로파일 생성에 중요한 것은 1차크랙에 너무 빠르거나 느리게 도달하지 않도록 하는 것이다.

물론 버너와 팬(혹은 댐퍼)으로 공기 흐름을 제어하는 식으로 로스터기의 열 에너지 강도를 조절해 결과를 낼 수 있다. 시간에 기반한 목표물을 가이드로 사용해 균형 잡힌 프로파일을 설정해라. 또한 극적인 열과 공기 흐름 변화로 과도하게 그려지는 곡선이 아닌 부드러운 S-곡선을 달성하도록 노력해야 한다. 급격한 모양의 로스팅 곡선은 운전 시 급제동, 급가속과 같다.

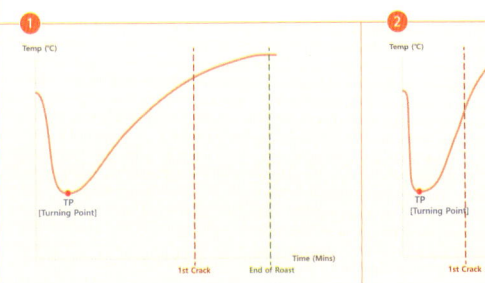
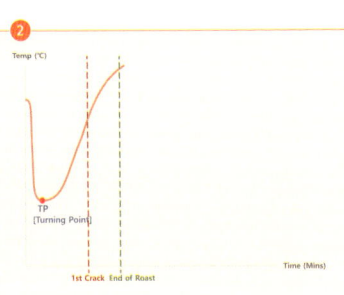
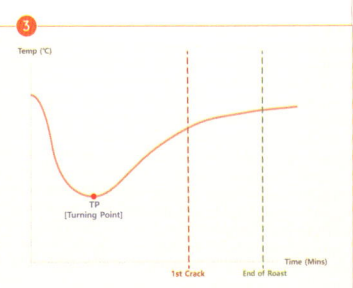

① 정상적인 로스팅 그래프
② 잘못된 예시 - 패스트 로스팅 그래프
③ 잘못된 예시 - 베이크드 로스팅 그래프

사용하는 로스터기에 따라 로스팅 전반에 걸쳐 열 에너지를 충분히 조절해야 한다. 모든 기계의 출력은 다르기 때문에 단계별로 한 가지 방법만 따르는 것은 권장되지 않는다. 버너나 공기 흐름을 조정하여 로스팅 속도를 컨트롤할 수 있다는 점을 명심하기 바란다. 일반적으로는 1차크랙이 발생할 때까지 공기 흐름을 줄이고 로스팅 마지막 단계에 이를 때 공기 흐름을 높인다(부분적으로는 이 단계에 발생하는 연기 배출을 원활히 하기 위함이다). 반대로 버너는 로스팅 초기에는 높게 켰다가 나중에는 내려서 속도를 늦춘다.

로스팅 초기 단계에서 생두 자체에 어떤 일이 일어나는지를 빠르게 살펴보자. 3분에서 4분이 지나면 로스팅은 1단계에 접어들며 이때 생두 수분 함량은 시작점인 10~12%에서 꾸준히 떨어진다. 이 건조 과정은 많은 에너지를 필요로 하기 때문에 풀 배치 로스팅의 경우 로스팅 시작 시점에 버너를 100% kPa로 설정해야 한다. 이 단계에 최대 에너지를 사용하는 일은 매우 중요하다. 물론 적은 양을 로스팅할 땐 이에 맞게 화력과 배기 팬을 설정하면 된다.

일반적으로 샘플 로스팅 시에는 생두가 열 에너지를 흡수하기 시작하고 로스팅을 마무리할 때 격차를 줄이기 위한 추진력을 얻는 이 시점에 BT와 ET가 매우 큰 차이를 보여야 한다. 약 1~4분 후부터 생두의 수분이 날아가면서 생두가 갈변되기 시작한다. 생두의 밀도는 여전히 높고 구수한 빵과 쌀의 향미가 난다. 커피가 시나몬 색으로 변화하면서 갈변 반응은 계속 일어날 것이다. 옐로우와 갈변화 단계인 2단계는 일반적으로 1차크랙이 발생하는 약 5~8분까지 반응이 계속된다. 이 시점에 초기 단계의 시간, 온도 설정을 적절히 조절하는 것이 중요하다는 점을 다시금 강조한다.

적절한 시간에 1~2단계를 달성하려면 로스터기에 충분한 에너지가 있는지 확인해야 한다. 로스팅 후반 단계에 에너지를 증가시킨다고 해서 향미 프로파일을 생성할 수 없다. 원두 안쪽은 덜 익고 under developed 바깥쪽은 너무 익는 over developed 현상이 일어나 홀빈 아그트론과 분쇄 아그트론 편차가 너무 커질 수 있다. 이 경우 원두의 바깥쪽에선 탄 맛 burnt과 쓴맛 bitter이 나고, 언더 디벨롭된 안쪽에선 불쾌한 신맛 acrid과 풋내 greenish가 난다.

이제 3단계인 1차크랙으로 이어진다. 이 단계에서는 생두가 본래 지니고 있는 향미 프로파일이 생성되고 화학적 변화가 일어난다. 2단계에서 생성된 증기와 CO2가 생두 압력을 높여 팽창이 일어난다. 1차크랙이 발생하기 약 2분 전 이러한 팽창으로 인해 은피가 벗겨지며 사이클론 쪽으로 흘러간다. 압력이 너무 커지면 생두의 세포벽이 깨지고 균열이 생긴다. 증기와 가스가 격렬하게 배출되면서 '탁탁' 소리가 난다.

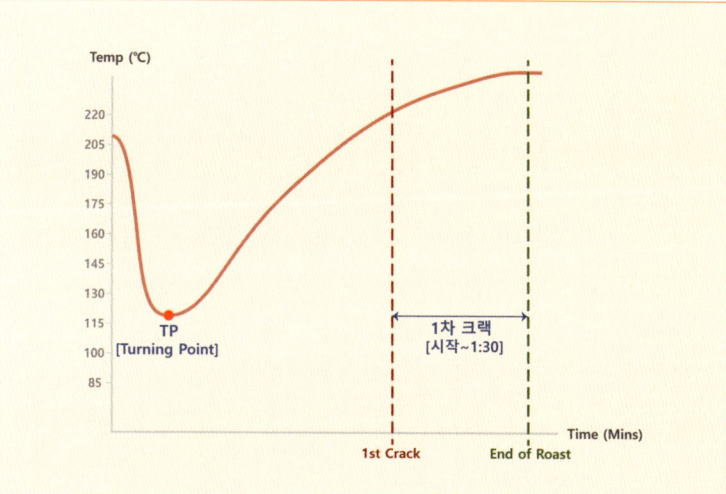

또 다른 로스팅 예시다. 위 그래프를 통해 로스팅 단계에서 어떤 역학을 만날 수 있는지 설명하고자 한다. 일반적으로 로스터기는 초기에 최소 15~20분 동안 예열되어야 한다. 그래프에 표시된 대로 약 210℃에 도달하면 생두를 투입한다. 이 온도들은 전체 로스팅 과정에서 로스팅의 근본적인 경향과 디벨롭 현상을 나타낸다.

첫 번째 단계에서 온도가 크게 감소하는 것을 볼 수 있다. 창고에 저장되어 있던 생두의 온도는 그 창고의 온도와 같아 매우 차가울 것이다. 따라서 ET가 감소하고 BT는 떨어질 수밖에 없다. 터닝포인트TP는 항상 존재하는데, 이는 생두가 열을 흡수하기 시작하는 단계이다.

많은 사람이 TP에 대해 묻는다. "몇 도에 TP가 일어나야 하나요?" 이는 너무 광범위한 질문이다. 다만 샘플 로스팅 결과 홀빈 아그트론 63±2, 분쇄 아그트론 80~84이 되려면 TP가 반드시 1분~1분 30초(±30초)에 일어날 수 있도록 화력과 배기 온도를 세팅해야 한다. 특히 유기산이 많은 스페셜티 싱글 오리진 생두를 로스팅할 때 이러한 프로파일을 권장한다. 그래프를 보면 대략 120℃에 TP가 나타났다. TP가 지나면 생두는 다시 발열하거나 흡열하기 시작한다. 앞서 여러 번 설명했듯 로스팅에서 이는 매우 중요하다.

이 예시에서는 1차크랙으로 이어지는 첫 번째 로스팅 단계에 생두 온도가 빠르게 올라가는 것을 볼 수 있다. 높은 상태를 유지했던 열 공급은 이 시점에 생두 온도의 지속적인 상승과 점진적인 생두 디벨롭을 위해 열 공급을 80~60% 정도로 감소시킬 것이다. 이 단계에 너무 많은 열을 가하면 로스팅을 실패할 수 있으니 주의하자.

REAL TALK!

필자가 경험한 소량 로스팅 관련한 잘못된(부적절한) 김생두님과의 질문과 대화다. 여러분들도 얼마나 공감되는지 반드시 생각해보길 바란다.

김생두 선생님 말씀대로 1.5kg 로스터기에 200g 로스팅을 시도했는데 생두 양이 너무 적어서 샘플러에 담기지 않아요!

Paul Kim 혹시 드럼 속도는 조절해보셨어요?

김생두 아니요, 생각도 안 해봤어요. 사실 제 기계에는 드럼 속도 조절 기능이 없어요..

Paul Kim 그럼 속도 조절계 추가 장착은 생각해보셨나요?

김생두 …

필자 Says 로스팅을 할 땐 모든 가능성을 열어두고 접목해서 효율적으로 작업하자.

4. 1차크랙과 디벨롭 타임

1차크랙은 원두에 열이 가해진 결과다. 수분이 증발한 생두는 계속 팽창하는데, 팽창을 지속할 수 없어 가운데부터 깨지기 시작한다. 그 결과로 1차크랙이 일어날 땐 팝콘 튀길 때와 비슷한 '탁탁' 소리가 난다. 1차크랙은 이 단계에서 일어나고 있는 모든 변화의 결과지만 그렇다고 해서 로스팅의 이정표가 되는 것은 아니다. 그러나 1차크랙에는 분명히 소리와 리듬이 있다. 1차크랙이 매우 느리게 진행된다면 이는 생두 내부의 열이 아직 일정 수준에 이르지 않았음을 의미한다. 생두가 충분한 속도로 디벨롭되지 못했다는 뜻이다.

생두는 그렇게 빠르게 변화하지 않는다. 반응이 너무 빠르게 일어난다면 이는 생두 내부 온도가 매우 높아서 로스터가 통제할 수 없다는 것을 의미한다. 간혹 필자에게 첫 번째 1차크랙 시점을 묻는 사람들이 있다. 여러분은 DT의 시작 시점을 언제로 보는가? '탁' 하는 소리가 들리기 시작하는 순간부터가 아니라 두세 개 이상의 콩이 본격적으로 터질 때 드럼 안 전체 생두의 DT가 시작한다고 볼 수 있다.

필자는 최근에 필리핀 내추럴 파인 로부스타 생두를 로스팅한 적이 있는데, 1차크랙 소리를 듣기 어려운 경우가 있었다. 가공 방식과 품종이 생두의 세포 구조를 어느 정도 변화시키기 때문에 크랙 소리를 듣기가 어려운 것이다. 이 같은 경우에는 A 포인트 시점에 초점을 맞추어야 한다.

A 포인트에 관해서는 뒤에서 설명할 예정이며 여기서는 특수 가공된 생두를 다루는 방법에 대해 이야기하고자 한다. 일반

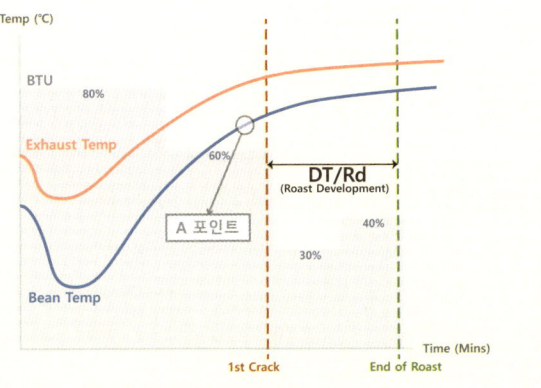

적으로 커피는 보통 800~900m 이상의 고도에서 재배된다. 대부분의 생두에서는 1차크랙 소리가 명확하게 들리며, 우리는 실제로 1차크랙이 본격적으로 발생한 후부터 DT를 계산하기 시작한다. 당연히 생두의 수분과 밀도에 따라 1차크랙 소리가 천차만별이라는 점은 잊지 말자.

　　　이 예시에서 로스팅 종료 시점은 DT의 종점이기도 하다. 예시 그래프에서는 종료 시점이 4분이다. 1차크랙 소리가 들리고 나면 로스팅 공정을 어떻게 제어할 것인가? 우리의 목표는 1차크랙이 시작될 때부터 로스팅이 끝날 때까지 일정한 시간 동안 생두를 디벨롭하는 것이기 때문에 이는 매우 중요한 질문이다. 이것을 '로스팅 디벨롭 타임', 즉 'RDRoasting Develop' 혹은 'DTDevelop time'라 부른다.

　　　그럼 DT를 얼마나 끌어야 올바르게 로스팅된 것일까? 필자가 만약 DT는 무조건 3분에서 6분 사이여야 한다고 말한다면 큰 논쟁거리가 될 것이다. DT 시간 또한 추구하는 로스팅에 따라 달라지기 때문이다. 그래서 간단히 조언하자면 샘플 로스팅 기준 DT는 최소 1분에서 2분(±30초) 사이가 가장 이상적이다. DT의 중요성을 좀 더 구체적으로 설명해보겠다. 로스팅이 진행되는 동안 생두 내부에서는 풍미와 유기산의 발달과 함께 커피의 단맛에 매우 필수적인 수많은 화학적 변화가 일어나며 아주 독특한 향이 난다. 로스팅 결과물의 아그트론을 측정해보면 DT가 길면 길수록 베이크드baked한 프로파일이 형성되고 홀빈 아그트론과 그라운드 아그트론의 차이가 점점 줄어들며 생두의 속까지 열이 전도된다.

SCA 프로토콜에 따라 샘플 로스팅 시 DT가 3분 이상일 경우엔 홀빈 아그트론은 대체로 63, 분쇄 아그트론은 75 밑으로 떨어지면서 필수적인 유기반응 향미 프로파일이 감소한다.

흥미롭게도 예시 그래프를 보면 DT가 진행되는 내내 실제 생두 내부 온도가 변화하는 것을 알 수 있다. 온도 변화는 매우 제한적으로 예시에서는 온도가 약 3~4°C 정도 변화한다. 이 구간에서의 디벨롭 과정에서는 앞 단원에서 자세히 설명한 많은 화학적 변화가 일어나는데, 이는 생두가 지닌 맛과 향을 끌어내는 데 필수적이다. DT 변화는 점진적으로 일어나는 것이 바람직하다.

만약 샘플 로스팅 기준 DT를 30초 이하로 적용하면 어떤 일이 일어날까? 0~30초의 DT는 매우 짧다. 이처럼 커피를 너무 빨리 로스팅하면 일반적으로 초산이 증가하면서 불쾌한 신맛 acrid이 강해지고 갈변 반응에서 생성되는 단맛도 떨어진다. 반대로 샘플 로스팅 혹은 싱글 오리진 로스팅 시 DT를 3~6분 이상 오래 끌고 가면 베이크드baked 로스팅의 특징인 약하게 탄맛burnt, 고무rubber, 원두 기름 쩐내skunky 또는 부정적인 나무woody 맛이 날 위험이 있다.

항상 샘플 로스팅 기준으로 예를 드는 이유는 샘플 로스팅은 생두가 지닌 모든 유기물질이 최고정점일 때까지 진행하므로 객관화할 수 있어서다. 명심해라. 로스팅의 끝은 무조건 '객관적인 커핑'이다. 더욱더 객관화된 커핑을 하기 위해서는 항상 캘리브레이션된 커퍼와 함께해야 한다.

4.1 DT를 중요시하고 이해해야 하는 이유

DT는 매우 중요한 단계다. 1차크랙은 추진력을 유지해야 하며 생두의 밀도가 높을수록 크랙 소리는 더 크게 들려야 한다. 로스터라면 크랙 소리가 제대로 안 들리거나 어중간하게 터지길 원치 않을 것이다. 이런 현상은 로스터기에 추진력을 유지할 만한 충분한 에너지가 없을 때 발생한다.

1차크랙이 끝날 무렵 생두는 로스팅이 끝날 때까지 계속 디벨롭될 수 있는 충분한 내부 흡열을 증가시킬 것이다. 일반적으로 이 단계에서는 로스팅 속도를 늦춰야 한다. 그러나 버너를 줄

↑ 위. 아그트론 63
아래. 20 아그트론 50

이고 팬 속도를 증가시킨다고 곧장 생두가 반응하는 것은 아니며 약간의 지연이 발생한다는 점을 기억해야 한다. 따라서 반응 시간 지연을 염두에 두고 버너와 팬 속도를 언제, 얼마나 조정할지 미리 계산하자.

예를 들어보겠다. 한국인의 입맛에 맞는 구수한 맛toast, nutty과 설탕 시럽syrupy 같은 단맛을 얻기 위해 약간 다크한(홀빈 아그트론 48~50, 2차크랙 바로 직전) 로스팅을 할 경우 DT는 최소 3분 이상이어야 한다.

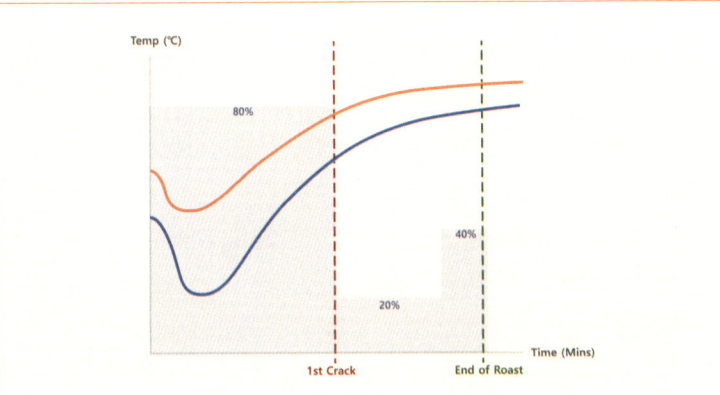

← 정상적인 BT/ET 그래프

DT가 너무 빨리 진행돼 1차크랙이 너무 일찍 끝나면 콩 내부가 덜 익어 밋밋dull하고 설익은 콩 맛erpsig이 날 것이다. 반대로 로스팅이 너무 느리면 원두가 로스팅 추진력을 상실하면서 로스팅 곡선이 평평해지거나 하강하기 시작한다.

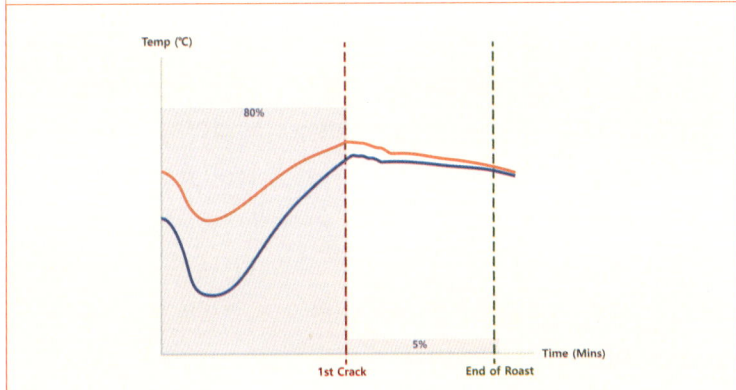

← 베이크드되는 BT/ET 그래프

일반적으로 10~11분 로스팅할 것을 13~14분까지 로스팅하면 겉보기엔 배출하고자 하는 색상처럼 보여도 내부는 오버 디벨롭될 것이다. 1차크랙이 시작하거나 끝나면 샘플러를 통해 로스팅 진행 과정을 확인해야 한다. 아그트론을 확인하는 방식은 로스터마다 다르다. 필자가 항상 강조하는 것은 실력 있는 로스터라면 눈이 아그트론화되어야 한다. 원두의 색상을 수치화하지 못하면 눈먼 봉사나 마찬가지다. 로스팅을 배우는 첫 시점부터 올바른 아그트론 색도계를 사용하여 다양한 가공 방식과 재배 지역에 따른 단계별 로스팅 아그트론 값을 반드시 익혀야 한다. 같은 배치 크기와 생두라도 완전 동일한 아그트론 값의 결과물을 연속적으로 낼 수는 없다. 오로지 시각만으로 홀빈 아그트론 수치를 파악할 수 있도록 부단히 연습해야 한다.

1차크랙 이후 생두가 디벨롭됨에 따라 다음과 같은 사실을 알게 될 것이다. 디벨로핑 중인 생두는 처음에는 얼룩이 진 것처럼 보인다. 샘플러를 통해 뚜렷한 커피 향을 맡을 수 있으며, 생두에서 배출하는 연기 양은 증가한다. 조금 더 지나면 생두 표면은 광택이 나기 시작하고 향은 점점 더 좋아질 것이다. 디벨롭이 잘된 생두는 비단 같은 광택이 나는데 샘플 로스팅 혹은 싱글 오리진 로스팅의 경우 이때(홀빈 아그트론 63±2)가 바로 커피를 냉각 트레이에 배출하는 시점이다. 물론 커피를 배출하는 시기는 여러분의 로스팅 의도에 달려 있다.

다크 로스팅과 2차크랙이 원활할 때 배출하는 경우를 예로 들어 본다. 2차크랙이 터지는 5단계로 들어가는 것은 요즘 트렌드상 별로 선호되지 않는다. 그러나 생두 내부가 잘 디벨롭되고 2차크랙으로 너무 깊이 들어가지 않는다면 5단계가 모두 나쁜 것은 아니다. 2차크랙이 빠르게 진행되기 시작하고 로스터기에 적용할 에너지(10%)가 있을 경우 1분 정도 후에는 마치 불이 난 것 같이 연기가 날 것이다. 로스팅 진행에는 속도가 붙어 원두의 색이 약 3~5초마다 변하는 것을 볼 수 있다. 크랙 역시 매우 빠르게 일어나며 소리도 격렬하다.

생두가 적절하게 디벨롭됐다면 다크 로스트는 훌륭한 커피가 될 수 있다. 단, 이산화탄소 배출이 많다는 단점이 있다. 라이트 로스팅은 다크 로스팅에 비해 로스팅 중 생성되는 CO_2가 적고, 소멸하는 데 훨씬 더 오랜 시간이 걸려 천천히 산패된다. 일반적으로 로스팅 직후에는 CO_2가 일부 배출되고, 공기 중 수증기가 원두에 침투하려 하는 경향이 있는데 이는 디개싱degassing에 의해 차단된다. 그렇기 때문에 원두는 산패stale/aged되는 것이지 에이징aging(숙성)되는 것이 아니다.

최적의 DT와 일관성 있는 로스팅 프로파일을 결정하기 위해서 다음과 같은 다섯 가지 로스팅 규칙을 따를 것을 제안한다.

1. 첫 번째 배치를 로스팅하기 전에 로스터기가 적절하게 예열됐는지 확인하고, 배치 크기와 생두 종류 등에 적합한 온도를 알아야 한다.
2. 샘플 로스팅 혹은 싱글 오리진 로스팅 시 건조 단계와 옐로우/브라우닝 단계가 적절한 시간(5~6분) 내에 완료되도록 프로파일링하려면, 로스팅 시작 시 로스터기에 열 에너지가 충분한지 확인해야 한다.
3. 로스터기에 에너지가 충분히 공급되어 1차크랙과 흡열 단계에 도달할 때까지 로스팅 추진력이 유지될 수 있는지 확인해야 한다.
4. 생두 온도의 상승률RoR은 지속적으로 유지되다가 로스팅이 진행됨에 따라 감소해야 한다. RoR 곡선이 평행선을 그리거나 감소하는 것에 유의해야 한다.
5. 1차크랙이 발생해 로스팅이 종료될 때까지 DT는 샘플 로스팅/싱글 오리진 로스팅 기준 약 1~2분(±30초)가 되어야 한다. 결과적으로 홀빈 아그트론 63에 분쇄 아그트론 80~84가 나온다. DT가 길어질수록 홀빈 아그트론과 분쇄 아그트론 수치의 차이가 커진다.

REAL TALK!

필자가 경험한 DT와 관련한 잘못된(부적절한) 김생두(가명)님과의 대화다. 여러분들도 얼마나 공감되는지 반드시 생각해보길 바란다.

김생두 (세상이 무너진 듯) 샘플 로스팅에서 홀빈 아그트론은 63으로 맞췄는데도 내부 색상은 계속 어둡게 나오네요..

Paul Kim 혹시 1차크랙은 언제 터졌나요? DT는 몇 분 유지하셨어요?

김생두 1차크랙은 5분대에 터졌고 DT는 3분 50초요!

Paul Kim 1차크랙까지는 열량을 잘 조절하셨는데 DT를 왜 이렇게 길게 가져가셨죠?

김생두 아....

필자 Says 자신이 원하는 방향에 따라 1차크랙 전까지와 DT를 자유롭게 조절할 줄 알아야 진정한 로스터다.

5. 공기 흐름

로스팅 중 공기 흐름airflow은 어떤 역할을 할까? ① 좋은 공기 흐름을 유지하는 것은 성공적인 로스팅이다. 공기 흐름은 실제 로스팅의 70% 이상을 차지하며, 특히 DT에 더욱 그렇다. ② 공기 흐름은 생두가 로스팅되는 속도에 영향을 미치기 때문에 최종 결과에 큰 영향을 준다. ③ 공기 흐름으로 인해 로스터기에서 연기와 채프가 배출된다. ④ 공기 흐름은 드럼 내부의 공기 온도를 고르게 하기 때문에 생두가 더욱 균일하게 로스팅될 수 있다.

간단히 말해 공기 흐름을 증가시키면 로스팅 속도가 느려지는 반면, 감소시키면 속도가 빨라진다. 아직 자세히 설명하지 않은 RoR의 측면에서는 공기 흐름을 증가시키면 RoR이 낮아지지만, 감소시키면 RoR이 높아진다.

기본적으로 뜨거운 공기는 로스터기를 빠져나간다. 로스터가 설정한 팬 속도에 맞게 뜨거운 공기 흡입은 늘어나거나 줄어들 것이다. 공기 흐름은 로스팅 속도를 조정하고 생두의 디벨롭 시간에 직접적인 영향을 미치며 커피의 로스팅 향미 프로파일에도 영향을 준다. 그럼 이상적인 로스팅 초기 공기 흐름은 무엇일까?

로스터기에서 공기 흐름 흡입을 이상적으로 세팅하려면 어떻게 해야 할까? 먼저 로스팅 초기 단계에 샘플러를 빼보자. 샘플러를 꽂는 구멍을 들여다 보면 생두가 돌아가고 있는 드럼 내부가 노출된다. 다음으로 구멍보다 조금 큰 사이즈로 종이를 잘라 그 앞에 놨을 때 종이가 구멍에 찰싹 붙을 정도로 흡입력이 유지돼야 한다. 종이가 떨어지거나 빨려 들어가서는 안 된다. 두 경우 중 하나라도 발생하면 팬의 속도를 높게 조정해 팬의 흡입을 강하게 또는 약하게 만들어야 한다.

공기 흐름에는 때론 문제가 발생한다. 로스터기들은 제품마다 각각 공기 흐름의 양에 큰 차이가 있어서 모든 로스터기의 공기 흐름을 다루기에는 너무 광범위하다. 또한 모든 로스터기는 드럼의 실질적인 부피가 제각각이다. 로스터기 드럼의 빈 공간이 어느 정도인지에 따라 공기 흐름의 영향은 크게 달라질 수 있다.

디자인 관점에서 보아도 전 세계의 다양한 로스터기에는 큰 차이가 있어서 정확한 수치를 측정할 수 없다. 제대로 된 측정을 하려면 전문화된 측정 기계가 있어야 한다. 그러나 사용하는 로스터기의 ET 센서에 표시되는 로스터기 내부 온도가 얼마인지, BTU와 어떻게 연관되는지, 또는 BTU 양에 따라 공기의 흐름이 얼마나 빨리 변화하는지를 예측하는 것은 가능하다. BTU 변화에 ET가 매우 빠르게 반응하는 로스터기가 있는 반면 공기 흐름이 더 높은 로스터기도 있다. 로스터기의 공기 흐름이 일반적인 수준보다 낮다면 반응 속도가 더 늦다고 생각하면 된다.

BTU와 실질적인 열 강도 간의 반응 속도는 BTU 프로파일을 만드는 방법을 결정한다. 일반적으로 공기 흐름이 낮은 로스터기의 경우 일정 수준의 열이 쌓이면 BTU를 빠르게 제어하거나 줄이기가 어렵다. 아래 그래프는 공기 흐름 수준이 중간 정도인 로스터기로 열 공급을 80%-60%-30%-40%로 단계적으로 줄인 결과다. 이처럼 열 공급을 단계적으로 줄일 때 공기 흐름의 양이 높은 로스터기를 사용한다면 이에 따른 BTU 프로파일을 설정해야 한다.

⬇ 왼쪽. 적절한 BTU 조절을 한 BT/ET 그래프 / 오른쪽. BTU 조절을 쉽게 한 BT/ET 그래프

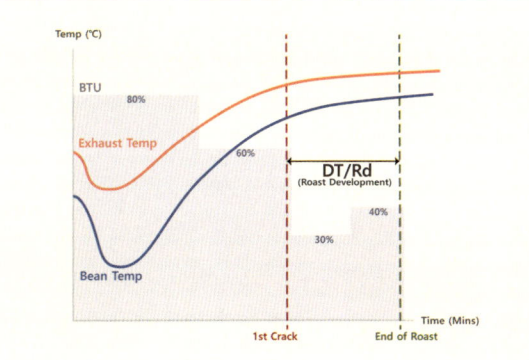
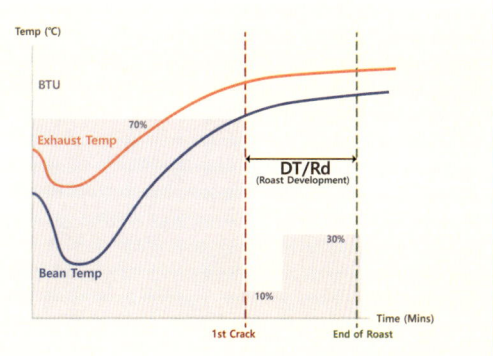

6. 일반적인 열 전달 가이드

대부분의 로스터기는 팬 모터로 적절한 공기 흐름을 유도할 수 있다. 우리는 종종 그림과 같은 BTU 프로파일을 보는데, 여기서 보는 것과 같이 로스터기 내부 공기는 로스팅이 끝날 때까지 계속해서 흐른다. 공기 흐름은 결국 열을 감소/증가시킨다. 이 예시 그래프를 본 여러분은 아마 중간 중간 열 공급을 줄여야 하는 이유가 궁금할지도 모른다. 필자는 왜 열 공급을 일정하게 유지하지 않았을까? 일정하게 유지하는 것이 훨씬 더 간단하고 효율적이지 않을까? 물론 필자도 편하고 효율적인 것을 좋아한다. 하지만 공기 흐름에는 열 분해가 작용한다. 커피 로스팅에서의 열 분해는 생두가 열을 발생시키는 공정이며, 열에는 생두의 디벨롭을 가속시키는 요인이 있다. 또한 초보 로스터는 로스팅 공정을 완전히 제어하지 못할 수 있어서 디벨롭의 가속에 잠재적인 문제가 발생할 수도 있다.

예시 그래프에서 볼 수 있듯 BTU 변화는 한 번밖에 주지 않았지만, 대신 댐퍼(혹은 팬 모터 속도)를 조절해 열량을 조절했음 수 있다. 이 또한 하나의 예시일 뿐이니 BTU와 댐퍼 중 무엇을 조절할 것인지는 추구하는 로스팅과 커핑 결과에 따라 로스터가 결정하면 된다.

열 분해는 로스팅 공정이 통제 불능 상태가 되는 것을 방지하기 위해 열 공급을 줄이는 유일한 방법이다. 예시 그래프에서 보는 바와 같이 생두가 점점 더 많은 열을 흡수해서 열이 가득 차기 시작하는 시점이 있다. 생두가 열을 흡수하는 능력에는 한계가 있다.

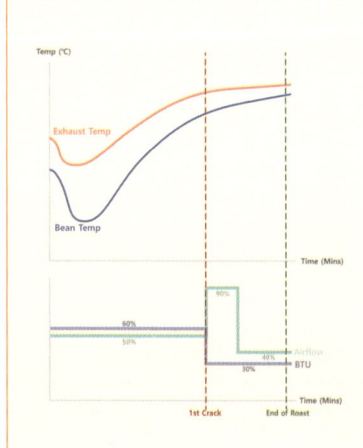

그 시점이 가까워질수록 로스터는 열 공급을 줄여야 한다. 그렇지 않으면(목표로 하는 아그트론과 시간에 따라 다르겠지만) 속이 덜 익거나 1차 발열이 과하게 되어 두 번째 흡열 단계 없이 2차크랙으로 바로 이어질 수 있다.

흥미롭게도 로스팅 과정 중에는 생두에 흡수된 열이 흡열에서 발열로 바뀌는 단계가 있다. 그리고는 다시 발열에서 흡열로 바뀌었다가 또 다시 발열로 돌아간다.

흡열 단계와 발열 단계의 개념 정리

- **흡열 단계** Exothermic Stage : 로스팅 초기 단계로 생두가 주변에서 열을 흡수하는 시기다. 주변으로부터 열 에너지를 흡수하는 과정을 열역학에서 '흡열'이라고 부르기 때문에 '흡열 단계'라고 불린다. 커피 로스팅서 흡열 단계는 생두의 수분을 날리고 생두 내부 온도를 올린다. 이 단계에 생두는 녹색에서 노란색으로 변하며 구운 빵 냄새가 나기 시작한다. 또한 열이 생두의 세포 구조와 단백질, 설탕 등의 천연 화합물을 분해함에 따라 생두 내부에 복잡한 물리적·화학적 변화가 일어나면서 커피의 향과 맛이 발달될 준비를 한다.

- **발열 단계** Endothermic Stage : 흡열 단계를 지난 뒤 발열 단계로 넘어가면서 생두가 열을 방출하기 시작한다. 이는 생두 내부에서 일어나는 마이야르 반응(갈변 반응) 및 캐러멜화 때문이다. 발열 단계는 종종 1차크랙으로 시작되며 이때 팝콘 터질 때와 유사한 튀는 소리가 난다. 생두 내부의 스팀과 이산화탄소 가스의 압력이 생두를 파열시킬 수 있을 정도로 높아질 때 일어난다. 발열 단계 동안 생두는 밝은 갈색에서 더욱 어두운 갈색으로 변하며, 커피의 특징적인 맛과 향이 더욱 두드러지게 된다. 로스터는 이 단계에 열을 신중하게 관리해야 한다. 생두가 과열되고 로스팅이 빠르게 진행되는 것을 방지하기 위함이다.

1차크랙 후에도 로스팅이 계속되면 생두는 더 강한 발열 반응이 시작되는 2차크랙 단계에 도달한다. 이 단계는 탄화물과 같은 더 강렬한 맛을 특징으로 해 생두의 본래 맛을 가리게 될 수 있다.

원하는 로스트 레벨과 맛 프로파일을 달성하기 위해서는 흡열 단계 및 발열 단계의 열과 시간을 신중하게 제어해야 한다. 그 접근법은 사용하는 생두와 로스터기, 추구하는 로스팅 결과물에 따라 달라질 수 있다.

→ 일반적인 흡열과 발열 단계의 개념

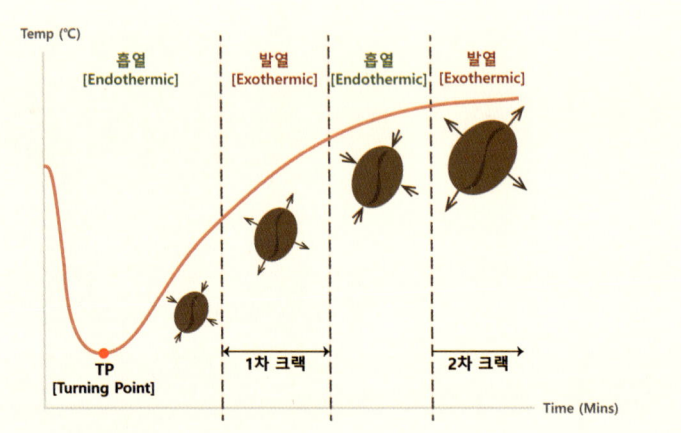

REAL TALK!

필자가 경험한 BTU/댐퍼와 관련한 잘못된(부적절한) 김생두(가명)님과의 대화다. 여러분들도 얼마나 공감되는지 반드시 생각해보길 바란다.

김생두 맙소사. 1차크랙이 일어나고 얼마 되지 않아 바로 2차크랙이 진행돼요. 도와주세요..!

Paul Kim BTU랑 댐퍼 조절하면서 로스팅하셨나요?

김생두 화력(BTU)만 낮추고 댐퍼 조절은 안했어요.

Paul Kim 왜죠?

김생두 ...(변명의 여지를 남기며) 화력 조절만 해도 정신이 없어요!

Paul Kim ...

필자 Says 로스팅은 기다림의 미학이기도 하지만 즉흥연주와 같기도 하다. 생두를 사전에 충분히 파악하고 로스팅 단계마다 열량을 조절하는 모든 방법을 동원해야 표현하고자 하는 향미를 형성할 수 있다.

로스팅을 계속 진행하면 생두가 다시 흡열 단계에 들어가는 2차크랙에 다다를 것이다. 특정 다수의 취향이나 블렌딩을 위해 다크 로스팅을 하게 된다면 로스팅하는 동안 흡열과 발열을 넘나드는 특정한 기술(온도 변화)이 있다는 것을 배우게 될 것이다. 이 온도 변화를 잘 활용하면 효소반응의 산미를 감소시키고 갈변반응에서의 단맛을 극대화할 수 있다. 생두의 수분과 밀도(혹은 가공방식)를 미리 파악해 그에 걸맞게 온도를 자동으로 조절하는 로스터기는 아직 없다. 로스터는 구간별로 인지할 수 있는 감각을 적용해 더 정확한 온도 변화를 수행해야 한다.

앞서 이야기한 것은 일반적인 흡열과 발열 단계의 개념에 대한 내용이다. 섬세한 RoR 변화에 따른 실제 흡열과 발열 단계와 관련된 설명과 대처법은 다른 단원에서 다룰 예정이다.

7. 초보자를 위한 로스팅 구간별 인지할 수 있는 감각적 표현

이제 로스팅하는 동안 인지할 수 있는 매우 중요한 감각적 표현에 대해 알아보기로 한다. 이는 로스팅을 처음 배우는 초보자들도 보다 쉽게 접근할 수 있는 표현들이다. 아직도 많은 로스터가 참고 용으로 이전 프로파일을 화면에 띄워둔 뒤 로스터기 버튼만을 누르며 로스팅한다. 이런 식으로는 절대 유니크한 결과를 만들 수 없다. 많은 로스팅 단계가 무시될 수 있으며 로스팅 전에 생두가 겪고 있는 특정 변화를 인식하지 못할 수 있다.

필자는 여러분이 로스팅 중 특정 변화를 놓치지 않고 훌륭한 결과물을 내는 로스팅 기술을 유지하길 바란다. 이에 특정 구간별 감각적 표현을 유용하게 활용하는 방법을 알려주고자 한다.

로스팅 구간별 감각적 표현이란 커피가 디벨롭되는 과정에서 무언가가 일어나고 있음을 직접적으로 인지하는 것과 같다. 만약 수분 함량이 10~12% 사이인 생두를 로스팅할 땐 과연 무슨 일이 일어날까? 대부분의 수분에는 자유 수분이 함유되어 있으며 생두의 구조는 복잡하다. 하나의 생두에는 최대 50만 개의 세포, 당을 비롯한 많은 종류의 구성물, 오일 등이 포함되어 있다. 로스팅 시 이 모든 요소는 열과 압력, 그리고 공기 흐름에 영향을 받아 변화한다. 로스팅 공정의 첫 번째 단계에서 일어나는 변화를 감지하려면 우리의 감각을 사용해야 한다.

TP 지점에서 1차크랙 이전까지의 대표적인 인지 구간은 세 가지가 있다. 첫 번째 구간은 갓 자른 풀 freshly cut grass 향, 두 번째 구간은 건초 hay 향 그리고 마지막 구간엔 빵을 굽는 baking bread 향이 난다. 로스팅 중 샘플러를 통해 독특한 향을 맡는 행위는 이러한 특정 구간을 인지하는 것과 같다. 이 세 구간별 감각적 표현은 제대로 된 수분 측정 도구가 없는 여러분에게 조금이나마 도움이 될 것이다.

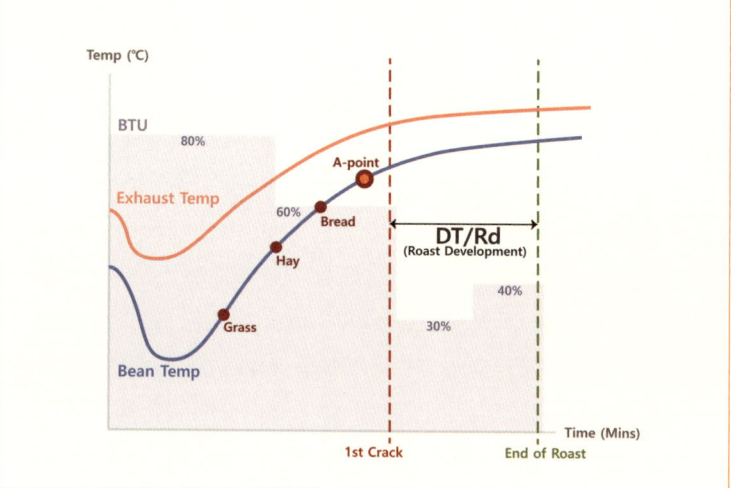

1. 갓 자른 풀 향 단계

TP가 낮아지고 BT가 상승하는 초기 시점은 수분이 액체에서 기체로 변화하는 과정을 냄새로 인식할 수 있는 단계로, 열이 생두에 확실한 영향을 미치고 있다는 것을 보여주는 가장 첫 번째 변화다. 무언가가 변화한다는 것은 다음 디벨롭 단계로 이동하고 있음을 의미한다. 그래서 이 단계에는 수분이 빠른 속도로 증발한다. 수분이 증발하는 동안 생두의 세포 구조에서 증발하는 밝은 풀 향을 맡을 수 있다. 이 냄새는 오래 지속되지 않아 15초 정도면 날아간다.

2. 건초 향 단계

옐로우 단계에 들어서면 건초 향이 나며 마이야르 반응이 일어난다. 이는 당이 캐러멀라이징되고 있다는 것을 나타낸다. 생두 색깔은 녹색에서 녹색을 살짝 띠는 노란색으로 선명하게 변하기 시작하고, 이어서 밝은 갈색으로 변한다.

3. 빵 굽는 향 단계

옐로우 단계 중에서도 생두 색이 시나몬과 유사해지는 때가 이 구간에 해당한다. 훨씬 고소한 향이 나며 스페셜티 커피의 핵심인 효소반응의 향이 형성되기 시작한다. 마이야르 반응은 계속되고 모든 자유 수분은 생두에서 증발하며 생두는 옅은 시나몬 갈색으로 변한다. 이는 그래프에는 표시되지 않는 흥미로운 지점인 1차크랙에 도달하기 전에 일어나는 모든 변화의 결과를 나타내는 이정표다. 필자는 이를 'A 포인트'라고 부른다.

4. A 포인트

생두 내부에서 일어나는 중요한 화학 반응의 징후를 감지할 수 있다는 단계다. A 포인트에 가까워지면 커피에 숨겨진 유기반응의 향들을 가장 처음으로 맡을 수 있다. A 포인트는 15초에서 20초 정도의 짧은 시간 동안 나타나는데, 이때 발현되는 향을 샘플러를 통해 맡으면 대략적인 품질을 평가할 수 있다. 커핑 시 대부분 A 포인트에서 인지한 향미를 분석할 수 있기 때문에 A 포인트는 매우 중요하다.

여기까지의 설명은 필자가 16년 전 처음 로스팅을 배울 때 미국의 스승으로부터 얻은 지식이다. 네 가지 포인트를 그래프 상에서 명확하게 정의하기는 힘들지만 수분 측정 도구가 없는 경우 유용하게 사용했던 기억을 글로 풀어보았으니 로스팅 입문자들이 참고하길 바란다. 물론 시간이 지나고 로스팅 기술이 늘어갈수록 생두 수분 측정 장비의 중요성과 간절함이 생길 것이다.

REAL TALK!

필자가 경험한 로스팅 시 발생하는 향과 관련한 잘못된 (부적절한) 김생두(가명)님과의 대화다. 여러분들도 얼마나 공감되는지 반드시 생각해보길 바란다.

김생두   어떤 분은 샘플러에 담긴 생두 냄새만 맡고 배출 시점을 결정한대요. 그게 가능한가요?

Paul Kim   (깊은 생각을 한 뒤) 저는 가능하지 않습니다.

김생두   ...

필자 Says   로스팅 시 필수적으로 사용해야 하는 감각은 청각, 시각, 그리고 후각이다.

8. 아그트론의 정확도와 중요성

8.1   로스팅 정도와 아그트론 측정치

필자는 시티, 풀 시티, 비엔나, 이탈리안, 프렌치 로스트 등 로스팅 정도와 관련된 오래된 용어를 별로 좋아하지 않는다. 1차크랙 후 몇 초 뒤(혹은 몇 도 후), 2차크랙 직전 203℃에 배출했다는 등의 표현 또한 극도로 듣기 싫어한다. 이런 표현을 쓰는 사람들은 그 의미에 대해 진지하게 생각해보길 바란다. 이 같은 표현들은 수치화가 불가능해 정확도가 매우 떨어진다. 그저 개인의 로스팅 프로파일의 일부를 설명할 뿐이다. 같은 프로파일로 로스팅해도 로스터의 로스터기 설치 환경, 생두의 수분과 밀도 등에 따라 결과물은 달라질 수밖에 없기에 이는 결국 무의미하다.

로스팅 관련 측정 장비 중 많은 제품이 적외선 분광법infrared spectrometry을 사용한다. 따라서 측정 정확도가 일반적으로 다른 방법을 사용할 때보다 높다. 그러나 측정 장비마다 사용하는 단위가 다르며, 같은 척도를 사용하더라도 제품 브랜드에 따라 차이가 생길 수 있다. 결국 정확한 색도 측정 방법은 현존하는 측정 장비 중 가장 정확도가 높은 아그트론Agtron 사의 아그트론 측정 장비와 수치가 동기화된 제품을 사용하는 것이다.

최근 아그트론 값을 기반으로 하는 많은 측정 장비가 판매되고 있는데, 이 장비들을 사용하는 많은 사용자가 불만을 제기하고 있다. 측정하는 사람마다 값이 다르고 실제 아그트론 장비와 동기화된 장비의 측정값과 비교했을 때 차이가 크기 때문이다. 측정 장비를 구매할 계획이라면 여러 측정 장비를 사용해 본 유경험자나 전문가에게 꼭 자문받길 바란다. 참고로 필자는 SCA에서 인증한 장비마저 정확도가 떨어지는 것을 직접 경험했다. 선택은 여러분의 몫이다.

본론으로 돌아와 아그트론 수치는 실제로 무엇을 의미하는가? '아그트론 리더'라는 특별 제작된 분광기 Spectrometer를 사용하면 로스팅 정도를 매우 정확하게 측정할 수 있다. 가장 일반적인 아그트론 척도는 'M-Basic' 또는 'Gourmet'이며, 측정된 값은 홀빈 whole bean과 분쇄 ground bean로 나누어 표시된다. 예를 들어 측정된 아그트론 값이 55/68라면 홀빈의 M-Basic 값이 55, 분쇄 측정값은 68이라는 뜻이다. 아그트론 측정 범위는 가장 밝은 100에서 가장 진한 0까지다.

아그트론 측정값은 결국 생두의 내부 및 외부 디벨롭에 대한 정확한 지표다. 홀빈 아그트론 값과 분쇄 아그트론 값이 크게 차이가 나면 생두 디벨롭에 문제가 있다고 생각해볼 수 있다. 일반적으로 로스팅 정도가 강할수록 홀빈과 분쇄 아그트론 값의 격차가 좁아지는 반면, 라이트 로스팅에서는 두 값의 격차가 커진다 (ex. 라이트=60/80, 다크=38/42). 객관적인 평가를 위해서는 커핑 시 반드시 홀빈 및 분쇄 아그트론을 측정해야 한다.

8.2 홀빈 / 분쇄 아그트론 수치별 생두 특성

1단계 (>65 / >85)

생두의 색상이 연한 갈색에서 시나몬 색상으로 변한다. 젖산이 덜 생성됐기 때문에 바디의 강도가 가볍고, 유기 물질들이 덜 발현되어 콩 비린내 erpsig, 곡물 grain/cereal의 향미가 난다. 초산이 많이 생성되어 불쾌한 신맛 piquant/acrid과 같은 강한 신맛이 인지된다. 생두 표면은 덜 팽창되어 워시드 생두의 경우 주름이 많은 것을 확인할 수 있다. 전 세계 2위 커피 소비국인 노르웨이에서 탄생한 '노르딕 Nordic' 로스팅이 유명한데 아그트론의 수치로 구분하면 이는 1단계에 해당한다.

여기서 명심해야 하는 점은 약간의 초산을 화사한 꽃향기

floral로 착각할 수 있다는 것이다. 그럼 커피에서 느껴지는 산미가 긍정인지 부정인지를 어떻게 판단할 수 있을까? 방법은 간단하다. SCA 커핑 프로토콜[05]에 따라 커핑을 세팅한다. 색상이 밝은 1단계 커피에는 오토 브레이킹 현상이 나타날 수 있다. 이 경우 부정인 초산(식초산)의 날카로운 신맛acerbic을 지닌다. 아울러 커피의 온도가 낮아질수록 부정적인 신맛이 인지된다. 커피가 뜨거운 물에 용해되면 초산의 pH 강도가 떨어지고, 온도가 내려가면 떨어졌던 pH 수치가 다시 원점으로 돌아가기 때문이다. 지금까지 마셔본 커피를 생각해보자. 뜨거울 때는 느껴지지 않았던 산미가 식었을 때 두드러지면서 마시기 부담스러워진 경우가 있을 것이다. 이러한 경향의 산미는 긍정적인 과일 맛이 나는 유기산이 아니라 초산이라는 사실을 망각하지 말자.

오토 브레이킹 현상은 침출식으로 추출되고 있는 커피의 표면에 형성되는 크러스트crust가 자동으로 깨지는 현상을 말한다. 주요 원인은 커피에 함유된 높은 인산 함량이다. 커피에 포함된 무기인산은 특정한 온도에 용해되는데, 그 온도는 42°C다. 그 외 두 가지 요인이 더 있다. 첫 번째는 바로 생두의 품질이다. 생두가 밝게 로스팅되고 밀도가 높다면 오토 브레이킹 현상의 원인이 될 수 있다. 두 번째 요인은 원두에 포함된 이산화탄소 가스와 관련이 있다. 원두가 오래되거나 산패하여 모든 이산화탄소 가스를 소실한 경우에도 오토 브레이킹 현상이 발생할 수 있다.

2단계(63~58 / 84~75)

화력과 댐퍼의 조절에 따라 2단계에 접어드는 타이밍은 당연히 달라진다. 일반적으로는 1차크랙이 발생하고 1분에서 2분(±30초) 사이에 생두가 이 정도 색상을 띤다. 1차크랙의 정점에서 조금 지난 시점이다(생두의 특성에 따라 다르다). 생두의 유기산과 갈변 반응으로 생성된 특징이 선명하게 나타나므로 SCA에서는 샘플 로스팅의 적정 아그트론 값을 이 단계로 정의하고 있다. 83점 이상의 싱글 오리진 생두는 이 단계에서 로스팅을 종료하면 커핑 시 확실한 향미 프로파일을 보일 것이다. 워시드 생두에서는 여전히

---

05 물 온도 90~93 , 커피 양 8.25g, 물 양 150㎖, 분쇄 굵기 841㎛, 뜸 들이는 시간 3-5분. 디개싱 시간은 63/80~84 기준 8~24시간 사이를 준수한다.

주름이 보이고 반짝거리는 광택은 아직 나지 않는다. 이 수치는 객관적인 커핑에 적합한 단계다. 물론 겉 색상과 속 색상이 일치해야 하며 화력과 댐퍼를 어떻게 통제했는지에 따라 향미 프로파일이 변한다는 점은 잊지 말자.

3단계(52~57 / 70~74)

로스터기의 열 흐름이 적당한 경우 2차크랙이 발생하기 최소 20~30초 전, 생두의 유기산 함량이 정점일 때의 시점이 지난 단계다. 산미는 존재하지만 강도는 2단계보다 떨어진다. 스페셜티 커피가 익숙하지 않은 대중이 선호하는 단계이기도 하다. 산미의 강도가 떨어지고 갈변 반응의 견과류nutty 향미가 나며, 바디는 묵직heavy해진다. 생두의 주름이 팽창되고 광택이 나기 시작한다.

4단계(41~51 / 60~69)

2차크랙은 평균적으로 홀빈 아그트론 48~51, 분쇄 아그트론 60~65 사이에 시작된다. 2차크랙은 생두의 마지막 발열 단계가 시작하는 조짐이자 생두의 거의 모든 유기물질이 열로 인해 감소하고 소실되는 단계다. 그래서 산미의 강도가 낮고 젖산으로 인한 바디의 강도가 묵직해지며 갈변 반응으로 인한 향미가 극대화된다. 또한 건열 반응의 향기 군이 발현되기도 한다. 생두가 지니고 있는 클로로겐산이 퀸산과 카페산으로 분해돼 쓴맛이 생성되는 시점이다. 2차크랙의 압력으로 인해 원두 표면에 기름방울이 나타날 수도 있다.

5단계(35~40 / 39~59)

2차크랙의 약 25%가 완료된 시점이다. 퀸산의 쓴맛이 두드러지며 유기산 함량은 현저히 떨어지기 때문에 산미의 강도를 느끼기 힘들다. 원두의 표면에 기름얼룩이 보이기 시작한다.

6단계(25~34 / 38>)

2차크랙의 약 50% 이상에 다다르는 시점이다. 생두가 탄화되는 최고 정점이다.

위 단계별 설명은 개인적 취향과 관계없는 객관화된 설명이기 때문에 어떤 단계까지 로스팅할지는 여러분이 선택하면 된다. 로스터의 창의적 의도는 항상 존중받아야 한다.

스페셜티 커피 로스터들은 로스팅 디벨롭을 평가하는 데 아그트론 색상 측정 장비를 사용해 오고 있다. 물론 아그트론 측정기는 로스터가 로스팅 공정을 판단하기 위해 사용하는 첫 번째 도구는 아니다. 로스터들은 로스팅 초기부터 시각, 청각, 후각, 미각뿐만 아니라 타이머와 기타 전자 장치를 사용해서 로스팅 디벨롭을 판단한다.

그러나 같은 생두도 로스팅 과정 중 다른 화학적 디벨롭을 형성할 수 있다. 외관은 로스팅 분류의 한 척도에 불과하다는 점을 명심하고 반드시 커핑을 통해 가장 정확한 프로파일을 성립해야 한다.

대량 생산을 하는 로스터들은 수십 년 전부터 제품 일관성 향상을 위한 홀빈 색상 평가를 위해 간단한 분석 장비로 사람의 시각을 대체하기 시작했다. 그러나 이내 홀빈 색상만을 평가하는 것이 충분하지 않다는 사실을 깨달았다. 분쇄 아그트론을 함께 측정함으로써 실제 로스팅 디벨롭 비율을 훨씬 더 높게 평가하여 커핑과 분쇄 아그트론의 상관관계를 개선할 수 있다는 것을 발견했다. 초기 측정 장비는 다소 부정확했지만 인간의 감각보다 훨씬 나았다. 이후 기술이 빠르게 발전하면서 정확도가 개선됐고, 더욱 복잡한 색상 측정이 가능해졌다. 대량 생산 로스터들은 색상 측정값을 로스팅 디벨롭 지표로 사용하기 시작했다. 최첨단 측정 시스템 덕분에 커피 색상을 일관적으로 유지할 수 있었지만, 커퍼들은 생두의 화학적 변화에 대해서는 지각하지 못했다. 문제는 커피의 색상이 더 복잡해지고 유기물을 용해할 수 있는 화학적 발달과 연관되어 있다는 사실에서 비롯되었다. 이 시점에서 많은 회사는 생두의 향미 형성과 관련된 로스팅 디벨롭을 정확하게 확인할 수 있는 단일 측정 방법을 찾기 시작했다.

유기 화합물은 커피의 모든 맛과 향의 원천이다. 고로 화학적 변화를 분석하는 것이 로스팅 디벨롭을 분류하는 가장 정확한 방법이라고 생각된다. 로스팅된 커피는 대략 850개 이상의 성분을 함유하고 있다. 관건은 어떤 화학적 분석 방법을 선택하는지였다. 유기 화합물의 발달과 선형적으로 연결된 특정 화합물들의 진행을 살펴보면 음료 후각 및 유기성 분류와 직접적인 연관성을 확립할 수 있다. 감각 평가와 연관돼 로스팅 디벨롭을 정확하게 측정할 수 있는 이 분석 방법은 아그트론 회사에서 개발한 아그트론 측정기와 자바리틱스Javaliytics 같은 분석 장비가 붐을 일으키는 계기가 됐다.

아그트론은 눈으로 볼 수 있는 색상 스펙트럼 밖에 있는 특정 파장의 근적외선 에너지를 사용하여 화학적 성분을 평가한다. 결과는 0.0에서 100.0 사이의 숫자로 표시되며 숫자가 작을수록 로스팅 정도가 강하다. 향미 특성과 매우 높은 상관관계를 가진 이 분석 도구는 상업용 로스터들 사이에서 로스팅을 분류하는 정확한 도구로 빠르게 확산했다. 아그트론 수치 또한 정확한 분류를 위한 산업표준으로 수용되었다. 그러나 아그트론 측정기와 같은 분석기를 보유하지 않은 로스터들은 표준화된 분류에 근접할 수 없었다.

인간의 시각은 파란색에서 빨간색까지의 파장의 빛에 민감하다고 알려져 있다. 아그트론의 정교함을 이해하려면 먼저 아그트론 색상 척도를 이해해야 한다. 이 척도에는 두 가지 화학적 고정점이 있다. 아그트론 값 0은 가용성 유기 화합물이 100% 탄소로 열 감소된다는 것을 의미한다. 이 경우 로스팅이 너무 강하게 돼 탄 맛 외의 맛과 향은 느낄 수 없다. 아그트론 값 100은 1차적으로 생두가 지닌 자당의 3~5%가 부서진 것을 나타낸다. 소비자에게 판매하기에 너무 밝은 색상이지만 블라인드 테스트에서 '커피와 같은' 것으로 식별될 수 있다.

대부분의 커피는 아그트론 25~75 사이로 로스팅된다. 상업용 로스팅의 아그트론 값은 25~55 사이이며 스페셜티 커피는 보통 55에서 65 사이로 로스팅된다. 참고로 다크 로스팅의 특징은 아그트론 값 약 45에서 형성되기 시작하며, 샘플 로스팅의 적정 아그트론 값은 63에 가깝다.

생두의 물리적 구조는 재배 지역의 환경과 품종에 따라 다르다. 따라서 두 가지 생두 샘플의 아그트론 값이 일치하지 않더라도 정확하게 동일한 디벨롭으로 로스팅하는 것이 가능하다. 이

REAL TALK!

필자가 경험한 로스팅 색상과 관련한 잘못된(부적절한) 김생두(가명)님과의 대화다. 여러분들도 얼마나 공감되는지 반드시 생각해보길 바란다.

Paul Kim 오! 콜롬비아 무산소 발효 생두 로스팅을 정말 잘하셨네요. 어떻게 로스팅하셨어요?

김생두 (자신 있게) 1차크랙이 끝나고 시티랑 풀 시티 사이에 배출했어요!

Paul Kim 그럼 시티와 풀 시티를 아그트론 값으로 정의할 수 있으세요?

김생두 ...

필자 Says 로스팅 결과물을 판단함에 있어 가장 정확한 지표는 아그트론 값이다. 물론 아그트론 값에만 의존해선 안 되지만 로스터의 눈(시각)은 항상 아그트론화되어야 한다.

를 고려하기 위해 색도 측정기가 필요한 것이다.

커피의 색을 지각하는 데에는 앞에서 언급한 많은 요소가 영향을 미친다. 결과적으로 아그트론 값은 하나의 결과물을 얻기 위한 지표일 뿐이다. 하지만 이는 분명 스페셜티 로스터들을 위한 일반적인 용어의 확립과 로스팅 분류에 대한 정확한 참조 제공, 제품 일관성 향상에 도움이 된다.

9. 샘플 로스팅

필자는 오랜 기간 동안 전 세계 로스터들과 샘플 로스팅에 대해 많은 이야기를 나눴고 관찰해왔다. 아이러니하게도 그들의 샘플 로스팅 방법은 SCA 프로토콜에서 크게 벗어났으며, 다양한 프로파일과 프로토콜을 사용하고 있었다. 그 결과 필자는 많은 로스터가 샘플 로스팅 프로파일링에 어려움을 겪고, 로스팅의 일관성을 제대로 유지하지 못하는 로스터가 많다는 사실을 알게 됐다. 심지어 전문가들도 아그트론 측정기를 사용하지 않아 샘플 로스팅 색상이 제각각인 경우가 많았다.

샘플 로스팅은 산업용 로스팅만큼이나 어렵다. 일반적으로 샘플 로스터기에는 자동 시간 온도 프로파일러가 없다. 이는 곧 로스터의 기술이 매우 뛰어나야 한다는 것으로, 로스터는 로스팅 색상이 일정한지, 로스팅 시간이 정확한 아그트론 값을 끌어내는지 파악할 수 있어야 한다. 이제부터는 샘플 로스팅 결과에 영향을 미치는 몇 가지 중요한 요인을 검토해 보기로 한다.

9.1 샘플 로스팅의 핵심

완벽한 샘플 로스팅을 보장하는 세 가지 핵심적인 요소는 로스팅 정도와 시간, 그리고 일관성이다.

a. 로스팅 정도

필자는 한 협회의 행사에서 유명한 생두 업체에서 주관한 비즈니스 커핑에서 색상이 너무 밝아 오토 브레이킹 현상이 나타나는 모습을 본 적이 있다. 노르딕 스타일의 영향 때문인지 많은 로스터리가 너무 밝게 로스팅(홀빈 아그트론 65~70)하는 경향이 있는데, 필자는 샘플 로스팅이 이보다 좀 더 강하게 로스팅돼야 한다고 생각한다. 로스팅을 너무 약하게 하면 커피는 진정한 맛을 드러낼 수 없다. 최소한 캐러멜화까지는 로스팅을 끌고 가야 한다.

　　　　SCAA와 SCAE가 통합하기 전, SCAA의 프로토콜에 따르면 샘플 로스팅의 적정 아그트론 값은 홀빈 58, 그라운드 63이었다. 필자는 오랜 시간에 걸친 수많은 커핑을 통해 이 값에 오류가 있다고 판단해 협회에 여러 차례 건의했다. 홀빈 아그트론 61~63 사이에 배출했을 때 유기산의 산미가 더 자연스럽고, 강도도 58보다 더 강해 58보다 좀 더 밝은 아그트론 값을 프로토콜로 정하자는 내용이었다. 결과적으로 2023년 공개된 새로운 프로토콜에서는 홀빈 아그트론 값이 63으로 변경됐다. 아쉽게도 적정 샘플 로스팅 시간과 분쇄 아그트론 값에 대한 언급은 없다. 로스팅 시간이 너무 길거나 짧으면 로스팅 디펙트가 발생한다는 내용과 로스팅된 모든 샘플은 커핑을 통해 판단하라고 명시돼 있을 뿐이다.

객관적인 커핑을 통해 얻은 데이터를 공개하면 가장 이상적인 샘플 로스팅 색상은 홀빈 아그트론 63, 그라운드 아그트론 80~84이다. 홀빈 아그트론 값이 63이어도 분쇄 값이 80 이하로 나온다면 열량 조절을 통해 시간을 단축하면 되고, 분쇄 값이 85 이상 나왔다면 시간을 조금 늘리면 된다. 여기서 시간이란 전체 시간과 DT를 뜻한다. 홀빈 아그트론 63, 그라운드 아그트론 80~84로 로스팅하면 컵 간의 균일성을 떨어뜨리는 결점을 훨씬 쉽게 감지할 수 있다. 너무 강하게 로스팅하면 페놀phenol, 과발효over fermented, 곰팡이moldy와 같은 디펙트는 감춰진다. 반대로 너무나 밝게 로스팅하면 진정한 커피 맛을 느낄 수 없으며 초산으로 결점두를 감지하기 어렵다.

　　　　b. 시간

샘플 로스팅에서 두 번째로 중요한 요소는 시간이다. 적절한 시간 안에 로스팅하면 향미 프로파일을 극대화할 수 있다. 가장 이상적인 DT는 1분에서 2분(±30초), 전체 로스팅 시간은 6~8분이다.

이보다 DT가 짧아지면 같은 열 전달이 안정적이지 않아 생두 내부 색상이 어두워진다. 또한 분쇄 아그트론 값이 너무 높아(84 이상) 불쾌한 신맛acerbic이 나는 패스트 로스팅이 될 수 있다. 반대로 DT가 길어지면 콩 내부 색상이 어두워져 유기산 향이 감소하고 전체적인 향미가 밋밋flat해진다. 이 같은 현상을 많은 사람이 "DT가 짧아지면 신맛이 증가하고 길어지면 단맛이 올라온다" 라고 표현한다. 신맛이라는 단어를 사용할 땐 유기산의 산미인지 초산의 산미인지를, 단맛 또한 산미가 줄어들어 단맛이 많은 것처럼 느껴지는지 아니면 실제로 갈변 반응의 단맛이 상승하는지를 따져 정확하고 올바른 표현을 선택하길 바란다.

c. 일관성

수십 가지의 커피 샘플을 커핑하기 위해서는 반드시 로스팅이 일관적이어야 한다. 어떤 샘플은 아그트론 값이 63/80~84이고 어떤 샘플은 63/76이라면 커핑 시 제대로 된 평가가 불가하다. 63/80~84로 로스팅된 커피에서는 구연산이나 사과산 맛이 뚜렷하게 나는 반면, 63/76처럼 분쇄 아그트론이 어두운 경우에는 유기산의 강도가 줄어들기 때문이다. 샘플 로스팅은 각 생두의 최상의 맛을 끌어내기 위한 것이므로 색상과 열량, 시간, 온도 프로파일이 일관되게 로스팅하는 것이 중요하다.

그렇다면, 샘플 로스팅을 일관성 있게 하는 중요한 요소는 무엇일까? 첫째, 100~150W의 풀 스펙트럼[06] 백열등을 하나 이상 설치한다. 이 조명은 로스터가 원두의 색상을 제대로 확인할 수 있도록 한다. 거듭 강조했듯 로스터는 원두를 아그트론 수치로 말할 수 있어야 한다. 둘째, 샘플 로스터기에 올바른 기능들이 장착되어 있어야 한다. BT를 측정하는 온도 센서는 기본이고, 버너의 가스 흐름을 표시하는 가스 압력계를 아날로그 혹은 디지털 방식으로 조절할 수 있어야 언제든지 버너의 BTU 출력을 모니터링할 수 있다. 또한 공기 흐름의 양을 조절하는 댐퍼나 팬 모터 인버터를 통해 열이 일정하게 흐르고 빠질 수 있도록 해야 하고, 드럼 속도를 조절하는 장치도 장착해야 한다. 마지막으로 로스팅 직후 원

---

[06] 이 전구는 태양의 직사광선이 아닌 하늘에서 나오는 빛의 색을 모방할 정도라서 생두의 색상을 정확히 관찰할 수 있다.

REAL TALK!

필자가 경험한 샘플 로스팅과 관련한 잘못된(부적절한) 김생두(가명)님과의 대화다. 여러분들도 얼마나 공감되는지 반드시 생각해보길 바란다.

김생두   에티오피아 워시드 샘플 로스팅을 하면 홀빈 아그트론 값은 63으로 잘 나오는데 분쇄 값은 계속 75 이상으로 밝게 안 나와요!

Paul Kim   BT랑 댐퍼는 제가 알려드린 샘플 로스팅 기준 시간대에 들어오게 세팅하셨나요?

김생두   그럼요! TP는 1분 10초, 1차크랙은 5분 40초 그리고 DT는 1분 50초요!

Paul Kim   아그트론 값을 측정할 때 분쇄 굵기는 어떻게 세팅하셨어요?

김생두   분쇄 굵기가 상관이 있나요?

Paul Kim   물론이죠! 굵게 분쇄하면 아그트론 값이 낮게, 곱게 분쇄하면 아그트론 값이 높게 나오는 건 당연한 이치죠!

김생두   아....

필자 Says   분쇄 아그트론 값을 측정할 땐 반드시 올바른 굵기(841μm)로 분쇄해야 제대로 된 값을 얻을 수 있다.

두의 쿨링이 빠르게 이뤄져야 추가적인 화학적 변화를 방지할 있다. 전체 쿨링 시간이 30초 이상 소요된다면 쿨링 트레이에 추가 팬 모터를 장착하는 것이 바람직하다.

이번에도 여러분이 간절히 원하는 정확한 투입온도, 화력, 열량에 대한 값은 제공하지 못한다. 오로지 적정 아그트론 색상 값과 시간만을 제시했을 뿐이다. 이유는 간단하다. 우리는 보통 누군가를 만날 때 약속 장소와 시간을 정한다. 정해진 시간에 맞추기 위해 출발 시간을 정하는 것은 각자가 알아서 할 일이다. 로스팅도 마찬가지다. 일관성 있는 로스팅 정도를 확실히 알기 위해서는 색도계를 구비하고 적정 수치를 스스로 파악해야 한다.

10. 대중적인 맛을 위한 로스팅 곡선

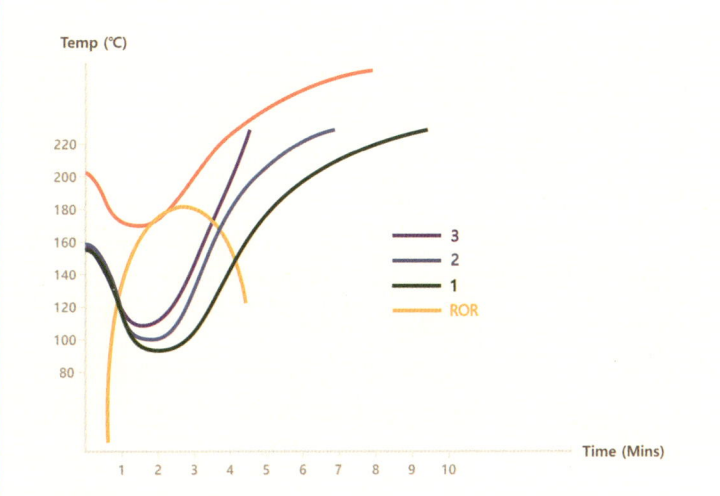

그래프를 보면 세 개의 BT 곡선이 있다. 하나의 생두를 로스팅할 때 동일한 온도와 홀빈 아그트론 색상에서 종료한 결과인데, 세 곡선 모두 로스팅 디벨롭 시간을 향하는 경사가 다르고 디벨롭 시간이 연장되어 로스팅 프로파일로 인한 고유한 특성을 지니게 된다.

커핑 시 사용하는 객관적 표현으로 각 곡선의 향미를 이야기하자면 곡선 2는 생두가 지닌 유기산의 산미가 잘 발현되는 반면, 곡선 1은 TP가 늦게 발생하고 전체적인 시간이 느려졌기 때문에 갈변 반응의 단맛과 유기산의 산미의 강도가 2번보다는 떨어지고 밋밋flat할 수 있다. 분쇄 아그트론 값은 당연히 어두워진다. 곡선 3은 경사가 매우 가파른데 이는 패스트 로스팅의 결과물이다. 그 결과 생두 디벨롭이 덜 되어서 분쇄 아그트론 값이 높고 초

REAL TALK!

필자가 경험한 생두와 로스팅과 관련된 잘못된(부적절한) 김생두(가명)님과의 대화다. 여러분들도 얼마나 공감되는지 반드시 생각해보길 바란다.

김생두 어떤 손님이 지난주에 시킨 아리차 커피랑 이번주에 시킨 아리차 커피 맛이 다르대요. 저는 분명히 똑같이 로스팅했다고 생각하는데...

Paul Kim 그 손님이 어떻게 맛이 다르다고 하던가요?

김생두 이번주에 주문한 아리차 커피에서는 산미가 안 느껴진대요.

Paul Kim 혹시 저번주랑 이번주 프로파일 기록 가지고 계세요?

김생두 아, 그 온도 센서랑 USB 연결해서 그래프 그려주는 그거 말씀이신가요?

Paul Kim 네, 자동으로 그려진 그래프나 수기로 그린 거라도요.

김생두 손님 응대하랴 로스팅하랴 너무 정신없어서 기록을 못했어요. 다음엔 꼭 할게요....

필자 Says 모든 손님의 입맛이 정확한 것은 아니지만 단골 고객의 입맛은 거짓말하지 않는다. 로스팅 프로파일이 어떻게 그려지는가에 따라 생두의 맛은 천차만별로 달라진다.

산의 찌르는 듯한 신맛 쪽으로 치우칠 수 있다.

만약 대중을 겨냥한 마케팅 측면으로 표현하면 곡선 1은 신맛은 적고 단맛이 풍부하며 바디가 좋은 커피, 곡선 2는 향긋한 꽃향과 상큼하고 중후한 석류를 느낄 수 있는 커피, 곡선 3은 상큼한 레몬의 신맛이 폭발적인 커피로 표현할 수 있을 것이다. 대중성(혹은 마케팅)을 위한 향미 표현이 마치 과장된 듯한 느낌을 줄 수 있으나 이 표현들은 어쩔 수 없는 주관적 관점이고, 커피는 기호에 따른 표현 방법이 달라진다는 사실을 기억하자. 탄 맛이 나는 *smoky* 커피가 '누룽지 같은 중후한 맛을 내는 커피'로 표현되는 것처럼 말이다. 물론 커핑을 할 땐 객관화된 표현을 써야겠지만.

어쨌든 세 개의 BT 곡선은 여러분이 선호할 수도, 그렇지 않을 수도 있는 향미 프로파일을 만들며 이는 개인의 취향에 달려 있다. 흥미로운 점은 동일한 종료 온도로 세 가지의 다른 맛을 낼 수 있다는 것이다.

필자는 대중을 대상으로 밝은 과하지 않은 산미를 지닌 에스프레소를 로스팅하려면 어느 곡선을 따라야 할까? 경사가 매우 가파른 곡선 3은 언더 디벨롭되어 찌르는 듯한 신맛이 날 테니 필자는 곡선 2를 따라 할 것을 추천한다. 또한 로스팅 디벨롭 시간을 더 늘려 단맛과 산미의 균형을 맞추려는 시도도 해봄직 하다. 일반적인 표현을 사용하면 대중이 원하는 커피는 신맛은 적당히 있되 스모키한 맛이 나는 커피일 것이다. 곡선 3을 선택하고 끝나는 시점을 평행으로 쭉 유지한다면 산미를 싫어하는 고객들에게는 완벽한 커피가 될 수 있다. 밝은 에스프레소 원두는 로스팅으로만 발현시킬 수 있는 것이 아니다. 가장 중요한 건 생두의 품질이다. 싱글 오리진처럼 밝게 로스팅할수록 커피 본연의 맛을 더 많이 느낄 수 있기 때문에 커피의 품질이 당연히 우수해야 한다.

마지막으로 DT는 어떻게 정의하는가? RD(로스팅 디벨롭)/DT는 1차크랙이 일어나고 난 후부터 로스팅이 종료될 때까지 구간을 일컫는다. 이때 커피는 가장 맛있게 디벨롭된다. 로스팅 디벨롭 시간에 대한 로스팅 프로파일을 이해하려면 로스팅의 첫 번째 단계가 로스팅 디벨롭 시간으로 이어지는지 확인해야 한다. 이는 로스팅의 두 번째 단계만큼이나 중요하다.

11. 온도 상승률RoR

대략 10여 년 전, 로스팅 시 필요한 정보 저장과 프로파일 사용을 유용하게 해주는 소프트웨어 제조사 크롭스터Cropster와 미국 스페셜티 커피 로스터들이 '온도 상승률Rate of Rise, RoR'을 적용하기 시작한 후부터 RoR에 대한 관심이 높아졌다. 여러분은 RoR의 개념을 어떻게 적용하고 있는가?

  RoR은 보통 30초에서 60초 사이의 구간에 측정된다. 만약 30초 안에 5의 비율을 가진다면 생두의 온도가 30초마다 5 씩 증가한다는 것을 의미한다. RoR은 BT와 ET 곡선과는 매우 다른 형태를 지닌다. 보통 로스팅 초기 건조 단계에 BT가 감소하면서 +RoR이 발생하고, 이는 드럼 온도와 BT가 만나면서 결국 안정화된다. 이 안정화된 시점이 우리가 익히 아는 TP다.

  그렇다면 RoR을 왜 측정해야 할까? BT와 ET만으로 충분하지 않을까? RoR 측정을 권하는 이유는 이게 열 형성의 초기 징후를 제공하기 때문이다. 이를 이용하면 로스팅을 더 잘 조작할 수 있고 원하는 프로파일을 쉽게 만들 수 있다. 많은 로스터가 RoR이 높거나 낮은 것에 대해 논의하는 것을 자주 듣게 된다. 간단히 말하자면 RoR이 높으면 로스팅이 빠르게, RoR이 낮으면 로스팅이 느리게 진행되는 것이다. 따라서 RoR 그래프를 보면 최종 온도에 얼마나 빠르게 혹은 느리게 도달하는지를 예측할 수 있다. 다시 말해 RoR은 로스팅 추진력에 대한 모든 것이나 거의 다름없다.

RoR 곡선에서 1분일 때의 온도를 측정해 1분 30초일 때의 측정치와 비교해보자. 비교 결과 1분대에서 1분 30초대까지 8°C 증가했다면 RoR은 8°C가 된다. RoR 측정은 30초 단위로 해도 되고 1분마다 계산할 수도 있다. 다만 30초 단위로 계산하면 좀 더 정확한 예측이 가능하므로 30초 단위를 권한다. BT 센서와 타이머만 있으면 RoR을 계산은 어렵지 않다.

이 책에서는 RoR을 30초 단위로 계산해서 설명하겠다. 커핑 점수 84점 이상 되는 스페셜티 등급 생두 2kg를 로스팅하는 경우를 예로 들어보자. TP 직후의 RoR은 6°C 이하로 내려가거나 8°C 이상 올라가지 않는다. 필자는 항상 그 사이에 머물 수 있도록 열량을 조절한다. RoR 값은 로스팅 용량, 생두 특성, 배기 환경 등에 따라 달라지기 때문에 적정 RoR은 알려줄 수가 없다. 설령 알려줄 수 있다 하더라도 여러분의 환경과 필자의 환경이 달라 동일한 결과물을 내는 것은 불가능하다. 이 책의 목적은 여러분이 프로파일을 찾게 하기 위한 가이드를 제시하는 것임을 잊지 말자.

RoR이 너무 낮게 떨어지는 것은 권하지 않는다. 온도가 정지 지점에 도달할 위험이 있기 때문이다. 시간 대비 온도가 정지된다는 것은 RoR이 너무 낮고 온도를 다시 복구하는 데 시간이 오래 걸린다는 뜻이다. 이런 경우 베이크드 baked 로스팅이 될 수 있어 맛이 밋밋 flat 해지고 종이 papery 같은 향미가 만들어질 수 있다. 당연히 생두의 향미 화합물도 형성되지 않는다.

그렇다고 해서 높은 RoR이 최선인 것은 아니다. 우리의 목표는 RoR을 정확하게 제어하는 것이며 이를 터득하는 과정에서

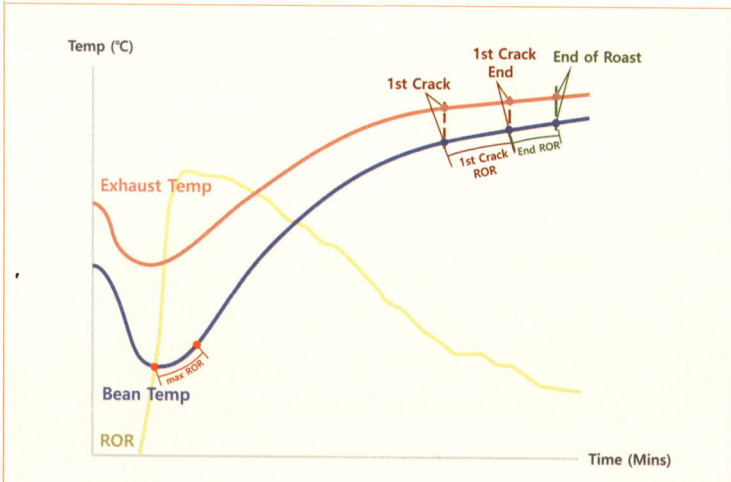

여러분은 같은 생두로 다른 맛을 강조할 수 있다는 것을 알게 될 것이다. 예를 들어 RoR이 높으면(로스팅 초기) 산미를 강조할 수 있고 RoR이 낮으면 단맛을 조절하는 데 도움이 될 수 있다. 이는 유니크한 블렌딩 커피를 만들 때도 적용할 수 있다. 올바른 RoR은 생두의 종류, 원하는 프로파일 그리고 로스팅의 각 단계 등 많은 요소에 따라 달라진다.

RoR은 로스팅이 진행됨에 따라 달라지는데, 그중에서도 중요한 RoR 체크 포인트가 세 가지 있다. 필자는 이를 '최대 RoR', '크랙 RoR' 그리고 '로스팅 끝 RoR' 이라고 칭하겠다.

최대 RoR은 TP(온도가 하강을 멈추고 상승하기 시작하는 시점으로, RoR이 +에서 -으로 이동) 이후의 단계다. 이때 RoR을 계산하면 최대 RoR이 나온다. 그러나 이 높은 RoR은 일반적으로 짧게 유지되며, 대부분의 로스터는 과도한 로스팅을 피하기 위해 RoR을 빠르게 줄이려고 할 것이다. 일반적으로 제안되는 가이드 라인은 로스팅 전체에 걸쳐 RoR을 감소시키는 것이다. 예를 들어 터닝 포인트 이후에는 RoR을 분당 약 15~20℃로 줄이고, 남은 로스팅 시간 동안 나머지를 점차 감소시킨다. 정확한 수치는 로스터기, 배치 크기, 생두의 수분 함량과 밀도, 원하는 프로파일 등 많은 요소에 따라 달라진다.

크랙 RoR은 1차크랙이 발생하는 동안의 온도 변화를 일컫는다. 일부 로스터는 이 시점엔 생두의 증기가 방출되기 때문에 생두 온도의 하락을 방지하는 것이 어렵다고 생각한다. 물론 이 온도 하강을 피하는 것도 중요하지만(언더 디벨롭), 온도를 너무 무리하게 올리지 않는 것도 중요하다. 반대로 드럼이 너무 뜨겁거나 과다한 화력/공기 흐름으로 많은 열이 발생하거나 1차크랙까지 디벨롭이 너무 빠르게 이뤄지면, 1차크랙 도중 RoR이 순간 증가하기도 한다. 생두가 열을 흡수하지 않고 발열 상태로 열을 오히려 생성할 때 일어난다(오버 디벨롭).

로스팅 끝 RoR 단계에는 생두가 더 건조해지고 부서지기 쉬우므로 주의해야 한다. 베이크드baked한 맛을 피하려면 RoR의 꾸준한 감소세를 유지해야 한다.

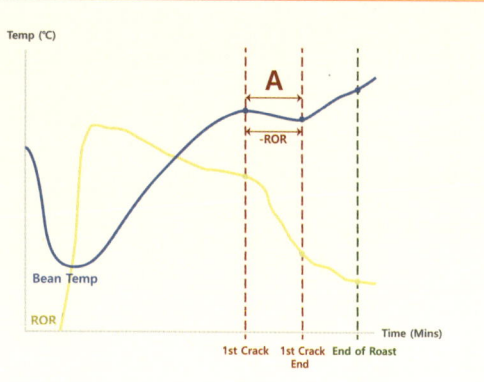 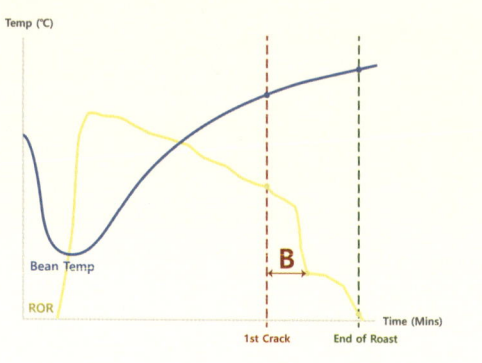

⬆ 왼쪽. BTU와 ET의 잘못된 통제로 인해 DT 때 급격히 하강하는 BT / RoR 그래프(언더 디벨롭)
오른쪽: BT는 정상적이나 순간 RoR이 하강하는 그래프(언더 디벨롭)

크롭스터나 아티산 같은 프로그램을 사용하면 RoR을 더욱 세밀하게 분석할 수 있어 BT와 ET가 어떻게 될지 예측할 수 있다. 위의 예시에서도 언더 디벨롭이나 오버 디벨롭이 충분히 발생할 수 있으므로 RoR을 세밀하게 측정할 것을 강조한다.

    RoR을 사용할 때 따라야 할 특정 규칙이라면 RoR을 꾸준히 감소시켜야 한다는 것이다. 시간을 끌게 되면 베이크드 baked 한 맛이 나고, 특히 1차크랙 이후 RoR이 증가하면 단맛이 부족해진다.

다시 강조하지만 가장 중요한 RoR 조절 타이밍은 1차크랙 직전과 직후다. 이때의 RoR은 향미 프로파일 형성에 큰 영향을 미친다. RoR은 로스팅에서 복잡한 결정을 가능하게 하는 매우 간단한 개념이지만 로스팅 방법에 따라서는 복잡해질 수도 있다.

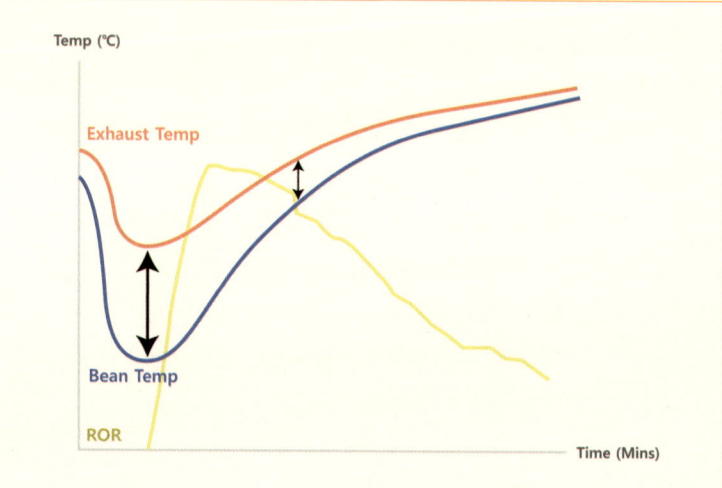

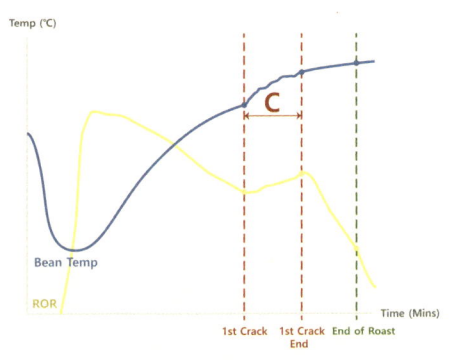 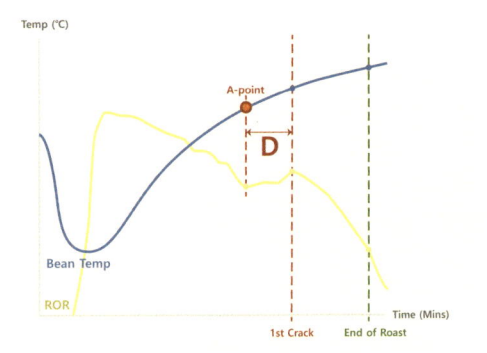

> 왼쪽. DT 때 급격히 상승하는 BT / RoR 그래프(오버 디벨롭)
> 오른쪽: BT는 정상적이나 순간 RoR이 상승하는 그래프(오버 디벨롭)

일반적으로 RoR을 높이려면 BT와 ET 사이에 큰 차이가 있어야 한다. 보통 로스팅을 시작할 때 RoR은 높다. 로스팅이 끝날 무렵에는 ET와 BT의 차이가 적기 때문에 RoR은 더 낮아진다. 동일한 생두와 양을 로스팅하더라도 고정된 RoR에서 로스팅을 할 수 없다. RoR은 상수[07]가 아니다.

필자는 BT를 정확하게 조절하기 위해 로스팅 끝 RoR이 낮아지는 것을 선호한다. 로스팅을 시작할 때 RoR이 낮다면 로스팅 시간이 매우 길어지면서 문제가 생길 수 있다. 로스팅이 끝날 무렵에 RoR이 너무 높으면 생두를 더 이상 제어할 수 없다. 그래서 균형 있는 RoR을 찾는 것이 중요하다.

생두마다 화학적 요소가 다르고 로스터기마다 메커니즘이 다르므로 필자는 모든 커피에 기적의 RoR 레시피는 없다고 말한다. 커피에 가장 적합한 이상적인 곡선을 찾는 것이 로스터가 해야 할 일이다. 그러려면 로스팅의 감각적인 부분에도 초점을 맞출 필요가 있다. RoR 또한 향미 프로파일링을 위해 참고하는 하나의 지표일 뿐이다. 화력과 댐퍼 중 무엇을 조절할 것인지, 아니면 둘 다 조절해 RoR을 통제할 것인지는 결국 커핑을 통해 결정할 수 있다.

대중적인 맛을 고려한 아프리카 생두를 로스팅한다면 밝은 원두 색상에만 초점을 맞추지 말고 로스팅 DT에 주의를 기울여야 한다. 단맛과 산미 간의 균형을 찾는 일은 중요하다. RoR이 너무 높

---

07 여러 가지 값을 가질 수 있는 변수와 달리, 값이 변하지 않고 고정된 수 또는 이를 지칭하는 문자를 뜻한다. (지식백과)

> **REAL TALK!**
>
> 필자가 경험한 RoR과 관련한 잘못된(부적절한) 김생두(가명)님과의 대화다. 여러분들도 얼마나 공감되는지 반드시 생각해보길 바란다.
>
> **김생두** RoR에 대한 사람들의 견해가 제각각이라 복잡해요.
>
> **Paul Kim** 어떤 견해들을 가지고 있던가요?
>
> **김생두** 누군가는 어떤 구간에는 RoR 상승률이 몇 이상 유지해야 한다고 하고, 또 다른 사람은 다른 수치를 말해요.
>
> **Paul Kim** 그 사람들이 어떤 로스터기, 어떤 특징을 가진 생두를 쓰는지, 그리고 어떤 로스팅 결과물을 추구하는지에 대해 명확히 언급하면서 적절한 RoR 수치에 대해 이야기하던가요?
>
> **김생두** 아뇨. 단순히 RoR 값이 이래야 한다고만 말해요.
>
> **Paul Kim** ...
>
> **필자 Says** RoR의 핵심은 균형을 맞추는 것이다. 생두마다 화학적 특징이 다르고 로스터기마다 메커니즘이 다르기 때문에 절대적인 RoR 수치는 존재하지 않는다.

으면 RoR이 낮을 때에 비해 DT가 너무 짧아진다. 특히 예로 든 경우에는 DT 시간을 제어하기 위해 RoR에 주의를 기울이는 게 더욱 중요하다. 반대로 산미를 감소시키고 갈변 반응의 단맛을 끌어올리고 싶다면 DT가 조금 길어지도록 RoR을 조금 낮게 설정하면 된다. 단, 절대 -RoR이 최대한 나오지 않도록 해야 언더 디벨롭을 피할 수 있다.

만약 로스팅 끝 RoR 시간에 초점을 맞추지 못하면 어떻게 될까? 첫 번째 로스팅 단계가 제대로 이어지지 않으면 발열 단계와 DT를 제어할 수 없다. 즉 시작 온도, 생두가 열을 얻기 시작하는 전환점 등은 모두 중요한 것이다. DT를 적절히 제어하면 1차크랙 이전의 첫 번째 단계의 발생 시점을 조정할 수 있다. 첫 단계의 프로파일을 제대로 설정하는 것은 마지막 단계의 프로파일을 작성하는 것만큼이나 중요하다.

12. RoR과 발열 단계의 관계

여러분은 흡열과 발열 단계가 언제 어떻게 발생해야 하는지 이야기할 수 있는가? 흡열과 발열 반응은 로스팅 중에 어떻게 진화하는가? 두 단계를 얼마나 오래 유지하는 것이 이상적인가?

필자는 기본 원칙이 존재한다고 생각하지 않으며 사용하는 생두의 종류에 따라 다르다고 말하겠다. 다만 로스팅 시 첫 건조 단계는 흡열 단계이며 일반적으로 1~3분이고, DT의 시작점인 1차크랙은 첫 번째 발열 단계라고 할 수 있다. 이때 열량을 줄이지 않고 초기 열량으로 로스팅을 계속 진행한다면 로스팅 마지막 단계에 RoR이 증가한다. 이 상태를 유지하면 과도한 발열로 인해 1차크랙에서 곧장 2차크랙으로 전이되어 탄 맛이 만들어진다. 발열 반응이 시작되어야 하는 시점에 RoR이 증가하면 열량을 낮춤으로써 이를 방지할 수 있다. 반대로 발열 반응 때 RoR이 소폭 감소한다면 열량을 올려주면 된다. 다시 말해 1차크랙 이전에 생두가 갑자기 열을 생성하기 시작할 경우 그 순간 RoR에 주의를 기울이지 않으면 제어할 수 없게 되며 로스팅 속도는 굉장히 빨라진다.

요즘 들어 로스터들 사이에서 RoR 곡선에서 보이는 특정한 패턴을 설명하기 위해 '플릭Flick'과 '크래쉬Crash'라는 용어를 사용하고 있다. 일관성 없거나 원치 않는 풍미 프로파일을 초래할 수 있기 때문에 일반적으로 바람직하지 않다고 간주된다는 것이다. 플릭과 크래쉬는 간단한 이론이다.

플릭

이 용어는 보통 로스팅이 끝나갈 때 RoR 곡선이 갑작스럽게 올라가는 패턴을 나타낸다. RoR이 지속적으로 감소하다가 갑작스럽게 증가하면 원두의 외부가 내부에 비해 과도하게 발달해 불쾌한 맛을 초래할 수 있다. 플릭의 원인은 다양한데, 종종 과도한 열 적용 또는 원두 내부의 발열 반응으로 인한 예상치 못한 열 전달의 증가로 인해 발생한다.

크래쉬

플릭의 반대 개념인 크래쉬는 로스팅이 끝나기 전에 RoR 곡선이 갑작스럽게 하락하는 현상을 일컫는다. 보통 RoR이 너무 빠르게 감소할 때 발생하며 그 결과 로스팅이 중단되거나 언더 디벨롭될 수 있다. 결과적으로 향미의 복합성이 떨어지면서 밋밋flat 하고 베이크드baked한 커피가 만들어진다.

플릭과 크래쉬를 피하기 위해서는 로스팅 과정 전반에 걸쳐 열 적용을 신중하게 관리해야 한다. 흡열과 발열 단계의 균형을 섬세하게 유지하고, RoR이 급격히 감소하거나 증가하지 않도록 통제해 일관된 로스팅 프로파일을 만들어야 한다.

↓ 왼쪽. RoR이 큰 폭으로 증가하는 그래프(패스트 로스팅)
오른쪽: RoR이 큰 폭으로 감소하는 그래프(베이크드 로스팅)

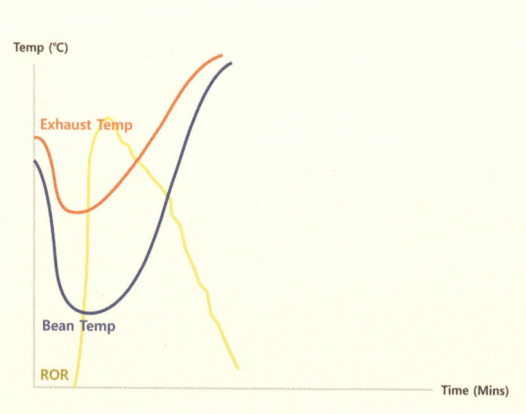
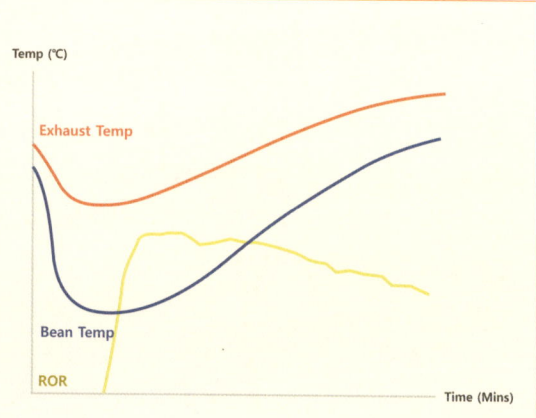

13. 로스팅 프로파일링 예시

이번에는 두 가지 로스팅 프로파일을 예시로 준비했다. 얼마든지 참고는 가능하지만 여러 번 강조하듯 필자와 여러분의 로스팅 환경이 같지 않다는 점을 명심하자. 이해하기 수월하도록 예시 그래프에는 로스팅 시 반드시 체크해야 하는 중요한 변수인 BT의 경과 시간을 표시했다.

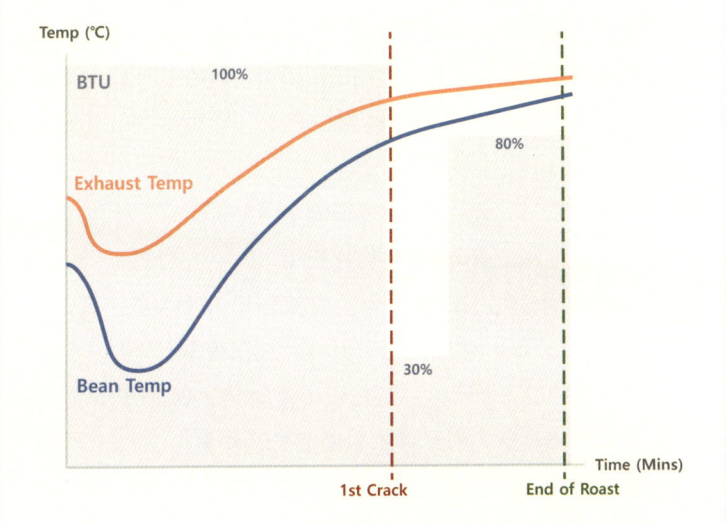

프로파일 1: 하드 빈 / 워시드 생두 예시

프로파일 1은 2.5kg 로스터기로 2.2kg 풀 배치를 아그트론 50/64로 로스팅한 것으로, 과테말라 SHB 또는 케냐 AA 같이 높은 재배고도에서 생산된 밀도 높은 워시드 생두의 로스팅에 적합하다. 프로파일 2는 브라질 내추럴 커피와 같은 밀도가 낮은 생두에 적합하며, 아그트론 수치는 48/63이다.

이제 로스팅 프로파일을 한번 살펴보길 바란다. 프로파일 1과 2의 주요한 차이점은 버너의 에너지를 낮추는 시기와 정도다. 프로파일 1은 생두 투입 직후 버너 에너지를 100%로 높여 로스팅을 쭉 진행하다가 1차크랙이 시작되면 버너 에너지를 25~30%로 낮춰 약 20~30초 동안 유지했다. 밀도 높은 생두의 내외부가 모두 디벨롭될 수 있는 강력한 추진력을 구축하기 위함이다. 그런 다음 에너지를 낮춰 로스팅 속도를 늦추고 적절한 DT를 안정적으로 구축했다. 마지막으로 2차크랙이 시작되기 직전에 버너를 0으로 낮추고, 2차크랙이 시작되자마자 다시 로스팅 속도를 낮춘 뒤 배출했다. 냉각팬이 작동하고 로스팅 속도가 빠르게 감속될 때까지 약 10~15초 동안 트레이에서도 크랙이 계속된다.

프로파일 2에서는 1차크랙이 발생할 것으로 예상되는 시점 약 30초 전에 버너 에너지를 40~45%가량 감소시켰다. 밀도가 낮은 내추럴 생두는 밀도 높은 워시드 생두보다 적은 에너지로도 옐로우 브라운색으로 건조되기 때문에 버너 에너지를 조금 일찍 낮춘 것이다. 따라서 이 프로파일에서는 1차크랙 시 충분한 열량을 유지하면서 3~4분의 DT를 지속하기 위해 버너 에너지를 좀 더 일찍 낮춘다. 또한 1차크랙 이전 또는 이후 단계에 진행을 서두르지 않고, 2차크랙이 시작되기 약 30~60초 전에 화력 에너지를 낮췄다.

더 강한 로스팅 정도를 얻으려면 댐퍼나 배기 팬 속도를 이용해 로스팅 속도를 높이거나 늦출 수 있다. 이 방법은 때로는 과잉 반응을 일으키기 쉽다. 그러나 로스팅 말미에 적절한 흡입을 보장하여 로스팅 중 생성된 연기가 제거되도록 1차크랙 이후 팬 속도를 약간 높여주는 것이 좋다. 버너를 조정할 땐 팬 속도를 높이면 로스팅 속도도 느려진다는 점을 염두에 두자.

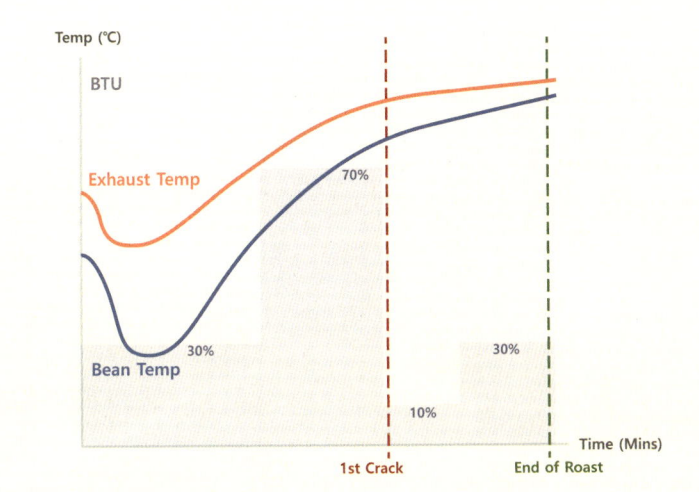

← 프로파일 2: 소프트 빈 / 내추럴 / 다크 로스팅 예시

Part 3.

고급 로스팅

1. 커피 랩 장비들

1.1   기본 로스팅을 위한 장비

로스팅할 땐 가장 먼저 타이머가 있어야 한다. 이는 로스팅 진행 상황을 파악하는 데 도움이 된다. 또 다른 필수 장비 중 하나는 풀 스펙트럼 라이트Full Spectrum Light다. 로스팅이 어느 단계에 도달했는지를 정확하게 파악하려면 좋은 조명 장치를 갖춰야 한다. 그래야 빠르게(혹은 천천히) 변하는 콩의 색상을 확인하고, 샘플과 색상을 일치시킬 수 있다. 간혹 너무 덥거나 밝다는 이유로 조명을 다 끈 채 로스팅하는 로스터들이 있는데, 이는 좋지 않은 습관이다. 다음은 아그트론을 측정하는 색도계다. 색도계가 없다면 필자가 검증한 아그트론별 색상 병vials을 사용할 수 있다. 이 같은 도구를 이용해 로스팅 시작 전에 목표로 정한 색상이 나왔는지 꼭 확인해야 한다. 명심하라. 기존의 프로파일을 그대로 대입해 로스팅한다고 해도 같은 아그트론 값은 절대 나오지 않는다는 사실을. 크롭스터Cropster 같은 로그프로그램이나 자동 프로파일 기능이 내장된 로스터기를 사용하더라도 마찬가지다. 이들은 그저 BT(생두 온도)와 ET(배기 온도)를 최대한 맞추기 위해 열량을 조절하고, 시간 대비 온도로 로스팅 종료 시점을 결정하는 방식이기 때문이다. 드럼 내에 고열에 강한 색도계가 장착되어 있고, 생두 표면뿐만 아니라 내부까지 투과하는 추가 옵션을 장착한 경우가 아니라면 자동화 시스템에 100% 의존해서는 안 된다. 로스터는 샘플러에 담긴 샘플을 직접 보고 눈으로 아그트론 값을 수치화해야 한다.

> 필자가 이 책에서 '아그트론 값'만을 강조하고 다른 색도 수치를 사용하는
> 'Colorette 3b(by Probat)' 혹은 'Colortrak'에 대해 언급하지 않는
> 이유는 SCAA에서 아그트론 값에 대한 프로토콜을 내놓은 1994년 이래
> 30년 동안 아그트론이 전 세계적으로 가장 많이 사용되는 색도 수치이기
> 때문이다. 이 외 색도계 사용자들이 서운해 하지 않길 바란다. 그러나
> SCA가 2023년 발행한 커피 가치 평가 프로토콜에서는 아그트론과
> 더불어 Colorette 3b, Colortrak의 기준을 제시하고 있다. 앞으로
> 아그트론 외 다른 색도 수치가 활성화될 것으로 기대된다.

또 다른 필수 장비는 수분 측정기와 밀도 측정기다. 수분 측정기는 로스팅을 시작하기 전 생두의 수분 함량을 파악해 로스팅의 방향성을 결정하는 데 도움이 된다. 생두의 이상적인 수분 함량은 10~12%다. 수분 함량이 이보다 낮거나 높으면 로스팅에 영향을 미친다. 많은 생두 업체에서 안내하는 수분 함량은 커피가 창고에 도착했을 때 측정한 값이다. 생두는 습도와 온도에 따라 주변의 수분을 흡수하기도 하고, 반대로 수분이 손실되기도 한다. 생두가 주변 습도를 흡수해 12% 이상의 수분 함량을 기록하면 결점두 중 하나인 플로터floater 같은 모양새를 띨 뿐만 아니라 짚 같은strawy 맛이 날 것이다. 생두 업체에서 제공하는 정보는 참고사항일 뿐 결과물에 관한 확인과 책임은 로스터에게 있다. 그러므로 생두의 수분은 로스팅 전에 꼭 확인해야 한다.

1.2　로스팅 색상 측정

필자는 아그트론 값이 매우 중요하다고 거듭 강조하고 있다. 아그트론은 다른 배치의 원두를 홀빈 상태, 분쇄 상태에서 측정한다. 로스팅 색상을 측정하는 방법과 관련 도구에 대해 알아보자.

자바리틱스Javalytics 색도계

자바리틱스는 페트리디쉬petri dish에 담은 커피의 색상을

색도계 안에 있는 여덟 개의 각기 다른 다이오드diodes[01]가 측정하는 도구다. 자바리틱스의 큰 장점은 실제 아그트론 기계와 99.9% 캘리브레이션이 가능하다는 것이다. 본인이 사용하는 색도계가 아무리 SCA에 등록된 기계라 할지라도 그 값이 실제 아그트론 값과 차이가 나지는 않는지를 반드시 확인해봐야 한다. 또, 자바리틱스는 페트리디쉬에 담긴 커피의 색상 값을 다이오드가 측정하는 방식이라 커피가 페트리디쉬의 바닥면을 다 덮기만 하면 언제나 정확한 평균치를 낼 수 있다. 측정하는 사람이 커피를 얼마나 담는지에 따라 아그트론 값이 변동되는 일이 없다는 뜻이다. 실제로 라이트 텔과 로아미 색도계의 경우 색상 측정 용기에 커피가 얼마나 남기는지에 따라 오차범위가 매우 크다.

사진을 보면 자바리틱스 디스플레이에 60.1이라는 아그트론 값이 떠 있다. 인간의 눈으로는 아그트론 수치 60과 63의 차이를 감지하기 어렵다. 측정 장비가 필요한 이유다. 시간과 온도, 그리고 열 공급이 다른 프로파일을 사용하면 각 배치 로스팅에 적합한 아그트론 수치에 도달할 수 있다.

크루브를 이용한 분쇄도 조정

어떠한 이유 때문인지 모르겠지만 많은 로스터가 분쇄 아그트론 값을 측정하지 않는다. 아무리 바쁘고 귀찮더라도 위 프로토콜에 분쇄도를 맞춰 분쇄 아그트론 값을 기록해야 한다. 매번 같은 온도와 시간, 열량 프로파일을 따르고 홀빈 아그트론 값이 언제나 동일하더라도 순간적인 BT와 ET의 변화에 따라 원두 내부의 아그트론 값이 변할 수 있다. 고로 분쇄 아그트론 값을 측정하지 않으면 일관성 있는 로스팅을 했다고 할 수 없다. 그렇다고 해서 분쇄 색상에만 의존하라는 이야기는 절대 아니다.

분쇄 원두의 색상을 측정할 때 분쇄도는 반드시 커핑과 동일한 시브sieve 사이즈로 설정해야 한다. 크루브Kruve 사용 시 900μm(마이크로미터) 시브를 상단, 800μm 시브는 하단에 장착하고 분쇄 커피 50g을 상단에 담은 채 좌우로 30초 이상 흔든

01   **다이오드(diodes)**   전류를 한쪽으로는 흐르게 하고 반대쪽으로는 흐르지 않게 하는 정류작용을 하는 전자 부품(물리학백과)

다. 분쇄커피 50g 중 900μm 시브를 통과한 분량이 35g(70%) 이상이라면 이 분쇄도는 커핑용에 적합한 것이므로 아그트론 측정 시 사용하면 된다. 참고로 SCA 커핑 프로토콜에 따르면 US Mesh Sieve #20(841μm)을 70~75% 이상 통과하는 정도의 분쇄도가 커핑에 적합하다. 앞서 몇 차례 강조했듯 로스팅 후 841μm 분쇄 확인은 반드시 시행되어야 한다.

참고로 분쇄 굵기가 에스프레소(약 200~600μm)에 가까울수록 아그트론 값은 밝아진다. 반대로 프렌치프레스 굵기(약 800~1,300μm)일수록 아그트론 값은 어두워진다.

크루브를 사용한 커핑용 분쇄도 세팅 방법

① 상단에 900μm 시브, 하단에는 800μm 시브를 장착한 뒤 저울 영점을 잡는다.
② 상단(900μm 시브)에 분쇄원두 50g을 담는다.
③ 뚜껑을 닫고 30초 이상 좌우로 흔든다.
④ 900μm 시브에 20~25g(30%)의 커피만 남도록 분쇄도를 조정하며 같은 과정을 반복한다.

라이트 텔 CM-100

이는 SCA에서 인증한 색도 측정 장비 중 하나다. 이에 관해 설명하기에 앞서 필자는 실구매자이자 한 명의 사용자로서 객관적인 사용 후기를 전하는 것임을 밝힌다.

라이트 텔은 다음 페이지의 사진과 같이 홀빈/분쇄 아그트론 값을 수치화할 수 있다. 기계의 크기가 작아 휴대성이 좋다는 장점은 분명하나 같은 커피라도 측정 트레이에 얼마큼의 양을 담는지에

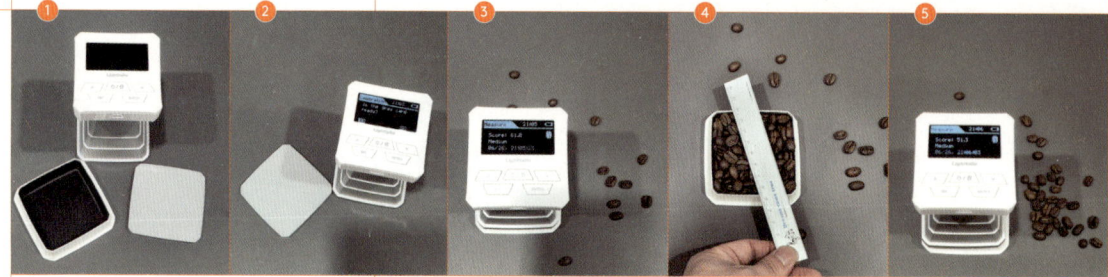

1. 라이트 벨 CM-100
2. 캘리브레이션을 위한 준비
3. 원두 색상값 측정
4. 원두를 담고 표면이 평평해지도록 다져준다.
5. 같은 원두라도 담는 양에 따라 측정값이 달라진다.

따라 색상 값이 변한다는 것이 단점이다. 원두마다 크기나 밀도가 다르므로 측정할 때마다 똑같은 양을 담기란 불가능하다. 제조업체에서 설명하는 측정법은 다음과 같다.

- 홀빈/그라운드 빈을 측정하기 전에 샘플 트레이에 준비하고 자와 같은 도구를 사용하여 커피를 평평하게 만든 뒤 샘플 트레이와 그 가장자리가 최대한 수평을 유지하도록 합니다. 측정 장비를 트레이 위에 올려놓고 <측정> 메뉴에 들어가 홀빈/그라운드를 선택한 후 측정 버튼 혹은 엔터 버튼을 짧게 눌러 측정을 시작합니다.

그 어떤 측정 장비든 소비자들은 그 가치만큼의 정확성을 요구한다. 제조업체들은 그 의견을 반영해 새로운 모델을 출시하지만 결국 소비자들의 선택에 따라 측정값에 대한 만족도는 다 다르다. 이 또한 여러분의 선택이다.

측정 장비가 없는 경우

마지막으로 소개할 방식은 조금 덜 과학적이지만, 여건이 되질 않아 측정 장비를 갖출 수 없는 로스터를 위해 준비했다. 실제로 많은 로스터가 이 방식을 사용하며 잘 활용하면 배치마다 로스팅이 일관적인지를 확인할 수 있다.

먼저 로스팅 결과물을 커핑한 후 가장 만족도가 높은 원두 샘플을 홀빈/분쇄커피로 나누어 준비한다. 각 샘플을 흰색 종이에 올린 뒤 그 옆에 아그트론 샘플을 놓고 풀 스펙트럼 라이트 아래에서 비교한다.

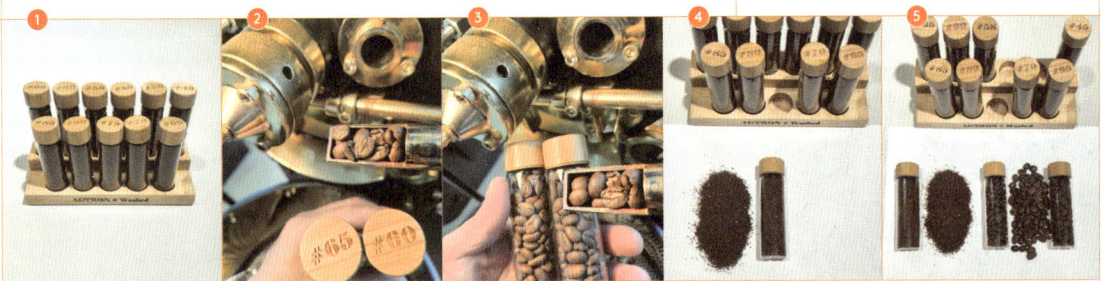

① 최종 결과물과 대조할 아그트론에 맞는 원두와 분쇄 샘플을 준비한다. 워시드 커피는 워시드 샘플을, 내추럴 커피는 내추럴 샘플과 대조하는 것이 좋다.
② 목표로 하는 아그트론 샘플을 정한다.
③ 로스팅 마무리 단계에 목표로 설정한 아그트론 샘플을 옆에 두고 샘플러 색상과 비교해 적절한 타이밍에 배출한다.
④ 배출한 원두를 홀빈/분쇄원두로 나누어 흰색 종이에 올려두고 아그트론 샘플과 한 번 더 비교한다. 이때 분쇄원두의 분쇄도는 0.841µm(시브 사이즈 20)에 맞춰야 한다. (크루브 사용 방법 참고)
⑤ 사진과 같은 방법으로 로스팅 결과물의 홀빈 아그트론과 분쇄 아그트론 값을 측정한다.

아그트론 값은 로스팅 시 BT와 ET가 어떻게 작용했는지를 보여주는 수치로, 일관성 있는 아그트론 색상 측정은 커피 맛에 큰 영향을 미친다. 필자는 위에 소개한 어떤 방법으로든 여러분이 로스팅 결과 데이터를 꼭 구축하길 바란다. 마지막으로 아그트론 값은 결과물을 과학적으로 측정할 수 있는 하나의 지표이긴 하나, 전체 로스팅을 판단하는 절대적인 기준은 아니라는 점을 명심하자.

1.3 대략적인 생두의 특징 파악

워시드 가공한 과테말라, 콜롬비아 커피, 펄프드 내추럴 가공한 브라질 커피, 그리고 체리를 햇볕에서 건조시킨 내추럴 에티오피아 생두를 가지고 이야기해보자. 이들 커피에는 각각 다른 로스팅 전략을 적용해야 한다.

→ 과테말라 워시드
→ 콜롬비아 워시드

먼저 과테말라, 콜롬비아 두 가지 워시드 커피의 경우 가공법은 같지만 명백한 차이가 있다. 과테말라 생두는 평균 1,100~1,650m에서, 콜롬비아 생두는 평균 1,400~2,000m에서 재배된다. 최대 고도가 달라도 하드 빈으로서 밀도 특성이 같다고 생각할 수 있겠지만 사실 그렇지 않다. 예를 들어보자. 사진에서 보는 과테말라 생두는 평균 1,100~1,650m에서, 콜롬비아 생두는 평균 1,400~2,000m에서 재배된다. 이때 뚜렷한 차이점은 두 나라의 '위도'다. 콜롬비아는 적도에 더 가까이 위치해 있기 때문에 과테말라보다 더 높은 고도에서 커피가 재배된다. 또, 과테말라보다는 콜롬비아에서 재배된 커피가 고도의 영향을 적게 받을 수 있다. 위도가 기후에 뚜렷한 영향을 미치기 때문이다. 과테말라 커피가 1,400m 고도에서 재배된다고 해서 콜롬비아에서도 동일한 고도에서 커피를 재배할 필요는 없다. 콜롬비아는 적도에 더 가깝게 위치해있다. 기후에 영향을 미치는 위도의 차이로 콜롬비아에서 재배되는 커피는 과테말라에서보다 고도의 영향을 적게 받을 수 있다. 이처럼 위도는 커피 재배 고도와 연관성을 지닌다. 이러한 배경지식은 해충과 질병의 위협을 고려해 커피 농장의 장소를 결정하는 데 도움이 된다. 다만 이는 일반적인 상황의 예시이며 고도나 위도뿐만 아니라 흙, 기후 등의 조건도 고려해야 한다.

재배 고도는 야간 온도와 긴밀한 연관이 있다. 재배 고도가 높을수록 야간 온도는 더 낮다. 온도가 낮은 곳에서는 체리가 천천히 익기 때문에 더 많은 당이 만들어지고, 생두의 밀도 또한 높아진다. 당은 산과 아로마 화합물로 전환되면서 커피의 맛을 향상시킬 뿐만 아니라 추운 밤에 과일이 얼지 않도록 보호한다. 아울러 재배 고도는 토양의 특성을 결정짓는 요인이기도 하다. 높은 고도에 있는 토양은 주로 화산재로 이루어진다. 화산재는 식물의 뿌리가 발달하는 데 도움을 주며 가뭄 기간에도 커피 나무가 잘 자랄 수 있는 습도를 유지하도록 한다.

로스팅 전략을 세울 땐 먼저 생두를 육안으로 살펴봐야 한다. 필자가 처음 접하는 생두를 관찰할 때 특히 유심히 보는 것은 커피의 밀도다. 밀도에 관해 이야기할 땐 당연히 무게 대 부피 측정을 먼저 논하겠지만, 측정기가 없을 시에는 생두의 센터컷을 유심히 관찰하면 된다.

고지대에서 재배된 생두의 센터컷은 일반적으로 중앙에 세로로 패여 있으며 매우 단단하게 닫혀 있다. 반대로 센터컷이 깊고 개방된 생두는 저지대에서 재배된 커피다. 이를 판단할 땐 한두 개의 생두만 보지 말고 생두 샘플의 전반적인 모양을 보아야 한다. 센터컷이 열려 있는 정도나 깊이는 여러 생두 샘플과 비교해 보면 금방 알 수 있다.

과테말라 샘플은 해발 1,100~1,600m 사이의 우에우에테낭고Huehuetenango 지역에서 재배된 것으로, 센터컷이 저지대에서 재배한 생두보다 적게 열려 있으며 구조가 훨씬 촘촘하다. 또, 생두 표면이 저지대에서 재배된 생두보다 약간 더 거칠다. 커피가 높은 고도에서 재배됐음을 보여주는 지표다.

콜롬비아 샘플은 생두 구조가 훨씬 단단하다. 센터컷을 자세히 살펴보면 완전히 닫혀 있으며 생두의 외부 표면은 훨씬 더 거칠다. 밀도가 더 높은 생두의 경우 로스팅 첫 단계에 더 많은 열을 가하면 좋은 결과를 얻을 수 있다.

한편 해발 고도 1,600m에서 재배된 온두라스 생두와 과테말라 생두를 비교하는 것은 쌍둥이 형제를 평가하는 것과 같다. 간혹 태평양 바람의 영향을 많이 받는 중미 지역에서 재배된 생두의 밀도

← 하드 빈 BTU 예시

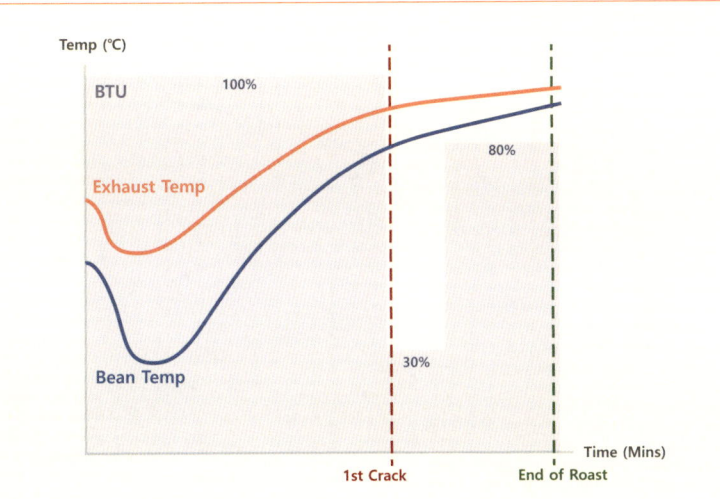

→ 브라질 펄프드 내추럴

→ 에티오피아 내추럴

가 높다고 일반화하는 경우가 있는데, 이는 다소 무리가 있는 추측이다. 태평양 바람은 생두의 세포 구조를 무르게 하는 경향이 있기 때문이다. 엘살바도르가 좋은 예다. 엘살바도르는 태평양 쪽에 완전히 노출되어 있어 온도 조건도 생두에 영향을 미친다. 태평양 영향권은 대서양의 영향을 받는 과테말라, 파나마 등의 국가에 비해 온도가 약간 낮아 생두의 밀도가 낮은 편이다. 결국 재배 국가의 위치를 구체적으로 파악해야만 대략적인 생두 정보를 파악할 수 있다.

이제 펄프드 내추럴 브라질 샘플을 살펴보자. 가공 방식의 특징 때문에 생두 점액질의 일부인 당이 생두 표면에 흡수되어 있어 커피 오일이 생두 전체에 고르게 분포해있음을 인식하는 것이 중요하다. 일반적으로 이러한 생두는 로스팅 첫 단계에 열을 낮은 수준에서 중간 정도로 올려서 로스팅해야 한다.

이번에는 내추럴 에티오피아 생두다. 이 생두는 대부분의 내추럴 생두와 마찬가지로 로스팅 첫 단계에 낮은 열로 로스팅해야 한다. 내추럴 생두는 외부를 과도하게 로스팅하지 않으면서 부드럽게 향미를 이끌어낼 수 있도록 RoR을 점점 감소시키는 방식이 선호된다. 내추럴 생두는 센터컷이 약간 더 열려 있고 생두 전체에 당과 오일이 뚜렷하게 분포되어 있다. 이러한 특징으로 인해 열을 더 흡수하려고 하는 성향을 지니므로 로스팅 시 더 많은 주의가 필요하다.

→ 소프트 빈 BTU 예시

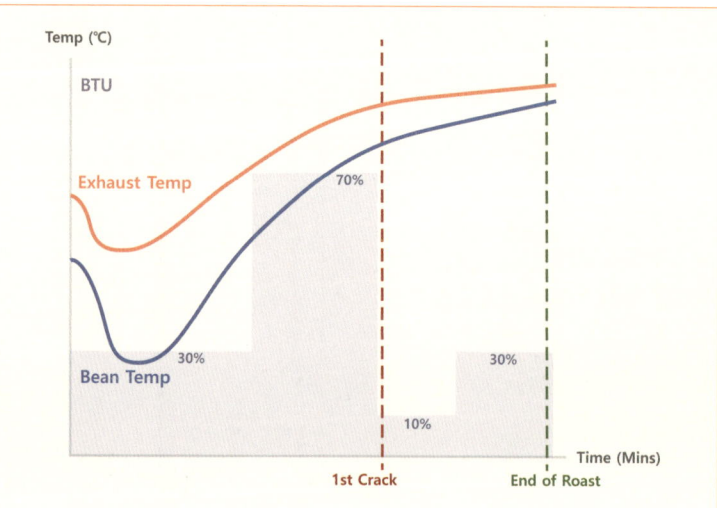

1.4 생두의 수분과 밀도 측정

르완다와 부룬디처럼 포테이토 디펙트potato defects의 발생이 잦은 지역에서는 고품질의 커피를 생산하기 위해 커피를 펄핑depulping하기 전에 밀도별로 분리하곤 한다. 그물망에 넣은 체리를 물탱크에 넣어 위로 떠오르는 밀도가 낮은 체리는 제거하고, 아래로 가라앉는 밀도가 높은 체리만을 워싱 스테이션으로 옮기거나 판매한다. 이는 펄핑 전 부유물 및 기타 손상된 체리를 분류하기에 효과적인 방법이다. 워시드 생두의 밀도 분류는 발효 후 다시 진행된다. 펄프가 제거된 파치먼트 커피를 물이 흐르는 좁은 수로를 통해 옮기는데, 이때 물에 가라앉는 생두는 밀도가 높은 품질 좋은 커피로 분류된다. 대체로 이 과정에서 세 가지 품질 등급에 따라 커피를 구분할 수 있다. 그러나 내추럴 가공을 할 때도 드라이 밀dry mill에서 밀도 테이블density table과 같은 진동하는 테이블을 이용해 밀도가 상대적으로 낮은 깨진broken 생두, 쉘shell, 마른 파치먼트와 이물질foreign matter까지 제거할 수 있다. 올바르게 캘리브레이션된 밀도 테이블의 경우 많은 결점을 분리할 수 있지만 잘못 캘리브레이션된 밀도 테이블은 결점을 과도하게 분리하는 등 전반적인 수확물의 품질을 저하할 수 있다.

  많은 예외가 있지만 밀도는 종종 재배 국가에 따라 달라진다. 동아프리카 특히 에티오피아와 케냐 커피는 밀도가 매우 높으며 앞서 예를 든 과테말라와 콜롬비아 생두도 마찬가지다. 반대로 수마트라와 브라질 생두는 일반적으로 밀도가 매우 낮은 경향이 있다. 또한 높은 고도에서 재배된 스크린 사이즈가 작은 생두의 밀도는 낮은 곳에서 재배된 스크린 사이즈가 큰 생두보다 높다. 앞에서 설명했듯 내추럴 커피는 워시드보다 밀도가 낮다. 또, 동일한 생두를 두고 실험해 보면 수분이 높은 생두의 밀도는 수분이 낮은 생두의 밀도보다 높다. 수분 함량이 높아 밀도가 낮은 생두는 시간이 지남에 따라 수분이 빠르게 손실되는 경향이 있다. 이러한 수분 증발은 증기 이동과 직접적인 관련이 있는 무게 손실 및 맛의 품질 손실을 초래한다.

  다른 이야기지만 밀도는 생두 거래 시에도 중요하다. 맛의 품질과 시장에서의 가치와 상호 연관되어 있기 때문이다. 1kg의

솜털과 1kg의 철이 있다고 가정해보자. 솜과 철 모두 무게는 1kg으로 동일하지만 1kg의 솜털이 차지하는 부피가 훨씬 크다. 생두도 마찬가지다. 60kg의 저밀도 생두와 60kg 고밀도 생두는 무게가 같지만, 저밀도 생두가 더 많은 공간을 차지한다. 고밀도 생두는 부피가 적고 무게는 더 나가기 때문에 가격이 더 높게 책정될 수밖에 없다. 예를 들어 필자가 샘플로 준비한 에티오피아 생두의 밀도 측정값은 740g/l, 수마트라는 650g/l다. 만약 60kg짜리 마대에 밀도 740g/l의 에티오피아 커피를 채우려면 80L의 부피가 필요한 반면, 수마트라 생두로 같은 무게를 채우려면 92.3L의 공간이 필요하다. 같은 마대에 커피를 판매하더라도 수마트라 농부들은 커피 체리를 6.3% 더 많이 따야 하는 것이다.

수학적으로 생두의 밀도는 질량을 부피로 나눈 값이다. 1,000g의 물은 완벽한 환경에서 정확히 1L의 공간을 채울 수 있다. 이 경우 물의 밀도는 1L당 1,000g이다. 과학계에서는 통상적으로 kg/m3의 관점에서 밀도를 관찰하지만 생두의 밀도는 g/l 단위로 표기하는 것이 정확하다.

밀도를 측정하는 방법에는 여러 가지가 있다. 가장 간단한 방법은 눈금이 있는 1L 실린더를 사용하는 것이다. 1L 실린더의 무게를 0점으로 설정한 뒤 1L 선까지 생두를 채우고 그 무게를 측정하면 된다. 단, 이 방법은 실린더에 담긴 생두의 간격에 따라 수치가 달라진다. 밀도 측정기 없이 밀도를 더 정확하게 측정하는 방법은 미리 무게를 측정한 생두를 물에 더한 뒤 물의 부피 변화를 계산하는 것이다. 생두의 실제 무게를 부피로 나누면 실제 생두 밀도가 정확하게 나오며 1,000g/l을 훨씬 넘는다는 사실을 알 수 있다. 생두의 밀도를 정확하게 평가할 수 있지만 생두를 낭비하게 되므로 이 방법 또한 그다지 권하지는 않는다.

시나 빈 프로

시나 빈 프로 측정 방법
① 생두를 제공된 원통에 가득 넣어 윗면을 평평하게 깎아낸다.
② 생두를 호퍼에 담는다.
③ 레버를 당겨서 측정기 쪽으로 생두가 골고루 떨어지게

한다.
④ 전원을 켜고 수분과 밀도를 측정한다.

생두의 밀도는 여러 가지 측면에서 커핑 결과와 직접적인 관련이 있지만 아직 고밀도와 저밀도를 확실하게 구분 지을 근거가 없다. 반복적인 로스팅과 커핑을 통해 사용하는 생두에 따른 밀도 분류 데이터를 가장 먼저 확보해야 한다.

　　　로스터기에 들어가는 생두는 크기가 작으며 밀도가 높고 상대적으로 차가운 상태로 수분 함량은 약 10~12%이다. 로스팅을 시작하면 생두는 열로 표현되는 많은 에너지, 즉 대류, 전도 그리고 복사 에너지를 빠르게 흡수하는 격렬한 환경에 들어간다. 요점은 로스터기 안에서 많고 다양한 일들이 다소 빠르게 일어난다는 것이다. 어떤 일이 일어날지는 대략적으로 유추할 수 있는데, 먼저 생두에 열이 가해지면 생두의 수분 함량과 관계없이 밀도가 높은 생두는 마이야르 반응과 1차크랙 시 발열의 추진력을 잃어 더 많은 열 에너지를 필요로 한다. 로스팅이 진행됨에 따라 생두 내부 수분은 증기로 전환되어 압력을 생성한다. 많은 양의 이산화탄소와 다른 가스들이 발생하며 압력이 점점 늘어나면, 씨앗의 팽팽한 세포 구조는 특정 시점에 익숙한 크랙 소리의 신호를 받아 부분적으로 자리를 내준다. 압력이 새로운 구조를 만드는 셈이다.

　　　로스터기를 예열할 땐 보통 열을 낮게 적용한다. 그러면 생두 온도가 로스터기 드럼 온도와 천천히 평형을 이루기 때문에 생두의 외부 과열을 방지할 수 있다. 또한 화력 조정을 몇 번 했든 1차크랙 시작 시 내부 열이 충분한지 확인하고, 생두의 뜨거운 수증기가 분출될 땐 평평하거나 떨어지는 온도를 피해야 한다. 이때 너무 많은 열을 가하면 생두가 타버릴 수 있으므로 DT 단계에 특별한 주의를 기울여야 한다.

로스팅 전 생두의 세포 구조는 매우 단단하다. 로스팅이 시작되면 세포의 구조가 부분적으로 벌어지고 나머지 세포들은 결합한 상태로 남는다. 중요한 것은 이 모든 에너지, 압력과 세포벽 깨짐 현상은 무수한 화학적 화합물 생성을 동반한다는 것이다. 이를 모아 뜨거운 물로 추출한 결과물이 바로 커피라는 음료다.

생두 밀도에 따른 이상적인 접근 방식에 대한 논쟁은 계속되고 있다. 그러나 생두와 원두의 밀도에 대한 개념은 매우 간단하다. 만약 로스터기 용량이 10kg라면 10kg 분량의 돼지고기를 8분이나 15분 안에 가정용 오븐으로 굽는다고 생각하면 된다. 오븐의 열을 어떻게 전달해야 돼지고기가 속까지 잘 익는지를 생각해보자.

로스팅 전후 커피의 밀도를 측정하면 프로파일을 동일하게 유지하거나 의도적인 변화를 줄 수 있다. 이렇듯 밀도와 로스팅 정도를 고려하면 로스팅 프로파일을 적용하여 더 맛있고 일관된 제품을 만들 수 있다. 로스팅 전후 커피의 밀도를 안다는 것은 다른 말로 올바른 배치에 대한 정보를 얻을 가능성이 커진다는 것이다.

도구를 활용해 밀도를 정확히 측정하려면 국제표준화기구 ISO 6669에 의거해야 한다. 커피시장에는 많은 밀도 측정 도구가 존재하는데, 이 중 ISO 6669 사양에 맞는 제품은 영국에서 제조한 '시나 빈 프로Sinar Bean Pro'가 유일하다. 물론 이 또한 주기적인 캘리브레이션을 필요로 하며 일관성 있는 측정을 요구한다. 다른 제품의 밀도 측정값은 시나 빈 프로와 30g/l에서 100g/l 이상 차이가 나기 때문에 밀도 측정기를 구매할 땐 반드시 직접 확인해보고 선택하길 바란다.

수분 함량에 따른 품질

생두의 수분 함량은 로스팅에서 중요한 역할을 한다. 정상적인 조건에서 생두의 수분 함량은 10~12% 정도다. 수분 함량은 주변 공기의 상대 습도에 따라 달라진다. 생두 내부 수분은 부분적으로 자유롭거나 결합된 수분으로 존재하며 탄수화물 분자에 포함되어 있다. 수분 감소율에 따른 로스팅 단계는 일반적으로 3단계로 요약할 수 있다. 첫 번째는 건조단계로 커피의 수분 함량이 약 2% 감소한다. 이 단계에는 화학적 변화에서 생두의 수분 증발까지 이뤄지며 자유 수분이 증발한다. 자유 수분은 로스팅 중 열 전달에 중요한 역할을 한다. 생두에 열을 가하는 순간 생두의 수분은 생두 전체에 이 열을 전달한다. 생두의 자유 수분이 증발하는 내부 온도는 평균적으로 100 가량이다. 두 번째 단계는 1차 크랙에서 2차크랙까지의 구간으로 이때 커피의 독특한 향과 맛이 디벨롭된다. 이 단계가 끝날 무렵이면 모든 자유 수분은 증발한다. 두 번째 단계가 지속되는 시간은 로스팅 정도에 따라 달라진다. 세 번째 단계는 2차크랙이 거의 완료될 때 시작된다. 이땐 탄화가 발생하고 결합한 수분이 파괴된다. 수분 함량이 10% 미만인 생두는 자유 수분이 급격히 감소하고 특히 1차크랙 시 훨씬 더 빨리 로스팅되는 경향이 있다. 이 경우 낮은 열량으로 로스팅을 시작해 1차크랙 단계에 열 에너지 공급을 낮게 유지하는 식으로 로스팅 프로파일을 점차적으로 변경할 필요가 있다. 수분 함량이 높은(13~14% 이상) 생두라면 첫 번째 단계를 시작하기 전에 사전 건조 단계를 거쳐야 한다. 사전 건조 중에는 과도한 자유 수분이 천천히 증발할 수 있도록 첫 드럼 온도를 낮게 유지하는 것이 좋다. 로스팅의 실제 첫 번째 단계의 시작점은 생두의 짙은 녹색이 연두색으로 변한 직후로 볼 수 있다.

　　일반적으로 로스팅이 시작되면 열이 작용하면서 생두 내부 수분이 증발한다. 수분 함량이 높을수록 수분 증발에 더 많은 에너지(또는 시간)가 소모된다. 그 결과 생두가 열에 노출되는 시간이 길어지는데 원두 겉면이 원하는 아그트론 색상을 보이려면 원두 내부에 열이 더 가해져야 한다. 결국 수분 함량이 높은 생두는 밝은 내부 색상을 얻는 게 불가능하다.

❶ 낮은 수분 생두 로스팅 그래프 예시
❷ 정상적인 수분 생두 로스팅 그래프 예시
❸ 높은 수분 생두 로스팅 그래프 예시

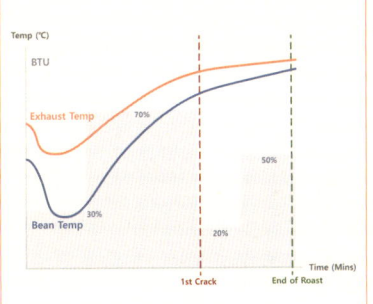
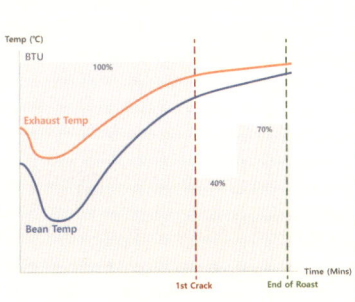
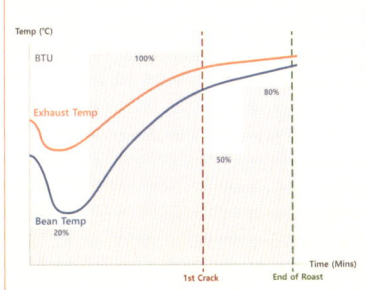

> **REAL TALK!**
>
> 필자가 경험한 가공 방식과 관련된 로스팅의 잘못된(부적절한) 김생두(가명)님과의 대화다. 여러분들도 얼마나 공감되는지 반드시 생각해보길 바란다.)
>
> **김생두** 와... 내추럴 생두 로스팅이 너무 어려워요.
> **Paul Kim** 구체적으로 어떻게 어려우신가요?
> **김생두** 색상이 확 바뀌어서 감을 못 잡겠어요.
> **Paul Kim** 그럼 색상이 확 바뀌지 않도록 열량을 조절하면 되죠.
> **김생두** 아...
>
> **필자 Says**   로스팅 전 생두의 특징(수분, 밀도, 가공 방식)을 파악해야 전반적인 프로파일링 계획을 세울 수 있다. 명심하자!

1.5 생두의 경도

생두의 밀도와 경도는 모두 커피 품질 및 로스팅에 있어 중요한 매개변수다. 두 특성은 커피가 재배되어 추출되기까지 거치는 다양한 과정에 생두가 보이는 반응에 영향을 미친다. 이해하기 쉽도록 표로 정리해 설명해보겠다.

	밀도	경도
정의	부피 단위당 생두의 질량. 기본적으로 생두 내부의 물질이 얼마나 밀집되어 있는지를 설명한다.	생두의 변형이나 파손에 대한 물리적 저항. 단순히 말하면 생두가 얼마나 딱딱한지, 부드러운지에 대한 개념이다.
로스팅	밀도가 다른 생두는 다르게 로스팅될 수 있다. 밀도가 높은 생두는 일반적으로 더 많은 에너지를 필요로 하며, 밀도가 낮은 생두보다 균일한 로스팅이 가능하다.	경도가 높아 딱딱한 생두는 부드러운 생두보다 열을 잘 견뎌내 다른 로스팅 프로파일을 필요로 할 수 있다. 부드러운 생두와는 다른 시간대와 온도에 크랙이 발생할 수 있다.
고도	더 높은 고도에서 재배돼 낮은 온도에서 천천히 성숙된 생두의 밀도가 더 높다.	밀도와 마찬가지로 일반적으로 높은 고도에서 수확한 생두가 더 단단하다. 성장 속도가 느려 세포 구조가 더욱 견고히 발달하기 때문이다.
수분 활성도	밀도 높은 생두는 수분활성도가 낮을 수 있어 생두의 보관이나 산패에 영향을 미칠 수 있다.	

밀도와 경도를 모두 고려하면 높은 고도에서 자란 생두가 더 밀집되고 딱딱하다고 볼 수 있겠지만 모두 그런 것은 아니다. 어떤 생두는 밀도가 높아도 단단하지는 않을 수 있다. 따라서 로스팅 전

에는 밀도와 함께 경도를 반드시 측정해야 한다.

경도계의 경우 0에서 100까지의 척도로 측정되지만 이는 측정 단위가 아니다. 실제 경도는 차원이 없는 측정값이다. 경도계가 보여주는 값은 동일한 척도로 측정된 다른 물질에 대해 얼마나 딱딱하거나 부드러운지를 의미하는 숫자다.

1.6 수분활성도

수분활성도는 미생물이 이용 가능한 자유수를 나타내는 지표로 자유로운, 묶이지 않은 물의 양을 설명하는 용어다. 물질 내 물의 증기 압력과 같은 조건 아래 순수한 물의 증기 압력 간의 비율로 표현되며, 그 결괏값은 0(완전히 건조)에서 1(순수한 물) 사이의 범위를 가진다. 수분활성도를 조절하는 것은 식품의 안전성과 품질을 유지하는 데 중요한 요소다. 이는 물질 내 물의 에너지 상태 혹은 가용성을 측정하는 것으로, 물 함량과는 엄연히 다른 개념이다. 높은 수분활성도는 제품 내의 물이 자유롭게 이동 가능하고 미생물의 성장을 지원함을 의미하며, 낮은 수분활성도는 제품에 물이 속박되어 미생물 성장에 사용될 수 없음을 의미한다. 생두에서도 이는 중요한 매개변수다. 수분활성도의 정확한 측정은 커피의 신선도, 로스팅 과정, 그리고 추출된 커피의 향미에 상당한 영향을 미칠 수 있다. 이 장에서는 수분활성도 개념, 식품 과학에서의 그 중요성, 그리고 특히 생두 처리 및 가공에서의 역할을 개괄적으로 설명할 것이다.

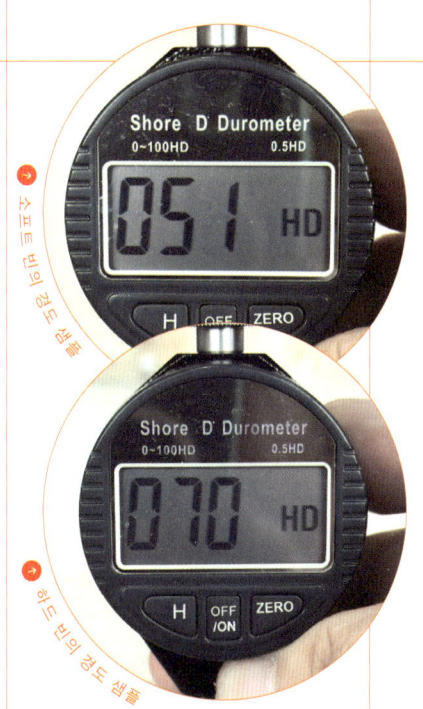

일반적으로 수분활성도 값이 낮으면(0.6 이하) 세균, 효모, 그리고 곰팡이의 성장이 억제된다. 따라서 제품의 수분활성도를 조절함으로써 제조업체들은 미생물의 성장, 효소 활동, 화학 반응, 그리고 기타 열화 과정을 방지할 수 있다. 생두의 수분활성도는 수확 전후 과정에서 중추적인 역할을 한다. 생두의 수분활성도는 원산지, 가공 방법, 보관 조건, 그리고 기간에 따라 달라질 수 있다. 생두는 농산물로서 자연적인 수분 함량을 가지고 있어 고유의 수분활성도를 가진다. 수분활성도가 높은 원두는 해로운 미생물의 번식지가 될 수 있어 부패를 일으키고 건강 위험을 초래할 수 있다. 따라서 생두의 수분활성도는 지속적으로 모니터링되고 안전한 범위 안으로 유지되어야 한다.

커피 로스팅과 향미 프로파일의 영향

생두의 수분활성도는 로스팅 과정 및 추출된 커피의 최종 향미에도 중요한 영향을 미친다. 더 높은 수분활성도(0.60~0.70)를 가진 생두는 사용 가능한 수분 함유량이 더 많다. 그 결과 이 수분이 증기로 전환되며 열 전달을 촉진시킴에 따라 로스팅 진행 속도가 빨라지는 경향이 있다. 게다가 수분활성도는 마이야르 반응의 속도에도 영향을 미친다. 반대로 더 낮은 수분활성도(0.50~0.60)를 가진 생두는 로스팅의 가속화에 필요한 수분이 부족하므로 로스팅이 더 오래 걸린다. 아울러 생두의 수분활성도는 로스팅의 일관성에도 영향을 미친다. 수분활성도가 균일한 생두는 전반적으로 동일한 속도로 로스팅되기 때문에 일관적인 향미를 가진다.

생두의 품질과 수명 유지를 고려했을 때 이상적인 수분활성도는 0.50~0.70 사이다. 이보다 낮으면 생두가 너무 건조하고 열에 취약해 로스팅 중에 깨지거나 부스러기가 될 확률이 높아진다. 반면에 수분활성도가 0.70 이상이면 미생물 발생의 위험이 있어 이상한 맛이 나거나 잠재적인 식품 안전 문제가 초래될 수 있다. 게다가 수분활성도의 변화는 커피의 신선도에 영향을 미칠 수 있다. 만약 상대 습도나 온도의 변화 때문에 생두가 수분을 흡수하거나 잃으면 이는 균일하지 않은 로스팅을 초래한다.

따라서 수분활성도를 이해하고 조절하는 것은 로스팅 일관성을 유지하고 고품질 커피 생산을 보장하는 데 매우 중요하다. 숙련된 로스터라면 생두의 수분활성도에 따른 로스팅 매개변수를 조정하는 방법을 알고, 로스팅 프로파일 최적화와 원하는 향미 개발에 활용해야 한다.

수분활성도 측정 및 제어

물질의 수분활성도는 수분활성도 측정기와 같은 특수 장비를 사용해 측정할 수 있다. 이 장치는 닫힌 챔버 내 샘플 바로 위의 공기 중 상대 습도를 측정해 샘플의 수분활성도를 정확하게 보여준다. 생두의 수분활성도가 일반적으로 적절한 보관 조건

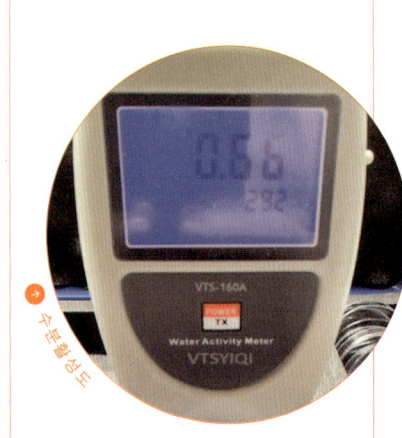
수분활성도

을 통해 제어된다. 생두는 서늘하고 건조한 장소에 보관돼야 하며 주변 수분을 흡수하는 것을 방지하기 위해 밀봉돼야 한다. 또한 워시드, 내추럴, 허니 프로세스 등 다양한 가공 방법도 생두의 수분활성도에 영향을 줄 수 있다.

　　　　재배자, 가공자, 로스터, 바리스타를 포함한 산업 전문가들은 수분활성도에 대해 종합적으로 이해하고 있어야 하며 이것이 생두에 어떤 영향을 미치는지 잘 알아야 한다. 수분활성도 통제를 각자의 표준 관행에 통합함으로써 커피산업은 제품의 품질과 안전성을 향상시키고, 이에 따라 더 나은 고객 만족도와 사업 성공을 이룰 수 있다.

2. 로스팅 전략

2.1   로스팅 프로파일링

생두의 특성과 결과물의 향미

로스팅의 근본적인 목표는 로스팅에 의해 생성되는 향미와 생두 특성 사이의 균형을 발전시키면서 가능한 최고의 커피 맛 프로파일을 찾는 것이다. 로스팅 시 생성되는 향미는 당의 캐러멜화에 따라 만들어지는 반면, 최종적인 원두의 향미는 커피의 '떼루아Terroir'를 나타낸다. 떼루아는 '경작지soil'를 의미하는 불어로 주로 와인 산업에 사용되는데, 커피 산업에서는 품질을 결정하는 모든 관련 매개변수(커피 품종, 미세 기후, 가공방식 및 경작지 조건 등)를 반영한다.

많은 스페셜티 로스팅 회사들은 그들의 로스팅 관행에 대한 믿음이 강하다. 일반적으로 더 강한 로스팅 스타일에 어울리는 탄 맛이나 쓴맛이 나는 향미를 개발하지 않고, 원두의 특징만을 드러낼 만큼 밝은 로스팅을 추구한다. 로스팅 프로파일을 선택하는 최선의 방법은 차별화된 맛을 찾고 커핑하는 것이다. 따라서 최종 결정은 고객이 내릴 수 있도록 다양한 로스팅 프로파일의 커피를 제공하는 것이 현명할 것이다.

그래프 A는 홀빈 아그트론 45, 분쇄 아그트론 49 정도로 로스팅한 과테말라 SHB(수분 11.4%, 밀도 784g/l)의 로스팅 곡선이다(분쇄 아그트론은 항상 841μm(0.841mm)의 굵기로 분쇄해 체크해야 한다는 사실을 다시 한번 강조한다). 옆의 사진은 과테말라 원두다.

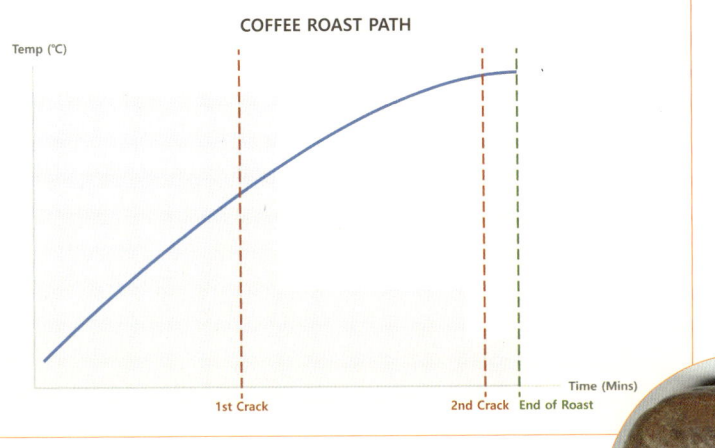

▶ 그래프 A

원두 표면에 떠 있는 듯한 센터컷을 자세히 보기 바란다. 다시 그래프 A로 돌아가면 온도 곡선의 경사가 매우 가파른 것을 볼 수 있는데, 이는 일반적으로 하드 빈 생두에 적용되는 로스팅 프로파일이다. 그래프의 하늘색 다이어그램은 버너의 BTU 출력을 나타낸다. 이 예시에서는 가파른 로스팅 곡선을 확립하기 위해 1차크랙이 본격화될 때까지 가스를 100% 개방 상태로 유지한다. 1차크랙이 끝날 무렵에 화력은 25% 출력으로 줄인다. 이처럼 에너지 공급이 급격하게 감소했음에도 생두는 내부 발열을 겪으며 가파른 로스팅 곡선을 그려 나간다. 마지막으로 2차크랙이 시작될 때 가스를 10%로 줄이고 로스팅을 마친다. 이는 밀도가 매우 높은 하드 빈을 과도하게 로스팅하거나 태우지 않으면서 가파른 로스팅 곡선을 그리는 방법을 보여주는 예시다. 이 책에 나와 있는 모든 BTU 프로파일과 온도BT, ET 프로파일은 절대

▶ 그래프 B

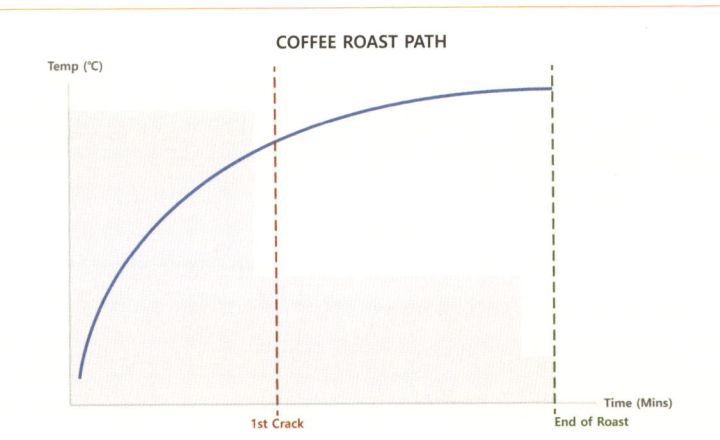

적이지 않음을 거듭 알린다. 필자의 연구에 따른 결과물일 뿐이니 참고만 하길 바란다.

그래프 B는 홀빈 아그트론 63, 분쇄 아그트론 82로 훨씬 밝게 로스팅한 동일한 과테말라 SHB 커피의 로스팅 곡선이다. 아그트론 45와 63의 로스팅 프로파일은 로스팅 속도에 큰 차이가 있다. 로스팅이 천천히 이뤄져서 1차크랙과 로스팅 종료 시점 사이에 충분한 시간이 주어진다면 최종 향미와 생두의 특성이 진정한 조화를 이룰 수 있을 것이다.

이 경우 1차크랙이 시작될 때 로스팅 진행 속도를 효과적으로 낮춰야 한다. 1차크랙이 시작되기 최소 15초 전에 버너의 에너지 공급을 줄이면 1차크랙이 일어날 것으로 예상한다. 결과적으로 1차크랙의 시작과 로스팅 종료 시점 사이에는 적어도 1분에서 3분의 시간이 있는데, 이 같은 프로파일은 홀빈 아그트론 63, 분쇄 아그트론 80~84 원두의 색상을 잘 발현시킨다. 물론 어떤 결과물을 추구하는지에 따라 1차크랙~로스팅 종료 시간은 3분 이상이 될 수도 있으니 참고하기를 바란다.

이어서 효율적인 연속 로스팅을 하려면 어떻게 해야 할까? 로스터를 일시 중지해야 할까 아니면 다른 방법이 있을까? 하나의 팬으로 로스팅과 쿨링을 모두 처리해야 하는 기기로 로스팅을 다시 하려면 쿨링에 사용되는 공기 흐름이 쿨러에서 로스터기로 전환되도록 해야 한다. 일반적으로 로스팅과 쿨링은 동시에 이뤄지지 않는다. 그렇다면 이를 어떻게 해결해야 할까? 한 가지 옵션은 별도의 쿨링 팬이 있는 더 큰 기계를 구입하는 것이지만 이 경우 지출이 크다. 또 다른 최선의 옵션은 쿨링 트레이에 외부 팬을 장착한 뒤 공기를 흡입할 수 있도록 쿨링 트레이에 구멍을 뚫는 것이다. 필자 또한 사용하는 로스터기에 추가 쿨링 팬을 장착해 원두의 온도를 빠르게 낮춘다.

만약 로스터기에 추가적인 투자를 하기 어렵다면 유일한 해결 방법은 다음 로스팅을 시작하기 전에 원두가 완전히 쿨링될 때까지 기다리는 것이다. 그렇게 하지 않으면 식지 않은 커피로 인한 추가 열 때문에 생두의 화학적 변화가 진행되면서 커피의 중요한 향미를 상실할 수 있다.

일관되고 안정적인 로스팅

오늘날 수백만 톤의 원두가 색이나 맛의 변화 없이 엄격한 컵 노트를 유지하면서 일관되게 로스팅된다. 이처럼 일관성 있는 로스팅을 하는 방법 중 하나는 로스팅 프로파일을 사용하는 것이다. 로스팅 프로파일은 커피 같이 까다로운 제품을 정확하게 제어할 수 있는 기술이다. 수분과 밀도, 색상을 체크하는 것 또한 로스팅 프로파일링에 포함된다.

프로파일을 사용하는 로스팅의 목표는 독특하고 유일한 프로파일을 안정적이고 일관되게 복제하는 것이다. 프로파일은 로스팅 중 시간에 따른 온도 변화를 그래프로 나타낸 것으로 생두 원산지 및 원하는 로스팅 정도와 같은 변수에 따라 달라진다. 일관성을 달성하려면 로스팅 중 생두 온도 대 시간을 원하는 대로 제어할 수 있어야 한다.

프로파일을 사용하는 것은 단순히 로스팅 데이터를 수집하는 것 그 이상이다. 로스팅 프로파일을 사용하는 로스팅 시스템은 기기 사양에 따라 로스팅 단계 전반에 걸쳐 로스터기를 정밀하게 조정한다. 프로파일 로스팅 제어 시스템은 일관적인 로스팅을 꿈꾸는 로스터들을 위한 가장 정교한 도구 중 하나다.

왜 로스팅 프로파일을 사용해야 하는가?

커피는 미학적으로 매우 복잡하다. 어떤 생산지의 커피라도 로스팅되는 방법에 따라 맛이 다양하게 달라진다. 커피 종류가 많은 것만큼이나 로스팅 방법도 무수하다. 로스팅 시 프로파일을 사용하면 커피의 독특힌 향미 프로파일을 생성하면서 이러한 커피의 복잡성을 관리할 수 있다. 오늘날 소비자는 좋은 커피뿐만 아니라 일관된 커피를 요구한다. 게다가 이러한 고객들은 커피 맛에 대한 교육을 받은 경우가 많아 구체적인 향미 선호도를 지니고 있다. 로스팅 프로파일을 이용하면 이 같은 고객의 기대에 부응하고 일관된 로스팅의 복잡성을 제어할 수 있다. 커피의 본질인 색상과 맛, 향은 로스팅 중 일어나는 화학적/물리적 반응에 의해 생성된다. 모든 제어 시스템은 로스터가 이러한 요소를 조작할 수 있는 능력을 제공해 원하는 맛 특성을 생성할 수 있도록 한다.

자동 로스팅 프로파일을 사용하는 로스팅 옵션

　　오랫동안 로스팅은 로스터의 많은 경험과 주의를 필요로 하는 수작업이었다. 로스팅을 수동으로 하려면 온도계, 스톱워치, 그리고 감각적 경험을 이용해 모든 배치에 심혈을 기울여 로스팅을 통제해야 한다. 그러나 몇 년간 새로운 기술과 도구로 배치 간의 품질과 일관성을 개선하기 위한 노력이 이어졌다. 가장 최근에 개발된 기술은 프로파일을 사용하는 로스팅 제어에 초점을 맞추고 있는데, 원하는 로스팅 프로파일을 보다 더 일관적으로 복제할 수 있는 정확하고 유동성 있는 프로파일 로스팅을 추구하는 것이다.

　　로스팅 단계 설정과 로스팅 프로파일을 사용하는 로스팅 간의 차이를 이해하는 것은 중요하다. 많은 자동화 로스팅 시스템은 로스팅 중 여러 온도 설정 지점에 BT와 ET를 자동으로 조정하여 동일한 로스팅 프로파일 제어를 시도한다. 개별 설정 지점은 선택한 로스팅 시간이 경과한 후 또는 선택한 생두 온도에 도달하거나 초과한 후에 활성화된다. 이 자동화 시스템은 로스팅 시 맛의 형성을 어느 정도 제어할 수 있도록 하지만, 여전히 무수히 많은 환경적 요소에 영향을 받는다. 여러 차례 설정된 온도는 일관적인 커피 맛을 보장하지 않는다.

　　커피 화학을 간략하게나마 이해하지 않으면 로스팅 중 각 단계에 대한 설정과 프로파일을 사용하는 로스팅 간의 차이를 파악하기 힘들 것이다. 로스팅에 수반되는 화학적 반응은 너무 복잡해서 지점별 설정 로스팅으로는 적절하게 통제할 수 없다. 로스팅을 하는 동안에는 연속적인 반응이 발생하며 각 반응이 서로 영향을 미친다. 초기 반응에 의해 생성된 반응물의 농도와 함께 생두 온도는 후속 반응의 속도와 과정에 영향을 미친다. 또한 초기 생두의 온도 기록은 주어진 시간에 어떤 반응이 지배적인지, 그리고 품질의 균형에 결정적인 영향을 미친다. 로스팅 전 과정에 걸친 생두 온도 변화에 따라 최종 제품의 맛 특성은 매우 달라질 수 있다.

　　많은 자동화 기계가 저장된 프로파일에 의존하는 것만으로는 생두 온도를 완전하게 조절할 수 없다. 로스팅 환경에 많은 변경사항이 적용되려면 상당한 시간이 필요해 저장된 프로파일만으로 로스팅을 제어하는 것은 편리하지만 정확도가 떨어진다. 따라서 로스터기가 매번 변수를 고려해 로스팅의 모든 단계에서 생두 향미 디벨롭을 지속적으로 조절하는 경우에만 자동 프로파일 로스팅 시스템으로 프로파일링이 가능하다.

마지막으로 최적의 풍미 디벨롭을 제공하는 로스팅 프로파일은 결국 커핑을 통해 결정된다는 점을 기억해야 한다. 자동화된 제어 장치에 입력된 정보와 로스터가 자신의 기술을 얼마나 능숙하게 조합하는지에 따라 커핑 결과는 당연히 달라질 것이다.

2.2 로스터기 공기 흐름 조절하기

로스터기의 공기 흐름을 조절하는 것은 방 환기를 위해 창문을 여닫는 것과 같다. 로스팅 시 공기 흐름을 얼마만큼 통제하는지에 따라 로스터기 드럼 내부의 열량 유입과 손실이 달라진다. 사실 공기 흐름을 어떤 방식으로 얼마나 사용해야 하는지를 구체적으로 정의하기는 어렵다. 여러 가지 변수(생두 수분/밀도, 용량, 기계별 특성 등)가 존재한다는 것은 여러분도 익히 잘 알고 있을 것이며, 연속 배치를 할 경우엔 기기가 적당히 식기까지는 로스터기를 사용할 수 없는데, 공기 흐름을 통제함으로써 연속 로스팅이 가능할까? 배치 용량이 1~5kg 정도인 작은 크기의 로스터기로 예를 들어보겠다.

소형 로스터기의 일반적으로 로스팅을 수행하는 팬과 쿨링을 제어하는 팬이 별도로 있다. 아주 작은 샘플 로스터기는 팬이 하나인 경우도 있지만, 여기서는 두 개의 팬이 있는 기계를 사용하고 있다고 가정한다. 필자는 로스팅 시 공기 흐름의 변화는 제한적이어야 한다고 생각한다. 로스팅하는 동안 공기 흐름이 더 안정적인 것을 선호해서다. 로스팅을 하기 전에 로스터기의 공기 흐름이 완전히 바뀌었는지를 꼭 확인해야 한다. 공기 흐름이 중요한 이유는 공기 흐름의 기능적인 부분 때문이다. 여기에는 기본적으로 배기가스와 채프를 싸이클론으로 운반하는 기능, 버너를 통해 커피에 열을 전달하는 기능이 포함된다. 대부분의 로스터기는 공기 흐름을 통과시킬 수 있는 대기 버너나 적외선 버너 형식으로 설계되어 있다. 이 버너들은 공기를 예열하고 기계를 통해 커피에 그 열을 전달한다. 그래서 대류열을 전달하는 공기 흐름의 중요한 측면은 바로 생두에 열을 전달하는 것이다. 마지막으로 로스팅 중 동일한 공기 흐름을 사용하여 생두를 식힐 수 있기 때문에 공기 흐름은 또 중요하다. 그래서 생두에 열을 공급하는 대신 공기 흐름을 이용해 드럼에서 열을 배출하거나 생두에서 열을 제거한다. 즉, 생두에 열을 전달하고 제거하는 균형을 유지하는 것이 공기 흐름의 중요한 역할이다.

공기 흐름의 또 다른 중요한 측면은 바로 쿨링 시 사용되는 공기 흐름에 있다. 그렇다면 필자는 왜 공기 흐름을 너무 많이 조절하는 것을 원하지 않을까? 그건 바로 반복성과 일관성 때문이다. 공기 흐름을 일정하게 유지해야 하는 이유는 정확하게 측정하기 어려운 공기 흐름을 일관적으로 가져갈 수 있기 때문이다. 예를 들어 공기 흐름을 조작할 수 있는 로스터기는 로스터기 또는 냉각기를 통해, 아니면 50 대 50으로 공기 흐름을 조절한다. 일부 로스터기는 팬 모터 속도 제어기로 공기 흐름을 조절할 수 있다. 낮은 공기 흐름과 정상적인 공기 흐름, 그리고 높은 공기 흐름 간의 차이는 무엇일까? 공기 흐름이 매우 낮으면 기계는 로스팅 중 더 많은 전도열을 사용해야 한다. 공기 흐름이 매우 높으면 기계는 더 많은 대류열을 사용해야 한다. 대류열은 생두 속으로 더 깊이 침투할 수 있는 특징을 지니는 반면 전도열은 생두의 바깥쪽에 직접적인 영향을 주고 생두 안쪽에는 간접적으로 전달된다. 그래서 두 흐름은 매우 다르다. 대류열을 적용하면 커피의 산미가 긍정적으로도, 부정적으로도 강조될 수 있다. 긍정적인 경우에는 구연산과 인산 그리고 타르타르산 생성에 도움이 되며, 부정적인 면에서는 쓴맛이 강한 클로로겐산이 생성된다.

2.3 높은 공기 흐름과 낮은 공기 흐름을 사용하는 시기

다양한 로스팅에 바람직한 공기 흐름은 무엇이며, 높은 흐름과 낮은 흐름을 각각 언제 적용해야 할까? 일반적인 관점에서 생두를 디벨롭 하려는 로스팅 프로파일과 아그트론 색상을 먼저 결정한다. 샘플 테스트를 통해 생두를 구입한 다음, 너무 높지도 낮지도 않은 평균적인 공기 흐름으로 로스팅해 본 뒤 커핑하는 것이 가장 바람직하다. 생두를 홀빈 아그트론 63±2, 분쇄 아그트론 80~84에 맞게끔 공기 흐름을 제어하고, 커핑을 통해 커피의 본질적인 향미와 산미 강도를 확인한다. 라이트 로스팅 시에는 공기 흐름이 높으면 일반적으로 커피 산미가 강해진다. 공기 흐름을 높여서 강하게 로스팅하면 높은 공기 흐름이 생두를 통과하여 산미의 강도는 정확히 반대로 떨어질 것이다.

예를 들어 홀빈 아그트론 63±2 정도로 밝은 색을 목표 수치로 한다면, 그 색 범위에 해당하는 공기 흐름은 커피 산미에 그대로 나타날 것이다. 그러나 홀빈 아그트론 50으로 다크 로스팅한다면 높은 공기 흐름은 산미를 더 많이 저하할 것이다.

필자의 경험상, 높은 공기 흐름은 매우 강한 신맛을 낸다. 다크한 에스프레소 용도로 로스팅 할 때도 그렇다. 다크한 에스프레소용 커피를 개발할 목적으로 저지대에서 재배된 브라질 생두를 로스팅한다면 단맛이 더 강조되도록 공기 흐름을 많이 줄일 것을 권장한다. 더 라이트한 로스팅에 적합한 공기 흐름을 다룰 때에는 산미와 단맛 사이에 일종의 연속체[02]를 만드는 것이 중요하다. 만약 로스팅 경험이 풍부한 사람이라면 지속적인 온도 변화와 압력 프로파일링, 특정 온도 조절 기술을 사용함으로써 산미와 단맛의 균형을 맞출 수 있을 것이다.

2.4   생두 밀도에 적합한 투입 온도

고밀도 생두의 구조는 저밀도 원두보다 촘촘해 1mm^{3}당 세포 수가 더 많다. 그 결과 열에 대한 저항성이 더 강하며 이 특징은 로스팅 첫 번째 단계에 특히 두드러지게 된다. 생두의 색은 자유 수분이 증발함에 따라 밝은 녹색에서 노란색으로 변하며 그동안 콩은 팽창하기 시작한다. 밀도가 낮은 생두는 센터컷이 더 빨리 열려 열전달 속도가 더 빨라진다.

로스팅 시에는 밀도에 따라 BTU와 공기 흐름을 조절하는 방식도 가능하지만, 필자의 경험에 비추어 볼 때 저밀도의 소프트 빈은 고밀도의 하드 빈보다 낮은 온도에 투입하는 것이 중요하다. 동아프리카나 중남미에서 가장 많이 재배되는 하드 빈은 훨씬 더 높은 온도에서 투입돼야 한다. 단, 투입 온도가 높으면 생두가 그

---

02 물체를 더 작은 요소로 무한하게 나누어도 각각의 요소가 전체로서의 물질의 성질을 그대로 유지하는 물질을 뜻한다. (위키백과)

을리거나 티핑tipping 현상이 나타날 수 있으니 주의해야 한다. 샘플 로스팅 시 생두 양과 상관없이 투입 온도가 정확하게 맞아떨어지면 TP는 1:00~1:30±30초에 발생하며, 옐로우 단계는 3~4분 그리고 1차크랙이 일어나는 시점은 5:00~6:30가 된다. 로스팅이 너무 빠르거나 늦게 진행된다면 열 공급을 줄여서 속도를 조정해야 한다.

 하드 빈 BTU / 공기 흐름 예시

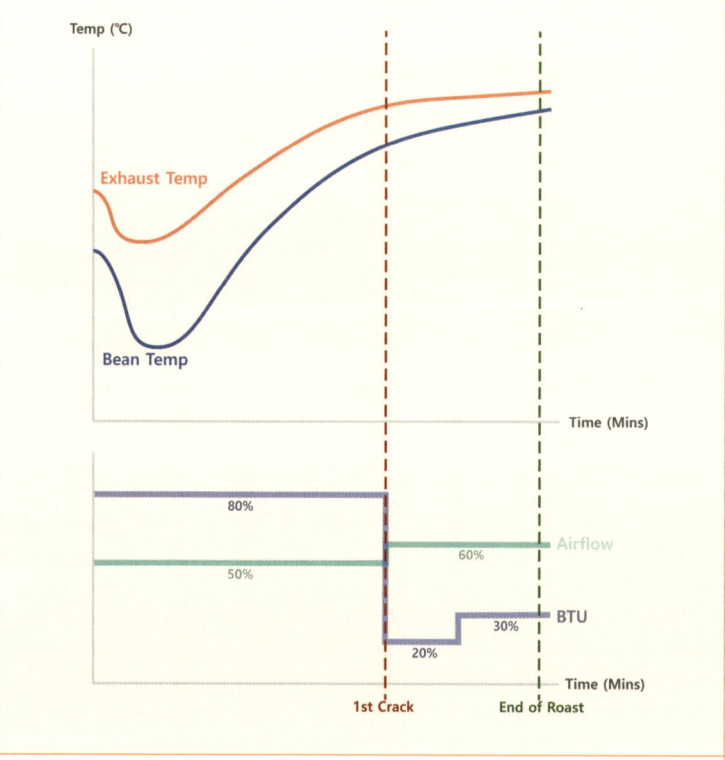

 미디엄 하드 빈 BTU / 공기 흐름 예시

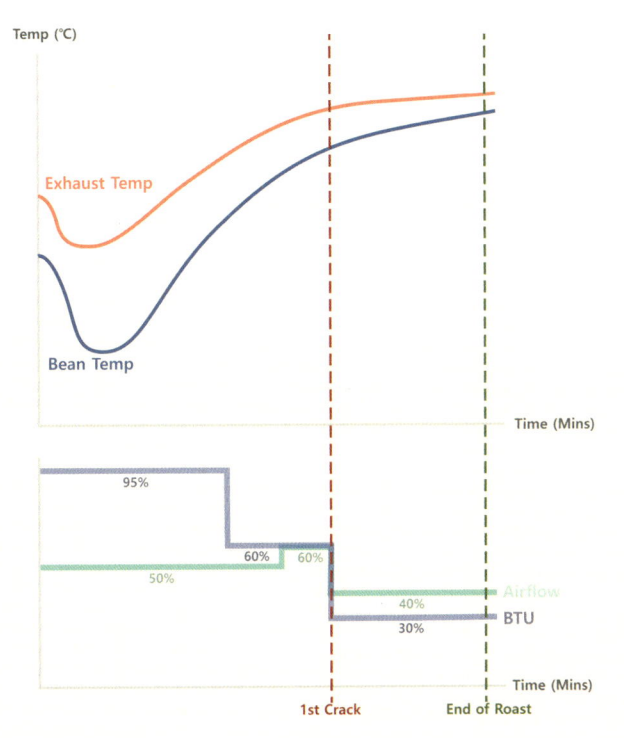

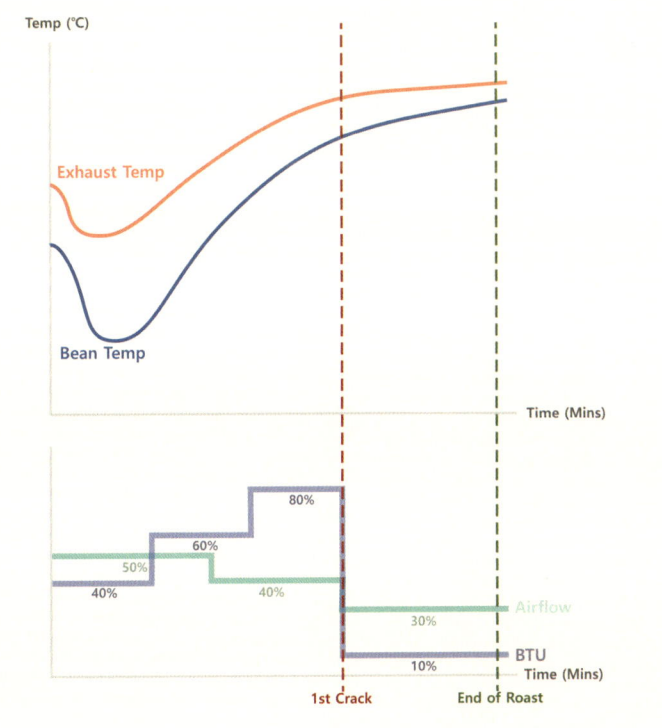 소프트 빈 BTU / 공기 흐름 예시

REAL TALK!

필자가 경험한 자동 프로파일과 관련된 잘못된(부적절한) 김생두(가명)님과의 대화다. 여러분들도 얼마나 공감되는지 반드시 생각해보길 바란다.

김생두 제 로스터기에 자동화 프로파일링 시스템이 있는데 너무 편하고 좋아요.

Paul Kim 매장 운영과 로스팅을 도맡아 하는 1인 운영 매장에서는 편하겠죠. 설정하면 알아서 다 해주니까요. 그런데 혹시 최종적으로 홀빈/분쇄 아그트론 값 확인하세요?

김생두 아뇨. 로스터기가 알아서 똑같이 배출해주는 거 아닌가요? 그래서 다른 로스터기보다 기기 값이 비싸서 색도계는 못 샀어요.

Paul Kim (깊은 한숨을 쉬며) 아무리 정확히 있는 자동화 시스템이라고 해도 김생두님이 단계별 설정해 놓은 온도와 시간에 맞춰 화력과 열량을 조절하고 배출할 뿐이지, 직접적으로 생두의 홀빈과 그라운드 색상을 확인하고 배출하진 않죠! 같은 생두라도 로스팅 시 순간 열량 등 수많은 변수가 있는데요. 어제 208에 배출한 생두와 오늘 같은 프로파일을 적용해 208에 배출한 생두의 아그트론 값이 같을 순 없어요!

김생두 아… 너무 복잡해요.

필자 Says 프로파일을 기록하고 사용하는 것은 큰 변수 없이 일관성 있는 로스팅을 하기 위함이다. 그러나 과거의 프로파일에 100% 의존하면 일관성 있는 결과물을 절대 얻을 수 없다.

→ 너무 많은 BTU를 적용한 잘못된 예시

2.5 디카페인 로스팅

디카페인 커피는 생두를 물이나 화학물질에 담가 카페인을 제거하는 추가 가공을 거친다. 이 과정이 생두의 세포 구조에 영향을 미치기 때문에 로스팅 시 상처가 잘 나고 부서지기 쉽다. 디카페인 커피를 로스팅할 땐 이 점을 반드시 고려해야 한다. 일부 디카페인 생두의 경우 열을 이용해 건조되는 과정에서 이미 마이야르 반응의 첫 번째 단계를 거쳤을 수도 있다. 로스팅 전부터 생두 자체에 어떤 변화가 일어나고 있을 수 있다는 것이다. 이러한 특징을 고려해 디카페인 생두는 모든 상황에서 매우 부드러운 로스팅 곡선으로 로스팅해야 한다.

시간 온도 프로파일이 몹시 점진적으로 진행돼야 하므로 낮은 열량에서 로스팅을 시작해 온도를 굉장히 천천히 높이고 적절한 시간에 열량을 다시 낮춘다. 한 예로 디카페인 생두 로스팅 시 열량을 50-70-90%로 조절하는 것은 너무 극단적일 수도 있다. 차라리 30-50-60%로 열을 올린 다음 20%로 낮추는 것이 점진적인 디벨롭에 도움이 된다. 너무 빨리 로스팅해도, 태워서도 절대 안 된다. 적절한 배출 시간은 커핑을 통해 결정하면 된다.

디카페인 생두의 로스팅이 어려운 이유는 일반적인 생두보다 아그트론 값이 더 짙게 보이기 때문이다. 카페인이 제거된 생두는

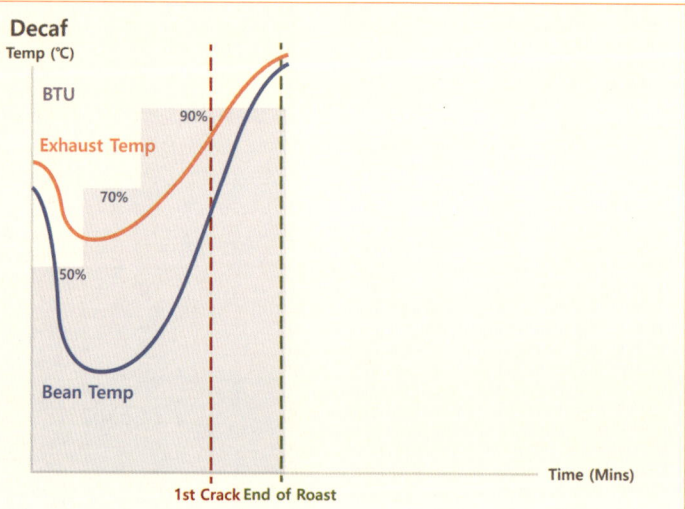

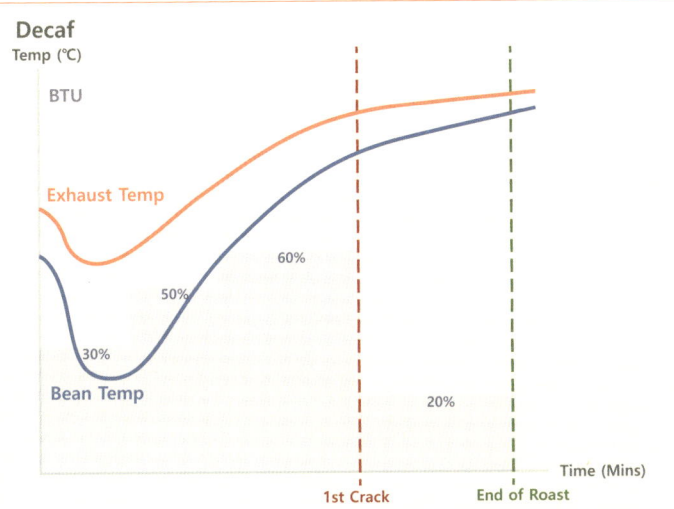

← 올바른 BTU를 적용한 예시

색상이 달라지며 표면에 광택이 난다. 디카페인 생두 본연의 짙은 색은 1차크랙 후 급속도로 변해 종종 너무 다크하게 로스팅된다. 그래서 아그트론 색상 기준에 대한 의존도를 줄이고 ET에 더 많은 관심을 기울여야 하며, 1차크랙의 강도와 빈도에 대한 감각을 키우는 것이 핵심이다. 로스터들이 만약 다른 일반 생두에 쏟는 것과 같은 관심을 디카페인에 쏟는다면 사람들은 훨씬 더 맛있는 디카페인을 맛보게 될 것이다.

　　　오늘날 디카페인 커피는 품질이 많이 향상됐음에도 여전히 맛 좋은 디카페인 커피를 찾는 것이 거의 불가능했던 수년 전과 같은 오해를 받고 있다. 생두의 신선도를 따지지 않고 구매한 지 오래된 디카페인 생두를 로스팅해선 절대 안 된다. 디카페인 생두 역시 일반 생두처럼 구매 후 1~2개월 내에 로스팅하여 최상의 신선도를 유지할 것을 권장한다.

카페인은 산성 화합물이라서 카페인 제거 공정은 산미에도 영향을 미친다. 커퍼의 관점에서 볼 때 모든 디카페인 커피는 다른 천연 성분과 함께 커피의 자연적인 산미를 약간 떨어뜨린다. 카페인을 제거하는 모든 공정은 커피 맛에 각각 다른 영향을 미치므로 커핑을 통해 구매를 결정하면 된다. 메틸렌 클로라이드 공정은 일반적으로 다른 방법보다 커피 맛에 영향을 덜 미치지만, 디카페인 특유의 화학적인 냄새가 살짝 난다. 스위스 워터 디카페인 커

> **REAL TALK!**
>
> 필자가 경험한 디카페인 생두와 관련된 잘못된(부적절한) 김생두(가명)님과의 대화. 여러분들도 얼마나 공감되는지 반드시 생각해보길 바란다.
>
> **김생두** 디카페인 생두 로스팅은 너무 어려워요!
>
> **Paul Kim** 일반 생두보다는 당연히 어렵죠. 어떤 디카페인 생두를 사용하셨어요?
>
> **김생두** 멕시코 스위스 워터 디카페인 생두요!
>
> **Paul Kim** 혹시 생두 수분 함량은 측정하셨나요?
>
> **김생두** 아니요. 디카페인 생두들은 모두 똑같을 거 같아서 수분 측정은 생각도 못했어요...
>
> **필자 Says** 디카페인 커피도 사람이 마시는 커피다. 디카페인 생두를 홀대하지 말고 언제 어떠한 방식으로 가공했는지, 또한 출처가 명확한 뉴 크롭 디카페인을 꼭 사용해야 한다.

피는 독특한 신맛을 내는 경향이 있고 로스팅이 까다로울 수 있으며, 에틸 아세테이트 공정은 단맛의 균형을 완전히 바꿔서 인위적인 향미를 발현시킬 수 있다.

필자는 우리나라가 고령화 사회에 접어듦에 따라 향후 몇 년 동안 디카페인 커피시장이 성장할 것으로 예상한다. 많은 사람이 건강상의 이유로 디카페인 커피에 빠져들고 있다. 일반 커피와 디카페인 커피를 모두 마시는 소비자가 더 좋은 품질의 디카페인 커피를 추구하는 만큼 로스터는 반드시 이에 대한 대비를 해야 한다.

2.6 터닝포인트의 중요성

생두를 투입하면 BT는 항상 떨어지고 BT 온도계는 투입되는 생두의 차가운 온도를 기록하기 시작한다. 이후 TP 지점에 가까워질수록 온도 감소폭이 점점 작아지다가 결국 멈추고 BT는 증가세로 돌아선다. 생두는 이 시점에 기본적으로 열을 흡수하기 시작한다. 이 같은 현상은 일반적이다. 흥미롭게도 연속 로스팅을 하게 되면 TP가 초기에 약간 낮아졌다가 다시 증가하는 것을 볼 수 있다. 생두가 어떤 시점에서 열을 흡수하기 때문으로, 이는 로스팅 시 반드시 고려해야 할 측면이다.

그렇다면 로스팅 시작 단계를 로스터기에 생두를 투입하는 시점이 아니라 열 흡수의 초기 부분이라고 해야 하지 않을까? 필자는 개인적으로 TP가 발생하는 시기는 로스팅에 큰 영향을 미치지 않는다고 생각한다. 생두가 열을 흡수하기 시작하는 순간부터 그리고 그 열이 생두의 세포 구조에 영향을 미치는 순간부터 진정한 디벨롭이 진행되기 때문에 TP가 언제 어디서 일어나는지에 너무 큰 가치를 두지 말아야 한다고 생각하며, 열이 증가하기 시작하는 순간부터가 더 중요하다고 본다. 기본적으로 생두가 열을 흡수하기 시작하는 시점에 도달하는 건조단계가 더 중요한 것이다. 물론 이에 대한 관점은 다를 수도 있다. 일반적으로 투입 온도에서 로스팅이 시작되는 것으로 볼 수 있지만 TP는 다를 수 있으므로 생두가 열을 흡수하기 시작할 때를 로스팅의 시작으로 판단해야 한다.

다시 말하면, TP가 달라지는 이유는 로스터기 드럼이 완전히 가열되지 않아 가장 첫 배치 때 드럼에 많은 열이 스며들 수 있기 때문이다. 잘 예열된 기계로 한 번 로스팅 하고 나면 분명히 적절한 대류열이 TP를 계획했던 단계에 발생시킬 것이다.

2.7 1차크랙의 비밀

만약 DT 시작점인 1차크랙이 일어나는 시점에서 크랙 소리가 잘 들리지 않는다면 그 이유는 무엇일까? 그 원인은 다양한데 생두 가공 방식도 그중 하나다. 워시드 생두의 1차크랙은 내추럴과 펄프드 내추럴(허니) 생두와는 확실히 다르다. 일반적으로 워시드 커피는 내추럴 혹은 펄프드 내추럴 커피보다 크랙 소리를 듣기가 쉽다. 내추럴이나 펄프드 내추럴 가공된 생두는 생두의 세포 구조와 벽면이 과육과 점액질에서 유래한 과당과 같은 성분으로 포화된다. 또한 고지대 커피의 경우 고밀도의 영향으로 $1mm^3$당 세포 수가 더 많아 1차크랙 소리가 저지대 커피보다 일반적으로 더 뚜렷하고 크게 들린다. 따라서 1차크랙으로 이어지는 열이 조금 더 필요한 편이다. 그러나 일단 크랙이 시작될 수 있는 힘을 받으면 크랙이 더 쉽게 발생될 수 있다. 시간과 온도 프로파일이 매우 느려 1차크랙에 도달하기까지 오랜 시간이 걸린다면 1차크랙이 쉽게 일어나지 않을 수도 있다. 생두에 갇혀 있는 열이 굉장히 느린 속도로 이동하면서 과정을 늦추면 1차크랙이 잘 들리지 않게 된다. 사실 1차크랙 자체는 그리 중요한 단계가 아니다. 더 중요한 단계는 1차크랙이 시작되기 전에 실제로 발생한다. 생두를 보고 단계별로 발생하는 현상을 추정한다면 1차크랙의 시작점을 훨씬 더 잘 예측할 수 있을 것이다.

2.8 커피 가공방식에 따른 향미 차이

워시드 커피는 내추럴 가공방식과 완전히 다른 과일의 특성을 가지고 있다. 발효 단계에 생두(파치먼트에 쌓인)를 물에 담가 생두의 배아를 훼손하기 때문이다. 이로 인해 생두의 과당이 과일 향과 맛으로 개발될 기회가 없다. 그렇다면 워시드 가공법이 도입

REAL TALK!

필자가 경험한 1차크랙과 관련된 잘못된(부적절한) 김생두(가명)님과의 대화다. 여러분들도 얼마나 공감되는지 반드시 생각해보길 바란다.

김생두   1차크랙 소리가 너무 안 들려요.
Paul Kim   평소에 제 이야기도 잘 못 들으시잖아요.
김생두   아뇨 정말 안 들려요! 1차크랙 소리가!
Paul Kim   혹시 RoR 그래프 참고하시나요?
김생두   아니요. 귀찮아서 아티산 연동을 안 했어요...

필자 Says   RoR에 절대적인 정답은 없다. 하지만 1차크랙이 터질 때 압력과 수증기가 배출되면서 RoR 값이 순간적으로 조금 내려가기도 한다(이것도 물론 전체적인 열량에 따라 달라진다). RoR 그래프는 1차크랙을 예측할 수 있는 중요한 지표가 될 수 있다!

된 이유는 무엇인가? 커피에 대한 수요가 빠르게 증가하던 19세기 말, 20세기 초 즈음 푸에르토리코, 도미니카 공화국, 아이티 같은 카리브해에서 최초의 산업적 형태의 워시드 가공법이 성공적으로 이뤄졌다. 대량의 커피를 워시드 방식으로 가공하면 쉽고 빠르게 예측 가능한 맛을 낼 수 있었다. 워시드 커피는 다른 가공방식의 커피에 비해 결과의 변동성이 적다. 사람들이 일반적으로 워시드 커피를 선호하는 이유는 품질이 더 표준화되고 맛이 균일하기 때문이다.

반면 내추럴 가공법은 위험성이 크고 품질이 갈릴 수 있다. 내추럴 가공법에서는 커피를 물에 담가 발효하지 않아 체리와 생두가 그대로 존재한다. 이렇듯 배아가 생존해있는 상태에서는 과당이 좋은 조건으로 만들어질 수 있으며, 그 과당이 다양한 종류의 산과 다른 화합물을 생성하는 화학적 과정이 이뤄진다. 에티오피아 내추럴 커피의 꽃과 과일(머스캣, 베리 등) 맛이 그 예다. 그러나 로스팅을 잘못하면 내추럴 커피의 특징이 뒤집힐 수 있다. 열을 너무 많이 가하면 바람직하지 않은 초산을 결과물로 얻게 되며, 대류열이 생두 내부로 빠르게 침투하면 홀빈과 분쇄 아그트론 색상의 편차가 적어진다. 앞에서 설명했듯 기존의 프로파일을 동일하게 적용한다 해도 내추럴 생두는 변수가 너무 많아 기존 결과를 100% 실현할 수 없다. 홀빈과 분쇄 아그트론을 반드시 확인해야 하는 이유다.

3. 상업적 로스팅

3.1   적합한 로스터기 정하기

로스터리 운영이나 납품을 고려하고 있다면 어떤 로스터기를 구입해야 할지 많은 고민을 할 것이다. 로스터기 구입에는 항상 많은 예산과 특정한 요건이 따른다. 필자는 여러분이 원하는 로스터기의 요건을 리스트로 작성할 것을 추천한다.

요건 리스트는 기술적인 리스트가 되어야 한다. 자신이 필요로 하는 사용자 인터페이스와 서비스, 그리고 기능을 포함해야 한다. 이를 완성한 뒤 어느 정도 경험이 있는 로스터와 이야기를 나누면 좀 더 확실한 목록을 만들 수 있을 것이다. 또한 여러 제조업체를 조사해서 각 제조업체의 기준과 목록을 비교한다. 시간이 좀 걸릴 수 있지만 이 과정을 통해 많은 것을 배울 수 있을 것이다. 아울러 실제 사용자들과 나누는 장단점 등의 대화도 몹시 중요하다. 궁극적으로 가장 중요한 것은 기계를 직접 테스트하는 것이다. 해당 로스터기로 여러 번 로스팅해보고 결정하는 것이 제일 바람직하다.

3.2   로스터기 비교

로스팅에 사용되는 열의 종류는 무엇이고 열풍식 로스터기와 드럼 로스터기의 열 전달은 어떻게 다를까? 대부분의 로스팅 시스템에는 대류, 전도, 복사라는 세 가지 유형의 열이 존재한다. 열풍식 로스터기와 드럼 로스터기는 모두 대류를 기본 로스팅 열로 사용한다. 대류열은 상승 열rising heat이다. 드럼 로스터기에서 이 열은 드럼을 통과하는 공기 흐름에 포함된다. 드럼 로스터기보다 높은 대류열을 이용하는 열풍식 로스터기에서 대류열은 생두를 변화시키고 이동하는 공기의 흐름에 포함된다. 대류열은 공기 흐름의 양과 속도 변화에 영향을 받으며 열원의 출력량을 변경함으로써 조작될 수 있다.

전도열은 접촉 열contact heat로, 직접 접촉을 통해 뜨거운 물체에서 차가운 물체로 전달되는 열이다. 이 또한 두 로스팅 시스템 모두에서 어느 정도 발견된다. 드럼 로스터기에서 전도열은 로스팅 중 드럼에서 생두로 전달되는 열이다. 열풍식 로스터기에서 전도열은 직접 접촉을 통해 로스팅 챔버에서 생두로 전달되는 열이다. 상식적으로 열풍식 로스터기보다 드럼 로스터기에 전도열이 더 많이 존재한다.

복사열은 뜨거운 물체에서 외부로 방출되는 열이다. 특히 드럼 로스터기에는 복사열이 일부 존재하지만 공기 흐름을 타고 대류열로 변환된다. 즉, 드럼 로스터기와 유동체 로스터기의 복사열은 크게 신경 쓰지 않아도 되는 부분이다. 대류열의 비율이 전도열에 비해 높은 열풍식 로스터기는 작동 시 일관성이 매우 뛰어나고 사용법을 습득하기가 상대적으로 쉽다고 알려져 있다. 높은 산소 수치와 느리고 균일한 로스팅은 커피 오일이 쓴맛을 만들어내는 열 분해를 방지한다. 이탈리아에서 건너온 많은 다크 로스팅 원두 표면에 오일이 묻어나지 않는 이유다. 그러나 단점도 존재한다. 정밀한 전도열과 대류열의 조정이 어려워 스페셜티급 생두를 로스팅 할 때면 한계에 부딪힌다.

반면 드럼 로스터기의 대류열과 전도열 양은 변동성이 비교적 크다. 드럼을 통과하는 공기 흐름 조작과 배치 크기와 초기 온도의 조정, 에너지 출력과 지속 시간의 조작으로 드럼 로스터기의 로스팅 프로파일 범위를 넓힐 수 있지만, 기계 사용이 다소 어려울 수 있다. 로스터는 종종 전도열 때문에 어려움을 겪는다. 전도열이 티핑tipping과 스코칭scorching 등 로스팅 결함을 유발할 때가 있어서다. 두 결함 모두 너무 많은 열이 전도를 통해 드럼 표면에서 원두 표면으로 전달됨으로써 발생한다. 로스터기 제조업체와 로스터들은 드럼 로스터기의 드럼 재료와 열원, 그리고 드럼 회전율을 변경하는 식으로 결함을 보완하기 위해 노력해 왔다. 이러한 시도 중 일부는 드럼 로스터기의 전도열을 낮추거나 더 쉽게 관리하는 데 도움이 됐지만, 현재의 기술로는 이 로스터기 유형의 전도를 완벽히 제거하는 것은 불가능하다.

로스터라면 다양한 유형의 열과 열이 전달되는 방식, 그리고 열을 제어하는 최고의 방법을 이해해야 한다. 로스터기를 제대로 제어하려면 로스터기의 기본 메커니즘과 설치 환경, 그리고 로스터기 내부 환경을 잘 이해해야 한다. 올바른 로스터기 제어는 훌륭한 로스팅의 열쇠다.

티핑과 스코칭

티핑

원두 끝부분의 배아가 나머지 부분에 비해 타거나 과도하게 로스팅되는 현상을 일컬으며 RoR이 너무 높을 때 발생할 수 있다. 이는 생두가 너무 빠르게 가열되어 생두의 외부, 특히 끝부분이 내부가 완전히 로스팅되기 전에 타버릴 수 있음을 의미한다. 최종적으로 쓴맛이나 탄 맛을 유발한다. 로스팅 중 티핑을 유발하는 가장 일반적인 요인은 다음과 같다.

- 불균일한 공기 흐름 : 드럼 내부의 공기 흐름이 균일하지 않으면 일부 생두가 더 많은 열을 받아 티핑될 수 있다.
- 불균형 배치 크기 : 생두가 드럼에 균등하게 투입되지 않으면 일부 생두가 더 많은 열에 노출되어 티핑을 유발할 수 있다.
- 너무 높은 로스팅 온도 : 로스팅 온도가 너무 높으면 생두 가장자리가 과열되어 생두의 배아가 타버린다. 드럼이 너무 뜨겁거나 드럼이 너무 빨리 회전할 때에도 발생한다. 로스터기 버너를 청소하거나 조정하여 드럼이 과도하게 뜨거워지는 것을 방지할 수 있다.
- 너무 긴 로스팅 : 로스팅 시간이 너무 길면 원두의 가장자리가 깨져 티핑될 수 있다.

로스팅 중 티핑을 방지하려면 드럼 내부의 공기 흐름이 균일해야 하며, 로스팅 온도와 시간이 신중하게 모니터링 및 제어돼야 한다. 아울러 품질 좋은 생두를 사용하면 콩의 크기와 모양이 균일해 티핑을 방지할 수 있다.

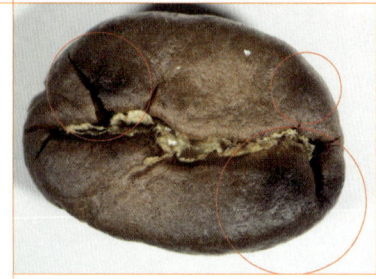

스코칭

로스팅 초반 생두가 너무 빠르게 가열되어 생두의 나머지 부분이 로스팅되기 전에 생두의 외부 층이 타는 현상. 생두를 너무 뜨거운 로스터기에 투입하면 발생한다. 티핑과 마찬가지로 불쾌한 탄 맛을 초래할 수 있다. 가장 일반적인 발생 요인은 다음과 같다.

- 높은 열 : 너무 높은 온도에서 로스팅하면 원두가 스코칭되어 탄 맛이 생길 수 있다.
- 열 분포 불균형 : 드럼 내 열이 균등하게 분포되지 않으면 일부 원두는 스코칭되고 다른 원두는 덜 익을 수 있다.
- 장시간 로스팅 : 원두를 로스터기에 너무 오래 두면 스코칭과 탄 맛이 생길 수 있다.
- 환기 부족 : 로스팅 중에 충분한 공기 순환 없이 열이 전달되면 로스터 안의 뜨거운 공기가 제대로 순환되지 않아 스코칭이 발생할 수 있다.
- 낮은 커피 수분 함량 : 커피가 너무 건조하면 로스팅 중에 더 쉽게 스코칭 될 수 있다. 스코칭을 방지하기 위해서는 로스팅 온도와 시간 및 공기 흐름을 신중하게 조절해야 한다. 또한 좋은 품질의 생두를 선택하고 커피의 수분 함량을 주의 깊게 분석해야 한다.

티핑과 스코칭 모두 로스팅 과정 동안 온도를 신중하게 관리하고 안정적이고 적절한 RoR을 보장함으로써 피할 수 있다. 생두에 열이 고르게 침투하면 일관된 로스팅이 가능해진다.

3.3 버너 종류

일반적으로 로스팅에 사용되는 열은 공기로 연료를 태워 발생한다. 가장 일반적으로 사용되는 연료는 천연가스 또는 프로판과 같은 탄화수소 가스다. 일부 소형 로스터기에 사용되는 전기로 생성된 열은 일반적으로 열 효율이 낮고 가격이 상대적으로 높다(물론 제조사에 따라 드럼 로스터기 가격이 더 높을 수도 있다). 열을 생산하는 것은 매우 섬세한 작업이다. 그저 드럼을 뜨겁게 달구고 무언가를 태우는 것 정도로 간단하지 않다.

과도하지 않은 공기로 가스가 연소되면 가스에 함유된 모든 탄소는 이산화탄소CO_2로, 모든 수소는 수증기H_2O로 변한다.

REAL TALK!

필자가 경험한 티핑과 관련된 잘못된(부적절한) 김생두(가명)님과의 대화다. 여러분들도 얼마나 공감되는지 반드시 생각해보길 바란다.

김생두   로스팅하면 자꾸 생두 끝이 타면서 깨져요. 밀도가 낮아서 그럴까요?

Paul Kim   혹시 드럼 예열을 얼마나 하셨죠?

김생두   로스팅을 하려고 할 때마다 손님이 계속 와서 아마 40분은 한 거 같아요.

Paul Kim ...

필자 Says   티핑과 스코칭은 생두가 아니라 로스터(사람이나 기계)가 만들어낸 부정적이고 정.직.한 결과물이다.

연소가스가 희석되는 방법은 로스터기 가스가 한 번 통과하는지, 아니면 재순환되는지에 따라 달라진다. 즉, CO_2 분자 1개와 H_2O 분자 2개, 그리고 공기 중의 모든 산소는 소모된다. 그러나 공기는 대부분 질소다. 질소는 연소 후에도 남아 있으며 연소된 가스의 주요 부분을 구성한다.

사용되는 공기량이 너무 적으면 일부 이산화탄소 대신 일산화탄소CO가 생성된다. 일산화탄소는 유독하며 많은 열을 발생시키고 폭발 위험이 있다. 연료 가스는 약간 과도한 공기로 연소하는데, 이는 완전연소를 보장하여 일산화탄소 형성을 방지한다. 그러나 공기가 과도하게 사용되면 여분의 산소가 잔류해 질소와 결합하여 대기 오염 물질인 질소 산화물NOX을 형성한다. 질소 산화물 형성을 제한하려면 10~20% 정도로 공기를 과도하게 사용하는 것이 좋다. 과도한 공기로 탄화수소 가스를 연소시켜 발생하는 연소가스에는 연소로 인해 발생하는 이산화탄소와 수증기, 공기 중 질소, 과잉 공기 중 산소, 질소 산화물의 흔적 등이 포함된다. 이 같은 가스의 온도는 매우 높다. 10%의 과도한 공기로 연소된 천연가스의 경우 1,600°C 정도로, 너무 높아서 로스팅에 직접 사용할 수 없다. 대부분의 로스팅 시스템에서 로스팅 챔버로 유입되는 가스는 대략 280~300°C이다. 온도를 더 낮게 공급하기 위해 차가운 가스로 희석된 연소가스가 로스팅에 쓰인다. 가스는 드럼과 접촉하여 생두에 열을 전달한다. 대부분의 로스팅 시스템에서 뜨거운 가스는 측면 벽이 매우 단단한 드럼에서 생두와 접촉한다. 그다음 가스는 드럼을 통해 후면의 중앙에서 축 방향으로 흐른다. 거기서 접촉한 열을 생두, 드럼 내벽 그리고 드럼에 포함된 다른 금속 부분으로 전달한다. 이 과정에서 로스터기 가스 온도는 현저하게 떨어진다. 부분적으로 냉각된 가스는 드럼을 통해 나간다.

가스가 한 번 통과하는 싱글 패스single pass 로스터기는 대부분 중소형 로스터기다. 이러한 로스터기에서는 가열된 가스가 로스터기 시스템을 통과하여 생두와 딱 한 번 접촉한다. 연소가스는 실온 공기와 혼합되어 로스팅에 사용될 만큼 충분히 냉각되지만 여전히 매우 뜨거워서 생두에 열을 빠르게 전달할 수 있다. 로스터기 드럼 아래에 위치한 송풍기는 혼합 가스를 드럼의 외부 표면

위로 빨아올린 뒤 드럼을 통해 배출된다.

대부분의 대형 로스터기에서 연소가스는 로스팅 챔버에서 흘러나오는 가스와 혼합된다. 혼합물 대부분은 다시 그 챔버로 흘러 들어간다. 흘러나온 가스 대부분은 재순환되며 싱글 패스 로스터기에 사용되는 공기보다 훨씬 더 뜨겁다. 따라서 가스 온도가 로스팅에 적합할 수 있도록 연소가스를 더 적게 혼합해야 한다. 재순환 기능을 사용하면 연료 소비량이 감소하고 비용과 자원이 절약된다. 송풍기는 다시 로스터기 드럼을 통해 혼합된 가스를 빨아들인다. 로스터기 가스는 보통 드럼을 통과하기 전에 드럼의 외벽 위로 흘러나오면서 외벽을 가열한다. 대부분의 재순환 로스터기에서 연소가스는 비교적 뜨거운 재순환 가스와 혼합되는데, 신속하게 냉각되어야 질소 산화물 생성을 최소화할 수 있다. 두 가스 흐름은 용해로의 가스버너에 매우 가깝게 혼합되어 냉각을 가속한다.

다음으로 버너 유형에 관해 이야기해 보고자 한다. 드럼 로스터기 대부분의 버너는 리본 버너ribbon burner다. 이는 정밀한 도구로 만들어졌기 때문에 쉽게 제어할 수 있다는 장점이 있으며 불꽃이 파랗게 일어 공기와 가스를 잘 혼합해낸다. 이 버너의 노즐은 매우 전통적인 방식인 대기 가스 노즐이다. 이 가스 노즐에는 캡이 달려있고 아주 작은 구멍들이 나 있는데, 이 구멍을 통해 가스가 공기와 섞여서 나온다. 공기 흡입구는 바닥에 있으며 가스도 가장 아래쪽을 통해 들어오므로 가스와 공기가 혼합된다. 이 캡에 가스와 공기 혼합물을 모은 뒤 점화하면 강한 불꽃이 생성된다. 이것이 바로 오래전부터 사용되어온 노즐 버너의 개념이다. 노즐 버너는 매우 효과적이면서도 크게 비싸지 않다(물론 유럽산 노즐은 배송료 등을 포함하면 비쌀 수 있다). 현재 사용하는 로스터기의 화력이 부족해 BT/ET 그래프가 늘어지는 경향이 있다면 언제든지 버너 업그레이드가 가능하니 업체에 문의해보길 바란다.

많은 제조업체가 적외선 버너보다는 리본 버너를 사용하고 있다. 다만 가스 설치가 어려운 곳에서는 적외선 버너를 사용할 수밖에 없다. 하지만 최대 생두 양을 투입하는 경우 적외선 버너의 화력은 너무나 부족하고, 너무 높은 온도에서 빠르게 열량을 조절하기 위해 버너 화력을 낮춘다고 해도 잔열로 인해 온도가 생각만큼 빨리 떨어지지 않는다. 이는 로스터기 제조사들이 풀어가야 하는 큰 숙제다.

3.4 로스터기의 최소 적재량

많은 로스터기 업체가 로스터기 용량 대비 최소 30~40%만 적재하라고 안내한다. 예를 들어 5kg 용량의 로스터기를 보유하고 있다면 최하 1.5kg만 로스팅할 것을 권하며 1kg 미만의 로스팅은 언급하지 않는다. 하지만 필자의 경우 5kg 로스터기로 500g의 생두 로스팅이 가능하도록 프로파일을 잡아본 적이 많다. 그리고 2.5kg 로스터기로 200g을 로스팅하기도 한다. 이렇게 해도 BT/ET 곡선이 잘 그려지며 로스팅 단계별 특징도 잘 나타난다. 커핑 결과에서도 풋내greenish나 곡물cereal, 불쾌한 신맛acrid 등이 느껴지지 않는다. 물론 공기 흐름이 좋고 버너 조절과 댐퍼(혹은 팬 모터) 조절이 용이한 로스터기를 사용한다는 전제하에서다. 많은 로스터가 어떻게 그게 가능하냐고 묻는데 사실 특별한 트릭은 없다. 보통 이 정도로 적은 양을 로스팅하기 꺼려하거나 시도하지 않는 가장 큰 이유는 무수한 로스팅 관련 온라인 포스팅이나 책에 나온 로스팅 그래프 때문이다. 여러 로스터가 사용한 프로파일 그래프는 간단한 인터넷 검색만으로도 접할 수 있는데, 대부분 투입 온도 160~220°C 사이에서 시작한다. 로스팅 초보자들은 이 값을 똑같이 설정해 로스팅을 시도할 것이다.

그러나 여기엔 함정이 있다. (물론 그렇지 않은 포스팅과 책도 있지만) 얼마의 어떤 특징(수분, 밀도, 가공방식, 용량)의 생두를 사용했으며, 어떤 종류의 몇 kg급 로스터기인지 등을 자세히 언급하지 않는다는 것이다. 이는 로스팅 프로파일을 공유할 때 필히 함께 언급해야 하는 부분이다. 또, 이러한 프로파일 그래프들은 로스팅 이론을 설명하는 기본적인 글들과 함께 소개되고 있어 마치 160~220°C는 '절대적인 투입 온도'처럼 보인다.

필자는 5kg 로스터기에 밀도가 700g/l 이상인 워시드 생두 500g을 투입할 시 투입 온도는 대략 155°C, 댐퍼는 30%, 화력은 40% 정도로 상대적으로 낮게 설정한다. 2.5kg 로스터기로 같은 생두 250g을 투입할 땐 투입 온도 150℃, 화력 30%, 댐퍼 40%로 진행한다. 이 경우 단계별 디벨롭이 순조롭게 진행되며 미세한 화력과 열량 조절로 1차크랙과 DT 또한 원하는 타깃 포인트로 아무 문제없이 로스팅된다. 무엇보다 계획했던 홀빈/분쇄 아그트론 값도 정확히 나온다는 것이 이러한 프로파일이 생두에 제대로 적용되고 있다는 근거다. 최종적으로 커핑을 했을 때도 마찬가지다. 필자는 직업 특성상 식사하는 횟수보다 커핑하는 횟수가 많고, 2년마다 CQI Coffee Quality Institute 커핑 시험에 합격해야 자격을 유지할 수 있다. 그 누구보다 객관화된 커핑에 자신 있으므로 여러분에게 가이드 할 수 있는 것이다. 커핑은 한번 방법을 터득했다고 해서 끝이 아니다. 그 기준을 항상 기억해야 하며 정기적으로 실력을 검증받아야 한다.

여하간 앞에서 언급한 화력과 열량은 필자가 세팅한 특정 로스터기에 적용된다. 예시를 그대로 적용하는 대신 대략적인 범주를 참고하고 직접 여러 가지 변수를 고려하여 수치를 설정하고 적절한 프로파일을 찾아야 한다. 필자는 이 책을 쓰는 지금까지도 절대적인 투입 온도나 BT, BTU, 열량 값을 제시하지 않았다. 만약 필자의 로스팅 실에서 같은 로스터기와 생두를 사용한다면 절댓값을 공유할 수 있겠지만, 그렇지 않기 때문에 이 책에서 정답을 찾으려고 한다면 큰 실수를 하는 것이다. 다시 강조한다. 로스터기 제조업체에서 제시하는 최소량은 참고만 해야 한다. 그들은 대부분 엔지니어이자 프로덕션 로스터다. 소량의 생두를 과감히 투입하고 낮은 투입온도와 화력 등 여러 가지 방법을 시도해 정상적인 디벨롭이 되는지, 올바른 아그트론 값이 나오는지 체크하고 커핑을 통해 향미가 제대로 발현됐는지를 살펴볼 것을 권장한다.

3.5 로스터기의 진짜 최대 수용 용량

그럼 로스터기의 실제 용량을 어떻게 확인할 수 있을까? 12kg 로스터기에는 12kg 생두를 투입할 수 있는 것일까? 방법은 하나다. 제조업체가 주장하는 지정된 최대 용량을 로스팅한 다음 원하는

REAL TALK!

필자가 경험한 최소량 등 로스팅에 관련한 잘못된(부적절한) 김생두(가명)님과의 대화다. 여러분도 얼마만큼 공감하는지 판단해보기 바란다.

김생두 (고가의 로스터기를 쓴다는 점에 뿌듯해하며)저는 기X 1.5kg 로스터기를 사용 중인데요. 최소량은 얼마가 가능하고 투입 온도와 화력, 열량을 몇으로 설정하고 시작해야 하나요? 그럼 1차크랙은 언제쯤 터지고 언제 빼야 하나요?

Paul Kim 네? 김생두님이 사용하고자 하는 생두가 어떤 가공방식인지, 수분과 함량은 몇인지, 연결된 가스가 LPG인지, LNG인지, 압력 값이 얼마나 되는지, 목표 아그트론 홀빈/그라운드 값이 몇인지 다 이야기해 주셔도 대략적인 값만을 알려드릴 수 있어요. 원하시는 정확한 수치를 알려드리는 건 불가능하죠!

김생두 네? 수분, 밀도, L.. 압력 뭐라고요? 잠시만요. 좀 받아 적을게요. 수분/밀도계랑 색도계는 로스터기에 투자하느라 여윳돈이 없어서요...

Paul Kim (깊은 한숨을 내쉬며 속으로 생각한다. '기X 로스터기 구매 전에 필수적인 측정 도구부터 구비 하시지'라고)...

필자 Says 그 어떤 용량의 로스팅을 해도 생두의 특성을 파악해 정확한 프로파일을 구축할 줄 알아야만 제대로 된 결과물이 나온다.

로스팅 정도에 따른 올바른 프로파일이 생성되는지, 해당 로스팅으로 적절한 향미 프로파일이 만들어지는지를 직접 확인하는 것이다. 이때 익숙한 향미 프로파일을 가진 생두를 사용해야 향미 기준이 선다. 그다음 기계의 최대 용량으로 로스팅한다. 미리 계획한 프로파일을 접목하거나 샘플러를 관찰하면서 열량을 조절하고, 싱글 오리진(홀빈 아그트론 63±2)의 경우 가급적이면 6~9분 범위에서, 블렌딩을 위한 다크 로스팅(홀빈 아그트론 48 이하)의 경우 8~14분 범위에서 로스팅을 끝낼 수 있는지 확인한다. 당연히 홀빈/분쇄 아그트론의 편차가 일관적인지도 확인해야 한다. 마지막으로 커핑을 꼭 해본다. 만약 커핑 결과가 익숙한 향미 프로파일에서 많이 벗어난다면 이는 투입량이 적합하지 않다는 단서일 수 있으며 아니면 로스팅 프로파일을 다르게 조정해야 할 것이다. 혹시 생두가 스코칭이나 티핑이 되었다면 로스팅 시 필요한 시간 내에 지정한 최대 투입량이 로스팅되지 않는다고 볼 수 있다.

　　사실 12kg 이상의 로스터기를 사용하는 이용자들로부터 풀 배치 투입 시 절대 위에서 언급한 시간 내에 로스팅을 끝내는 게 불가능하다는 이야기를 많이 듣는다. 순수한 로스터기 세팅 값으로는 지구상에서 그 누구도 결코 이 정도의 양의 커피를 그 시간 안에 로스팅할 수 없다. 그럼 왜 로스터기 제조업체들은 대부분 최대 용량의 100%가 아닌 80~90% 정도만 투입하는 것을 권할까?

　　필자는 수단과 방법을 가리지 않았음에도 12kg 로스터기로 12kg 풀 배치 로스팅이 불가능해 여러 방법을 모색해 본 경험이 있다. 그 결과 아주 강한 화력을 낼 수 있는 이탈리아 산 리본 버너를 상당한 가격에 구매하여 기존 버너를 교체하고 드럼 속도를 조절하여 12kg 풀 배치 로스팅이 가능한 프로파일을 찾았다. 물론 이 과정에서 스코칭과 티핑으로 버려진 생두도 무수히 많다. 그러나 가능해보이지 않던 일을 가능하게 만든 것은 필자에게 매우 의미 깊다. 참고로 필자의 로스터기는 드럼 속도를 조절할 수 있도록 튜닝되어 있다. 적외선 로스터기를 사용하는 이들은 이 글을 읽고 하나같이 원성을 지을 것이다. 적외선 전기 로스터기는 여러 가지 이유로 풀 배치 로스팅이 여러 가지 이유로 절대 불가능해서 효율이 떨어짐을 잘 알고 있기 때문이다.

튜닝 없이 풀 배치 로스팅이 불가능한 이유는 로스터기의 열원이 충분하지 않아서일 수도 있고 드럼 속도에 문제가 있을 수도 있다. 로스터기에서 조절할 수 있는 모든 영역을 다 다루었는데도 그렇다면 이는 일반적인 문제가 아니며 여러분의 로스터기가 원하는 생산 요건을 충족하지 못한다는 것을 의미한다.

만약 로스터기를 어떠한 방법으로든 튜닝했다고 가정하고 몇 가지 팁을 주고자 한다. 여러분은 공기 흐름(댐퍼 혹은 풍량), 즉 초기 공기 흐름 설정을 어떻게 결정하는가? 0~100%까지 조절할 수 있다고 가정할 때 0%는 공기 흐름을 완전히 닫은 것이고 100%는 완전히 개방한 것이다. 공기 흐름 설정이 너무 낮으면 기계에서 모든 불순물을 제거하지 못하고 연기를 배출시킬 수 없다. 그 결과 생두에 탄 향smoky이 배어 결과적으로 거칠고harsh 쓴맛bitter이 나게 된다. 만약 여러분의 커피가 다양한 이유로 풋내greenish와 떫은맛astringent이 난다면 공기 흐름이 너무 과도해서다. 홀빈/분쇄 아그트론 편차가 큰 이유이기도 하다.

로스팅 시 가장 이상적인 작업 환경은 시간적 효율성을 추구하는 것이다. 로스팅을 업으로 하는 모든 이들은 빠른 작업 후 퇴근하기를 간절히 원한다. 특히 여름에는 로스팅 환경이 최악이며 로스팅 실의 공기 질은 언제나 나쁘다. 원하는 작업을 효율적으로 하기 위해서는 어떻게든 최대 용량을 로스팅할 방법을 찾아야 한다. 이게 바로 로스터기 구매 후 풀어야 하는 하나의 숙제다.

3.6 높은 고도에서의 로스팅

대한민국 지형 특성상 서울에서 로스팅하는 것과 부산에서 로스팅하는 것의 차이는 없다. 그럼 왜 뜬금없이 고도에 따른 로스팅을 언급할까? 그건 필자가 산지 방문 시 도시에 있는 랩에서 샘플 로스팅할 때도 있고, 산지와 최대로 가까운(물론 전기가 공급되는) 곳에서 로스팅하는 경우가 있기도 해서다. 실제 경험을 바탕으로 고도가 로스팅에 미치는 영향에 관해 이야기해보도록 한다. 먼저 높은 고도에서 보관되는 생두는 수분이 빨리 날아가 더 빨리 건조해질 수 있다. 항상 수분 측정기를 사용해 로스팅 전 수분 함량을 파악하는 것이 큰 도움이 된다. 수분 변화가 심하거나 다양

REAL TALK!

필자가 경험한 로스팅 용량과 관련된 잘못된(부적절한) 김생두(가명)님과의 대화. 여러분도 얼마나 공감되는지 반드시 생각해보길 바란다.

김생두 어떻게 하면 최저 용량과 최고 용량을 잘 로스팅할 수 있나요?

Paul Kim 혹시 공기 흐름(댐퍼/풍량)과 드럼 속도를 제어하시나요?

김생두 댐퍼는 조절하는데 제 로스터기에는 드럼 속도 조절 기능이 없어요!

Paul Kim 그럼 힘들 수 있어요. 추가 설치를 고려해보세요!

김생두 (약간의 짜증스런 표정으로) 그럼 또 돈 써야 해요? 아휴, 하루에 커피 몇 잔이나 판다고!

Paul Kim 아... 네.

필자 Says 어떠한 비용이 들더라도 사용하고 있는 로스터기를 가장 효율적으로 개조해 보자(물론 여유가 된다면 풀 옵션 장착 로스터기를 구매하는 것이 가장 좋다).

한 단계에서 생두의 수분이 증발하는 경우 이는 일반적으로 생두가 더 빨리 로스팅되는 결과로 이어진다.

또한 고도가 다르면 가스 연소도 다르게 일어난다. 대기 노즐을 사용하는 로스터기라면 항상 공기와 가스가 최적으로 혼합되어 작동할 것이다. 그래서 인수받는 로스터기는 자신이 있는 지역의 해발 고도에 최적으로 보정되어야 한다(물론 한국의 일반적인 도시와는 관계없겠지만). 주변 기압을 측정하기 위한 보정이 이루어지지 않거나 처음부터 보정이 수행되지 않으면 기계가 최적의 불꽃색을 보여주지 않을 수도 있다. 불꽃이 타오를 때 공기와 가스 혼합물을 잘 연소시키지 못하기 때문이다. 불꽃 최상단은 파란색을 띠어야 한다. 최적으로 보정되지 않았다면 거의 일주일 이상 열 출력과 모든 가연성 가스를 연소시키는 능력이 제 기능을 하지 못하고 매우 비효율적일 것이다. 높은 고도에서 로스팅하면 낮은 고도에서보다 온도 변동이 심해 로스팅의 최종 결과에 분명히 영향을 미칠 수 있다.

기계가 공기를 연소시키기 위해 사용하는 모든 공기는 보통 로스팅 실에서 나오는데 이 또한 분명히 로스팅에 영향을 미친다. 온도도 크게 변동될 수 있다. 그러나 가장 크게 영향을 받는 것은 기계에 설치된 버너와 생두다. 따라서 생두의 습도 변화와 주변 공기의 상대 습도를 모니터링하는 게 중요하다. 상대 습도는 여름뿐만 아니라 겨울에도 매우 낮아지곤 한다. 그래서 로스터기 불꽃 연소를 확인하고 얼마만큼의 출력이 나오는지 인지해야 한다. 버너에서 모든 가스를 연소시키지 못하는 경우 커피 맛이 디벨롭되지 않고 생두에 얼룩이 생길 수 있다.

마지막으로 고도가 낮은 지역보다 변동이 큰 높은 고도에서 로스팅한다면 로스터기 작동 압력과 공기 압력을 표시하는 게이지를 설치할 것을 권장한다. 일반적으로 커피 로스터기는 약간의 진공 상태에서 약간의 압력으로 작동하도록 설계되어 있다. 로스터기에는 공기를 계속 배출하는 팬이 있고 기계는 계속해서 부족한 공기를 보충하려고 한다. 또한 많은 로스터기는 효율적인 연소를 위해 공기가 버너를 우회해서 커피를 통과하도록 설계되어 있다. 에너지 손실을 막기 위해 공기가 다른 흡입구를 통해 우회하지 못하도록 만들어진 것이다. 그 결과 공기는 계속해서 버너

근처 공기 흡입구를 통해 흡입돼 일반적으로 압력이 부족해진다. 압력 부족은 기계의 공기 흐름 충격과 양이 이 압력의 어느 수준까지 전달되는지에 따라 달라진다. 공기 흐름이 매우 낮은 기계를 사용하면 압력은 조금 더 낮아질 수 있다. 압력이 없으면 채프를 제거하거나 기계에서 효율적으로 연기를 제거하기가 매우 어렵다. 로스팅 프로파일에서 이를 고려하지 않으면 로스팅의 첫 번째 건조 단계가 빠르게 진행될 수 있어 유의해야 한다.

4. 로스팅 디펙트

로스팅 디펙트는 잘못된 로스팅 때문에 발생하는 결점으로, 커피의 향미와 품질에 영향을 미치므로 반드시 피해야 한다. 일반적으로 가장 흔한 두 가지 로스팅 디펙트는 로스팅이 너무 빠르거나 너무 느릴 때 발생한다. 로스팅이 너무 빠르면 생두의 중심이 표면에 비해 충분히 발달하지 못해(언더 디벨롭) 향미를 제대로 형성하지 못한다. 반대로 로스팅이 너무 느리게 이뤄지면 생두의 구조가 부서지기 쉬워지며 전반적인 향미와 강도가 저하된다. 이를 방지하는 간단한 측정 방법은 없다. 로스터는 생두의 구조, 색상 및 향미를 평가해 이러한 디펙트를 감지할 수 있도록 훈련해야 한다(로스팅의 최종단계는 커핑임을 절대 잊지 말자).

로스팅 결과물은 항상 일관성 있고 정확해야 한다. 이 말은 한 치의 작은 오류와 결함도 당연시하면 안 된다는 것이다. 로스터는 소비자가 로스팅 정도나 로스팅 프로파일의 작은 변화를 알아차리지 못할 것이라는 잘못된 생각에 빠질 수 있다. 로스터기의 설계나 공기 흐름 용량과 같은 일부 요소들은 로스터가 제어할 수 없는 영역이지만, 시간/온도 로스팅 프로파일과 로스터기 주변의 시설 및 조건 등 기타 요소는 직접 제어할 수 있다. 이러한 요인 중 하나라도 적절하게 관리되지 않으면 로스팅 결함이 발생할 가능성이 커진다.

필자는 로스팅 결함이 일관성 없는 로스팅 결과 또한 일종의 로스팅 디펙트라고 정의한다. 가장 일반적으로 로스팅 디펙트를 발생시키는 형태이며, 상상하는 그 이상으로 이러한 행위를 자주 목격한다. 예를 들어보자. 앞에서도 언급했듯이 과거의 프로파일 기록은 과거의 데이터이고 큰 실수를 범하지 않게 하는 가이드일 뿐이다. 만약 같은 생두와 투입량을 로스팅하는데 어제는 1차 크랙이 172°C에 발생했고 배출 온도가 193°C였다고 가정하자. 오늘 똑같은 열량 프로파일을 적용했더라도 1차크랙 발생 온도와 배출 온도도 똑같을 것이라는 착각은 버려야 한다. 필자는 로스팅 교육 시 배출 타이밍을 결정할 땐 BT/ET 온도는 물론이고 시간적 요소에 절대 의존하지 말고 홀빈 아그트론을 정확히 판단하라고 강조한다. 로스터의 눈이 아그트론 화되어야 한다. 어떤 홀빈이 눈앞에 놓여도 커피의 색상을 읽을 줄 알아야 한다.

안타깝게도 색도계는 많은 로스터가 구매하기 부담스러워하는 장비 중 하나다. 필자는 그 이유를 모르겠다. 로스터리를 하든 납품 사업을 하든 어떤 로스터기를 구매할지 결정하기 전에 로스터기보다는(상대적으로) 저렴한 수분/밀도계를 먼저 구비해야 되지 않는가? 측정 장비를 갖추지 않은 것은 속도 위반 차량을 적발한 경찰이 "운전자는 보통보다 많이 과속했다"와 같이 근거 없고 부정확하게 이야기하는 것과 마찬가지다. 보통보다 많이 과속했다고 표현하면 20km 초과인지, 60km 초과인지 알 수 없다.

다음으로 로스팅 실의 조명에 관해 이야기하고자 한다. 이는 실제로 필자가 관찰한 일부 로스터의 잘못된 관행이자 로스팅 디펙트를 만들어내는 지름길이다. 샘플러는 시각적인 면에서 보면 단계별 생두의 표면적, 부피, 색상 변화를 관찰하는 유용한 도구다. 하지만 일부 로스터는 눈이 부시다거나 등에서 나오는 뜨거운 열기를 이유로 로스터기 옵션에 달려 있거나 따로 추가 장착한 등을 켜지 않고 로스팅한다. 아무리 시력이 좋은 로스터라도 로스팅 실 천장에 달린 조명만으로는 생두를 면밀하게 관찰할 수 없다. 샘플러에 담긴 각 생두의 주름, 팽창 정도, 그리고 빠르게 변화하는 색상을 식별해 배출하기가 매우 어렵다. 일부 로스터가 BT와 ET 그리고 시간에 의존해 배출하는 것이 그래서인가 하는 의문이 든다.

에디슨의 수백 가지 발명품 중 우리 일상에서 절대 없어서는 안 되는 것이 바로 백열등이다. 불빛 없이는 밤에 생활하는 것이 불가능하지 않은가? 생두 관찰도 마찬가지다. 빠르게 변화하는 생두를 우리 눈으로 정확하게 판별하고 식별해야 한다. 물론 후각도 중요한 한 부분이지만 배출하는 시점을 후각만으로 정확히 판단하는 것 또한 불가능하다.

　　백열등은 주광색(일반적인 하얀 형광등 불빛 색상), 주백색(흰색과 노란색의 중간인 베이지 톤), 전등색(노란 빛을 내는 색상) 세 가지로 나뉘는데, 필자의 경우 100w 백열전구(소위 에디슨 전구)를 사용한다. 여러 색상의 백열등을 사용해 본 결과 필자의 눈에는 이 전구를 사용했을 때 판별이 가장 쉬워서다. 참고로 가장 넓은 풀 스펙트럼을 제공하는 색상은 주백색이라고 한다. 여러분이 전기의 효율성을 위해 LED 백열등을 사용하든, 눈에 편하고 관찰하기 쉬운 그 어떠한 색상의 백열등을 사용하든 적절한 조명을 활용해야 생두의 변화를 정확하게 읽고 배출 시점을 정확하게 판단할 수 있을 것이다.

마지막으로 눈으로 식별할 수 있는 로스팅 디펙트인 스코칭과 티핑은 절대 발생해선 안 된다. 스코칭은 생두 내부 디벨롭이 일관성이 없고 생두의 외부 색상이 내부 색상보다 더 짙게 나타나는 결과물이다. 주로 생두의 평평한 표면에 점처럼 검게 그을리거나 탄 흔적처럼 보인다. 물론 전체적인 로스팅 정도에 따라 달라지겠지만 커핑 시 주로 쓰고bitter 탄 맛acrid이 난다. 스코칭은 높은 투입 온도, 느린 드럼 속도, 시작점의 높은 화력 순의 이유로 발생할 수 있지만 워시드 커피의 경우 파치먼트 생두의 부적절한 건조와도 관련이 있을 수 있다. 파치먼트 커피를 건조하는 목적은 생두의 수분 함량을 대략 12~13%로 낮추는 것이다. 워시드 커피를 건조하는 방법에는 기계식 건조와 햇볕 건조가 있는데, 어떤 방식으로 건조하든 공정이 너무 빠르게 진행되면 생두 내부 수분 함량이 균일하지 않을 수 있다. 그런 경우 자유 수분이 생두의 세포 구조 전체에 불균일하게 분산되어 생두에는 수분을 적게 함유한 세포 그룹과 수분을 더 많이 함유한 세포 그룹이 존재하게 된다. 이처럼 부적절하게 건조된 생두는 로스팅 중에 불균일하게 디벨롭될 가능성이 크다. 수분이 많은 생두 내부는 더 느리게 로스팅되고 수분이 적은 부분은 쉽게 너무 빨리 로스팅되기 때문에 스코칭을 초래하는 것이다.

　　생두의 수분/밀도를 측정하고 색상을 관찰하는 것만으

는 생두가 균일하게 건조되었는지를 판단할 수 없다. 다만 정상적으로 로스팅을 진행했는데 3분 정도 지난 후 생두 표면에서 밝은 점과 짙은 점들이 보인다면 이는 내부적인 스코칭이 발생한다는 징후다. 내부 스코칭을 방지하는 가장 좋은 방법은 투입 온도를 낮추거나 드럼 속도를 증가시키는 것, 로스팅 초기에 화력을 낮게 유지하는 것이다.

다음으로 티핑은 생두의 배아가 탄 것이다. 그래서 긴 타원형의 생두 끝이 탄 것처럼 보인다. 탄 맛burnt과 적은 단맛을 유발하는 티핑은 로스터기 드럼 내부의 너무 높은 열로 인해 과하게 로스팅되었거나 빠르게 로스팅된 결과물이다. 생두가 로스터기에 투입할 수 있는 양보다 많거나 공기 흐름이 적은 경우에도 티핑 현상이 일어난다. 저고도에서 생산한 밀도가 낮은 내추럴 커피가 워시드 커피보다 티핑과 스코칭이 더 잘 발생한다는 점도 참고하자.

REAL TALK!

필자가 경험한 로스팅 결과물과 관련된 잘못된(부적절한) 김생두(가명)님과의 대화다. 여러분도 얼마나 공감되는지 반드시 생각해보길 바란다.

Paul Kim 지금 판매하는 콜롬비아 후일라 수프리모 어떻게 로스팅하셨어요? 너무 맛있는데요?

김생두 (흥분을 감추지 못하고 자신 있게) 감사합니다! 로스팅 총 시간 8분 20초, 201 에 배출했더니 2차크랙 10초 전쯤 풀 시티 정도 돼요!

Paul Kim 정보 주신 건 감사한데 화력/공기 흐름을 얼마나 조절한 상황에서 10초 전인지, 말씀하신 풀 시티가 아그트론 값으로 몇 정도 되는지요? 제가 지금 커피를 배우고 있어서요.

김생두 (...별걸 다 알려고 하네. 색도계가 없는데 풀 시티가 아그트론 몇이지? 저 자식 화장실 간 사이에 인터넷에 검색해볼까?)

필자 Says 수분, 밀도, 홀빈 아그트론, 분쇄 아그트론의 데이터가 없으면 로스팅 결과물에 대한 본인의 잘못을 절대 인정할 수 없다. 제발 당당해지자!

Part 3. 고급 로스팅

Part 4.

블렌딩의 비밀

1. 블렌딩이란?

커피 블렌딩은 두 개 이상의 다른 원산지 혹은 같은 원산지지만 다른 로스팅 포인트의 원두를 혼합하는 것이다. 블렌딩 커피 뒤에 숨겨진 로스터의 아이디어는 소비자 기호에 맞고 균형 잡힌 맛의 커피를 만들기 위해 좋은 품질의 다양한 생두를 얻는 것이다. 한 콜롬비아 커피를 커핑한 결과 조금 더 풍부한 풍미와 바디가 있으면 좋겠다는 판단을 내렸다고 예를 들어보자. 커핑 점수 84점 이상의 인도네시아 웻 헐링 커피의 석류pomegranate 향미와 묵직 heavy한 바디, 커핑 점수 86점 이상의 케냐 커피에서 느껴지는 블랙베리black berry의 산미를 조합해 특별한 시그니처 블렌딩을 만들 수 있다. 이처럼 커핑 점수에 따른 싱글 오리진 커피를 혼합하면 커피 향미를 상호 보완하고 강화하여 맞춤형 커피를 만들 수 있다. 그만큼 로스터에게 커핑에 따른 생두별 정보는 절대적으로 필요한 큰 자산이다.

그런데 블렌딩 커피에 대해 오해하는 사람이 많다. 그중 하나는 싱글 오리진보다 가격이 저렴해야 한다는 것이다. 어떤 맛을 추구하든 블렌딩을 하려면 사실 로스팅을 두 번 이상 해야 해 비용이 더 부과되는데도 말이다. 안타까운 사실이다. 원래 블렌딩의 의도는 싱글 오리진 원두에서 얻을 수 없는 향미 특징을 창조하기 위함이다. 이전처럼 결점을 숨기기 위해 여러 가지를 섞어 강하게 로스팅하는 것은 옛날이야기이며, 제품 단가를 떨어뜨리기 위해선 블렌딩하는 관행은 차차 사라져야 한다.

블렌딩에는 정답이 없다. 이는 로스터의 창의적 작품이다. 스타벅스처럼 다크 로스팅을 고집하면 스모키smoky한 블렌딩이 이곳의 시그니처 브랜드가 되는 것처럼. 그러나 제대로 된 블렌딩 커피를 개발하는 일은 매우 어렵다. 샘플 로스팅 후 객관적인 커핑, 여러 로스팅 단계별 향미 특징을 메모해 콘셉트에 대입하는 등의 노력이 필요하다. 마치 물과 커피 비율을 조절해 나만의 취향에 따라 브루잉하는 것과 같다.

1.1 블렌딩이 필요한 이유

과거에는 주로 향미 결점을 감추기 위해 블렌딩을 하곤 했다. 지금도 존재하는 관행이다. 그러나 오늘날 블렌딩의 주된 목적은 독특한 커피를 제공하는 것이다. 싱글 오리진 커피에서는 찾아볼 수 없는 독특한 맛이 잘 균형을 이룬 커피를 만드는 것이다. 일부 회사들이 블렌딩(혹은 선블렌딩)을 하는 또 다른 이유는 비용을 낮추기 위해서다. 원-달러 환율이 오르고 생두 가격이 상승하기 때문에 어쩔 수 없는 선택일 수도 있다. 그렇다면 커피 가격이 상승했을 때 이를 소비자에게 전가하지 않고 일관적이며 안정적으로 비용을 유지할 수 있는 방법이 있을까? 저렴한 가격의 생두만 찾지 말고 맛 프로파일을 기반으로 블렌드를 만드는 게 해답이 될 수 있다. 더 창의적인 결과를 낼 수 있으며 밝은 블랙베리 blackberry 혹은 감귤 tangerine 맛이 나는 케냐 커피 같이 가격이 더 높은 재료를 블렌드에 포함해 저렴한 재료로도 고급스러운 결과물을 낼 수 있다. 가격이 높은 에티오피아 커피를 구매하는 경우에도 블렌딩을 통해 유사한 맛의 프로파일을 제공하기 위해 르완다 등의 다른 지역 커피를 살펴볼 수 있을 것이다. 결국 제대로 된 샘플 로스팅을 통한 커핑을 해야만 원하는 향미 프로파일을 정할 수 있다. 최상의 블렌딩을 만들기 위해서는 창의적이야 한다. 로스터는 제품을 가공하기만 하는 기계가 아니기 때문이다.

1.2 커피 블렌딩 이론

블렌딩의 개념과 이론을 좀 더 살펴보고자 한다. 여러 성분을 혼합하는 데는 몇 가지 이유가 있다. 우리나라에서 판매되는 블렌드 유형을 두 가지로 크게 분류하자면 하나는 대중을 위한 산미가 없는 블렌드, 다른 유형은 산미가 있는 블렌드다(물론 산미가 있는 블렌드만 추구하는 곳도 있다). 오늘날 카페에서 볼 수 있는 가장 인기 있는 블렌드는 당연히 대중을 위한 블렌드다. 그럼 대중이 선호하는 커피는 무엇일까. 대표적으로 강한 산미가 나지 않는 것, 갈변 반응의 단맛(chocolaty, nutty, caramel 등)이 많이 나는 것 정도인 것 같다. 덧붙여 가장 중요한 것은 물처럼 부담 없이 마실 수 있는 커피를 만드는 것이다. 대중적 표현으로는 부드러운 커피, 목 넘김이 좋은 커피, 밸런스가 좋은 커피다. 앉아있든 서 있든, 대화에 정신이 팔려도 컵에 계속 손이 가게 하는 커피를 만들어야 한다.

  어떤 영향에 의해서인지는 불확실하지만 산미가 적은 커피를 만들기 위해 브라질 커피를 베이스로 사용하는 로스터를 많이 봤다. 물론 보통의 브라질 커피는 산미가 다른 나라 커피 대비 매우 낮다. 여러 가지 이유가 있겠지만 커핑 점수가 낮거나 재배 고도가 낮거나 품종의 문제 등 때문일 것이다. 로스터의 입장에서는 브라질 생두 단가가 저렴한 것도 선택의 이유가 될 수 있다. 필자도 충분히 이해한다. 미국과 유럽과 다르게 한국은 원두 납품 거래처 찾을 때 일반적으로 1kg 단가를 가장 걱정하니 말이다. 만약 불가피하게 브라질 생두를 사용해야 한다면 다양한 종류를 구매해 꼭 커핑해볼 것을 권한다. 일반적으로 알려진 가격이 저렴한 일반 브라질 생두는 구수하기는 해도 생각하는 만큼의 단맛이나 바디가 뒤따르지 않는다. 그러다 보니 아그트론 색상이 계속 어두워질 수밖에 없다. 단맛이나 바디가 우수한 펄프드 내추럴 생두도 많이 있다는 사실을 잊지 말자.

  산미가 없는 블렌드로 예를 계속 들어보면 바디와 단맛이 좋은 커피는 브라질뿐일까? 절대 그렇지 않다. 인도네시아 전통 가공방식인 웻 헐링 wet hulling으로 가공한 커피 또한 바디와 단맛이 매우 좋다. 물론 정확히 어떤 인도네시아 웻 헐링 커피인지는 알려줄 수 없으니 커핑을 통해 찾아야 한다. 블렌딩 레시피는 서적, 인터넷 등에서 많이 찾아볼 수 있는데 만약 '인도네시아 40%, 콜롬비아 30%, 과테말라 30%'처럼 커피 생산국과 비율만 언급하는 경우는 잘못됐다. 각 커피가 몇 점짜리인지, 수분과 밀도가 얼마나 되는지, 그리고 각 커피의 로스팅 프로파일이 어떻게 되는지 전혀 알 수가 없기 때문이다. 결국 같은 생두를 구매해 같은 비율로 블렌딩하는 것은 아주 큰 도박이자 시간 낭비일 뿐이다. 몇 장 뒤에서는 필자가 추천하는 블렌딩 비율을 제안할 것인데, 단순히 원산지와 비율만 제공하지 않고 여러분이 쉽게 찾을 수 있는 정확한 정보를 함께 주고자 한다.

다시 인도네시아 웻 헐링 커피로 돌아가 이 가공방식을 고려했을 때 수분은 11.5% 이상, 밀도는 650g/l 이상, 커핑 점수가 최소 83점 이상인 생두를 베이스로 사용할 것을 권한다. 커핑 점수가 83점 이상이면 어느 정도의 유기산이 포함되어 있다. 그래야만 소프트 빈 프로파일을 사용하여 전체 시간이나 DT 시간을 늘려 젖산을 유도함으로써 묵직한 바디를 끌어 올릴 수 있다. 필자도 산미 없는 블렌딩에 인도네시아 웻 헐링 커피를 주로 사용하는데, 참고로 홀빈 아그트론 45~48, 분쇄 아그트론 62~66, DT 시간은 4분 이상이 나오도록 프로파일을 설정한다. 베이스 커피가 아니어도 마찬가지다. 원하는 단맛과 바디를 얻기 위해서는 반드시 커핑 점수 83점 이상의 커피를 사용해야 한다. 81점짜리 콜롬비아는 아무리 다크하게 로스팅해도 갈변 반응의 단맛과 바디가 좋아질 수 없다.

산미 없는 블렌드에 또 추가하면 좋은 커피 중 하나는 '로부스타'다. 이 세상에는 베트남 로부스타와 카피 로얄만 존재하는 게 아니다. 많은 로스터가 로부스타를 로스팅할 때 올바른 로스팅 프로파일을 설정하지 않고 커핑도 하지 않는데, 대부분의 로부스타는 밀도가 높기 때문에 밀도에 따른 별도의 로스팅 프로파일을 꼭 설정해야 한다. 그러니 책에서 나중에 설명할 CQI 로부스타 샘플 로스팅 프로콜에 따라 샘플 로스팅하고 커핑할 것을 권한다. 로부스타 커핑 점수 기준 77~79점(SCA 아라비카 커핑 체제와 다르다)을 충족하는 로부스타만 전체 블렌딩 비율의 30% 미만으로 사용하고, 홀빈 아그트론 48~50, 분쇄 아그트론 60~65, 전체 시간 8~9분, DT 3분 이상 로스팅하면 많은 로스터가 염려하는 로부스타 특유의 맛이 나지 않으면서 기대 이상의 단맛과 바디를 더할 수 있다. 커핑 점수가 낮은 베트남 로부스타를 쓰거나 올바른 로스팅 프로파일을 설정하지 않은 경우, 또는 수분과 커핑 점수가 낮은 카피 로얄만 사용하면 퀸산의 과다한 쓴맛만 난다. 갈변 반응의 단맛과 바디를 추구한다면 브라질 커피와 인도네시아 웻 헐링 커피의 조합도 매우 좋고, 브라질(혹은 인도네시아 웻 헐링) 커피와 로부스타 커피의 조합도 좋다. 물론 앞에서 설명한 조건에 부합하는 생두를 사용한 경우에만 말이다. 각 커피의 비율, 로스팅 프로파일, 아그트론 값은 당연히 커핑을 통해 직접 찾고 창조해야 한다. 로스터는 이러한 과정을 절대 귀찮아해서는 안 된다.

그럼 산미가 있는 블렌드에 관해 이야기해 보자. 산미 또한 범위가 매우 넓다. 어떤 과일 맛을 살릴 것인지, 그 강도가 얼마만큼 되는 블렌드를 만들 것인지 수백 번 고민해야 제대로 된 블렌드가 탄생한다. 가장 중요한 것은 제품이 완성되면 일반인 대상의 블라인드 테스팅을 해보는 것이다. 로스터가 힘들게 창조한 블렌드가 소비자의 입맛에 맞지 않는다면 노력과 시간, 사용한 생두들이 다 무용지물이 된다.

당연히 모든 고객의 입맛을 만족시킬 수 없지만 최소 3~4명만 만족해도 해당 블렌드는 성공한 것이다. 물론 산미에만 포커스를 두지 말고 일반인이 이야기하는 밸런스 좋은 커피를 만들어야 한다. 예를 들어 브라질 펄프드 내추럴 커피와 케냐 워시드 커피를 블렌딩하면 브라질 커피의 더 많은 갈변 반응의 초콜릿과 견과류 맛, 그리고 케냐의 매우 밝은 레몬과 감귤류 맛 프로파일을 표현할 수 있다(물론 커핑 점수가 브라질은 82점 이상, 케냐는 83점 이상 되는 생두를 사용해야 한다). 이 조합은 에스프레소는 물론 푸어오버 추출과도 잘 어울린다. 가공 방식이 다른 에티오피아 워시드 커피와 내추럴 커피 블렌드도 좋은 결과물을 낸다. 같은 나라 커피지만 서로 다른 가공 방식의 전혀 다른 맛 프로파일을 가지고 있기 때문이다. 에티오피아 워시드의 경우 머스캣muscat과 시트러스citrus 계열의 향미 특징이 강하고, 에티오피아 내추럴은 블루베리blue berry의 향미 특징과 가공 방식에 따른 사과산 일부의 2차 발효로 강한 바디를 제공한다.

필자는 보통 두 가지 정도만을 블렌딩할 것을 권하지만, 로스터가 원하는 만큼 다양한 커피를 사용해도 된다. 다만 이 경우 일관성 있는 맛을 보장할 수 있는지를 따져봐야 한다. 4~5가지 커피를 섞은 블렌드를 분쇄했을 때 포터필터에 각 커피가 블렌딩 비율에 맞게 분쇄되어 담길 수 있는 확률이 과연 얼마나 될까? 필자는 아주 낮다고 단언한다. 그 결과 맛이 달라졌다는 컴플레인을 자주 받게 될 것이다. 이는 곧 일관성의 문제다. 일관성을 유지하려고 노력하는 것은 정말 중요하다.

REAL TALK!

필자가 경험한 블렌딩과 관련된 잘못된(부적절한) 김생두(가명)님과의 대화다. 여러분도 얼마나 공감되는지 반드시 생각해보길 바란다.

김생두 (여보세요? 혹시 카페 납품도 하시나요?
Paul Kim 네, 물론이죠. 선호하는 맛이나 콘셉트 있으세요? 최대한 맞춰드릴 수 있습니다.
김생두 제가 커피를 잘 모르는데, 혹시 1kg에 얼마예요?
Paul Kim (깊은 생각을 한다) 아... 네. 1kg에 만 원짜리도 있어요...
김생두 와! 정말요?
Paul Kim ...

필자 Says 열정 깊고 창의적인 로스터들이여! 어떤 상황에서도 당황하지 말고 상처받지 말자.

Part 4. 블렌딩의 비밀

2. 블렌딩

2.1 블렌딩 프로토콜

이제 추가적인 블렌딩 기술을 살펴보기로 한다. 다시 강조하지만 블렌딩의 목적은 다양하고 독특한 맛 프로파일을 느낄 수 있게 하는 것이다. 필자는 개인적으로 여러 가지 콘셉트를 설정해 그에 맞춰 블렌딩하는 것을 좋아한다. 스스로가 얼마나 창의적인지, 어떤 생두들이 부족한 면을 서로 보완할 수 있으며 궁합이 잘 맞는지 등을 알 수 있기 때문이다. 싱글 오리진 커피보다 블렌딩 커피에서 선호되는 일반적인 특성 중 하나는 밸런스다. 즉, 향미 프로파일이 조화로워야 한다. 균형 잡힌 블렌딩 커피는 복합적인complex 향미로 가득 찰 수 있지만 단맛, 산미, 바디 그리고 후미와 같은 중요한 요소는 서로를 반드시 보완해야 한다. 블렌드를 에스프레소에 사용할 것인지, 푸어 오버에 사용할 것인지 혹은 로스팅 전에 생두를 섞어 선블렌딩 할 것인지, 각각 로스팅 후 후블렌딩 할 것인지 대해서도 결정해야 한다. 로스팅 전에 블렌딩하는 경우 밀도가 서로 다른 생두를 로스팅하기가 까다로울 수 있으므로 잘 판단해야 한다. 블렌딩 레시피를 결정한 뒤에는 반드시 추출 레시피까지 함께 작성해 납품받는 고객에게 전달할 것을 권한다. 카페에 납품할 땐 에스프레소 레시피(도징량, 추출량 등)와 함께 얼마의 물을 첨가해야 좋은 아메리카노가 완성되는지 등의 정보를 함께 제공해야 로스터의 블렌딩 의도를 제대로 전달할 수 있다. 그러지 않은 경우 여러 사소한 추출 실패로 인해 고객과 로스터 사이에 잦은 갈등이 일어난다.

2.2　블렌딩 만들기

블렌드를 만들기 전에는 항상 블렌딩 커피의 의도와 확실한 콘셉트가 가장 먼저 성립되어야 한다. 여름 블렌드를 만든다고 가정해 보자. 필자는 우선 뜨거운 태양 아래에서 매우 균일하게 건조된 파치먼트 커피와 여름 제철 과일인 포도와 블루베리, 시원한 레모네이드 등이 떠오른다. 머릿속에 무엇이 떠오르든 무조건 메모해 두자. 그다음 지금까지 쌓아온 커핑 데이터를 고려해 커핑 점수가 84점 이상인 중남미 습식법 생두, 에티오피아 워시드 생두와 내추럴 생두를 사용할 것이다. 만약 기존에 커핑했던 생두가 더 이상 판매되지 않더라도 동일한 가공 방식, 같은 지역의 다른 생두를 샘플로 구매해서 커핑한다면 생각하고 있는 맛 프로파일을 금방 찾을 수 있다. 레모네이드를 연상했기 때문에 중남미 워시드 생두 여러 가지를 샘플 로스팅한 뒤 커핑을 통해 레몬 같은 lemony 산미가 적절하게 나는 커피를 찾고 기록한다. 그리고 샘플 로스팅된 여러 가지 에티오피아 내추럴과 워시드 커피를 커핑해서 블렌드 콘셉트에 맞는 딸기와 복숭아를 찾으면 된다. 다음으로는 비율을 결정해야 한다. 이때도 한 번에 완벽한 블렌드가 만들어질 것이라는 생각은 버리자. 우선 커핑을 통해 결정한 샘플 로스팅된 커피를 사용해 여러 가지 비율로 혼합해 본다. 콘셉트에 부합하는 비율을 찾으면 다음 단계는 로스팅 강도로 조절할 수 있는 장단점을 고안해내는 것이다.

몇 가지 블렌딩 예시

에스프레소 블렌드
- 콘셉트: 은은한 산미가 있으면서 묵직한 바디를 제공한다.
- 사용 생두:
  브라질 펄프드 내추럴 60% (커핑 점수 81~82, 밀도 650~700g/l, 수분 10~12%, 홀빈 아그트론 48~51, 분쇄 아그트론 60~65)
  에티오피아 워시드 20% (커핑 점수 83 이상, 밀도 730~830g/l, 수분 10~12%, 홀빈 아그트론 55~58, 분쇄 아그트론 70~80)
  인도네시아 웻 헐링 20% (커핑 점수 83 이상, 밀도 650~750g/l,

수분 10~12.5%, 홀빈 아그트론 50~52, 분쇄 아그트론 60~65)

코리안 블렌드

- 콘셉트: 구수하지만 단맛이 강조된 아메리카노용 커피
- 사용 생두:

  인도네시아 웻 헐링 50% (커핑 점수 83 이상, 밀도 650~750g/l, 수분 10~12.5%, 홀빈 아그트론 50~52, 분쇄 아그트론 60~65)

  콜롬비아 워시드 30% (커핑 점수 82 이상, 밀도 730~830g/l, 수분 10~12%, 홀빈 아그트론 50~52, 분쇄 아그트론 60~65)

  로부스타 내추럴 20% (커핑 점수 78 이상, 밀도 730~830g/l, 수분 10~12%, 홀빈 아그트론 48~50, 분쇄 아그트론 60~63)

선샤인 블렌드

- 콘셉트: 따뜻한 햇볕 아래서 자유를 만끽하는 느낌
- 사용 생두:

  에티오피아 워시드 60% (커핑 점수 84 이상, 밀도 730~830g/l, 수분 10~12%, 홀빈 아그트론 55~58, 분쇄 아그트론 68~75)

  케냐 워시드 40% (커핑 점수 84 이상, 밀도 730~830g/l, 수분 10~12%, 홀빈 아그트론 55~58, 분쇄 아그트론 68~75)

굿모닝 블렌드

- 콘셉트: 산뜻한 아침, 빈속을 편하게 해주는 커피
- 사용 생두:

  콜롬비아 워시드 50% (커핑 점수 84 이상, 밀도 730~830g/l, 수분 10~12%, 홀빈 아그트론 55~58, 분쇄 아그트론 68~75)

  과테말라 워시드 50% (커핑 점수 84 이상, 밀도 730~830g/l, 수분 10~12%, 홀빈 아그트론 48~50, 분쇄 아그트론 60~63)

서울 블렌드

- 콘셉트: 역동적인 서울을 연상케 하는 블렌드
- 사용 생두:

  브라질 내추럴 30% (커핑 점수 82 이상, 밀도 650~750g/l, 수분 10~12%, 홀빈 아그트론 50~52, 분쇄 아그트론 60~65)

  과테말라 워시드 30% (커핑 점수 84 이상, 밀도 730~830g/l, 수분 10~12%, 홀빈 아그트론 55~58, 분쇄 아그트론 68~75)

  코스타리카 내추럴 40% (커핑 점수 84 이상, 밀도 700~800g/l, 수분 10~12%, 홀빈 아그트론 55~58, 분쇄 아그트론 68~75)

치포Cheapo 블렌드
- 콘셉트: 어쩔 수 없이 단가를 낮춰야 하는 선블렌딩 커피
- 사용 생두:

    콜롬비아 워시드 60% (커핑 점수 82 이상, 밀도 700~800g/l, 수분 10~12%, 홀빈 아그트론 45, 분쇄 아그트론 55~60)

    베트남 로부스타 40% (커핑 점수 73 이상, 밀도 700~800g/l, 수분 10~12%, 홀빈 아그트론 45, 분쇄 아그트론 55~60)

VIP 블렌드
- 콘셉트: VIP를 위한 최상급 블렌드
- 사용 생두:

    파나마 워시드 40% (커핑 점수 84 이상, 밀도 730~830g/l, 수분 10~12%, 홀빈 아그트론 55~58, 분쇄 아그트론 68~75)

    에티오피아 내추럴 30% (커핑 점수 85 이상, 밀도 730~830g/l, 수분 10~12%, 홀빈 아그트론 55~58, 분쇄 아그트론 68~75)

    르완다 워시드 30% (커핑 점수 85 이상, 밀도 730~830g/l, 수분 10~12%, 홀빈 아그트론 50~52, 분쇄 아그트론 60~65)

2.3 로스팅 프로파일 정하기

블렌딩에 사용할 생두와 비율의 윤곽이 나왔으면 각 생두의 로스팅 프로파일을 정해야 한다. 앞서 언급했던 썸머 블렌드를 이번에도 예로 들겠다. 중남미 워시드 생두(40%), 에티오피아 워시드(30%) 그리고 내추럴 생두(30%)를 사용할 것이고 콘셉트는 시원한 레모네이드, 복숭아와 딸기 맛이 풍부한 커피다. 커핑 결과 원하는 과일 맛이 모두 나왔지만 이 모든 산미가 혼합되면 일반인에게 과하게 느껴질 수 있다(물론 스페셜티 커피를 좋아하는 이들에게는 아닐 수도 있겠지만). 따라서 세 가지 생두 중 가장 비중이 큰 중남미 워시드 생두의 강도를 줄이기 위해 홀빈 아그트론 55 정도로 DT를 조금 길게 로스팅하고 분쇄 아그트론을 조금 어둡게 하면 적절한 강도의 레몬 산미, 건열 반응의 소나무piney 그리고 갈변 반응의 단맛도 느낄 수 있을 것이다. 그리고 또 여러 가지 비율로 블렌딩해 본다. 여기서 만약에 에티오피아 내추럴 커피의 복숭아 맛을 더 살리고 싶으면 DT를 줄여서 분쇄 아그트론을 밝게

해본다. 커핑했던 에티오피아 워시드의 딸기 특징은 그대로 가져가기로 결정하고 샘플 로스팅 프로파일로 정한다. 최종적으로 여러 비율로 다시 혼합해본 후 에스프레소 레시피를 정하고 마무리 짓는다.

여기서 여러분이 꼭 기억해야 하는 점이 하나 있다. 커핑 점수가 높은 생두라면 싱글 오리진으로 판매한다고 해도 굳이 다른 로스팅 프로파일을 적용할 필요가 없다는 것이다. 커핑을 위한 샘플 로스팅 프로토콜은 해당 생두가 가진 모든 부분(유기물질)에 대해 알 수 있는 범주에서 진행된다. 여기서 더 밝게 로스팅하면 초산만 발생되어 매우 시큼한 acrid 커피가 될 것이고, 더 어둡게 로스팅 하면 커피가 지닌 유기산이 손실되어 특징 없는 커피가 될 수 있다.

커핑 점수 85점짜리 케냐 커피를 예로 들어 보자. 샘플 로스팅 프로토콜에 따른 결과 블랙 커런트 black currant 와 와이니 winey 한 특징의 커피다. 추구하는 블렌딩에 따라 로스팅을 더 어둡게 하고자 한다면 굳이 이 85점짜리 생두의 폭발적인 향미를 파괴할 필요가 없다. 스모키 smoky 함을 살리며 케냐 고유의 블랙 커런트 향미를 약간이라도 표출하고 싶으면 82점짜리 케냐를 써도 무방하다. 굳이 85점 이상의 비싼 생두를 쓸 필요는 없다는 말이다. 그만큼 스모키함이 나올 때까지 강하게 로스팅하면 베리 berry

▶ DT를 길게 가져감으로써 갈변 반응과 건열 반응의 향미를 증가시킬 수 있다. 단, 유기산은 감소한다. (BTU/공기 흐름 예시)

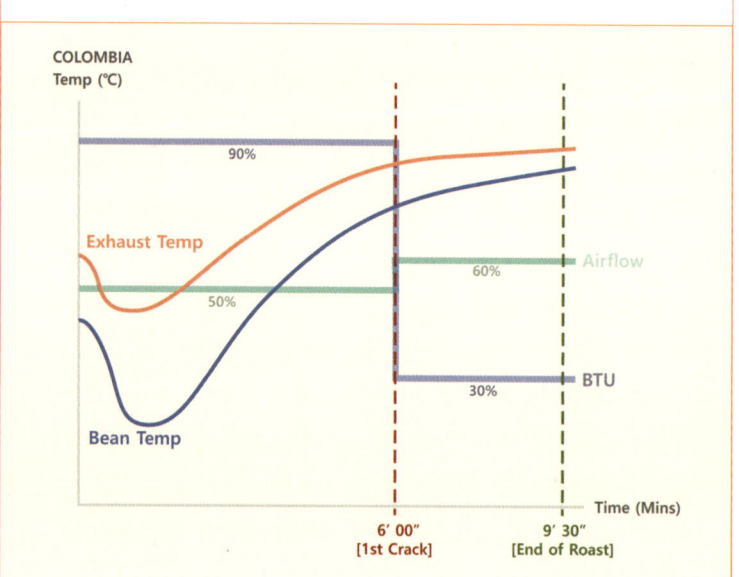

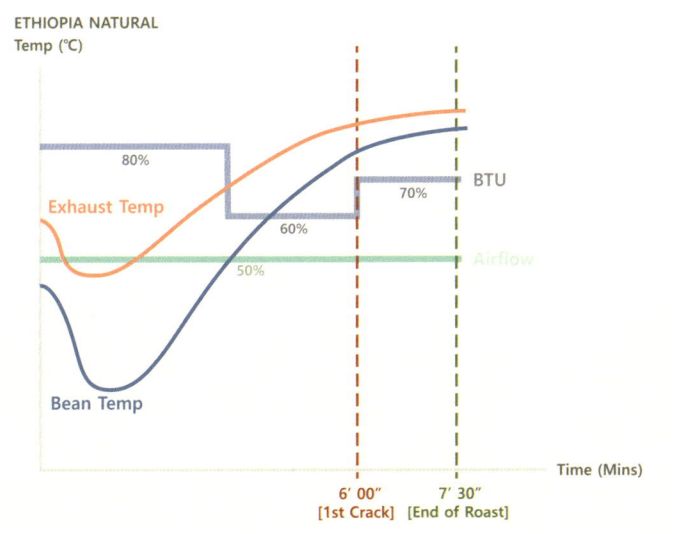

← DT를 짧게 끊어 유기산의 산미를 증가시킬 수 있다. 하지만 커핑을 통해 그 산미가 초산인지 아닌지 판단하고 조절해야 한다. (BTU/공기 흐름 예시)

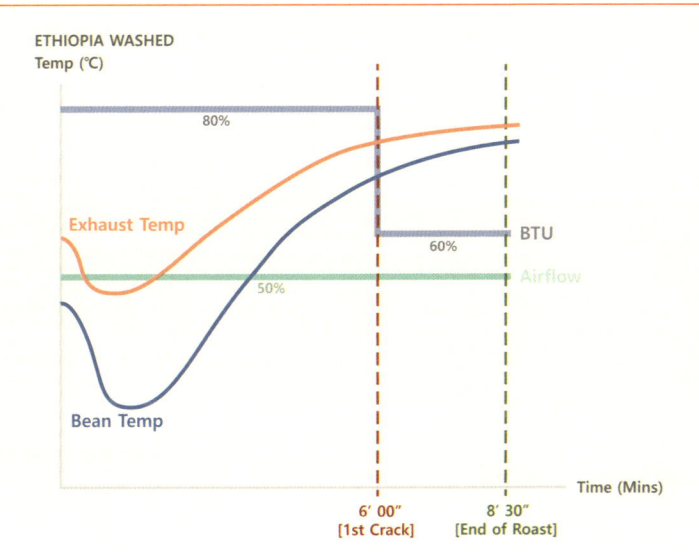

← 샘플 로스팅 프로토콜에 따른 로스팅 예시(아그트론 63/80~84)

향을 내는 사과산과 다른 유기산은 크게 감소된다. 물론 이는 필자의 현실적인 조언일 뿐, 블렌딩에서의 로스팅 프로파일에는 정답이 없다.

블렌딩 개발 단계

1. 원하는 콘셉트(향미 프로파일) 결정: 블렌딩 커피에서 느끼고 싶은 과일 맛, 캐러멜 노트, 견과류 또는 향신료 향 등을 노트에 작성한다. 이는 사용할 생두를 결정하

는 데 도움이 된다.

2. 생두 선택: 원하는 맛 프로파일을 만들기 위해 혼합할 여러 종류의 생두를 선택하고 구매한다. 원산지, 가공 방식, 로스팅 정도를 미리 고려해서 다양한 생두를 물색한다. 생두 단가 및 기타 비용을 산출하여 블렌드 가격을 책정한다.

3. 샘플 로스팅: 생두의 수분과 밀도, 가공 방식 등을 파악해 5~8분, 홀빈 아그트론 63, 분쇄 아그트론 80~84로 로스팅하고 프로파일을 세팅한다. 만약 샘플 로스팅에 실패하면 반드시 다시 정확하게 로스팅한다.

4. 커핑: 최소 8시간 동안 디개싱한 뒤 24시간 내에 아라비카는 SCA 커핑 폼, 로부스타는 CQI 커핑 폼을 사용하여 객관적인 점수를 매기고 향미 노트를 기록한다. 이는 매우 중요한 단계다. 때론 회사마다 간소화된 커핑 폼을 하기도 하는데 정확도가 떨어진다.

5. 블렌딩 비율 결정: 생두별 커핑 노트를 취합하여 블렌딩 콘셉트에 맞도록 여러 가지 비율로 혼합하고 커핑한다. 블렌딩 커피의 경우 주로 에스프레소용으로 판매되기 때문에 머신으로 추출한 결과물을 평가하고 비율을 결정한다.

6. 로스팅 정도 결정: 추출한 결과물을 토대로 로스팅 정도와 프로파일을 결정한다. 산미가 너무 강하면 어떤 특징의 산미를 조금 더 줄일 것인지, 단맛과 바디가 부족하면 어느 생두의 로스팅 시간을 조금 더 길게 가져갈 것인지 판단하고 메모한다. 필자의 경우 한 생두를 두세 가지 다른 색상으로 로스팅하고 여러 혼합 비율을 테스트한다. 하나의 성공적인 블렌딩 커피를 만들기 위해서는 이처럼 엄청난 노력과 시간이 필요하다.

2.4 선블렌딩 VS 후블렌딩

블렌딩에는 선블렌딩과 후블렌딩 두 가지 주요 접근 방식이 있다. 두 방법 모두 각각의 장단점이 있으니 아래 내용을 살펴보고 각자

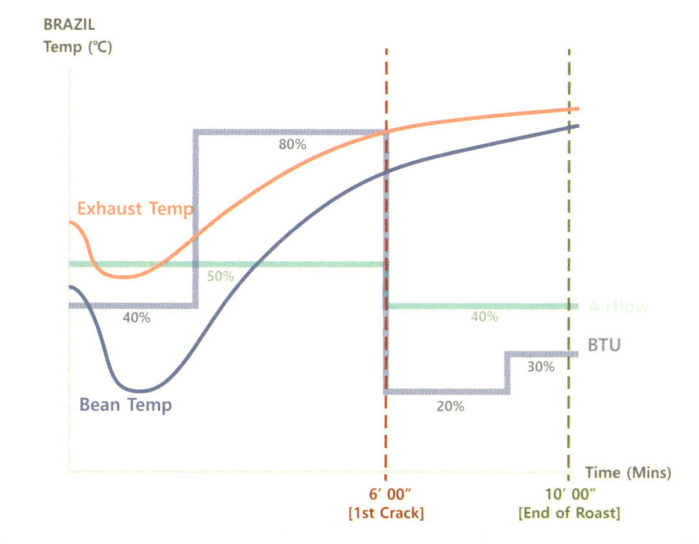

→ 브라질 생두의 갈변 반응의 단맛을 더 올릴 수 있는 BTU/공기 흐름 예시

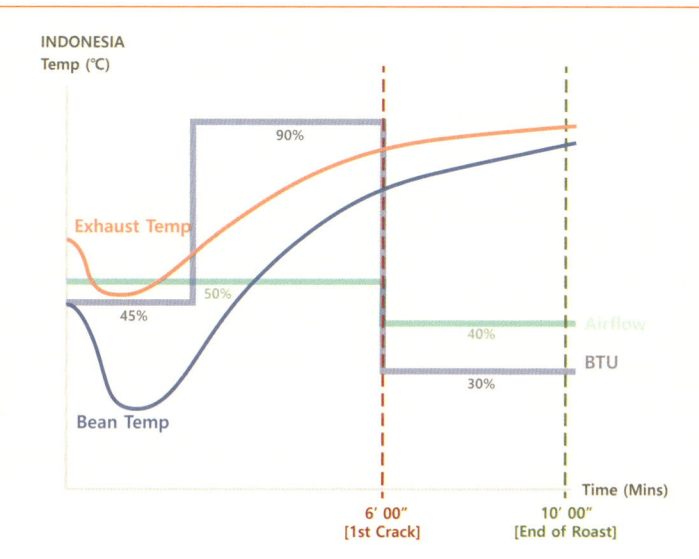

→ 인도네시아 갈변 반응의 단맛을 더 올릴 수 있는 BTU/공기 흐름 예시

의 상황에 맞는 결정을 내려보자.

선 블렌딩(Pre-Blending)

블렌딩하고자 하는 생두를 미리 혼합하여 한 번에 로스팅하는 블렌딩.

- **장점**
    - **빠른 작업 시간**: 생두를 먼저 혼합한 후 단일 배치로 로스팅하기 때문에 시간적인 면에선 매우

효율적이다.
- **비용 효율**: 한 번의 배치로 로스팅할 수 있기 때문에 전기, 가스비 등이 덜 소모된다.
- **제어의 용이함**: 선블렌딩은 후블렌딩보다 정확한 양의 생두를 로스팅하여 균일한 로스팅이 가능하므로 더 쉽게 제어할 수 있다.

- 단점
  - **제한된 향미 프로파일**: 선블렌딩은 원하는 향미 프로파일을 제한하여 균일한 맛과 향을 낼 수 있긴 하지만, 이 과정에서 블렌딩 고유성이 상실되어 블렌딩에 사용된 생두를 구별하기가 어렵다.
  - **일관성 유지의 어려움**: 커피 생두의 화학적 프로파일은 로스팅 방법에 따라 달라지므로 동일한 로스팅 값을 일관되게 복제하기가 어렵다.
  - **생두에 대한 제한된 통제**: 개별 생두에 대한 통제력이 떨어져 각 생두의 로스팅 값을 결정하기가 어렵다.

후블렌딩(Post-Blending)

블렌딩하고자 하는 생두를 개별적으로 원하는 단계로 로스팅한 뒤 원두 상태에서 혼합하는 블렌딩 방식.

- 장점
  - **다양한 향미 프로파일**: 후블렌딩은 각 생두의 개별적인 향미를 강화시키고 다양성을 강조할 수 있어 섬세하고 복합적인 향미 프로파일을 만드는 데 도움이 된다.
  - **일관된 로스팅**: 각 생두를 개별적으로 로스팅하면 모든 생두의 로스팅 강도가 균일해진다. 여기서 중요한 점은 생두별 로스팅 결과물이 일관성 있도록 로스팅하는 것이다(생두 밀도/수분/부피, 원두 밀도/수분/부피, 홀빈/분쇄 아그트론 값).
  - **더 나은 품질 관리**: 개별 생두를 제어하기가

수월하며 향미 프로파일에 필요한 정확한 로스팅 레벨을 결정할 수 있다.

- **단점**
  - **비효율적인 작업 시간:** 각 생두를 따로 로스팅하기 때문에 로스팅 시간이 더 많이 소요되고 많은 양의 원두를 블렌딩 처리하는 시간도 오래 걸린다.
  - **비용 증가**: 여러 개의 장비가 필요하므로 비용이 증가한다. 블렌딩에 사용하는 생두 종류만큼 로스팅 횟수도 늘어나므로 전기세, 가스비 등이 더 많이 든다.
  - **일관성 저하**: 서로 다른 로스팅 값으로 혼합되어 에스프레소 추출 시 일관성이 떨어질 위험이 늘 존재한다.

블렌딩 방식의 결정은 로스터와 소비자의 선호도에 따라 달라진다. 선블렌딩은 비용 및 시간 측면에서 효율적인 반면 후블렌딩은 각 생두의 독특함을 강조하는 방식이다. 궁극적으로 로스팅 방식과 관계없이 커피의 품질을 결정하는 요인은 로스터의 전문성과 정밀성일 것이다.

REAL TALK!

필자가 경험한 블렌딩과 관련된 잘못된(부적절한) 김생두(가명)님과의 대화다. 여러분도 얼마나 공감되는지 반드시 생각해보길 바란다.

김생두   이 브라질은 밀도가 670g/l, 이 케냐는 밀도가 780g/l이고...
Paul Kim   지금 뭐하세요?
김생두   블렌딩 전에 밀도를 측정해서 로스팅 프로파일을 잡으려고 해요! 이 생두들은 특성이 다르니까 당연히 후블렌딩해야겠죠? 선블렌딩하면 한 번에 끝날 텐데.
Paul Kim   당연하죠. 귀찮지만 하나를 얻기 위해선 희생이 따라야 하는 법!

필자 Says   후블렌딩을 할지 선블렌딩을 할지는 각자의 상황에 맞게 판단하면 된다. 하지만 스페셜티 커피를 판매한다고 버젓이 써놓았다면 후블렌딩이 최소한의 예의이지 않을까?

Part 5.

로스터기 관리

1. 로스터기 청소

일관된 고품질의 커피를 생산하기 위해 로스터가 신경 써야 하는 부분 중 하나는 바로 로스터기의 유지보수다. 장비의 청결, 부품 및 덕트 배관 품질을 잘 유지해야 커피의 맛과 향이 저해되지 않으며, 로스터기의 수명도 연장할 수 있기 때문이다.

  작은 문제가 큰 문제로 번지지 않도록 예방하는 차원에서도 정기적인 유지보수는 중요하다. 시스템 전체를 교체해야 하는 등 심각한 문제가 발생했을 때 소요되는 시간과 비용을 절약할 수 있다. 또, 이는 안전과도 직결된다. 로스터기의 유지보수를 제대로 하지 않으면 화재나 기타 안전 문제가 발생할 수 있기 때문에 직원과 시설물의 안전을 위해 관리에 힘써야 한다.

로스터기의 유지보수 절차

- **로스터기 청소** : 로스팅 사이클마다 다음번 로스팅을 위해 로스터기를 청소한다. 덕트, 배관 및 로스터기 내부에 축적된 모든 찌꺼기와 기타 오염물질을 제거해야 한다. 로스터기 청소를 게을리하면 연소성 물질이 쌓여 화재가 발생할 수 있다.
- **모터 확인** : 로스터기의 모터를 수시로 점검해 원활하게 작동하는지, 불필요한 소음은 없는지 확인한다. 손상 징후가 있으면 즉시 수리 또는 교체해야 한다.
- **온도 센서 교정** : 온도 센서는 로스팅 온도를 모니터링하고 조절하는 데 사용되는 매우 중요한

부품이다. 주기적으로 청소하고 교정해 로스팅 온도를 일관적으로 유지할 수 있도록 해야 한다.

- **덕트 배관 청소/교체** : 덕트 배관은 배기 흐름과 연관되는 만큼 잘 관리해야 한다. 배기가 잘 순환되는지, 막힌 부분은 없는지 등을 확인하고 필요한 경우 배관을 청소하거나 교체한다.
- **가스 공급관 점검** : 가스 공급관을 정기적으로 점검해 로스터기와의 연결이 느슨하지 않은지 확인한다. 가스 누출은 건강에 큰 위협이 될 뿐만 아니라 기기 손상 및 각종 안정 위험을 초래할 수 있다.
- **전기 부품 점검** : 로스터기의 전기 부품들이 손상 징후가 없고 모두 올바르게 설치되어 있는지 확인한다.
- **정기 유지보수 서비스** : 사용 빈도에 따라 차이가 있겠지만 최소한 1년에 한 번쯤은 전문가의 정기점검을 받는 것이 좋다. 기기의 모든 부분에 대한 손상 또는 마모 여부를 확인하고 필요한 경우 수리나 교체를 할 수 있다.

2. 로스팅 화재 시

로스팅은 생두에 열을 가해 화학반응을 유도하는 작업으로, 적절한 관리가 이뤄지지 않으면 화재가 발생할 수 있다. 미국국립소방협회에 따르면 연간 10만 8,000건의 비주거형 화재로 90명의 사망, 1,100여 건의 부상 및 24억 달러의 직접 재산 피해가 발생한다. 이에 포함되는 로스터기 화재는 건물과 인명에 위험을 초래할 정도로 막대한 파괴력을 가진다. 그러나 대부분의 화재는 정기적인 청소와 유지보수로 예방할 수 있다. 이번에는 로스터기 화재의 원인 및 예방 조치에 대해 알아보겠다.

로스터기 화재의 원인

- **관리 부실** : 로스터기 청소 소홀은 화재의 주요 원인으로 꼽을 수 있다. 로스팅 중 발생한 채프는 로스터기 드럼 사이와 덕트 배관에 쌓이게 된다. 이를 청소하지 않고 계속 축적되도록 놔두면 채프가 기계에서 방출되는 열과 접촉해 쉽게 발화된다.
- **가스 누출** : 대부분의 로스터기는 가스를 열원으로 사용한다. 기기와 연결된 가스 라인이 마모되면 화재 위험이 높아진다.
- **전기 문제** : 마모된 전기 부품은 스파크를 일으키며 쉽게 발화할 수 있다. 손상된 전선과 퓨즈, 스위치는 전기 화재의 원인이 된다.
- **인적 오류** : 로스터기 화재의 일반적인 원인 중 하나다.

로스팅 중 잘못된 의사소통으로 인해 과열이 발생하는 경우를 예로 들 수 있다.

로스터기 화재의 예방

- **정기적인 청소** : 로스팅 사이클마다 기기에 쌓인 채프를 제거한다.
- **적절한 유지보수** : 마모된 부품의 교체, 덕트 배관 및 가스 라인 점검 등 정기적인 유지보수를 수행한다.
- **직원(로스터) 훈련** : 올바른 로스팅 절차의 중요성, 위험 및 안전 대책에 대해 초점을 맞춘 직원 교육을 진행해야 한다. 소화기 등 화재 처리의 적절한 절차에 대한 교육도 필수다.
- **연기 및 화재 감지 시스템** : 로스팅 구역에 연기 및 화재 감지 시스템을 반드시 설치해야 한다. 이러한 시스템은 연기와 화재를 자동으로 감지해 운영자가 위험 상황에 빠르게 대응할 수 있도록 한다.

Part 6.

결점두

SCA 생두 등급분류 기준

스페셜티 Specialty
생두 350g 중 분류 1 결점두는 허용하지 않으며 풀 디펙트가 5를 넘으면 안 된다.

낫 스페셜티 Not Specialty
생두 350g 중 분류 1과 분류 2 결점두를 모두 허용한다.

- SCA에서는 이 기준을 계속해서 업데이트하고 있다. 본 책에서는 2021년 8월 버전을 소개한다.

1. 결점두의 이해

1.1 아라비카 결점두

2.1.1 SCA 아라비카 프로토콜

샘플 무게	생두 350g, 원두 100g(랜덤으로 선별)
생두 수분함량	수출 시 생두 수분함량은 가공방식별로 다르게 규정한다. 워시드 가공(습식법)은 수분 함수율 10~12% 수준, 내추럴 가공(건식법)은 10~13%다.
생두 크기	원형으로 된 구멍이 있는 생두 스크리너를 통해 측정한다. 계약 내용과의 편차는 5% 미만이어야 한다.
평가	하나의 생두에서 두 개의 결점이 동시에 발견되면 커피의 품질 저하에 영향을 미치는 결점두로 분류해야 한다.

⬇ 신선도에 따른 생두 색상 구분

파란색 Blue Green | 청록색 Bluish Green | 초록색 Green | 녹색 Greenish
황록색 Yellow Green | 옅은 노란색 Pale Yellow | 노란색 Yellowish | 갈색 Brownish

← 생두 스크리너

↓ 아라비카 결점두 분류표

분류 1 결점두(Primary Defect)	풀 디펙트 인정 개수	분류 2 결점두(Secondary Defect)	풀 디펙트 인정 개수
풀 블랙Full Black	1	파셜 블랙Partial Black	3
풀 사워Full Sour	1	파셜 사워Partial Sour	3
드라이드 체리Dried Cherry/Pod	1	파치먼트Parchment	5
펑거스 빈Fungus Damaged	1	플로터Floater	5
외부물질Foreign Matter	1	미성숙두Immature	5
심각하게 벌레 먹은 빈Severe Insect Damaged	5	위더드 빈Withered	5
		쉘Shell	5
		깨진 빈Broken/Chipped/Cut	5
		헐/허스크Hull/Husk	5
		약간 벌레 먹은 빈Slight Insect Damaged	10

▶ 풀 디펙트 인정 개수는 1점(1 풀 디펙트)으로 인정하는 결점두 개수 기준이다.
예1) 350g의 커피에서 풀 블랙이 한 톨 발견되면 1 풀 디펙트로 분류.
예2) 350g의 커피에서 심각하게 벌레 먹은 빈이 다섯 톨 발견되면 1 풀 디펙트. 만약 네 톨이 발견되면 0 풀 디펙트, 여덟 톨이 발견되면 1 풀 디펙트다.

2.1.2 SCA 기준 세부 결점두

풀 블랙 & 파셜 블랙

정식 명칭	Full Black / Partial Black
스페인어 명칭	Grano Negro / Parcial Negro
SCA 분류	• **풀 블랙** 분류 1, 풀 디펙트 인정 개수 1개 • **파셜 블랙** 분류 2, 풀 디펙트 인정 개수 3개
물리적 특징	생두 표면의 50% 이상이 검은색일 경우 풀 블랙, 50% 미만의 색상이 검은색을 띠면 파셜 블랙으로 구분
향미 특징	과발효Fermented, 톡 쏘고 불쾌한stinker taste, 텁텁하거나 지저분한dirty, 곰팡이moldy, 시큼한sour, 소독약phenolic taste 등

부가설명   풀 블랙 1개의 향미 강도는 파셜 블랙 3개의 강도와 같다. 그러나 스페셜티 등급은 350g의 생두 중 단 하나의 풀 디펙트도 절대 허용하지 않는다. 생두가 검은색으로 변질된 것은 곰팡이균이 퍼졌다는 뜻인데, 변질된 표면이 깨져있는 상태라면 웻 밀Wet Mill01에서 발생한 깨진 생두(Broken, Chipped, Cut)로 분류해야 한다.

01   **웻 밀**   세척 및 분류, 과육 제거, 발효 등 물을 사용해 커피를 가공하는 곳.

기타 쟁점	오크라톡신[02] A 위험
발생 원인	잘못된 농작 기술. 미생물과 관련된 과발효 색소로 인해 변색된다.
해결 방법	- 농업적 측면: 블랙빈은 나무에서 잘 익은 체리만 골라 수확하는 것으로 방지할 수 있다. - 가공적 측면: 블랙빈은 내과피를 제거하면 눈에 잘 띈다. 대부분 크기가 약간 작고 밀도가 낮기 때문에 선별 및 밀도 정렬을 통해 제거할 수 있다. 가장 효과적인 제거 방법은 사람이 직접 하나씩 분류하거나 색도분류기를 사용하는 것이다.

풀 사워 & 파셜 사워

풀 사워 / 파셜 사워

정식 명칭	Full Sour / Partial Sour
스페인어 명칭	Grano Agrio / Parcial Agrio
SCA 분류	- **풀 사워** 분류 1, 풀 디펙트 인정 개수 1개 - **파셜 사워** 분류 2, 풀 디펙트 인정 개수 3개

02　**오크라톡신**　얇게 깎은 가다랭이, 옥수수, 땅콩 등이나 저장곡류 등에 기생하는 균. (영양학사전)

물리적 특징	생두 표면의 50% 이상이 적갈색이면 풀 사워, 50% 미만이 적갈색이면 파셜 사워로 구분한다. 생두의 배아부분이 검을 수 있으며, 붉은색을 띤 부분을 긁어내면 시큼한 식초와 같은 냄새가 나기도 한다.
부가설명	풀 사워 1개의 향미 강도는 파셜 사워 3개의 강도와 같다. 하지만 스페셜티 등급을 받으려면 350g의 생두 안에 단 하나의 풀 디펙트도 있어서는 안 된다. 꼭 적갈색이 아니어도 새빨간 색깔에 가까운 적갈색도 파셜 사워로 본다. 간혹 내추럴 가공한 생두의 실버스킨과 혼동할 수 있는데, 이럴 땐 손톱으로 또는 그린그레이딩 매트에 긁어보면 된다. 만약 무언가 긁혀 나오면 실버스킨이므로 결점으로 분류하지 않는다.
향미 특징	상황에 따라 여러 가지 부정적 향미를 나타낸다. 과발효된 정도에 따라 톡 쏘고 불쾌하게 신 향미를 띤다.
기타 쟁점	생두 표면에 영향을 미친다.
발생 원인	잘못된 농작과 가공방식. 사워 빈은 수확과 가공의 여러 가지 단계 중 미생물의 오염에 의해 발생한다. 지나치게 익었거나 땅에 떨어져 흙과 오랫동안 접촉한 체리를 수확해서, 가공에 사용하는 물의 오염, 너무 습한 날씨에 과발효 상태로 나무에 오래 달려 있어서 등을 구체적인 원인으로 들 수 있다.
해결 방법	• 농업적 측면: 알맞게 익은 체리만 수확하고 떨어진 체리는 줍지 않는다. 호수나 강, 댐 근처의 저고도 지역에서 재배하지 않으면 과발효를 피할 수 있다. • 가공적 측면: 　- 체리 과육 제거 공정의 적시성 보장(수확 후 가급적 바로 과육을 제거하고 장기 보관을 피한다. 　- 습식법으로 가공할 때 발효탱크 내 커피의 발효 시간을 관리한다. 　- 세척 시 오염되거나 재활용된 물을 사용하지 않는다.

	- 건조과정의 적시성을 보장하고 중간에 걷어내지 않는다.
	- 파치먼트를 제거하면 사워 빈이 눈에 잘 띄므로 색도분류기 또는 인력을 통해 제거한다.

펑거스 빈

정식 명칭	Fungus Damage
스페인어 명칭	Daño por hongos
SCA 분류	분류 1, 풀 디펙트 인정 개수 1개
물리적 특징	초기 곰팡이 피해를 입은 생두에는 노란색에서 적갈색의 가루로 된 반점(포자)이 형성되고 이는 생두 전체 표면을 덮을 정도로 번진다. 곰팡이로 손상된 생두는 포자를 방출하여 다른 생두까지 오염시킨다.

부가설명 첫 번째 사진과 같이 손톱으로 긁으면 가루처럼 떨어지는 곰팡이도 있고 두 번째 사진처럼 식빵에 곰팡이가 핀 것 같이 초록색으로 생두 표면을 덮고 있는 곰팡이 종류도 있다. 대부분의 곰팡이는 부적절한 보관에 의해서 발생한다.

향미 특징	과발효, 곰팡이내, 흙earthy, 텁텁한dusty 느낌과 소독약 등의 향미

기타 쟁점		오크라톡신 A 위험
발생 원인		생두에 피는 곰팡이는 일반적으로 아스페르길루스Aspergillus, 페니실리움Penicillium, 푸사리움속Fusarium 균에 의해 발생한다. 높은 온도와 습도는 곰팡이균의 성장을 촉진시킨다.
해결 방법		• 농업적 측면: 커피는 곰팡이가 발생하기 좋은 온대 습성 지역에서 재배되기 때문에 곰팡이 포자가 발생하는 매개체를 제한하기 위한 노력이 필요하다. 땅에 떨어진 체리를 줍는 행위, 과도한 브로카Broca 매개체의 증가는 곰팡이 포자를 생성할 수 있다. 또한 수확 시 사용하는 포대자루와 건조 탱크 안의 잔여 생두는 폐기해야 한다. • 가공적 측면: 웻 밀과 드라이 밀에서 정석대로 가공한다면 예방할 수 있다. 감염 원인은 다양하다. 과육 제거 공정 중 생두에 상처가 나서, 발효 시 온도와 습도가 높아서, 발효가 끝난 후 탱크에 남은 생두를 건져내서, 생두 수분 건조 기간을 지연해서, 어떠한 이유로든 건조를 중단해서, 그리고 높은 습도와 온도에 파치먼트 상태로 보관해서 등이다.

외부물질

정식 명칭	Foreign Matter

스페인어 명칭	Materia Extraña, impurezas
SCA 분류	분류 1, 풀 디펙트 인정 개수 1개
물리적 특징	외부물질에는 커피와 관련 없는 것들이 포함된다. 대표적으로 나뭇가지, 돌멩이, 손톱 등이 있다. 생두에 이물질이 들어있다는 것은 부적절한 가공방식과 등급 책정 과정을 거친 것으로 간주된다. 특히 돌멩이가 커피와 함께 그라인더에 들어간다면 그라인더 날이 파괴될 수 있다.
향미 특징	이물질로 인해 오염된 생두는 다양한 비정상적인 맛을 낸다.
기타 쟁점	생두 품질에 영향을 줄뿐더러 로스터기 등 장비가 파손되고, 혹시나 실수로 섭취하게 되면 소비자의 건강에 해를 끼칠 수 있다.
발생 원인	여러 가지 가공과정 중 축적될 수 있다.
해결 방법	• 가공적 측면: – 수확시기에 나뭇가지와 나뭇잎을 고르지 않는다. – 파티오 건조 시 세심하게 커피를 뒤집고, 파치먼트나 체리를 수집할 땐 돌멩이, 나뭇가지, 손톱 등이 들어가지 않도록 재차 확인한다. – 드라이 밀에서는 석발기, 자석 등을 사용하여 1차적으로 이물질을 제거한다.

부가설명   위에서 제시한 해결 방법을 보면 농장에서 조금만 신경을 써서 수확하고 가공하면 된다고 생각할 수 있다. 하지만 사실 수확하는 커피체리의 양이 상당할 뿐더러 충분한 인력이나 기계를 투입한다 해도 외부물질을 완벽히 제거하기란 현실적으로 어렵다. 결국 로스터가 로스팅 전후로 결점두를 잘 골라내야 한다.

드라이드 체리

정식 명칭	Dried cherry / Pods
스페인어 명칭	Guyaba / Cereza Seca
SCA 분류	분류 1, 풀 디펙트 인정 개수 1개
물리적 특징	마른 과육이 내과피를 전체적으로 감싸고 있으며 때로는 흰색 점이나 가루가 묻어있기도 하다. 이는 곰팡이가 핀 흔적이다. 생두 외관뿐만 아니라 맛에도 큰 영향을 미친다.

부가설명 분류 2 결점두 중 헐/허스크와 혼동할 수 있다. 체리껍질 안에 생두가 하나 혹은 두 개가 있으면 드라이드 체리, 없으면 헐/허스크로 분류한다.

향미 특징	과발효 fermented, 곰팡이 moldy, 소독약 phenolic 같은 맛
기타 쟁점	생두의 가치를 떨어트린다.
발생 원인	워시드 가공 중 밀도가 가벼워 물에 뜨는 체리를 걸러내지 못했거나 과육이 완벽하게 제거되지 않으면 발생한다. 내추럴 가공에서는 부적절한 탈곡이나 분류로 인해 마른체리가 발생할 수 있다.
해결 방법	• 농업적 측면: 땅에 떨어져 건조된 체리를 줍지 않는다.

- 가공적 측면: 너무 많이 건조된 체리를 탈곡기에 넣으면 효율적으로 작동하지 않는다. 체리를 수확한 뒤 수로에서 세척과 분류를 진행할 땐 물에 뜨는 체리를 제대로 걷어내고, 체리의 크기에 따라 펄핑기의 간격을 잘 조절해야 한다.

심각하게&약간 벌레 먹은 빈

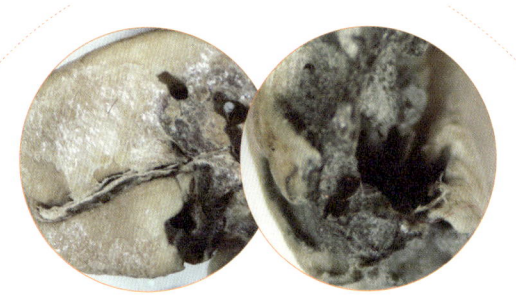

정식 명칭	Insect Damage
스페인어 명칭	La Broca
SCA 분류	<ul><li>**심각하게 벌레 먹은 콩**(3개 이상의 벌레 구멍) 분류 1, 풀 디펙트 인정 개수 5개</li><li>**약간 벌레 먹은 콩**(3개 미만의 벌레 구멍) 분류 2, 풀 디펙트 인정 개수 10개</li><li>물리적 특징 바늘로 뚫은 듯한 구멍(0.3~1.5mm 지름)으로 식별 가능하다. 벌레(브로카)가 갉아먹은 흔적인 이 구멍은 보통 생두의 납작한 부분에서 발견되며 보통 세로 방향에 직각으로 뚫려 있다. 3개 이상의 구멍이 뚫린 경우가 많다. '브로카 빈Broca bean'이라고도 불린다.</li></ul>

부가설명	브로카는 품종 상관없이 생두를 갉아먹으며 알을 낳기 위한 보금자리를 만든다. 벌레가 갉아먹은 결점두는 반드시 바늘로 뚫은 듯한 깊은 구멍이 보여야 한다. 때로는 구멍 주변에 곰팡이가 핀 듯한 초록색이 보이는데 이는 벌레에서 나온 분비물로 인해 실제로 곰팡이가 핀 흔적이다. 우리가 입에 넣었던 숟가락으로 반찬을 덜은 뒤 보관하면 금세 곰팡이가 피는 것과 같은 원리다. 깨진 생두와 헷갈릴 수 있으니 유의하자.
향미 특징	다양한 부정적인 맛을 낸다. 다량 함유 시 원두의 품질을 저하시키며 지저분하고 시큼한 요오드 같은 맛을 유발한다.
기타 쟁점	오크라톡신 A 위험. 생두나 원두에 포함되면 외관상 품질이 떨어져 보인다.
발생 원인	커피벌레 Hypothenemus hampei는 커피 경작에 있어 가장 심한 골칫거리다. 커피체리가 나무에 열려 있을 때 파고 들어가, 말랑한 씨앗을 뚫고 알을 낳기 위한 보금자리를 만든다. 한쪽을 뚫고 지나 다른 쪽으로 나오는 경우도 있는데, 이 경우에는 구멍 개수를 두 개로 세면 된다. 재배고도가 높을수록 커피벌레의 피해가 적다.
해결 방법	벌레 먹은 생두는 파치먼트를 제거한 뒤 분류해낼 수 있다. 밀도 분류기를 이용하면 되는데, 벌레먹은 생두 양이 많으면 인력으로 직접 분류하는 게 좋다. 벌레 먹은 결점두가 많으면 그 해 수확한 커피는 수출이 불가능해진다.

깨진 빈

정식 명칭	Broken / Chipped / Cut
스페인어 명칭	Grano partido / Mordido / Cortado
SCA 분류	분류 2, 풀 디펙트 인정 개수 5개
물리적 특징	과육 제거 과정 중 생두가 조각나거나 상처를 입으면 산화작용으로 인해 검은색 혹은 진한 적색으로 변한다. 이는 과발효로 전이될 수 있으며 곰팡이균의 성장을 촉진시키고 세균이 번식되면서 매우 다양한 결점두 맛을 낸다. 한편 건조 단계에서 깨지거나 조각난 콩에는 산화작용이 일어나지 않으므로 색상 변화가 없다.
부가설명	산화작용은 주로 대기 중에서 일어나지만, 수분을 매개로 진행된다. 깨지거나 상처 난 생두의 부위가 변색되는 것을 블랙 빈 혹은 사워 빈으로 잘못 분류하는 경우가 많다. 변색된 생두를 발견하면 항상 상처가 있는지 없는지 잘 살펴봐야 한다.
향미 특징	흙earthy, 텁텁한dusty, 시큼한stinker, 과발효fermented
기타 쟁점	생두와 원두의 품질을 저하시킨다.

발생 원인	과육 제거 시 생두가 깨질 수 있고 특히 탈곡 시 기계를 잘못 조작하면 마찰과 압력으로 인해 생두가 상처를 입는다.

해결 방법	- 농업적 측면: 오로지 잘 익은 체리만 수확하고 익지 않은 체리는 과육을 제거하지 않는다.
	- 가공적 측면:
	  - 과육제거기 간격을 신중하게 조절해 체리에 전해지는 과도한 압력과 마찰을 줄인다.
	  - 드라이 밀에서는 파치먼트 탈곡기의 간격을 크기에 맞게 정확하게 맞춰 마찰을 피하고, 작은 크기의 깨지거나 조각난 콩은 밀도분류기 혹은 스크리너로 사전에 선별해야 한다. 크기가 큰 생두는 반드시 인력을 통해 골라내거나 색도분류기를 이용해서 선별한다.

미성숙두

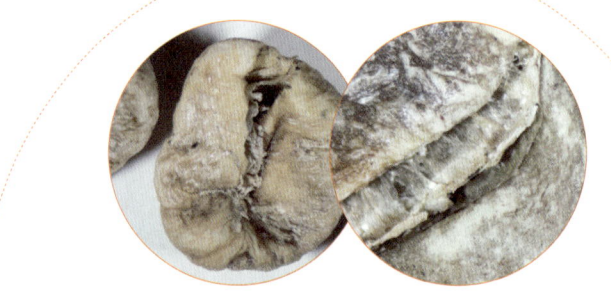

정식 명칭	Immature bean / Unripe
스페인어 명칭	Inmaduro
SCA 분류	분류 2, 풀 디펙트 인정 개수 5개
물리적 특징	미성숙두는 흰색 또는 황록색의 은피로 구분 가능하다. 특히 은피가 생두와 분리되지 않을 정도로 밀착되어 있다. 대부분의 미성숙두는 크기가 작고 안으로 오목하게 굽어 있으며 옆면은 매우 날카롭다.

부가설명	미성숙두를 능숙하게 골라내기란 매우 어렵다. 먼저 콩의 크기부터 파악해야 하며, 은피가 생두 표면에 압착되어 있는지, 안으로 말린 것처럼 굽어 있는지 그리고 마지막으로 보통 생두 같지 않게 옆면이 둥글지 않고 날카로운지 예리하게 관찰해야 한다.
향미 특징	풀내grassy, 지푸라기strawy, 풋내greenish, 떫은맛
기타 쟁점	열이 가해지면 익지 않고 밝은 갈색을 띠는 퀘이커가 된다.
발생 원인	미성숙두의 발생 원인은 다양한데, 덜 익거나 불규칙하게 익은 체리를 수확하는 경우에 주로 발생한다.
해결 방법	• 농업적 측면: 잘 익은 체리만 수확하는 셀렉티브 피킹selective picking으로 피할 수 있다. • 가공적 측면: 가공과정 중 제거 가능하다. 웻밀에서는 체리 대부분의 과육을 제거한 뒤 스크리너로 미성숙두를 걸러낸다. 대부분의 미성숙두는 밀도분류기로 분리할 수 있는데, 색도분류기로는 불가능하다.

위더드 빈

정식 명칭	Withered bean
스페인어 명칭	Averanado, arrugado

SCA 분류	분류 2, 풀 디펙트 인정 개수 5개
물리적 특징	건포도처럼 주름진 기형적인 모양으로 크기가 작다.
부가설명	은피가 흡착된 것과 다르게 실제로 울퉁불퉁한 표면으로 구성돼 있다. 뜨거운 물에 오랫동안 담가둔 손이 불은 모양처럼 울퉁불퉁한 표면이 보이면 선별한다.
향미 특징	잡초 weed-like, 풋내 greenish, 지푸라기 strawy
기타 쟁점	생두 품질을 저하시킨다.
발생 원인	체리의 성장기에 가뭄이 일면 발생한다. 시드는 정도는 가뭄의 수준에 좌우된다. 커피나무의 상태가 약하거나 좋지 않은 경우에도 체리가 시들 확률이 높다.
해결 방법	<ul><li>농업적 측면: 커피나무에 적절한 비료를 주고 건강을 유지하면 피해를 줄일 수 있다. 그러나 엘니뇨 el niño 같은 기후문제는 농작물에 엄청난 악영향을 끼칠 수 있다. 또한 그늘경작을 위해 너무 많거나 잘못된 종류의 나무를 심으면 커피나무가 수분을 빼앗겨 위더드 빈이 발생할 수 있다.</li><li>가공적 측면: 심하게 시든 콩은 밀도가 낮아 수면 위에 뜨니 세척과정 초반에 거름망으로 걸러낸다. 드라이 밀에서는 밀도분류기로 남은 위더드 빈을 제거하고, 크기가 더 크고 굵은 것들은 인력을 통해 제거해야 한다.</li></ul>

쉘

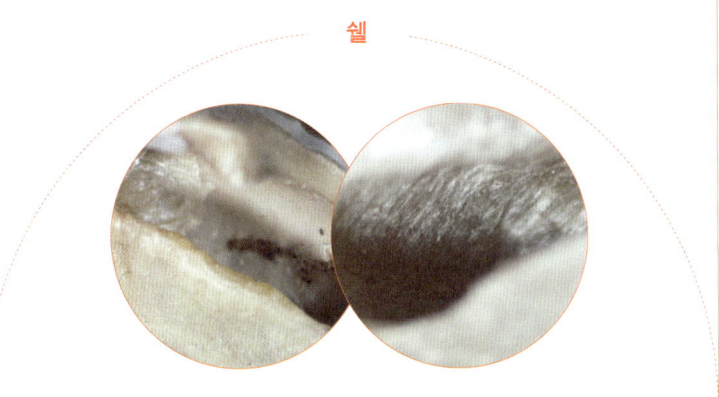

정식 명칭	Shell
스페인어 명칭	Concha
SCA 분류	분류 2, 풀 디펙트 인정 개수 5개
물리적 특징	기형적인 모양을 띤다. 콩의 안쪽이나 바깥부분이 분리되거나 합쳐져 있는 경우가 있다. 안쪽부분은 사람의 귀 모양과 흡사하고, 바깥부분은 속이 빈 조개처럼 생겼다.

부가설명 귀 모양의 안쪽이든 바깥쪽 부분이든 결점두 분류 시 각 하나로 간주하고, 만약 두 개가 분리되지 않은 상태로 발견되면 물리적으로 두 개로 치면 된다. 쉘이 되려고 하는 생두는 옆에 라인이 형성되어 약간의 힘만 가해도 쉽게 분리된다.

향미 특징	많은 양의 쉘이 로스팅되면 탄맛 혹은 숯charred 같은 맛이 난다.
기타 쟁점	쉘의 양이 많으면 균일한 로스팅이 어렵다.
발생 원인	자연적인 현상에 의한 것으로 주로 유전적 변형으로 인해 발생한다.
해결 방법	• 농업적 측면: 적절한 커피 품종과 최적의 재배 조건을 선택한다. • 가공적 측면: 드라이 밀에서 밀도분류기에 의해 걸러낸다.

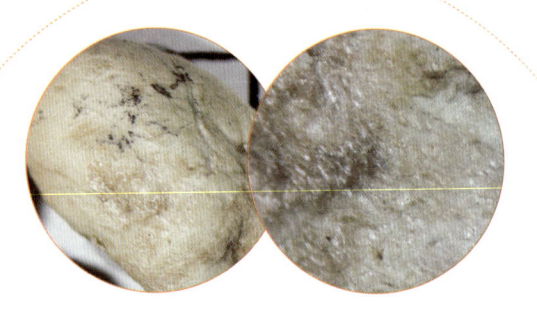

정식 명칭	Floater
스페인어 명칭	Flotador
SCA 분류	분류 2, 풀 디펙트 인정 개수 5개
물리적 특징	희고 바랜 색을 띠기 때문에 생두 표면이 얼룩덜룩하게 보인다. 밀도가 낮으므로 물에 넣으면 물 위로 떠오른다.

부가설명 플로터는 한국어로 '백화현상'을 뜻한다. 플로터가 발생하는 주된 원인은 부적절한 보관으로 수분이 부족해도, 너무 습해도 문제가 된다. 생두를 너무 습한 곳에 두면 생두가 수분을 흡수해 백화현상이 진행된다. 손을 따뜻한 물에 담가두면 하얗게 붓는 것과 같은 원리다.

향미 특징	과발효fermented, 잡초weed, 지푸라기strawy, 부식토humus, 곰팡이musty
기타 쟁점	전반적인 생두 품질을 저하시킨다.
발생 원인	부적절한 보관이나 건조 시 발생한다. 건조를 마친 뒤 파티오나 드라잉 베드에 남은 것들은 색이 바래고 밀도가 낮은 결점일 확률이 높다. 파치먼트 커피를 습도가 높은 곳에 보관해도 플로터로 변질된다.

| 해결 방법 | 농업적 측면에서는 해결할 방법이 없다. 가공과정 중 건조 단계에서는 파치먼트가 적정 수분함수율에 도달할 때까지 균일하게, 천천히 건조한다. 드라이 밀에서 밀도가 낮은 플로터는 밀도 분류계로 걸러낼 수 있으나, 밀도가 높은 플로터라면 색도분류기나 인력을 통해서 제거한다. |

파치먼트

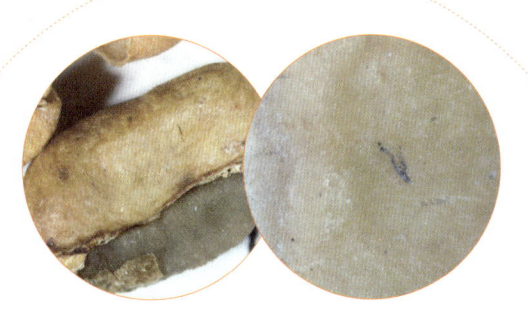

정식 명칭	Parchment
스페인어 명칭	Pergamino
SCA 분류	분류 2, 풀 디펙트 인정 개수 5개
물리적 특징	흰색이나 황갈색을 띠는 두꺼운 종이재질의 껍질이 부분적으로 또는 완전히 생두를 감싸고 있다.

부가설명 만약 파치먼트가 생두의 전체를 감싸고 있다면 흰색을 띠기 때문에 만져보지도 않고 플로터로 곧장 분류하는 경우가 있다. 흰색의 결점두를 발견하면 꼭 직접 만져봐야 한다. 또한, 건조된 파치먼트는 바삭하기 때문에 조금만 힘을 가해도 잘 부서진다.

향미 특징	건조한 얇은 막이기 때문에 쉽게 탄다.
기타 쟁점	전반적인 생두 품질을 저하시킨다.

발생 원인	드라이 밀에서 주로 발생한다. 탈곡기의 간격 조절이 올바르게 되지 않으면 탈곡이 잘 안 되기 때문이다.
해결 방법	탈곡기의 올바른 간격 조절과 유지가 중요하다. 밀도분류기에 의해서도 제거가 가능하다.

헐&허스크

정식 명칭	Hull / Husk
스페인어 명칭	Guayaba, Cereza Seca
SCA 분류	분류 2, 풀 디펙트 인정 개수 5개
물리적 특징	허스크는 건조된 체리의 껍질로 진한 빨간색을 띠고 있다.

부가설명 드라이드 체리와 허스크는 안에 생두가 들어 있는지 없는지로 구분한다. 생두를 감싼 파치먼트를 체리껍질이 또 한번 감싸고 있기 때문에 이를 그대로 로스팅하면 맛에 부정적인 영향을 미칠 수밖에 없다.

향미 특징	지저분한dirty, 흙earthy, 곰팡이moldy, 과발효fermented, 소독약phenolic 맛
기타 쟁점	전반적인 생두의 품질을 저하시킨다.

발생 원인	(특히 내추럴 가공방식에서) 부적절한 탈곡으로 인해 발생한다. 과육 제거 시 기계의 간격을 잘못 조절하면 체리껍질 조각이 남아 건조되고 결국 허스크가 된다.
해결 방법	- 웻 밀: 과육 제거 기계의 간격을 체리 크기에 잘 맞춰 올바르게 조정한다. - 드라이 밀: 파치먼트 조각은 가벼워서 키질winnowing로 걸러낼 수 있고, 밀도분류기를 올바르게 조정하여 제거하는 것도 가능하다.

2.2 로부스타 결점두

2.2.1 CQI & UCDA 로부스타 프로토콜

파인 로부스타 등급 프로토콜은 CQI와 UCDAUganda Coffee Development Authority의 파인 로부스타 커피 분류 시스템 및 통합 발행한 가이드 북을 기반으로 한다. 로부스타 결점두 핸드북에 없는 결점두는 평가 목적으로 결점두로 간주해서는 안 된다.

샘플 무게   생두: 350±0.2g
　　　　　　　원두: 100±0.2g

생두 수분함량   수출 전 생두의 수분함량은 10~12%여야 한다.

생두 크기   계약된 내용과 크기가 5% 이상 차이나면 안 되며 생두 스크리너로 측정한다.

평가환경   생두 샘플 평가 시 적절한 조도를 갖춰야 한다. SCA 기준 최소 조도는 900lux다. 빛이 반사되지 않는 검정 도화지를 사용해야 하며 그 크기는 60.9×60.9cm여야 한다.

원리

- 아라비카 결점두와 마찬가지로 분류 1과 분류 2로 구별한다.
- 생두 등급을 결정할 때는 결점의 환산 점수를 기록해야 하므로 풀 디펙트로 환산해서 사용한다.

로부스타 등급 분류 기준

파인 로부스타 Fine Robusta
생두 350g 안에 분류 1의 결점두가 있으면 안 된다. 단, 분류 2에 속하는 결점두는 5 풀 디펙트까지 허용한다. 퀘이커 평가 시에는 원두 100g 안에서 3개까지 허용한다. 마지막으로 커핑 점수가 80점 이상이어야 이 등급을 받을 수 있다. 생두 냄새 외에 비정상적인 냄새가 나서는 안 된다.

프리미엄 로부스타 Premium Robusta
350g의 생두 샘플 중 분류 1과 분류 2 결점두의 합이 12개 이하여야 하며 퀘이커는 최대 5개까지 허용된다. 커핑 점수는 80점 이상이어야 한다. 생두 냄새 외에 비정상적인 냄새가 나서는 안 된다.

커머셜 로부스타 Commercial Robusta
파인 로부스타 또는 프리미엄 로부스타 등급 사양을 준수하지 않는 12 풀 디펙트 이상의 커피는 일반 또는 상업용 커피로 간주한다.

- 풀 디펙트로 환산된 결점두는 반드시 기록되어야 한다.
- 결점두를 올바르게 분류하기 위해서는 CQI와 UCDA에서 제작한 파인 로부스타 결점두 핸드북의 기준을 따라야 한다.
- 결점두를 환산할 때 항상 정수로 기록해야 하며 소수점은 허용하지 않는다. 다시 말해 결점두 개수는 절대 반올림하면 안 된다. 3개가 1 풀 디펙트로 환산되는 파셜 블랙을 예로 들어보자. 350g의 생두에서 8톨이 발견되면 2 풀 디펙트로 환산하고 남은 두 개는 포함하지 않는다.
- 하나의 생두에 두 개 이상의 결점이 발견되면 맛에 더 강한 영향을 미치는 쪽으로 분류한다. 예를 들어 깨진 빈에 벌레 구멍이 3개 이상 발견됐다면 심각하게 벌레 먹은 빈으로 분류한다.

로부스타 결점두 분류표

분류 1	풀 디펙트 인정 개수	분류 2	풀 디펙트 인정 개수
풀 블랙Full Black	1	파셜 블랙Partial Black	3
풀 사워Full Sour	1	파셜 사워Partial Sour	3
드라이드 체리Dried Cherry/Pod	1	미성숙두Immature	5
펑거스 빈Fungus Damaged	1	위더드 빈Withered	5
외부물질Foreign Matter	1	플로터/스펀지Floater/Sponge	5
심각하게 벌레 먹은 빈 Severe Insect Damaged	5	처키 화이트Chalky	5
		깨진 빈Broken/Chipped/Cut	5
		파치먼트Parchment	5
		쉘Shell	5
		헐/허스크Hull/Husk	5
		약간 벌레 먹은 빈Slight Insect Damaged	10

2.2.2 CQI & UCDA 기준 세부 결점두

풀 블랙 & 파셜 블랙

정식 명칭	Full Black / Partial Black
스페인어 명칭	Negro completo / Negro parcial
프랑스어 명칭	Noir complet / Noir partiel
CQI/UCDA 분류	• **풀 블랙** 분류 1, 풀 디펙트 인정 개수 1개 • **파셜 블랙** 분류 2, 풀 디펙트 인정 개수 3개
물리적 특징	블랙 빈은 불투명한 색으로 구별된다. 로부스타의 미성숙두는 산화되고 희미해지는데, 밝은 녹색에서 회색빛이 나는 초록색, 회색, 회갈색, 짙은 갈색, 거무스름한 색 그리고 최종적으로 짙은 검은색으로 변한다. 이 경우 생두의 껍질 뒤가 투명한 녹색을 띠는지 아니면 진한 색으로 변했는지 분석할 필요가 있다. 만약 전자라면 미성숙두, 후자라면 검게 변한 부위의 면적에 따라 풀 블랙 혹은 파셜 블랙으로 분류한다.

부가설명 아라비카와 달리 로부스타의 미성숙두는 실버스킨의 색상이 검은색인 경우가 많고 긁어도 잘 떨어지지 않는다. 자칫 블랙 빈으로 잘못 분류할 수 있으니 유의하자.

향미 특징	곰팡이moldy, 흙soily, 과발효ferment, 톡 쏘는 신맛stinker, 비린 맛fishy, 소독약phenolic
기타 쟁점	오크라톡신 A 위험
발생 원인	생두가 까맣게 변하는 이유는 여러 가지인데 그중에도 잎마름병, 생두의 산화, 탄저병 등 질병 관련 손상, 해충의 피해 그리고 서리 등의 이유이다. 대부분의 색소 침착은 미생물의 활동과 관련이 있다.
해결 방법	• 농업적 측면: 블랙 빈은 좋은 영양과 수분, 원활한 물의 배수와 공기 배출, 핸드피킹으로 예방할 수 있다. 또한 토양과 오염된 도구, 수확 도구와의 접촉을 피해야 한다. • 가공적 측면: 블랙 빈은 대개 밀도가 살짝 낮으므로 스크리너와 밀도분류기를 통해 어느 정도 제거할 수 있다. 가장 효과적인 제거 방법은 색도분류기를 사용하거나 인력을 투입해 손수 골라내는 것이다.

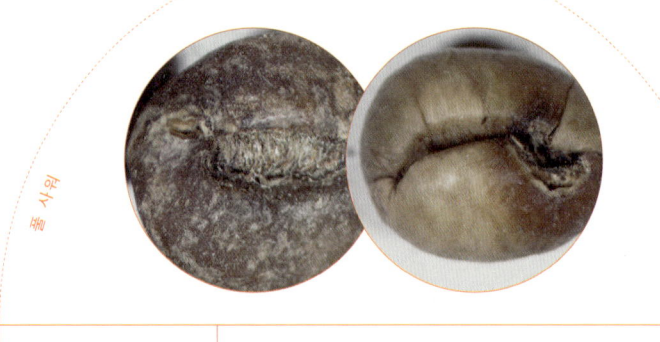

정식 명칭	Full Sour / Partial Sour
스페인어 명칭	Agrio o fermentado completo / Agrio o fermentado parcial

프랑스어 명칭	Aigre complet / Aigre partiel
CQI/UCDA 분류	- **풀 사워** 분류 1, 풀 디펙트 인정 개수 1개 - **파셜 사워** 분류 2, 풀 디펙트 인정 개수 3개
물리적 특징	사워 빈은 노르스름하거나 노르스름한 갈색, 또는 적갈색으로 구분된다. 생두 안에 있는 배아의 색상은 보통 진하거나 검은색을 띤다. 사워 빈에 상처가 나거나 굵히면 시큼한 식초와 같은 냄새가 난다. 그 냄새가 상당히 강해 단 한 개의 풀 사워만 있어도 추출한 커피의 향미가 전반적으로 오염될 정도다.

부가설명 블랙 빈과 같이 사워 빈 또한 실버스킨이 아니라 생두 자체의 색상이 변질한 것이다. 따라서 생두 색상에 문제가 있다고 여겨지면 항상 손톱으로 혹은 그린그레이딩 매트에 굵어서 판단해야 한다.

향미 특징	생두의 과발효 정도에 따라 달라진다. 약간 발효되었을 때 파셜 사워는 과육의 맛, 새콤달콤하고 부드러운 맛을 낼 수 있다. 하지만 발효 정도가 매우 강하면 풀 사워는 강렬하고 톡 쏘는 시큼한 맛을 낸다. 과발효 맛뿐만 아니라 썩은 과일, 양파, 시큼한 땀 냄새 등 불쾌한 맛도 감지될 수 있다.
기타 쟁점	생두에 물리적인 피해를 입힌다.
발생 원인	생두 안에 있는 배아가 소멸되어 발생한다. 구체적인 원인으로는 너무 익은 체리나 땅에 떨어진 체리의 수확, 가공에 사용하는 물의 오염, 습한 환경으로 인한 체리의 과발효, 45°C이상 고온에서의 건조 등을 들 수 있다.
해결 방법	- 농업적 측면: 잘 익은 체리만 선별해 수확하고 떨어진 체리는 절대 줍지 않는다. 항상 깨끗한 봉투를 이용하고 강 또는 댐 인근 지역에서는 커피를 재배하지 않는다.

- 가공적 측면: 과육 제거 단계의 적시성을 보장한다. 수확 후 즉시 과육을 제거하고 체리의 장기 보관을 피한다. 건식법 진행 시 체리를 2~5cm 층으로 펼쳐둔 뒤 건조하고, 통기를 일정하게 하며 맨땅과의 접촉을 최대한 피한다. 균일하게 건조하기 위해 체리를 뒤집을 때 체리가 땅에 떨어지지 않도록 유의한다. 워시드 가공 시에는 파티오, 레이즈드 베드raised bed, 발효탱크 그리고 물의 청결 상태를 확인한다. 건조 단계에서는 우수 관리 기준을 확보한다. 청결을 최우선으로 유지하고, 올바른 통풍과 적절한 온도 조절과 비의 피해를 최소화해야 한다. 대부분의 풀 사워는 색도분류기 혹은 인력을 통해서만 걸러진다.

펑거스 빈

정식 명칭	Fungus Damaged Bean
스페인어 명칭	Daño por hongos
프랑스어 명칭	Endommagé par moicissures
CQI/UCDA 분류	분류 1, 풀 디펙트 인정 개수 1개

물리적 특징	워시드 가공에서 펑거스 빈은 초기에 누런 회색빛 가루 같은 얼룩이 지다가 점점 생두 전면으로 번진다. 내추럴 가공에서의 펑거스 빈은 생두 표면 전체에 핀 곰팡이를 확인할 수 있다. 펑거스 빈은 포자를 방출해 다른 생두를 오염시킨다.
부가설명	아라비카종과 마찬가지로 로부스타종의 곰팡이 색상은 매우 다양하다. 앞서 설명한 흐릿하고 누런 가루 같은 곰팡이도 있지만, 빵에 피는 초록색 곰팡이도 발견된다.
향미 특징	곰팡이moldy, 흙earthy, 지저분한dirty, 과발효over-fermented, 소독약phenolic
기타 쟁점	오크라톡신 A 위험
발생 원인	생두에 피는 곰팡이는 일반적으로 아스페르길루스Aspergillus, 페니실리움Penicillium, 푸사리움속Fusarium 균에 의해 발생한다. 특히 높은 온도와 습도는 곰팡이가 번식하기 좋은 환경요건이며 생두의 수분이 과다하면 감염되기 쉽다.
해결 방법	• 농업적 측면: 커피는 곰팡이가 발생하기 좋은 아열대 지역에서 재배되기 때문에 곰팡이 포자가 번식하는 조건을 제한하기 위한 노력이 필요하다. 땅에 떨어진 체리를 줍는 행위, 과도한 브로카 매개체의 증가는 곰팡이 포자를 생성할 수 있다. 또한 수확 시 사용하는 포대자루와 건조 탱크 안의 잔여 생두는 폐기해야 한다. • 가공적 측면: 웻 밀과 드라이 밀에서 정석대로 가공한다면 커피의 감염을 예방할 수 있다. 감염 원인은 다양하다. 과육 제거 공정 중 생두에 상처가 나서, 발효 시 온도와 습도가 높아서, 발효가 끝난 후 탱크에 남은 생두를 건져내서, 생두 수분 건조 기간을 지연해서, 어떠한 이유로든 건조를 중단해서, 그리고

해결 방법	높은 습도와 온도에 파치먼트 상태로 보관해서 등이다. 펑거스 빈은 드라이 밀에서 파치먼트를 제거하면 더욱 두드러진다. 곰팡이가 심하게 핀 결점두는 색도분류기로 제거할 수 있지만, 곰팡이가 약하게 핀 생두는 인력을 통해서만 걸러낼 수 있다.

외부물질

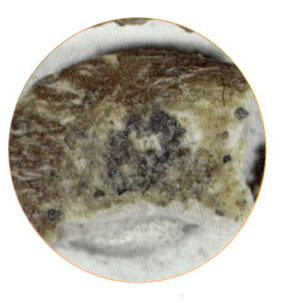

정식 명칭	Foreign Matter
스페인어 명칭	Materia extraña, impurezas
프랑스어 명칭	Matière étrangère
CQI/UCDA 분류	분류 1, 풀 디펙트 인정 개수 1개
물리적 특징	외부물질에는 나뭇가지, 돌멩이, 손톱 등 커피와 관련 없는 것들이 포함된다. 이물질이 존재한다는 것은 가공방식 및 전반적인 품질 등급이 열악하다는 명백한 증거다. 특히 이물질이 원두와 함께 그라인더에 들어간다면 그라인더 날이 훼손될 수 있다.

부가설명	외부물질은 특히 저품질 로부스타에서 많이 발견된다. 현실적인 이유로 저품질 로부스타를 써야만 한다면 로스터의 섬세한 핸드픽이 필요하다. 자칫 외부물질 때문에 소비자로부터 거센 항의를 받을 수 있다. 가끔은 옥수수, 해충의 사체, 손톱 등도 나온다. 물론 파인 로부스타에서는 외부물질이 나올 확률이 매우 희박하다.
향미 특징	외부물질은 건강에 위협이 되며 생두에 직접적인 영향을 미치고 다양한 악취의 원인이 될 수도 있다.
기타 쟁점	생두 품질에 영향을 줄뿐더러 로스터기 등 장비가 파손되고 혹시나 실수로 섭취하게 되면 소비자의 건강에 피해를 끼칠 수 있다.
발생 원인	여러 단계의 가공을 거치며 계속 축적될 수 있다.
해결 방법	최대한 셀렉티브 피킹으로 수확하고 세척과 분류 시 수로를 잘 활용하여 나뭇가지나 돌을 제거한다. 건조 시 파티오를 사용하고 작업복을 입는 등 청결 유지에 힘쓰면 이물질을 방지하는 데 큰 도움이 된다. 드라이 밀에서는 석발기, 체, 생두분류기 그리고 자석 등 적절한 장비를 사용하면 이물질을 효과적으로 제거할 수 있다.

드라이드 체리

정식 명칭	Dried Cherry / Pod
스페인어 명칭	Bola, guayaba, capulín, cereza seca

프랑스어 명칭	Cerise sèche
CQI/UCDA 분류	분류 1, 풀 디펙트 인정 개수 1개
물리적 특징	웻 밀과 드라이 밀의 분류기에서 제대로 분류되지 않은 작은 피베리 종류가 많으며 탈곡하기가 어렵다. 이 체리들은 나이가 든 나무 혹은 죽은 나뭇가지에서 수확될 수 있다. 따라서 미성숙두, 사워 빈, 프로즌 빈, 펑거스 빈, 블랙 빈 등과 같은 결점두를 가지고 있다.
부가설명	아라비카 드라이드 체리와 마찬가지로 생두가 보이지 않고 오직 껍질만 존재한다면 발견된 개수만큼 헐/허스크로 분류해야 한다.
향미 특징	드라이드 체리 안에는 1~2개의 결점두가 들어있을 가능성이 크다. 이로 인해 과발효, 곰팡이 그리고 소독약과 같은 맛이 날 수 있다.
기타 쟁점	생두의 가치를 떨어트린다.
발생 원인	가뭄과 질병으로 인해 나무에 달린 열매가 마를 수 있다. 워시드 가공의 경우 밀도가 가벼워 물에 뜨는 체리를 걸러내지 못했거나 과육이 완벽하게 제거되지 않으면 발생한다. 내추럴 가공에서는 부적절한 탈곡이나 분류로 인해 드라이드 체리가 나올 수 있다.
해결 방법	• 농업적 측면: 땅에 떨어진 체리를 주워서는 안 되며, 부러지고 수명이 다한 나뭇가지에서 체리를 수확하지 않는다. 지속적인 가지치기와 토양 관리 등을 통해 결점두가 발생하지 않도록 노력한다. • 가공적 측면: 모든 가공 단계에서 제대로 된 분류기를 갖춰야 한다. 연속적이고 잘 보정된 분류 기계가 갖추어져야 한다. 크기 분류기는 작은 드라이드 체리를 골라내는 가장 효율적인 도구다. 내추럴 가공에서는 올바른 펄핑기를 사용해야 한다.

심각하게/약간 벌레 먹은 빈

정식 명칭	Severe / Slight Insect Damage
스페인어 명칭	Broca, daño de broca, grano brocado
프랑스어 명칭	Blessure d'insect
CQI/UCDA 분류	• **심각하게 벌레 먹은 빈**(3개 이상의 벌레 구멍) 분류 1, 풀 디펙트 인정 개수 5개 • **약간 벌레 먹은 빈**(3개 미만의 벌레 구멍) 분류 2, 풀 디펙트 인정 개수 10개
물리적 특징	바늘로 뚫은 듯한 구멍(0.3~1.5mm 지름)으로 식별 가능하다. 브로카가 갉아먹은 흔적인 이 구멍은 보통 생두의 납작한 부분에서 발견된다. 보통 세로 방향에 직각으로 뚫려 있으며 3개 이상의 구멍이 뚫린 경우가 많다.
부가설명	바늘로 뚫은 듯한 깊고 어두운 구멍이 3개 이상이면 심각하게 벌레 먹은 빈, 1~2개면 약간 벌레 먹은 빈으로 구분 할 수 있다. 벌레가 갉아 먹은 곳에는 곰팡이가 필 수 있다.
향미 특징	지저분dirty, 시큼한sour, 의약품medicinal 맛 또는 곰팡이moldy 냄새
기타 쟁점	오크라톡신 A 위험. 생두나 원두에 포함되면 외관상 품질이 떨어져 보인다.

발생 원인	커피체리를 먹고 사는 곤충에는 애벌레, 메뚜기, 딱정벌레 등 다양하다. 그중 매우 작은 딱정벌레인 브로카Broca는 커피를 가장 많이 공격하는 심각한 해충이다. 이들은 덜 익은 체리를 파고 들어가 부드러운 씨앗을 뚫고 알을 낳기 위한 보금자리를 만든다. 알에서 태어난 새끼들이 밖으로 나가면서 생두에 새로운 구멍이 난다. 커피벌레 문제는 기온이 높을수록, 고도가 낮을수록 심하다고 알려져 있다. 지구온난화로 인해 고지대에서도 커피벌레 수가 증가하고 있다.
해결 방법	- 농업적 측면: 우선 커피해충의 생물학적 순환에 대한 이해가 필요하다. 떨어진 체리를 줍지 않는 등 수확을 철저히 해야 하며 백강균Beauveria bassiana 또는 아프리카 말벌Cephalonomia stephanoderis과 같은 자연 포식자를 활용할 수도 있다. 마지막으로 해충 유인을 위한 에탄올, 메탄올 등을 페트용기에 담아 걸어두는 방법도 있다. - 가공적 측면: 벌레 먹은 빈은 밀도가 낮기 때문에 플로테이션 탱크floatation tank를 사용하거나 과육을 제거한 뒤 발효탱크에서 걸러내는 식으로 분류할 수 있다. 드라이 밀에서는 카타도라catadoras라는 체를 사용하거나 밀도분류기를 활용하면 쉽게 제거가 가능하다. 그러나 구멍이 1~2개에 불과한 약간 벌레 먹은 빈은 사람이 직접 골라내야 한다.

깨진 빈

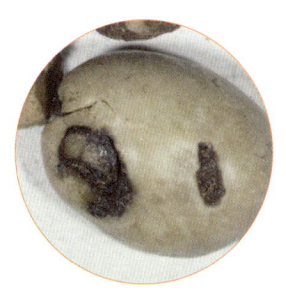

정식 명칭	Broken / Chipped / Cut
스페인어 명칭	Grano partido, mordido, cortado
프랑스어 명칭	Cassé, brisé
CQI/UCDA 분류	분류 2, 풀 디펙트 인정 개수 5개
물리적 특징	과육 및 점액질 제거 과정에서 생두가 깨지거나 잘게 잘린 경우 상처 난 부위가 산화로 인해 검붉은 색으로 변한다. 이는 세균 활동(과발효) 또는 곰팡이 발생의 원인으로 작용하면서 다양한 맛의 결함을 일으킨다. 한편 건조 단계에서 깨지거나 조각난 콩에는 산화작용이 일어나지 않으므로 색상 변화가 없다.

부가설명 갓 수확한 커피체리안의 생두는 수분이 매우 많고 전혀 딱딱하지 않다. 그렇기 때문에 과육제거기의 간격 조절이 허술하면 생두가 깨지거나 상처가 날 수 있다. 파치먼트 탈곡 시에도 기계가 올바르게 조정되지 않으면 생두에 상처가 난다.

향미 특징	흙earthy, 지저분한dirty, 시큼한sour 혹은 과발효fermented
기타 쟁점	전반적인 생두의 품질을 저하하고 로스팅이 균일하게 되지 않는다.

발생 원인	일반적으로 기계로 과육, 점액질, 그리고 파치먼트를 제거하거나 드라이드 체리를 탈곡할 때 발생한다. 과육제거기나 탈곡기의 간격이 적절히 조절되지 않으면 생두에 매우 강한 압력과 마찰이 가해져 결점두가 발생한다. 파치먼트나 체리가 지나치게 건조되거나 너무 습해도 탈곡 시 생두가 으깨진다.
해결 방법	- 농업적 측면: 크기가 큰 품종과 작은 품종을 섞지 않는다. 제대로 익지 않은 체리는 과육이 잘 제거되지 않기 때문에 잘 익은 체리만을 선별해야 한다. 초록색을 띤 안 익은 체리는 과육이 전혀 제거되지 않는다. - 가공적 측면: 수확 중 적어도 3회 이상 펄핑기를 조절하고, 체리의 크기가 균일하지 않은 경우 사전에 두 가지 기준으로 크기를 고르고 적절한 양의 물을 윤활유로 사용한다. 고무 통과 넓은 크기의 강력한 롤러 펄퍼, 생두분류기를 사용한다. 　드라이 밀에서 파치먼트 또는 체리가 충분히 건조됐는지 확인한 뒤 탈곡한다. 이때 생두에 가해지는 마찰을 줄이기 위해 탈곡기 간격을 잘 조절해야 한다. 크기가 작은 깨진 결점두는 스크리너 혹은 밀도분류기로 제거하는데, 이 기계들의 청결 상태 또한 자주 확인하고 점검해야 한다.

미성숙두

정식 명칭	Immature Bean / Unripe
스페인어 명칭	Inmaduro
프랑스어 명칭	Immature
CQI/UCDA 분류	분류 2, 풀 디펙트 인정 개수 5개
물리적 특징	미성숙두는 모양, 질감, 색깔 또는 실버스킨으로 구분 가능하다. 크기가 작고 안으로 오목하게 굽어 있으며, 결은 거칠고 섬유질이 있다. 옆면은 매우 날카로우며 밝은 녹색, 황록색, 회색, 갈색, 검은색을 띤다. 실버스킨이 생두 표면에 단단히 붙어 있어서 손톱으로 긁기가 어렵다. 실버스킨 안쪽이 투명한지 어두운지를 파악하기 위해서는 사포 혹은 그린그레이딩 매트에 긁어봐야 한다.

부가설명 아리비카와 로부스타를 막론하고 미성숙두는 건조해 말라보인다는 특징이 있다. 대부분의 미성숙두는 크기가 작고 실버스킨이 마치 사람의 각질처럼 생두 표면에 밀착되어 있다. 블랙 빈이나 사워 빈처럼 실버스킨의 색깔이 검거나 적갈색을 띠는 경우가 있는데 미성숙두라면 색깔 있는 실버스킨이 바싹 붙어 있을 수 있다. 색상으로만 분류하지 말고 반드시 손톱으로 또는 그린그레이딩 매트에 긁어 보기 바란다.

향미 특징	풀내grassy, 풋내greenish, 짚straw, 곡물cereal 또는 쓴맛, 떫은 뒷맛

기타 쟁점	열이 가해지면 익지 않고 밝은 갈색을 띠는 퀘이커가 된다.
발생 원인	주된 원인은 덜 익거나 불규칙하게 익은 체리를 수확해서다.
해결 방법	- 농업적 측면: 잘 익은 체리만을 수확하는 셀렉티브 피킹으로 미성숙두를 피할 수 있다. 개화시기를 촉진하고 체리가 고르게 익도록 하는 관개irrigation도 도움이 될 수 있다. - 가공적 측면: 웻 밀에서는 펄핑 직후 스크리너로 바로 분리할 수 있다. 일부 가벼운 미성숙두는 드라이 밀에서 밀도분류기 혹은 중력테이블gravity table로 제거된다. 그러나 풀사이즈 중량에 가까운 미성숙두는 이것만으로는 어렵다. 민감도가 높은 색도분류기를 사용하면 회색, 갈색, 검은색 등 짙은 색상의 미성숙두를 어느 정도 제거할 수 있다.

위더드 빈

정식 명칭	Withered bean
스페인어 명칭	Averanado / arrugado
프랑스어 명칭	Desséché

CQI/UCDA 분류	분류 2, 풀 디펙트 인정 개수 5개
물리적 특징	건포도처럼 주름진 기형적인 모양으로 크기가 작다.

부가설명 Withered의 사전적 의미는 '시든'이다. 다른 식물과 같이 커피나무 혹은 체리도 물이 부족하거나 햇볕 노출이 과하면 시든다. 위더드 빈의 표면은 마치 건포도처럼 울퉁불퉁하니 이런 표면이 보이면 무조건 결점으로 분류해야 한다.

향미 특징	시든 정도에 따라 잡초 같은weed-like, 풀내grassy, 지푸라기straw, 떫은 끝맛을 지닌다.
기타 쟁점	전반적인 생두의 품질을 저하시키고 로스팅이 불균일하게 된다.
발생 원인	가뭄에 의해 물이 부족해서 발생한다. 피해 정도는 가뭄의 시기, 강도, 기간에 따라 달라진다. 커피나무의 상태가 약하거나 좋지 않은 경우에도 체리가 시들 확률이 높다.
해결 방법	• 농업적 측면: 그늘 및 토양 관리 기술과 적절한 수정으로 피해를 줄일 수 있다. 심근성deep rooting[03] 시스템의 도입, 셰이드 트리Shade tree 재배, 짚을 깔고 계단식 산비탈을 만드는 등의 노력으로 물 부족 문제를 해결할 수 있다. 그러나 셰이드 트리가 너무 많거나 잘못된 종류의 나무를 심으면 오히려 커피나무가 수분을 빼앗겨 위더드 빈이 발생할 수 있다. • 가공적 측면: 심하게 시든 생두는 밀도가 낮아 물탱크에서 떠 다니므로 세척 초반에 스키밍skimming을 통해 제거할 수 있다. 드라이 밀에서는 크기가 작고 밀도가 낮아 시든 생두를 밀도분류기로 제거할 수 있다. 더 크고 굵은 생두는 손으로 직접 제거하는 것이 가장 탁월하다.

03 **심근성** 식물 뿌리의 발육특성으로 땅속 깊이까지 자라는 성질(출처:약과 먹기리로 쓰이는 우리나라 자원 식물)

쉘

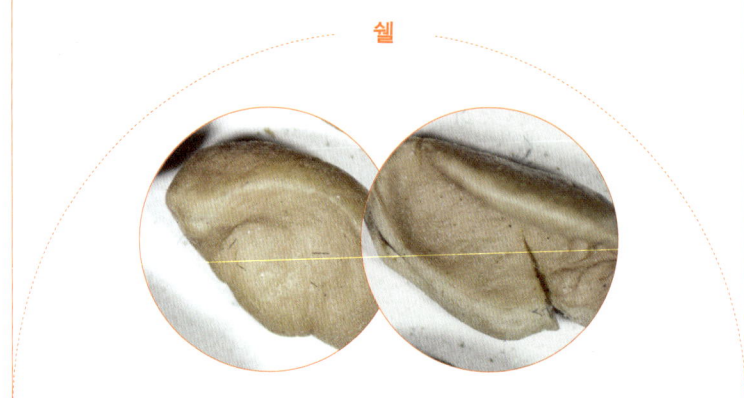

정식 명칭	Shell
스페인어 명칭	Concha
프랑스어 명칭	Conquille
CQI/UCDA 분류	분류 2, 풀 디펙트 인정 개수 5개
물리적 특징	기형적인 모양을 띤다. 콩의 안쪽이나 바깥부분이 분리되거나 합쳐져 있는 경우가 있다. 안쪽부분은 사람의 귀 모양과 흡사하고, 바깥부분은 속이 빈 조개처럼 생겼다.

부가설명   결점두 분류 시 안쪽과 바깥부분을 구분하지 않고 각각 하나로 간주한다. 만약 두 부분이 분리되지 않은 상태로 발견됐다면 두 개로 치면 된다. 로부스타의 쉘은 아라비카의 것보다 눈에 덜 띄는 편이다.

향미 특징	많은 양의 쉘이 로스팅되면 탄맛 혹은 숯charred 같은 맛이 난다.
기타 쟁점	쉘의 양이 많으면 균일한 로스팅이 어렵다.
발생 원인	쉘은 유전학에 의해서 자연적으로 발생하는 현상이다. 그러나 오래되고 영양 보급이 잘되지 않은 나무에는 쉘을 포함하여 유전자 변형 결점두가 더 많을 수 있다.

해결 방법	<ul><li>농업적 측면: 종자 선택 시 7% 미만의 기형적 생두가 있는 품종과 나무를 선정한다.</li><li>가공적 측면: 드라이 밀에서 크기가 큰 쉘은 스크리너로 쉽게 걸러낼 수 있고, 밀도분류기로도 제거 가능하다.</li></ul>

처키 화이트

정식 명칭	Chalky White
스페인어 명칭	Calcáreo
프랑스어 명칭	Blanchi
CQI/UCDA 분류	분류 2, 풀 디펙트 인정 개수 5개
물리적 특징	실버스킨이 진녹색 또는 회색빛을 띠는 아주 하얀 생두다. 보통 처키 빈은 크기가 크고 밀도는 낮다.

부가설명　처키 빈과 플로터 둘 다 하얘 헷갈릴 수 있다. 처키 빈은 표면에 진한 회색 실버스킨이 붙어 있거나, 주름진 것처럼 줄이 그어져 있기도 하고, 회색 음영 같은 것이 보이기도 한다.

향미 특징	나무woody, 판지cardboard, 짚strawy, 곡물cereal, 매우 떫은맛
기타 쟁점	전반적인 생두 품질에 영향을 주며 일반 생두와 함께 로스팅되면 새까맣게 타는 경향이 있다.

발생 원인	처키 빈은 나무에 열매가 과다하게 열릴 때 생기고 건조 중 너무 높은 온도에 의해서도 발생한다는 설이 있다. 영양소가 부족한 토양에 재배되거나 오래 된 식물 등에서 더 많은 처키 빈이 만들어지는 경향이 있다. 보관 혹은 배송 중 높은 습도로 인해 생두가 공기 중의 수분을 흡수하여 유기물질 함량이 감소한다.
해결 방법	• 농업적 측면: 올바른 유전자 선택, 적절한 수정, 가지치기, 주기적 토양관리를 통해 처키 화이트 빈의 양을 줄일 수 있다. • 가공적 측면: 건조 및 밀링 공정 환경을 개선한다.

플로터 & 스펀지

정식 명칭	Floaster / Spongy
스페인어 명칭	Vano / Flotador / Flote / Blanqueado
프랑스어 명칭	Flottant / Décoloré
CQI/UCDA 분류	분류 2, 풀 디펙트 인정 개수 5개

물리적 특징	플로터는 가볍고 발육이 덜 된 생두이며 스펀지는 특유의 흰색과 빛바랜 빛깔로 생두 표면이 얼룩덜룩하다. 만약 확실히 구분하기가 힘들다면 물에 담가보면 된다. 플로터는 밀도가 낮아 수면 위로 떠오르기 때문이다. 이 둘은 명확히 따지면 동일한 결점은 아니지만, 전반적인 특징 등을 고려하면 유사성이 많다.
부가설명	물에 넣어보는 상황까지 간다는 것은 해당 랏lot에 눈에 띌 정도로 플로터가 많다는 뜻이다. 로부스타 역시 아라비카와 마찬가지로 수분 증발로 인해 플로터가 될 수도, 반대로 습한 곳에 보관하여 생두가 수분을 역으로 흡수해서 변할 수도 있다. 이런 경우 생두에서 습한 다락방이나 지하실에서 날 법한 꿉꿉한 곰팡이냄새가 난다.
향미 특징	나무woody, 마분지cardboard, 잡초weed-like, 짚strawy 혹은 곡물cereal 맛
기타 쟁점	일반 생두와 함께 로스팅 시 새까맣게 타는 경향이 있다.
발생 원인	플로터는 오래된 나무에서 많이 나타난다. 과도한 수분, 고온, 상처, 그리고 미생물학적 활동은 생두를 스펀지 빈으로 변질시킨다. 또한 부적절한 건조와 보관으로 인해서도 발생한다. 건조기 혹은 파티오에 남겨지거나 틈새 사이에 낀 생두 또한 높은 습도로 인해 스펀지나 플로터로 변질될 수 있다.
해결 방법	• 농업적 측면: 건강한 묘목을 생산하기 좋은 품종과 식물을 선정한다. 모주mother plant는 불량 콩이 7% 미만인 것을 추천한다. 적절한 수정, 가지치기, 그리고 지속적인 토양 관리는 결점두 양을 줄이는 데 크게 이바지한다. • 가공적 측면: 웻 밀에서의 모든 과정 후 올바른 건조와 보관이 이뤄져야 한다. 드라이 밀에서는 스크리너와 밀도분류기를 통해 크기가 작거나 밀도가 낮은 플로터를 제거할 수 있다. 스펀지 빈은 손상 정도에 따라 밀도

및 색도분류기로 골라낼 수 있다.

파치먼트

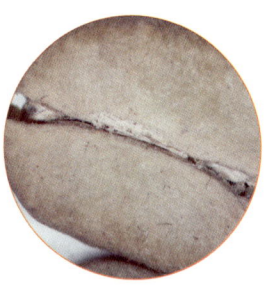

정식 명칭	Parchment
스페인어 명칭	Pergamino
프랑스어 명칭	Parche
CQI/UCDA 분류	분류 2, 풀 디펙트 인정 개수 5개
물리적 특징	흰색 또는 노르스름한 색을 띠는 두꺼운 종이재질의 껍질이 부분적으로 또는 완전히 생두를 감싸고 있다.

부가설명 만약 파치먼트가 생두의 전체를 감싸고 있다면 흰색을 띠기 때문에 만져보지도 않고 플로터로 곧장 분류하는 경우가 있다. 흰색의 결점두를 발견하면 꼭 직접 만져봐야 한다.

향미 특징	로스팅 과정 중 타버리기 때문에 커피에서 재ashy와 모래sandy처럼 거친 바디를 느낄 수 있다.
기타 쟁점	전반적인 생두의 품질에 영향을 미치며 분류가 잘 안 된 것으로 간주된다.
발생 원인	탈곡기의 간격 조정이 잘되지 않았을 때 그리고 스크리너와 밀도분류기의 결함으로 인해 발생한다.

해결 방법	- 농업적 측면: 셀렉티브 피킹과 적절한 식물 영양소 공급이 파치먼트의 양을 줄이는 데 큰 도움이 될 수 있다. - 가공적 측면: 드라이 밀에서 탈곡기의 간격 조정과 유지보수를 주기적으로 실행해야 한다. 스크리너와 밀도분류기를 사용하면 파치먼트를 더 완벽하게 제거할 수 있다.

헐 / 허스크

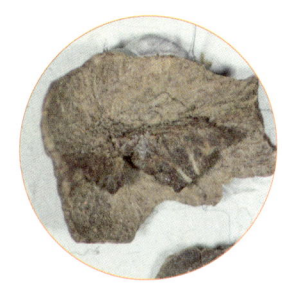

정식 명칭	Hull / Husk
스페인어 명칭	Cascarilla / Cisco / pulpa seca
프랑스어 명칭	Brisure de coque, coque
CQI/UCDA 분류	분류 2, 풀 디펙트 인정 개수 5개
물리적 특징	밝은색과 어두운 갈색, 광택이 나는 검은색을 띠며 때로는 곰팡이와 흙이 묻어 있는 경우도 있다. 저급한 내추럴 로부스타일수록 더 많이 발견된다.

부가설명 헐/허스크에 곰팡이가 피면 모든 생두를 오염시킬 수 있으며 생두 냄새 또한 그다지 좋지 않다. 그렇다면 이처럼 저급한 내추럴 로부스타가 어떤 이유로 수입되고 사용되는지 의문을 가질 수 있겠다. 커피 유통시장에서 형성된 가격이 현실적으로 가장 큰 문제라고 생각된다.

	향미 특징	체리껍질의 종류와 양에 따라 심각한 맛을 내는데 특히 흙earthy, 곰팡이moldy, 과발효ferment 그리고 소독약phenolic 맛이 특징이다.
	기타 쟁점	생두의 품질을 저하시키고 로스팅 시 타버리기 때문에 그 탄맛이 원두에 밴다.
	발생 원인	내추럴 가공 중 탈곡 후 선별과 분류가 제대로 이루어지지 않아서 발생한다. 펄핑기의 보정이 잘못되면 체리껍질이 마르고 결국 허스크 조각이 된다.
	해결 방법	발효탱크에서 물에 뜨는 마른 체리와 껍질을 걸러내고 생두분류기, 송풍기 그리고 거름망을 사용하면 완벽하게 해결할 수 있다.

Part 7

커핑 노하우

1. 2004/2023 SCA 아라비카 커피 커핑

1.1 센서리 과학과 커핑의 역사

커피를 마시는 이유는 대개 두 가지다. 첫 번째는 카페인과 같은 기능적 특성으로 인해 생기는 자극을 받기 위함이고, 두 번째는 맛을 음미하기 위함이다. 초기의 커피 설명은 카페인이 건강에 좋다는 것과 집중력을 높여준다는 사실에 초점을 두었다. 하지만 센서리 특성도 동일하게 중요한데, 대개 '맛이 좋다', '맛있다', '달콤하다' 같은 간단한 표현에 불과했다. 그래서 커피의 품질 평가는 주로 물리적인 속성을 기반으로 했다. 커피는 보통 생두 상태로 판매됐기 때문에 커피 거래자들은 생두의 크기와 모양, 색상, 부서지거나 변색된 콩의 개수 등과 같은 결점을 중요시했다. 따라서 19세기 후반까지 커피의 품질은 본질적으로 생두의 외관과 원산지, 생두 샘플에서 발견된 결점 수에 따라 결정됐다.

그러나 1800년대 후반에 들어서며 맛이 커피 품질 평가에서 더 중요한 역할을 하기 시작했다. 커피 소비가 보편화되면서 높은 품질의 커피에 대한 수요가 증가하자 소비자는 맛이 좋은 커피를 기대하기 시작했다. 이 같은 변화는 커피 맛과 향을 평가하는 방법인 '커핑'의 발전을 이끌었다. 커핑은 정해진 기준에 맞게 커피를 추출하고 일정한 용어를 사용해 그 맛과 향을 평가하는 방법이다. 이는 커피 거래자들이 커피의 센서리 속성을 객관적으로 평가할 수 있게 했는데 여기에는 맛과 향, 산미, 바디, 그리고 후미가 포함된다.

커핑은 지금도 커피 품질 평가를 위한 중요한 도구로 남아 있다. 생두의 크기와 모양과 같은 물리적 속성도 여전히 중요하지만, 맛은 무엇보다 중요한 커피 품질의 구성요소로 인식되고 있다. 로스터와 생산자들은 커핑을 통해 다양한 커피를 평가하고, 각 커피의 독특한 맛과 향을 강조하는 로스팅 프로파일을 개발한다. 소비자 또한 커핑을 통해 커피를 평가하고 즐기며 많은 카페와 로스터는 고객에게 커피의 센서리 속성을 알려주기 위한 커핑 세션을 운영하고 있다.

　　클라렌스 E. 빅포드Clarence E. Bickford는 19세기에 이러한 패러다임을 바꾸는 데 큰 역할을 한 샌프란시스코 커피 거래상으로 알려져 있다. 그는 커피를 평가하는 체계적인 방법을 개발해 평가 절차에 커피 맛 평가를 포함했다. 정확한 양의 커피를 작은 컵에 담고 일정한 온도의 물을 부은 다음 작은 숟가락으로 맛을 보고 평가하는 과정이다. 이를 통해 빅포드는 '커피 맛의 차이는 색상이나 생두 크기로는 정확하게 감지할 수 없다'는 결론을 내렸다. 이는 커피 거래에 혁명을 일으켰다. 생두 크기 때문에 열등한 커피로 여겨졌던 일부 커피가 실제로 큰 생두보다 더 나은 맛을 가지고 있음이 밝혀진 것이다. 빅포드는 중앙 아메리카의 고품질 커피를 발견하고, 센서리 속성을 사용한 품질 평가 및 블렌딩 생성의 과학적인 방법을 발명했다고 인정받았다. 그가 별세한 1908년, 빅포드가 일했던 회사는 그의 이름을 따 'C.E. Bickford and Co.'로 사명을 변경했고, 커피 향미 품질을 통해 커피를 평가하는 선구자가 됐다. 1920년대에는 테이스팅tasting이 커피 거래의 중요한 부분으로 자리매김했다. 보통 합격 / 불합격을 가리는 단순한 방식이었지만 거래 시 감각적 표현의 풍부한 어휘들이 사용됐다.

　　커핑은 커피의 산미와 바디, 향 등 다양한 요소를 고려해 과일, 초콜릿, 견과류 등의 맛을 판별한다. 현대 커피 산업에서는 커피 품질을 평가하고 새로운 블렌드를 만들기 위해 생산자, 로스터, 바리스타 모두가 커핑을 진행한다. 특히 커피 전문점에서는 커핑을 자주 실시하여 고객들에게 다양한 커피 맛과 향을 알리고 매장을 홍보하기도 한다. 현재의 커핑은 물리적 속성뿐만 아니라 맛과 향 같은 감각적 속성을 평가하는 데 필수적인 요소로 자리 잡았다. 19세기 후반에는 커피의 물리적 속성에만 주목하였으나, 커핑이 발전하면서 감각적 속성이 품질 평가에 큰 영향을 미치고 있으며, 맛과 향을 강조하는 커피 거래 패러다임을 형성한 것이다.

윌리엄 H. 유커스William H. Ukers의 저서 『올 어바웃 커피 All about coffee』에 따르면 컵 테이스팅은 시각, 후각, 미각 감각이 예민하게 발달해야 하며, 각 감각은 섬세한 특징을 기억하는 능력도 갖춰야 한다고 한다. 커피 전문가는 생두와 원두의 크기, 모양, 색상을 육안으로 판단하며, 이는 상업 가치를 결정하는 중요한 요인으로 받아들여진다. 또한 생두가 워시드로 가공된 것인지 아닌지, 그리고 퀘이커quaker, 마른체리dried cherry, 블랙빈 black bean 같은 여러 가지 결함이 있진 않은지도 판단할 수 있다. 후각을 이용해 분쇄원두 향의 강도를 평가하고, 커핑을 통해 바디가 있고 부드러운지, 풍부하고 산미가 있는지, 거칠거나 곰팡이 맛이 나는지 등을 알 수 있다.

이전 커피 거래소의 공식 커피 등급 요건에는 커핑이 포함되어 있다. 이 거래소는 중요한 국제 상품 거래소의 커피 선물 시장(C마켓) 등급 시스템으로 진화했다. 이에 따르면 생두는 잘 유지된 상태이며 오래된aged 듯한 맛이 없어야 한다. 커피 맛을 보는 사람들은 '커퍼'라고 불리게 됐고 맛을 보고 평가하는 일련의 과정은 '커핑'으로 알려지게 되었다.

1960년대에는 식품 감각 과학 분야가 급속도로 발전했다. 현대 센서리 과학의 창시자로 인식되는 로즈 마리 팡본Rose Marie Pangborn은 1965년 『식품 센서리 평가의 이론The Principles of Sensory Evaluation of Food』을 저술해 화학, 생리학, 통계 분석, 소비자 과학, 심리학 분야의 통찰력을 종합한 현대 센서리 과학의 기본 요소를 개발하기 시작했다. 1970년대 초에는 정량묘사 분석quantitative descriptive analysis 기술이 개발됐다. 이는 검사 시료의 관능적 특성을 숙련된 패널을 이용해 수치적으로 나타내는 방법으로, 감각적 특성에 대한 양적 데이터를 수집하고 통계적으로 분석할 수 있는 기술이다. 커핑은 커피의 품질과 가치를 결정하는 데 있어 중요하다. 커퍼는 시각, 후각, 미각을 결합하여 커피 음료의 다양한 감각적 요소를 식별하고 가격에 영향을 미치는 무역 표기를 할 수 있다. 이 과정은 현대 센서리 과학의 발전과 더불어 시간이 지남에 따라 진화해왔으며, 지금도 커피 산업의 핵심적인 요소로 남아 있다.

과거 커피 향미 평가는 생두 무역상과 로스터만이 할 수 있는 전통적인 행위였으며 수습제도를 통해 비공식적으로 훈련됐다. 그러나 1960년대와 1970년대에 스페셜티 커피가 등장하면서 커피 품질과 신선도에 중점을 두는 새로운 전문회사들이 등장했다. 이들은 작은 샘플 로스터기와 커핑 테이블을 두고 그들만의 기술을 연마했다. 그리고 1984년, 스페셜티커피협회의 테드 링글Ted Lingle이 『커피 커퍼 핸드북The Coffee Cupper's Handbook』을 출간하면서 커핑을 시스템화하고 모든 이가 이 기술을 배울 수 있도록 했다. 이를 통해 커피 감각 분석의 두 번째 큰 혁명이 일어났다. 커핑은 커피 향미를 실습하고 배울 수 있는 기술이며, 체계적이고 엄격할 필요가 있다는 점이 강조됐다. 링글은 센서리 과학 분야의 새로운 인사이트를 통합하고 팡본의 논문들을 참조해 '프로토 렉시콘proto lexicon'을 소개했다. 이는 커피의 맛을 포함하여 약 150개 이상의 서술적인 용어를 제공한다. 링글과 SCAA의 협력자들은 1999년부터 와인 산업에서 사용하는 100점 측정 시스템을 참고, 멀티 파트 양식과 수학적 측정 모델을 이용해 커피 품질을 양적으로 평가하기 위해 첫 번째 SCAA 커핑 프로토콜과 점수 시스템을 개발했다. 앤 노블Ann Noble의 '와인 아로마 휠'에서 영감을 받은 링글은 '커피 플레이버 휠'을 만들었다. 이는 커피의 맛을 시각적으로 이해하기 쉽도록 하는 것을 목적으로 한다. 마지막으로 1997년 장 르누아Jean Lenoir는 커피 테이스터를 위한 미각 교육 키트인 '르네 뒤 카페Le Nez du Café'를 개발해 커피 산업을 위한 아로마 키트를 제공했다. 이 같은 도구들은 센서리 과학의 최신 접근법과 전통적인 용어를 결합하여 커피 전통과 감각 기술의 중간 지점을 달성하는 것을 목적으로 한다.

60년대와 70년대 스페셜티 커피의 등장은 커피 센서리 평가에 대한 새로운 관심을 유발해 커피 커퍼 핸드북 같은 자료들이 만들어지도록 했다. 이는 커피 맛 평가가 누구나 배울 수 있는 체계적이고 엄격한 관습이 될 수 있다는 아이디어를 촉진했다. 감각 과학자와의 협력과 SCAA 커핑 프로토콜, 점수 평가 시스템, 플래이버 휠 등의 도구가 개발됨에 따라 커피 산업은 센서리 과학의 최신 방법과 전통 용어를 통합하기 시작했다. 르네 뒤 카페와 같은 아로마 훈련 키트는 커피 맛 평가 기술을 향상시키기 위한 편리한 참고 자료가 되었다. 이처럼 전통과 현대 감각 과학의 통합은 산업이 보다 표준화된 커피 센서리 평가 방법을 수립하는 데 도움이 됐다.

2001년, 폴 카츠프Paul Katzeff는 커피 생산자가 커피 감각 분석 및 점수 평가 기술을 배울 수 있도록 하는 『커피 커퍼 매니페스토The Coffee Cupper's Manifesto』를 저술했다. 이는 커피 센서리 분석(커핑)이 단순한 품질 분석 기술이 아닌 커피 시장에서 권력과 언어가 될 수 있다고 주장하며, 센서리 교육의 보급을 장려하는 주요 이유가 되었다. 같은 시기에 조지 하웰George Howell은 커피 생산자들이 자신의 권리를 지키고 소비자가 더 나은 소비를 할 수 있도록 돕는 '컵오브엑셀런스Cup of Excellence'라는 커피 대회를 시작하기 위한 새로운 커피 감각 평가 기술과 양식을 고안했다.

마찬가지로 2001년에 링글과 협력자들은 SCAA 커핑 폼과 프로토콜의 새로운 버전을 개발해 SCAA 시스템을 더욱 발전시켰다. 이에 따라 커피 평가자와 맛 평가자를 교육하고 테스트하는 프로그램이 개발됐다. 처음에는 SCAA에서 시작되었으며 이어서 커피 품질 연구과가 설립한 자선 단체인 CQICoffee Quality Institute에서도 수행됐다. CQI 프로그램은 SCAA 프로토콜을 토대로 한 커피 맛 평가자 교육을 목적으로 하는 Q그레이더 프로그램을 실행했다. 이를 통해 수천 명의 평가자들이 SCAA 커핑 프로토콜과 100점 평가 체계를 배우고 보편적 커피 감각 평가 기술의 포용을 시작했다.

2008년에는 팀 실링Tim Schilling 박사를 비롯한 커피 연구자들이 SCAA의 100점 커피 커핑 기술을 이용한 개선된 커피 가공 기술을 개발하기 위해 체계적 연구에 참여했다. 이 실험을 통해 그들은 SCAA 커핑 점수를 커피 맛 설명과 연관시키는 것이 쉽지 않다는 결론을 얻었다. 이러한 실험들은 월드커피리서치World Coffee Research(WCR)라는 새로운 기관의 설립 및 센서리 과학 분야에 대한 재조명으로 이어졌다. 커피 연구에서 이전에는 감각적 서술 분석 기술을 거의 사용하지 않았단 사실을 깨달았으며, 에드가 챔버스Edgar Chambers 등이 이끄는 캔자스주립대학의 프로젝트를 시작하여 커피 연구를 위한 공식적인 과학적 '어휘집'을 개발했다. 하야카와Hayakawa 등의 다른 연구자들도 이와 비슷한 어휘집을 개발했다. 챔버스 어휘집은 WCR 센서리 렉시콘Sensory Lexicon으로 발전해 연구자들을 위한 세계적인 커피 맛과 지식의 기본 색인으로 자리매김했다.

SCAA는 WCR 센서리 렉시콘을 사용해 커피 평가자와 서술자들이 이러한 속성들을 새로운 커피 맛 관련 정보들로 정리하도록 하는 연구 프로젝트에 참여했다. 이 프로젝트는 WCR, SCA, UC데이비스가 공동으로 발전시켰고, 2016년 출판된 커피 맛 관련 정보의 첫 번째 체계적인 휠인 '커피 테이스터스 플레이버 휠Coffee Taster's Flavor Wheel'로 이어졌다. 이 시기에 전 세계 수천 명의 커피 전문가들이 SCA 커핑 방법을 학습했다(미국스페셜티커피협회와 유럽스페셜티커피협회가 통합된 이후에는 이 방법을 SCA 커핑 방법Cupping Methodology이라고 부르게 되었다).

한편 업데이트된 2016년 커피 테이스터스 플레이버 휠과 WCR 센서리 렉시콘의 법적 규정은 커피 연구에서 상용 센서리 과학 통합을 더욱 촉진했다. 이를 통해 커피 맛이 실제로 인식되고 평가되는 방식을 보다 잘 이해할 수 있게 됐다.

커피 산업에서는 최근 커피 생산자들의 권리를 존중하고 시장 가격을 개선하기 위해 센서리 분석과 점수 평가에 대한 관심이 커지고 있다. 이러한 변화는 보급적인 감각 교육 프로그램의 개발, WCR과 같은 조직의 설립, 그리고 정량적 센서리 분석 기술의 사용을 통해 이뤄졌다. 이러한 노력의 결실로 SCA 플레이버 휠과 WCR 센서리 렉시콘 등 커피 전문가와 연구원들에게 중요한 도구들이 전 세계적으로 자리 잡게 되었다. 이러한 도구들은 커피 생산자들의 권리를 보호하고 시장 가격을 개선하는 데에 중요한 역할을 하고 있다. 결국 이러한 변화들은 커피 산업의 전반적인 생산성과 수익성을 높이는 데에 큰 도움을 줄 것이다.

1.2 향미 과학

1.2.1 향미 지각

우리 일상에서의 맛 경험은 감각의 결합된 반응과 이러한 입력의 인지 처리에 따라 달라진다. 맛 자체는 종종 후각과 맛, 그리고 체성감각somatosenses[01]으로 제한되어 생각되지만, 실제로는 뇌에서 처리되는 다른 많은 감각 입력이 통합되어 맛 지각을 유발한다. 이러한 광범위한 다중 감각적 측면의 맛 지각은 최근 들어 인식됐다. 학계 및 산업 분야의 연구자들은 맛을 구성하는 후각과 체성감각의 기여를 미비하게 생각해 맛은 주로 후각으로 이루어진다고 봤다. 그러나 현재의 연구는 이것이 인간의 맛 지각을 과도하게 단순화했다는 사실을 입증하고 있다.

사실 맛은 후각이나 체성감각의 개별적인 입력뿐만 아니라 뇌의 다른 부분에서 처리되는 다양한 정보와 상호작용하는 것으로 나타났다. 뇌는 맛을 처리하는 전문적인 영역을 갖고 있으며 여기서 후각, 체성감각 및 기타 입력이 통합되어 맛 지각이 형성된다. 이러한 다중 감각적 맛 지각은 음식에 대한 선호도와 더불어 음식의 영양성과 안전성을 판단하는 데도 영향을 미친다.

따라서 완전한 맛 체험을 위해서는 다양한 감각 입력의 조합과 뇌에서의 통합적인 처리를 이해하고 고려해야 한다. 이를 통해 더욱 다양하고 풍부한 맛 경험을 할 수 있을 뿐 아니라, 음식의 영양성과 안전성을 더욱 정확하게 평가하고 선택할 수 있다.

1.2.2 체성감각

체성감각(몸감각) 시스템은 촉감, 온도, 신체 위치 및 운동, 통증 정보를 제공한다. 얼굴과 입에서는 이러한 감각을 삼차 신경trigeminal nerve을 통해 전달하는데 이를 삼차 신경 감각trigeminal sensations이라고 한다. 또한, 삼차 신경은 화학 정보도 전달하고 자유 신경 종단은 타액과 후각 점막에 녹아 있는 화학 화합물을 감지한다. 예를 들어 대부분의 아로마 화합물은 후각 시스템보다 농도가 높을 때 삼차 신경을 활성화하는 것으로 나타

---

01 척수신경 후근의 감각신경가지들을 통해 일어나는 전신 감각. (생명과학대사전)

났다. 삼차 자극은 차가움cool, 뜨거움warm, 화끈함burning, 신랄함pungent, 따끔함tingling, 쏘는stinging, 저림numbing 또는 자극irritation 등 몇 가지 질적인 지각을 유발한다. 그러나 일부 연구는 더 넓은 삼차 질적 구별을 제안하여 이러한 지각이 더 복잡할 수 있음을 시사하고 있다. 복합물의 유용함과 삼차 신경 활성화 강도 간의 인지된 강도와 관계가 있음을 보여주는 몇 가지 연구를 통해 삼차 신경의 활성화는 향기의 강도 인지에 기여한다는 것이 제시됐다. 삼차 감각은 또한 음식 인식과 맛에 중요한 역할을 한다. 맛과 삼차 감각 사이의 균형이 전반적인 맛 지각에 기여하는 것으로 나타나며 이는 추가 삼차 자극을 사용한 맛 증가 연구 등을 통해 입증됐다. 아울러 삼차 감각은 음식 선택과 섭취에도 영향을 미쳐 사람들은 삼차 특성(ex. 매운맛)에 기초하여 일부 음식을 선호하거나 피한다. 전반적으로 삼차 신경계는 감각 지각에 중요한 역할을 하며 식사 인식과 소비에 미치는 영향이 크다.

1.2.3 맛 지각

맛은 입 안에 특수한 맛 감지 세포에서 발생하는 복합적인 감각이다. 이는 대부분 혀에서 발생하며 단맛과 신맛, 짠맛, 쓴맛, 그리고 아미노산 글루타메이트amino acids glutamate, 아스파타트aspartate 의해 지각되는 우마미umami로 나뉜다. 맛을 이러한 다섯 가지 범주로 정의하는 것은 맛이 간단한 감각이라는 것을 시사하지만 이는 사실이 아니다. 예를 들어 신맛에는 식초(아세트산), 발효 우유(유산), 레몬(구연산), 사과(사과산) 및 와인(와인산)의 신맛이 있다. 이러한 신맛의 각 측면은 독특한 감각적 특성을 갖는다. 단맛, 쓴맛, 짠맛도 마찬가지다. 각각의 맛이 인식되는 방식, 맛 세포의 특이성, 맛이 어떻게 부호화되고 해석되는지는 여전히 많이 알려지지 않았다. 따라서 맛 자체는 간단하지 않으며, 음식의 다른 감각적 특성과 상호작용하여 인간의 인식을 결정하는 방식도 간단하지 않다.

맛은 문화적인 영향과 경험적인 영향도 받는다. 한국인은 고추장이나 간장 등 짭짤하고 짠맛을 선호하지만, 서양인은 단맛이나 쓴맛을 더 선호한다. 또한 어릴 때부터 익숙하게 먹었던 음식의 맛은 선호도에 영향을 미칠 수 있다.

맛은 인간 생존과 직접적으로 연관된 중요한 감각 중 하나다. 음식의 맛은 음식의 영양성과 안전성과도 관련되어 있으며, 식품 산업은 일상적인 우리의 요구에 맞춰 음식의 맛과 품질을 개선하는 데 큰 노력을 기울이고 있다. 마지막으로 맛은 사회적인 영향력도 갖는다. 음식은 문화와 역사, 지리와 환경, 식습관과 사회적 상황 등 많은 경험의 영향을 받는다. 따라서 맛은 문화적인 의미와 공동체 개념과도 깊은 연관성을 갖는다.

1.2.4 맛의 구조

맛은 구강(혀, 구개, 인두, 후두) 전체에 있는 미뢰taste bud에 의해 감지된다. 대부분의 미뢰는 혀의 유두(혀 표면에서 쉽게 볼 수 있는 작은 혹) 내에 위치한다. 성인은 평균적으로 대략 10,000개의 미뢰를 가지고 있고 어린이는 더 많은 미뢰를 가지고 있지만 인종에 따라 큰 차이가 있다. 손상된 미뢰는 7~10일 이내에 빠르게 교체되며 이러한 감지기는 영양소 탐색기 및 잠재적으로 유해한 물질로부터 몸을 보호하기 위해 일생 동안 유지된다. 그러나 맛을 볼 수 있는 능력은 연령, 구강 감염, 위 식도 역류(일반적인 원인), 반복적인 화상, 흡연, 질병(당뇨병, 악성 빈혈), 특정 약물, 농약 및 금속 노출, 수술 및 방사선 등으로 인해 시간이 지남에 따라 감소하거나 손상될 수 있다.

미뢰에는 네 가지 종류의 유두가 있다. 가장 풍부한 유두인 모상유두filliform는 미뢰가 없지만 촉감과 관여된다. 미뢰가 있는 세 가지 유두는 버섯 모양의 용상유두fungiform, 잎 모양의 엽상유두foliate 그리고 유곽유두circumvallate다. 혀의 앞쪽에 위치한 용상유두는 빨간 점처럼 보이며 2~3개의 미뢰를 포함하고 혀의 총 미뢰 중 약 18%를 구성한다. 엽상유두는 혀의 뒤쪽 가장자리에 작은 봉우리처럼 보인다. 각 측면에 이러한 봉우리가 최대 20개씩 있고 각각 600개의 미뢰가 있으며, 혀의 총 미뢰 중 약 34%를 구성한다. 혀의 뒷부분에는 8~12개의 상대적으로 큰 유곽유두가 있으며 각각 약 250개의 맛마디를 포함하고 혀의 총 미뢰 중 최종 48%를 구성한다.

미뢰는 양파 또는 오렌지 모양의 구조물과 유사하고, 유두에 따라 20~250개의 묶음으로 존재한다. 각 미뢰는 모든 다섯 가지 맛감각을 대표하는 최대 100개의 맛 세포로 구성되어 있다. 각 맛 세포에는 미세 덩어리 모양의 구조물인 미세융모가 있으며, 이는 미뢰의 입구에 위치한 미공을 통해 혀 유두로 향하고 맛을 포착한다. 미세융모는 분자 및 이온에 결합하는 막 관통성 단백질 transmembrane proteins을 포함하는 수용체를 가지고 있으며, 이는 맛을 자극한다.

역사적으로는 혀의 맛 지도는 부분적으로 정리되어 알려져 왔다. 단맛은 혀의 끝에서 감지되며 중앙에는 짠맛 감지 미뢰, 혀의 측면에는 신맛 감지 미뢰, 혀의 뒷부분(구토 반응에 가까운 곳)에는 쓴맛 감지 미뢰가 배치되었다. 이러한 배열은 오랜 시간 동안 부정확하게 묘사됐다.

100년도 전에 혀의 서로 다른 유두의 맛 세포가 하나 이상의 유형의 자극에 반응한다는 사실이 밝혀졌다. 각 신경세포는 하나의 맛감각에 더 강하게 반응할 수 있지만, 다른 맛 특성에도 반응한다. 또한 쓴맛과 단맛 모두를 위한 수용체를 포함하는 단일 맛 세포는 없다. 각각의 맛 수용체 세포는 뇌로 이동하는 감각 신

그림 출처 옥스퍼드 어학사전,
내용 번역 Paul Kim

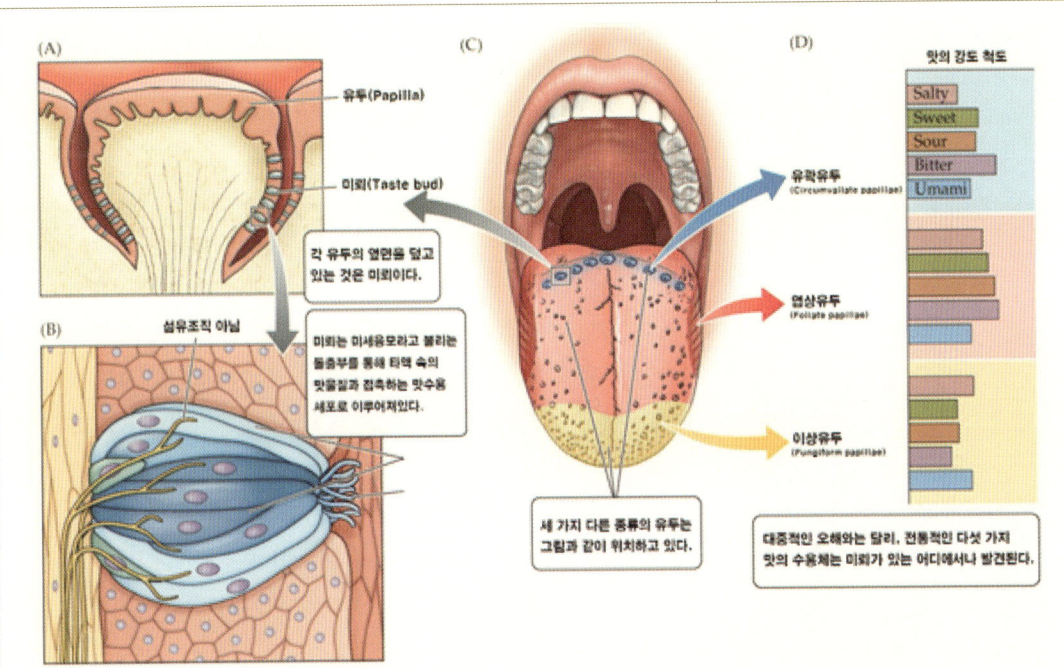

경을 통해 세포 활동의 네트워크로 연결된다. 하나의 감각 세포는 서로 다른 미뢰 내의 여러 맛감각 세포에 연결될 수 있다. 비슷한 맛을 가진 자극은 맛 신경세포 집합에서 유사한 전기 활동을 제공한다. 뇌는 패턴 인식 형태를 사용하여 다른 맛 품질을 해석, 분류 및 저장한다. 이러한 패턴은 시각, 냄새 및 기타 감각 신호와 결합하여 맛을 형성한다.

1.3 2004/2023 SCA 아라비카 커핑 프로토콜

1.3.1 아라비카 샘플 로스팅 프로토콜

2023년 SCA 커피 가치 평가 프로토콜Coffee Value Assesment Protocol이 공개됐다. SCA는 2004년 커피 커핑 프로토콜을 더 전반적인 커피 가치 평가 체계로 평가, 확장 및 발전시키는 장기 프로젝트를 시행했다. 이 새로운 체계는 스페셜티 커피의 가치가 평가되는 특성을 포함, 전체적이고 상세한 그림을 제공한다. 이를 위해 물리 감각적, 기술적 묘사, 감성적 평가 및 외부적 평가 네 가지의 개별 평가를 개발함으로써, 이 체계는 빅포드와 링글의 연구 성과를 보완하는 동시에 커피에 대한 중요 정보를 추가로 수집하고 식별할 수 있는 기회를 제공한다. 새로운 2023 SCA 커피 가치 평가 내용을 이 책에 소개할 수 있도록 허락해 준 필자의 커피 멘토이자 로부스타 스승인 Dr. Mario R. Fernández에게 감사를 전한다.

이번 장에는 2004년과 2023년 공개된 SCA 커피 가치 평가 프로토콜을 함께 설명하고자 한다. 2023년 발표된 SCA 커피 가치 평가 프로토콜은 아직 베타버전(초안)이다. 2023년 얼리 어댑터 프로그램을 통해 광범위한 테스트를 거친 후 2024년에 2004 SCA 커핑 폼 및 프로토콜을 대체할 것으로 예상된다. 따라서 국제표준기구(ISO)에서 제시한 일부 지침을 준수하여 조직화되고 작성됐다.

따라서 이 내용은 아직 2004년 SCA 샘플 로스팅 프로토콜을 완전히 대체하진 않지만, 샘플 로스팅 프로토콜에 가장 큰 변화가 있었다. SCA은 커핑 상황에 따라 2004년과 2023년 커핑 폼을 함께 사용하도록 권고하고 있다.

커핑 방법

커핑은 생두의 향미와 미각적 특성을 체계적으로 평가하기 위해 사용되는 방법이다. 커핑은 규정된 추출 방식과 커퍼의 후각, 미각, 그리고 입에 닿는 느낌에 의한 완전한 감각적 평가를 위한 순차적인 단계로 이뤄져 있다. 커핑은 대개 커피의 구매나 블렌딩 같은 경제적인 목적과 맞닿아 있기 때문에 시연자는 커핑의 과정과 방법을 엄격히 준수해야 한다.

분쇄도

원두는 미세한 굵기로 분쇄하는데 대략 입자의 70~75%가 미국 표준 20번 망체U.S Standard Size 20 mesh sieve(0.841mm)를 통과할 정도여야 한다. 분쇄 기준을 이렇게 설정한 것은 커핑 시 18~22%의 추출수율을 확보하기 위함이다. 여러 실험을 통해 이 수치가 커피 맛을 내는 모든 화합물이 균형을 이루는 최적의 비율이라는 것이 입증됐기 때문이다. 분쇄도를 정확히 측정하려면 반드시 망체mesh sieve가 있어야 한다. 오른쪽 표는 미국 메쉬 사이즈별 입자 크기를 정리한 것이다. 메쉬 사이즈가 커질수록 입자 굵기는 가늘어진다.

커핑용 물

커피 추출에서 물이 차지하는 비중은 대략 99%. 그만큼 샘플 준비에 사용하는 물의 중요성은 아무리 강조해도 지나치지 않다. 물은 50~175ppm의 용존 미네랄을 함유해야 한다(2023년 프로토콜에서 최저 ppm이 75에서 50으로 변경). 이는 시중에 판매 중인 크리스탈 프레시crystal fresh와 동일한 경도다. 증류수는 추천하지 않으며 사전에 수질을 체크하고 염소 등의 화학 물질들은 걸러 내야 한다.

커피와 물의 비율

각 샘플 컵을 위한 커피는 미리 준비돼야 하며 모든 샘플에서 커피와 물의 비율은 항상 일정하게 유지되어야 한다. 대개 커피 8.25g, 물 150㎖인데, 이 비율로 용해된 용액에서 커피 향미는 1.1~1.3% 사이의 강도로 나타난다. 이는 하프 갤런 추출기에서 물

미국 메쉬 사이즈별 입자 크기

미국 메쉬사이즈	미크론(㎛)
4	4,750
5	4,000
6	3,350
7	2,800
8	2,360
10	2,000
12	1,700
14	1,400
16	1,200
18	1,000
20	850
24	690
30	560
36	485
40	425
46	355
54	305
60	250

64oz, 커피 3.75oz 비율로 유지하는 것과 동일하다.

로스팅

로스팅은 생두에 열을 가해 물리적 및 화학적 변화를 일으키고 커피 맛을 발전시키는 단계다. 이는 매우 복잡한 단계로 로스팅 기술, 커피 샘플 양, 로스팅 목적 및 기타 변수에 따라 매우 다양한 상황이 존재할 수 있다. 모든 가능한 상황을 다루지는 않으며 샘플 로스팅에 대한 일반적인 지침을 제공한다. 샘플 로스팅의 목적은 로스팅 디펙트를 피하면서 원하는 로스팅 단계를 달성하고, 모든 샘플의 로스팅 조건과 매개변수를 가능한 한 균일하게 유지하는 것이다. 이 목적을 달성하는 한 다양한 로스팅 기술과 조건이 허용된다.

1.3.2 2004 SCA 커핑 폼 설명

2004 SCA 커핑 폼의 목적은 커피의 품질에 대한 커퍼의 인식을 결정하는 것이다. 각각의 향미 속성의 품질을 분석한 뒤 커퍼의 이전 경험을 토대로 평가한 샘플을 숫자 척도로 평가한다. 이후 샘플 간의 점수를 비교할 수 있다. 더 높은 점수를 받은 커피는 낮은 점수를 받은 커피보다 확연히 품질이 나은 것이다.

2004 커핑 폼은 다음과 같은 커피의 중요한 향미 특성을 기록하는 수단이다. 구체적인 향미 특성은 커퍼의 평가를 반영하는 양수로 구성되어 있다. 결점은 불쾌한 감각을 나타내는 음수로 구성된다. 전체 점수는 커퍼가 자신의 경험에 기초한 개인적인 평가를 통해 매긴다. 6에서 9 사이의 숫자값 사이에서 1/4 단위로 평가해 총 16개 점수로 평가할 수 있다. 스페셜티 커피의 점수별 등급은 다음과 같다.

→ 스페셜티 커피 점수별 등급

GOOD	VERY GOOD	EXCELLENT	OUTSTANDING
6.00	7.00	8.00	9.00
6.25	7.25	8.25	9.25
6.50	7.50	8.50	9.50
6.75	7.75	8.75	9.75

이론적으로 점수의 범주는 표에 표시되지 않은 점수 0~5.75점, 그리고 최소 6점에서 최대 10점에 이른다. 6점 이하는 스페셜티 커피 등급에 들지 못한다. 그만큼의 평가가치가 없다는 뜻이다.

하지만 오래전 SCAA가 제시한 이 등급 기준으로 커핑에 접근하면 혼란스러울 수 있다. 실제로 커핑을 해보면 Good이라는 등급을 받는 6점대 점수의 커피는 부정적인 향미가 가득하기 때문이다. 이 책에서는 현실적으로 커핑을 잘하기 위한 저자의 노하우를 공개한다.

향미란 무엇인가?

식욕은 동물에게 있어서 생존의 필수 불가결한 욕구이다. 생존에 필수적인 영양과 에너지를 제공하는 근원이 되며 이를 충족하게 될 때 동물은 만족하며 행복을 느끼게 된다. 동물의 식욕을 유발하는 자극은 후각이라는 감각을 통한 향aroma과 미각이라는 감각을 통한 맛taste에 의존한다. 이 두 가지를 합쳐서 향미flavor라고 부른다.

후각

향(냄새smell)이 있는 화학물질의 기체 분자에 의하여 코(비강)라는 감각기관에 자극되어 일어나는 냄새의 감각을 후각이라고 한다. 후각은 자연적으로 발생하거나 로스팅 과정에서 생성된 휘발성 유기물질에 대한 감각적인 평가를 말한다. 화학적 화합물들의 휘발성은 상대적이라 커피 아로마는 네 가지 분류로 나누어 평가한다.

① 드라이 아로마Dry Aroma
　보통 '향기'라고 일컫는다. 상온이나 이보다 조금 더 따뜻한 온도에서 기체로 존재하는 화학적 혼합물이다.
② 컵 아로마Cup Aroma
　주로 '아로마'라고 부른다. 추출할 때 표면에 있는 증기로부터 생성되는 것이다.
③ 코에서 감각되는 증기에서 느끼는 향기Nose derived

커피를 마실 때 커피 안의 액체나 고체에 달라붙어 갇히는 향기.

④ 애프터테이스트 Aftertaste
커피를 삼키거나 커핑 후 뱉은 뒤 입속에 남아있는 커피의 잔여물로부터 생기는 증기.

커피의 향은 총 네 가지로 구분된다. 첫 번째로 로스팅 후 분쇄한 커피의 향, 두 번째는 분쇄커피가 물과 접촉했을 때의 향, 세 번째는 추출된 커피의 증기에서 느껴지는 향, 마지막은 커피를 마신 후 입에 남는 뒷맛이다. 각각의 요소는 저마다의 방향적 속성 또는 향미 형태를 가진다. 여기에 커피 특유의 맛의 변조가 합해져 특정한 프로파일이 완성되는 것이다. 그러므로 후각은 비슷한 특성의 커피와 그렇지 않은 커피를 구분하는 주된 감각이라 할 수 있다.

1. 인간의 후각: 인간의 콧속 천장에는 후각세포가 모여있는 세 종류의 후각상피가 있다. 후각상피는 점액으로 덮인 세포층으로, 기체상태의 화학물질이 들어오면 후각세포가 자극을 받아들이게 된다. 즉, 기체상태의 화학물질 → 후각상피 → 후각신경 → 대뇌의 경로로 향을 느끼게 된다.
2. 후각의 중요한 특징: 후각은 다른 감각기관에 비해 매우 민감하다. 쉽게 피로해지기 때문에 같은 향을 계속 맡으면 그 향을 느끼지 못한다. 그와 동시에 뇌에서 직접적으로 인지하지 않아도 또 다른 종류의 향은 자연적으로 인지하고 있는 상태가 된다.

미각

미각은 분쇄커피로부터 추출되는 액체물질에 대한 감각적 평가다. 물질은 유기와 무기 화합물로 이루어져 있다. 커피 속의 유기물질은 대부분의 채소, 과일, 견과류에서 발견할 수 있는 당과 식물성 기름, 산의 혼합물이며 그 맛은 약간 단 것에서부터 굉장히 신 범위까지 다양하게 분포한다. 커피는 또한 알칼로이드(ex. 카페인)와 에스터[02](ex. 클로로겐산)와 같은 유기 혼합물로도 이루어져 있는데, 이는 쓴맛의 감각에 기여한다. 미네랄염(ex. 미네랄 옥사이드, 포타슘)으로 이루어져 있는 무기 물질은 짠맛을 내며 농도에 따라 단맛에서부터 떫은맛 또는 비누, 금속 맛까지 폭넓게 분포한다. 커피의 기본적인 맛의 감각은 단맛, 신맛 그리고 짠맛이다. 쓴맛은 다른 맛들을 더욱 부각시키거나 바꾸어주는 기능만을 한다. 단, 쓴맛이 주가 되는 다크 로스팅 커피는 예외다.

맛의 조절이란 한 가지의 기본 맛이 상대적으로 강한 다른 기본 맛(하나 혹은 여러 가지)에 의해 달라지는 현상을 말한다. 예를 들어, 토마토 주스에 소금을 넣으면 달콤함을 더욱 높여 준다. 세 가지 기본 맛의 조절은 총 여섯 가지의 주된 커피 맛을 만들어 낸다. 이러한 이유로 커피는 비슷한 기본 맛에 따라 분류될 수 있으며, 이는 커피의 특성에 관련하기도 한다.

1. 맛은 혀의 표면에 있는 유두라는 작은 돌기 옆에 맛 세포가 모여 있는 미뢰에 맛을 가진 액체 상태의 화학물질이 닿으면 자극받게 된다. 즉, 액체 상태의 화학물질 → 유두 → 미뢰 → 미각신경 → 대뇌의 경로로 맛을 느끼게 된다.
2. 맛의 종류: 짠맛, 단맛, 신맛, 쓴맛, 감칠맛

후각과 미각의 관계

맛과 냄새는 사람들이 생각하는 것보다 더욱 깊게 연결되어 있다. 이 두 감각은 모두 우리 몸의 화학 감각 시스템인 케모센서리 시스템의 일부다. 이들 감각은 함께 작동하여 우리가 다양한 음식을 즐기거나 멀리하는 데 도움을 주는데 각각 독특한 역할을 가지고 있다.

맛 감각은 우리가 다섯 가지 기본 맛(단맛, 짠맛, 쓴맛, 신맛, 우마미)을 인식하게 한다. 맛 수용체 혹은 맛봉오리는 주로 혀에 위치해 있지만 입의 천장과 목에도 있다. 한편 냄새 감각은 **훨씬 더 복잡하며 수많은 다른 향을 구별할 수 있다.** 우리의 후각 수

---

02 알콜 또는 페놀이 유기산이나 무기산과 반응할 때 물을 잃고 축합하여 생긴 화합물의 총칭. (두산백과)

용체는 코의 깊숙한 곳에 위치해 있으며, 뇌의 후각 피질로 직접 신호를 보낸다.

식사 과정에서 음식의 향이 방출되면 우리는 이를 코로 들이마신다. 이 향기 분자들이 후각 수용체에 결합하고 이 정보가 뇌로 전송된다. 동시에 음식을 먹으면 맛봉오리들이 활성화된다. 우리 뇌는 냄새와 맛에서 오는 이러한 신호들을 통합하여 맛의 인식을 생성한다. 흥미롭게도 우리가 음식의 맛으로 인식하는 것의 약 75%는 실제로 냄새 감각에 의한 것이라고 알려져 있다. 이는 감기에 걸리거나 코가 막혀 커피 향을 인지할 수 없을 때 커피가 가진 전체적인 맛 프로파일을 인식할 수 없게 되는 이유다. 대부분의 향기 성분들이 그 독특한 맛을 형성하는데 기여하고 있지만, 이들을 감지할 수 없으면 커피 맛은 평범하게만 느껴질 수 있다.

맛과 냄새의 이런 강한 연관성은 요리사와 식품 과학자들이 요리의 향에 많은 노력을 기울이는 이유 중 하나다. 맛있는 냄새는 식사의 즐거움을 더할 뿐만 아니라 맛을 인지하는 과정에도 큰 영향을 미친다.

커피 향미 표현 방법과 분석
향미의 감각적 평가

커피 맛을 즐기는 것은 행복한 일이다. 미각과 후각이 맛을 어떻게 감지하는지에 따라 커피에서 인지되는 맛을 세분화할 수 있다. 우리가 맛을 인지하는 능력은 향과 맛으로부터 느껴지는 동시적 감각에서부터 온다. 수만 개의 후각세포와 수천 개의 미뢰가 자극을 기억하고 수백 개의 신경 섬유들을 통해 뇌에게 메시지를 전달한다.

인간의 후각과 미각은 신비로운 감각기관이다. 우리의 뇌 속에는 대뇌변연계limbic system가 있다. 이는 개체 및 종족 유지에 필요한 본능적 욕구와 직접적인 관계가 있어 '본능의 지도'라 불리기도 한다(두산백과). 이 본능은 맛과 향을 분석하는 데 있어 인간의 오감 중 후각과 가장 인접한 연계성을 가지고 있다.

커피의 향미는 인간의 본능적 욕구에 의해 평가하게 되는 것이지만, 훈련되지 않은 사람이 커피를 완벽하게 이해하고 평가하는 것은 굉장히 어렵다. 하지만 우리는 커피 향미를 평가 하는 간단하면서도 비기술적인 방법을 잘 알고 있다. 커피의 향과 맛을 기초적인 혀의 자극을 통해 구분할 수 있는 쉽고 재미난 감각적 관점을 소개하고자 한다.

맛 혼합물의 인간 인지능력

모든 생물체는 생존을 위해 음식을 필요로 한다. 음식은 일상적인 기능을 수행하고 생명을 유지하는 데 필요한 필수 영양소를 제공하기 때문이다. 그러나 인간과 일부 다른 동물들에게 먹는 행위는 생존 그 이상의 의미로 발전했다. 인간은 단지 영양을 공급받기 위해서만이 아니라 우리의 미각을 즐겁게 하고 감각적인 즐거움을 제공하는 요리예술, 요리, 그리고 커피와 같은 음료를 개발했다.

커피는 특히 전 세계 많은 문화에서 중요한 역할을 한다. 커피의 맛 프로파일은 매우 복잡하며 다양한 감각 경험을 제공한다. 단지 카페인의 원천이 아니라 즐거움, 위안, 일상적인 의식의 일부, 그리고 종종 사회적 교류의 매개체가 된다. 맛없는 커피는 불쾌한 기억을 남길 수 있으며, 상하거나 독성이 있는 경우에는 치명적인 결과를 초래할 수 있다.

음식 평가는 시각적인 점검과 향기로 시작된다. 맛있어 보이고 좋은 냄새가 나는 음식의 섭취가 수월하듯 말이다. 이 다중 감각 평가는 실제로 우리가 음식을 먹을 때 계속된다. 우리의 뇌는 혀뿐만 아니라 코, 심지어 귀와 촉각 수용기로부터 다양한 감각 데이터를 받아 처리한다. 이 과정에서 맛과 향은 본질적으로 연결되어 있다. 우리의 미각 세포는 단맛, 짠맛, 신맛, 쓴맛, 그리고 감칠맛까지 다섯 가지 기본 맛을 식별하고 신경을 통해 뇌로 신호를 보낼 수 있다. 이 해부학적 특성은 우리가 기본 맛 감각을 인지할 수 있게 한다. 후각은 이 기본 프로파일에 깊이를 더한다. 미각 세포만으로는 알아볼 수 없는 다양한 맛을 식별하는 데 도움을 주는 것이다.

게다가 우리의 후각 시스템은 뇌의 기억 및 감정과 관련된 부분과 직접 연결되어 있다. 특정 향이나 맛이 강한 기억이나 감정을 불러일으키는 이유이며, 맛없는 커피나 상한 음식이 즉각적인 불쾌함을 가져올 뿐만 아니라 지속적인 불쾌한 기억을 남기는 이유다.

결론적으로 맛과 향의 감각 상호 작용은 우리가 음식과 음료를 즐기고 안전하고 즐거운 식사 선택을 하는 데 굉장히 중요하다. 따라서 이런 감각을 보존하는 것의 중요성과 이들이 어떻게 작동하고 어떤 요인에 의해 영향을 받는지에 대한 지속적인 연구의 필요성을 부각한다.

향의 감각이란?

후각은 복잡한 감각으로 우리가 평상시에 냄새와 향기를 구분하게 해주는 감각을 말한다. 냄새 분자가 후각 상피에 도달할 때 연속적인 반응을 통해 광범위한 감각을 지각할 수 있도록 한다. 향과 맛을 인지하는 방법을 배우기 위해서는 냄새의 감각 기관들이 어떻게 작용하는지와 몇 가지 용어를 이해해야 한다.

비강 내 후각 상피는 후각 수용체를 포함하는 특수한 조직이다. 이 수용체들은 각각 향기 물질의 다른 분자 특징에 반응한다. 향기 물질이 수용체에 결합하면 이는 전기적 신호를 발생시키고, 이 신호는 후각 전봉, 즉 후각과 직접적으로 연결된 뇌의 일부로 전달된다.

여기서 진짜 복합성이 시작된다. 각 향기 물질은 여러 다른 수용체를 활성화시킬 수 있고 각 수용체는 여러 다른 향기 물질에 의해 활성화될 수 있다. 이로 인해 우리의 뇌가 특정 냄새로 해석하고 인식할 수 있는 '냄새 코드odor code'가 생성된다. 이 신호들의 조합과 강도는 우리가 광범위한 냄새를 탐지하고 구별할 수 있게 한다.

냄새 감각은 맛의 인식에 있어서도 매우 중요하다. 음식을 씹고 삼킬 때 발생하는 향기 물질들은 목 뒤쪽을 통해 후각 상피에 도달한다. 이를 후각 적응이라고 한다. 이 향기 물질들은 코를 통해 들이마신 냄새와 동일한 후각 수용체를 자극하지만, 뇌는 이들을 입에서 나온 것으로 인식한다. 이에 따라 우리는 음식의 전체 맛을 체험하게 되고, 이는 미각 세포가 감지하는 기본 맛들과는 대조적이다.

이 분야에서 중요한 몇 가지 용어는 다음과 같다.

1. 후각 시스템olfactory system : 코와 뇌의 후각 전봉을 포함하는 냄새를 맡는 데 사용되는 감각 시스템.
2. 향기 물질odorant : 우리의 후각 시스템이 냄새로 인지할 수 있는 화학 물질.
3. 후각 상피olfactory epithelium : 후각 수용체를 포함하는 코 내부의 특수한 조직.
4. 후각 수용체olfactory receptors : 냄새 물질을 감지하고 이 정보를 뇌로 전달하는 코 내의 특수화된 신경 세포.
5. 후각 적응retronasal olfaction : 식사나 음료 섭취 중에 냄새가 인지되는 과정, 이때 향기 물질이 입의 뒷부분에서 후각 상피까지 이동한다.

이러한 메커니즘과 용어를 이해하는 것은 광범위한 냄새와 맛을 어떻게 인지하고 해석할 것인지에 대한 더욱 명확한 그림을 제공한다.

향기를 감지하는 과정은 음식이나 음료를 섭취할 때 시작되며, 이는 후각의 기능 중 하나인 '비후강 후각' 과정이다. 비후강 후각은 섭취 과정 중 입의 뒷부분에서 코 안쪽으로 작동하는 후각 경로를 말한다. 이는 맛의 인식에 있어 핵심적인 요소로, 음식을 씹고 삼킬 때 방출되는 향기성분을 감지하는 역할을 한다.

이러한 향기성분은 후각 상피로 운반되는데, 후각 상피는 후각 수용체를 포함하는 특별한 조직이다. 이 수용체는 신경세포로, 향기성분을 감지하고 전기적 신호를 생성한다.

다음으로 이 신호는 후각 신경구로 전송된다. 이는 코 상단 바로 위의 뇌의 확장 부분이다. 후각 신경구는 후각 수용체로부터의 신호를 처리하는 중계 정거장 역할을 하며, 후각 신경 섬유를 통해 정보를 뇌의 다른 부분으로 전송하여 추가적인 처리를 하게 한다.

이 정보는 후각로를 따라 이동한다. 이는 후각 신경구와 냄새를 식별하고 인식하는데 관여하는 여러 뇌 영역을 연결하는 신경섬유의 묶음이다.

이러한 영역 중 하나는 이상피질로, 전두엽에 위치해 있다. 이는 뇌의 후각 시스템의 일부로 냄새의 해석에 중요한 역할을 한

향의 감지

비후강의 기능 → 직접 후각 작용 → 후각상피 → 후각 신경구 → 후각로 → 이상피질

향의 인지

시상 → 시상하부 → 해마 → 전두엽

다. 이상피질은 냄새의 유형을 식별하고 '냄새 이미지'로 분류할 수 있다. 이 냄새 이미지는 맛봉오리에서 인지된 맛 정보와 통합되어 우리가 음식이나 음료를 섭취할 때 인지하는 전체적인 맛을 생성한다. 우리는 이 복잡한 과정을 통해 광범위한 맛과 냄새를 구별할 수 있다.

후각 신호는 후각로를 통해 전송된 뒤 여러 뇌 부위로 전달되어 해석과 통합이 이루어진다. 여기에는 시상, 시상하부, 해마, 전두엽이 포함되는데 각각은 이 후각 신호를 처리하고 반응하는 고유한 역할을 한다.

시상은 뇌에서 감각 정보의 중계 역할을 한다. 우리의 감각에서 신호를 받아 이를 뇌의 적절한 부분으로 전달하여 해석되도록 한다. 후각의 경우 다른 감각보다 시상의 역할이 덜 직접적이다. 후각 신호는 시상을 통하지 않고도 피질에 도달하기 때문이다. 그러나 시상은 다중 감각 정보의 통합에 기여한다고 여겨진다.

시상하부는 우리 뇌의 감정 중심인 대뇌피질과 밀접하게 연결되어 있다. 이는 냄새에 대한 감정적 반응을 생성하는 역할을 한다. 예를 들어 특정 냄새를 긍정적인 경험과 연관시키는 경우 그 냄새를 맡으면 시상하부에서 기쁨 반응이 일어날 수 있다.

해마는 주로 기억, 학습과 관련되어 있어 특정 냄새를 인식하고 기억하는 능력에 필수적이다. 특정 향을 경험할 때 해마는 그 냄새를 기억과 연결시킬 수 있다. 특정 냄새가 과거의 경험을 선명하게 상기시키는 이유다.

마지막으로 신호는 전두엽에 도달한다. 이는 의사결정, 문제 해결, 의식 등 고차 인지 기능을 담당하는 뇌의 부분이다. 여기에서는 후각의 의식적인 인지가 발생한다. 이곳에서 우리는 향을 인지하게 되며 과거의 경험과 그 특정 냄새와의 연관에 따라 그것을 식별할 수도 있다.

바디

바디는 입천장에서 느끼는 질감적인 감각을 이용한 감각적 감별을 말한다. 감각적 기관들은 자율 신경 말단에 위치해 혀, 잇몸 그리고 입천장에 넓게 분포한다. 커피의 감각적 평가에 있어서 이러한 신경 말단이 바디body라고 일컬어지는 음료의 점도(끈적끈적한 느낌)나 유성(오일 느낌)을 느낀다.

점도 또는 물에 대해 상대적으로 짙고 무겁다고 느끼는 정도는 커피 안에 떠있는 고체 물질의 함량과도 같다. 이 고체 물질은 주로 추출 과정에서 걸러지지 않은 커피 섬유 미립 분자로 이루어져 있다. 유성 또는 지방성 내용물은 커피 속 지질(지방, 기름, 왁스)의 양이다. 이러한 혼합물들은 상온에서 생두 내부에 지방으로 존재한다. 이러한 지방성분들은 추출 과정에서 발현되며 분해되지 않은 상태로 남아 음료 표면 위의 기름진 잔여물로 합쳐진다. 사람들이 커피를 마시면서 바디감을 즐기는 이유다.

커피 맛의 천연 원료

커피 맛에 기여하는 모든 화학적 혼합물은 자연스럽게 만들어진다. 커피나무는 광합성을 통해 물과 이산화탄소를 탄수화물로 만들고, 흙에 있는 여러 가지 미네랄의 도움으로 이 탄수화물을 신진대사에 사용하기 위해 저장한다. 인간은 수확, 건조, 로스팅, 분쇄, 추출 등으로 식물의 자연적인 대사 과정을 방해하는데, 결과적으로 완성되는 한잔의 커피는 자연스럽게 생겨나는 유기물과 무기물의 합성물로 인해 맛과 바디, 색깔을 지니게 된다.

커피 맛은 아로마와 맛을 입천장에서 동시에 느끼는 감각이다. 커피의 아로마는 가스 형태의 천연 화학 구성 요소로 이뤄져 있는데, 커피가 분쇄된 이후에 가스로 방출되거나 추출된 이후에 증기로 방출되기도 한다. 커피 맛은 커피콩의 유기 또는 무기 천연 화학 요소의 수용액으로 이루어져 있으며 추출 과정에서 액체 형태로 얻어진다.

입천장은 코의 상피조직에 위치한 후각세포를 통해 아로마로부터 느껴지는 감각을 기억한다. 수천 개의 뚜렷한 기체 혼합물을 동시적으로 느끼는 냄새 맡는 과정을 우리는 후각이라고 한다. 코의 점막은 현존하는 냄새를 맡을 수 있을 뿐만 아니라 그 강도를 느끼는 능력을 가졌다. 아로마의 자극을 독특한 형태로 인지하고 우리의 기억은 그것을 뚜렷한 냄새라고 기억하는 것이다.

입천장(구개)은 혀에 있는 돌기를 이용해 맛을 기억한다. 맛을 느끼는 과정을 미각이라고 하며 기본적으로 다섯 가지의 기본 맛을 인지할 수 있다. 맛 조절이라는 절차를 통해 이러한 기본 맛들이 상호 작용하여 우리가 더 넓은 범주의 맛을 경험할 수 있도록 한다.

승화하거나 분해되지 않고 입천장에 남아 있는 잔여물은 바디(무게감+촉감)의 느낌을 주며 이는 물과 같은 표준이 되는 물질과 비교했을 때 어떠한 입맛을 느끼는지에 대한 것이다.

커피 맛 평가

일반적으로 인간이 숨을 쉴 때 공기는 후각의 막에 다다르지 못한다. 그러나 코를 훌쩍이거나 삼킬 땐 공기가 코 내부의 통로로 끌어 올려지며 냄새 나는 분자들이 머무르는 여러 개의 막을 지나게 한다. 후각 기관 부근에는 기저세포와 지지세포 그리고 감각(후각)세포가 있으며, 사람은 대략 10만 개에서 20만 개의 수용체를 가지고 있다.

후각적 예민성은 사람에 따라 다르며 신체, 생리, 심리 등 외부적 요인에 의해 영향을 받을 수 있다. 결과적으로 동시에 제공된 똑같은 커피일지라도 사람마다 다른 방향적 특성을 가진 커피로 인식된다는 점이다. 이와 비슷하게 한 사람에게 똑같은 커피가 다른 시간에 제공되면 이 또한 조금씩 다른 특성을 보일 수 있다. 일반적으로 커피 감정사는 특정 자극에 대한 높은 예민함을 지녔다기보다는 수년간의 경험에 의해 고도로 발달한 후각적 기억에 의존한다.

후각 기관은 미각 기관보다 더 예민하기 때문에 여러 가지 상황을 감지할 수 있다. 예를 들어 한 가지 냄새가 다른 냄새를 중화시킬 수 있고, 두 가지 비슷한 냄새가 있을 경우 두 가지 모두 인지될 수 있다. 첫 번째 것이 먼저 인지되고 그다음으로 두 번째가 주된 냄새로 인지된다.

결국 커피, 와인, 위스키 등의 향미 표현을 잘하기 위해서는 우리가 지닌 감각 기능들을 고도의 훈련을 통해 향상시켜야 할 뿐만 아니라, 커피가 지닌 수많은 향미 표현 방법(커피 용어)을 필히 익히도록 노력해야 한다.

1.3.3 2023 SCA 커피 가치 평가 프로토콜
로스팅 정도

로스팅 강도는 색도측정(ex. CIELAB 또는 아그트론/SCA 로스팅 컬러 분류 시스템), 적외선 분광법(ex. 아그트론 장치), 건조물 손실 또는 생두의 부피 증가를 통해 제어될 수 있다. 이러한 변수 중 일부는 특정 맥락에 더 적합할 수 있다. 스페셜티 커피의 커핑을 위한 로스팅 강도는 대부분 '미디엄'으로 권장되어왔다. 어떤 이유로든 커피가 미디엄이 아닌 다른 로스팅 강도에서 커핑되거나 다른 어떤 편차가 발생하는 경우, 이러한 편차는 투명성을 위해 모든 이해 관계자(생산자 등)에게 보고되어야 한다.

[표1]은 다른 저자들이 보고한 '미디엄 로스팅'에 대한 밝기(또는 CIELAB 시스템의 L) 및 타일 번호(아그트론/SCA 로스팅 컬러 분류 시스템에서)의 서로 다른 참조 값을 나열한 것이다.

특수한 색도 측정 도구를 사용할 때는 대부분 적외선 분광계를 사용하므로 다른 방법을 사용할 때보다 정확도가 높다. 그러나 다른 측정 도구에서 사용하는 척도는 임의적이며, 같은 척도를 사용하더라도 때로는 다른 브랜드와 완전히 연관성이 없을 수도 있다. 색도 측정 도구를 사용할 때는 분쇄도나 커피 온도 같은 변수를 고려해야 한다. 채프가 많은 샘플은 더 큰 오차를 보일 수 있다. [표2]는 다른 측정 도구 브랜드를 사용하여 커핑을 위한 수치를 나열한 것이다.

아그트론 '고메Gourmet' 스케일을 채택한 다른 기기들도 동일한 목표를 사용해야 한다. 이러한 기기들에는 디퍼 KN-201, 자바리틱스, 라이텔스 CM-100 및 CM-100 플러스, 로아미(TRA-3000), 로스트라이트, X-라이트 팬톤 RM-200 Coffee 등이 있다.

커핑에 사용되는 샘플은 24시간 이내에 로스팅된 것이어야 하며 최소 8시간은 밀폐용기에 보관해야 한다. 로스팅 프로파일은 반드시 라이트에서 라이트 미디엄 로스팅이어야 하며, M-Basic(고메) 아그트론 단위로 원두 상태에서는 대략 63, 그리고 분쇄된 상태에서는 80~84이어야 한다.

중요한 점은 분쇄 아그트론 수치가 80~84가 나오기 위해서는 분쇄도는 841μm이어야 한다. 2023년 SCA 커피 가치 평가 프로토콜에서 샘플 로스팅 홀빈 수치는 58에서 63으로 변경됐다. 색도계를 사용할 땐 분쇄도와 로스팅 프로파일의 변수가 없도록 제어해야 한다고 나와 있다. 아쉽게도 분쇄 아그트론 색상은 명

표1. 미디엄 로스팅 강도에 대한 참고 값

CIELAB coordinates (L* = Lightness)	아그트론/SCA 로스트 컬러 분류 시스템
17-29	55-65
26-29	-
26-27	-
24	55
27	60
28	65
-	65
-	54

레퍼런스 연구 Azeredo, 2011, Córdoba et al., 2021, Franca et al., 2009, Vignoli et al., 2014, Farah et al., 2005, Batali et al., 2020

표2. 커핑을 위한 다른 색도 측정 도구의 색상 수치

측정 장비	커핑 로스트 레벨의 목표 판독 값
아그트론 '고메'	63.0
아그트론 '커머셜'	48.0
컬러레트 3b by 프로밧	96.0
컬러트랙	62.0
27	60
28	65
-	65
-	54

시돼 있지 않다. 그러나 필자의 경험상 분쇄 아그트론은 80~84가 나와야 객관적인 향미 평가가 가능하다. 80보다 어두우면 유기산 함량이 감소할 것이고 그 이상이면 강력한 초산이 느껴질 것이다.

샘플 로스팅은 8분을 넘기면 안 된다. DT는 1~2분±30초가 가장 이상적이다. 물론 투입하는 양, 로스터기 종류는 상관없다. DT를 조절할 땐 대류열을 이용해 단축하는 것이 커피를 가장 잘 익히는 방법이다.

이렇듯 프로토콜에서는 시간, 결과물(아그트론)에 대해 언급할 뿐 투입 온도나 화력의 정도는 언급하지 않는다. 로스터기의 특성과 생두의 양에 따라 그리고 기타 여러 요소에 의해 변수가 생기기 때문에 절대적으로 수치화할 수 있는 항목만 제시한 것이다. 나머지는 로스터의 몫이다. 그만큼 로스팅에 대한 이해도가 높아야만 일정한 프로파일을 유지할 수 있으며 일관성 있는 색상의 인지, 부피와 무게 감소를 조절할 줄 알아야 한다.

생두 샘플을 평가하기 위한 커핑에서 커피 맛은 로스팅 조건이 아닌 생두 간의 차이로 인해 달라져야 한다. 아무리 사소한 로스팅 변수여도 커피 맛에 큰 영향을 미칠 수 있으므로 모든 샘플에서 가능한 한 변수를 일정하게 조정해 생두 샘플에 대한 공정성을 유지해야 한다. 다시 말해, 커피마다 다른 로스팅 프로파일을 적용하면 샘플을 파악하기가 어렵다. 샘플 로스팅은 각 커피의 최상의 맛을 추구하는 것이 아니다. 생두 샘플을 정확히 파악하기 위한 로스팅 방법을 적용해야 한다.

생두 샘플을 동시에 평가할 때는 샘플 크기와 온도, 화력, DT, 최종 로스팅 단계, 냉각 시간, 디개싱 시간 등 제어 가능한 모든 변수가 최대한 일정해야 한다. 로스팅 시 화력을 자주 변경하면 모든 샘플이 동일한 환경에서 로스팅되기 어려우므로 권하지 않는다. 만약 생두의 밀도나 수분 함량 등이 크게 차이난다면 비슷한 특성을 가진 생두끼리 그룹으로 묶어 동일한 로스팅 프로파일을 적용하는 것이 좋다.

샘플은 로스팅 즉시 식혀야 한다(물로 식히는 것은 금물). 실온에 도달한 샘플은 공기의 노출을 최소화하고 오염을 방지하기 위해 진공 용기나 기체 불투과성 용기에 담아 보관해야 한다.

냉장 혹은 냉동 보관은 절대 금물이다.

커핑을 위한 추출은 침출식으로 이뤄진다. 90~94℃ 정도 되는 뜨거운 물을 작은 컵에 담긴 분쇄커피 위에 붓는다. 커피 입자들은 처음엔 크러스트crust를 형성하며 수면 위로 떠올랐다가 뜨거운 물에 적셔지면서 가라앉기 시작한다.

새로운 프로토콜에 따르면 추출 과정은 3분 정도 지속된다(기존 4분에서 3분으로 변경). 모든 커피 입자가 완전히 젖고 컵 밑바닥에 가라앉도록 커핑스푼으로 크러스트 같은 표면을 깨고 부드럽게 세 번 민다. 커피의 표면으로부터 걷어내지 않은 입자들은 버려지게 된다. 이 행위를 '스키밍Skimming'이라고 한다.

로스팅 디펙트 피하기

가장 일반적인 두 가지 로스팅 디펙트는 로스팅 속도가 최적의 속도보다 빠르거나 느릴 때 발생한다. 너무 빠른 로스팅은 생두 내부가 외부와 비교해 충분히 로스팅되지 않았음을 의미한다. 다시 말해 생두 표면이 내부보다 훨씬 어두워진다. 그 결과 생두 내외부 로스팅 강도에 편차가 생겨 맛에 영향을 미친다. 너무 느린 로스팅은 생두의 화학적 구조를 깨서 전반적인 맛과 향의 강도가 약해지고 종종 곡물grain 향미가 나타난다. 안타깝게도 현재까지는 이러한 결함을 제어하는 간단한 방법이 존재하지 않는다. 커퍼는 생두의 구조, 아그트론 색상 변화 및 맛을 평가하여 이러한 디펙트를 감지할 수 있도록 훈련해야 한다. 원하는 로스팅 강도 범위에 속하지 않거나 로스팅 디펙트가 있는 로스팅 결과물은 커핑에 사용해서는 안 되며 로스팅을 다시 해야 한다.

2023 커피 가치 평가의 일반적인 용어

- 속성Attribute : 커피 특성 또는 특징으로 간주 되는 품질 또는 특징이다.
- 감성 평가Affective assessment[03] : 이 프로토콜에서는

---

03 SCA 번역본에 감성 평가는 정동 평가라고 표기되어 있다. 정동 평가라는 어휘 자체가 어려움이 있을 거 같아 필자는 독자들이 이해하기 쉽도록 감성 평가라고 번역했다. 감성 평가는 감정적 또는 주관적 반응의 평가 또는 측정을 의미한다. 이는 감정, 태도, 신념, 선호도 및 기타 감성적 측면의 평가를 포함한다. 제품, 서비스, 경험 또는 기타 자극과 같은 자극에 사람들이 감정적으로 반응하는 방식을 이해하기 위해 자주 사용된다. 또한

커핑의 다양한 부분과 전반적인 평가를 위해 커피 품질을 인지하는 감각적 평가에 중점을 둔다. '이 커피를 얼마나 좋아하는가?'와 '내가 알고 있는 시장 세부 세분화의 선호도와 이 감각적 프로파일이 일치하는가?' 같은 질문에 답한다.

- 결합 평가Combined assessment : 이 프로토콜의 목적을 위해 항목마다 별도로 실시되지만, 기술적 평가와 감성적 평가가 결합된 감각적 평가로 병행하여 수행된다.

- 묘사적 평가Descriptive assessment[04] : 커피의 감각적 속성을 객관적으로 분석하고 특징화하는 감각 평가다. '이 커피에선 어떤 맛이 나는가?'와 같은 질문에 답한다.

- 외재적 속성Extrinsic attributes : 정보적 또는 상징적 속성으로 커피에 대한 품질이나 특징을 설명한다. 브랜드, 이야기, 지속 가능성 주장과 같은 요소와 함께 커피의 원산지, 생산자 이름 또는 지속 가능 인증과 같은 내용을 포함한다. 외재적 속성은 또한 제품의 외적이거나 구체적인 특성 또는 기능으로, 소비자 인식과 구매 결정에 영향을 미칠 수 있다. 일반적인 상품의 외재적 속성으로는 가격, 포장, 브랜드 이미지, 광고 및 제품 라벨링이 있다. 이러한 속성은 종종 기업이 경쟁 업체와 제품을 구분하고 소비자에게 지각된 가치를 제공하기 위해 사용된다. 외재적 속성은 제품의 판매 가능성과 소비자 수요에 크게 영향을 미칠 수 있다.

마케팅, 심리학, 교육, 보건의료 및 기타 사회과학과 같은 다양한 분야에서 사람들의 감성적 반응과 그것들이 결정 및 행동에 미치는 영향에 대한 유용한 정보를 수집하기 위해 보편적으로 사용되고 있다.

04 묘사적 평가는 특정 행동, 기술 또는 성과에 대한 자세한 설명을 제공하기 위한 평가 유형을 가리킨다. 이는 표준화된 방식으로 행동을 체계적으로 관찰하고 기록하여 해당 행동과 관련된 패턴과 변수를 식별하는 것이다. 묘사적 평가는 교육, 심리학 및 특수 교육과 같은 분야에서 학생의 강점과 약점을 파악하고 맞춤형 개입 계획을 개발하며, 시간이 지남에 따라 진행 상황을 모니터링하는 데 자주 사용된다. 묘사적 평가에서 얻은 정보는 교육적인 결정을 지원하고 교육 접근 방식을 최적화하는 데 도움이 될 수 있다.

- 외재적 평가Extrinsic assessment : 커피의 정보적 또는 상징적 속성을 객관적으로 분석하고 특징화하는 기술적 평가다. '이 커피에 대해 알지 못한 외적인 정보가 무엇인가?'와 같은 질문에 답한다. 외재적 평가는 일반적으로 평가 대상 개인 외 다른 사람들이 실시한 개인의 기술, 능력 또는 지식에 대한 외부 평가다. 또한 시험, 성과 평가 또는 동료 평가와 같은 다양한 형태를 취할 수 있으며, 교육자, 고용주 또는 기타 전문가들이 개인의 성취를 기존의 기준이나 벤치마크와 비교하여 측정하고 비교하는 데 일반적으로 사용된다. 교육 프로그램 입학 자격, 취업 기회 또는 자격증 취득 여부를 결정하기 위해, 진행 상황을 모니터링하고 개선을 목적으로 한 피드백을 제공하기 위해서도 사용된다.
- 내재적 속성Intrinsic attributes : 커피의 물질적 현실과 관련된 속성으로 그 형태와 외관, 화학적 조성 및 이러한 물질 성분에서 유래하는 감각적 특성을 포함한다. '물질적 속성'으로도 알려져 있다. 내재적 속성은 물체나 인물 안에 내재되어 있거나 자연스럽게 존재하는 품질이나 특성을 나타낸다. 다시 말해, 물체나 인물의 본성의 일부인 본래의 속성이다. 내재적 속성의 예로는 물체의 색상, 물질의 질감, 그리고 개인의 타고난 성격적 특성이나 재능 등이 있다. 이러한 속성들은 외부 요인이나 영향에 의존하지 않으며, 물체나 인물의 정체성이나 본질의 중요한 부분으로 간주된다.
- 물리적 평가Physical assessment : 커피의 크기와 색상, 수분 함량 및 결함과 같은 본질적인 속성에 초점을 맞춘 묘사적 평가다. 현재 이 평가는 워시드 아라비카에만 적용된다.
- 스페셜티 커피Specialty coffee : 독특한 속성 덕분에 시장에서 상당한 추가 가치를 가진 커피 또는 커피 경험을 의미한다.

커핑 용어

- 커핑Cupping : 커피의 감각적 평가를 위한 방법으로, 컵마다 다른 원두를 분쇄하고 추출해 여러 컵을 맛보는 것을 의미한다. 커핑의 목적은 묘사적 평가, 감성적 평가 또는 두 가지 모두를 결합해 달성할 수 있다.
- 커핑 단계Cupping step : 커핑 중 수행되는 세 가지 주요 활동 중 하나로 향기 평가, 추출 및 맛 평가가 있다. 각 단계에 하나 이상의 커핑 항목을 평가한다.
- 커핑 섹션Cupping section : 커피 맛보기 경험에서 통합되는 범주 중 하나로, 묘사적 또는 감성적 관점에서 평가된다.
- 추출Brewing : 이 프로토콜에서는 각 컵의 분쇄된 커피에 뜨거운 물을 특정 비율로 붓고 약 3분간 우린 뒤 크러스트를 깨는 단계를 거친다.
- 크러스트 깨기Breaking the crust : 추출 중 컵 상단에 일반적으로 형성되는 커피 슬러리slurry의 크러스트 또는 돔을 저어 커핑을 준비하는 단계 중 하나다.
- 스키밍Skimming : 크러스트를 깨고 남은 부유하는(커피 표면에 떠 있는) 커피 가루, 거품 및 오일을 제거하여 커핑을 준비하는 단계다.
- 맛 평가Liquoring : 커핑의 핵심 단계 중 하나다. 이 단계에서는 커피의 온도가 점점 낮아짐에 따라 여러 번 맛을 보고 평가한다. 일반적으로 커핑스푼으로 커피를 빨아들여 입에서 맛을 느끼고 평가한 뒤 다시 뱉어낸다.
- 품질의 느낌Impression of quality : 맛 평가 과정에서 중요한 요소 중 하나다. 이 단계에 평가자는 커핑 섹션의 독특성과 우수성을 평가하고, 자신의 선호도나 시장 선호도를 고려하여 평가한다. 주관적인 평가와 감정적인 요소가 많이 포함되기 때문에 다른 평가자들과 평가가 갈릴 수 있다. 그러나 이 단계는 커피의 종합적인 품질을 평가하는 과정에서 매우

중요한 요소이며, 커피의 시장성과 마케팅에도 영향을 미친다. 따라서 품질의 느낌을 신중하게 평가해야 한다.
- 결점Defect : 커피에서 보통 또는 대규모 산업 합의에 따라 원하지 않는 감각적 특성(일반적으로 향미)이다.

센서리 용어
- 맛감각Gustative : 시각 감각이 시각에, 후각 감각이 후각에 해당하는 것처럼 맛감각은 맛의 감각에 해당된다. 맛감각의 주요 생리학적 구조는 미뢰의 집합이다.
- 헤도닉Hedonic : 자극에 의해 유발되는 쾌감 반응과 관련된 것으로, 이 경우에는 커피나 커피 경험에서의 감각 속성과 관련된다.
- 후각Olfactory : 인간의 후각 시스템은 코, 비강 및 비강 안에 늘어선 후각 수용체에서 정보를 처리하는 뇌의 후각 신경구로 구성된다.
- 전비강Orthonasal : 인간의 후각 뇌로에 냄새 분자가 들어가는 두 가지 입구 중 하나이며, 코로 숨을 쉴 때 직접 입구에 들어온다. 이는 우리가 환경에서 향기를 감지하는 방법이다.
- 비후Retronasal : 인간 후각 뇌로의 냄새 분자가 들어가는 두 개의 입구 중 하나. 비후 통로는 우리가 숨을 내쉴 때 입에서 뒤로 들어오는 것이며, 맛의 후각 성분을 느끼는 방법이다.
- 촉감Tactile : 커피 자극에 대한 입 안의 촉감 또는 촉감 감각을 의미한다. 무게, 질감, 자극성 등이 포함된다.

묘사적 평가에는 프로토콜에서 사용되는 CATA 설명어Check-All-That-Apply descriptor를 설명하기 위해 사용되는 후각적 언어 참조가 포함된다. CATA 설명어는 음식 제품의 감각적 특성을 특성화하기 위해 설명어 목록을 속성으로 사용하는 감각 평가 방법의 일종이다. CATA는 음식 제품의 감각적 특성의 강도를 평가하는 대신, 평가자는 테스트 대상 제품의 감각적 특성과 일치한다고 생각되는 감각적 기술자 목록을 선택한다.

CATA 설명어는 최근 몇 년간 실제로 소비자 및 식품 산업 전문가 양측에서 실용적이고 사용하기 쉬운 것으로 간주되어 인기를 얻고 있다. 이는 다른 음식 제품에 대한 소비자 인식 및 선호도에 대한 중요한 정보를 제공하므로 마케팅 연구에서 특히 유용하다.

이러한 설명어는 커피 테이스터스 플레이버 휠에 나온 더 큰 설명어 그룹의 예시로, WCR 감각 어휘를 기반으로 구축됐다. 예를 들어 꽃향기floral는 르네 뒤 카페 #12-Coffee Blossom으로 나타내지만, 플레이버휠에는 꽃향기 범주에 속하는 홍차black tea, 캐머마일chamomile, 장미rose, 재스민jasmine 등이 포함된다. 사용자는 참조를 전체 범주의 예시로 사용하여 정확한 CATA를 선택해야 한다.

정확한 표현을 위해 묘사적 기술을 더욱 훈련하고자 하는 경우에는 WCR 센서리 렉시콘에 나열된 레퍼런스 또는 사용자 국가에서 사용 가능한 유사한 레퍼런스를 권장한다. 센서리 렉시콘 레퍼런스를 쉽게 사용할 수 없는 일부 지역이 존재하므로 휠의 큰 설명어 그룹을 대표할 수 있는 더 넓은 레퍼런스 세트를 편집하는 데 주의를 기울였다. 모든 커퍼가 정확히 동일한 레퍼런스를 사용할 필요는 없지만, 커피 테이스터스 플레이버 휠 범주의 일반적인 아이디어 또는 대표적인 예시를 얻는 것이다. 이러한 레퍼런스는 훈련 및 캘리브레이션 목적하에 전비강적으로 사용된다.

맛 레퍼런스

다음 맛 레퍼런스는 각각의 맛감각을 질적인 측면에서 설명한다. 특정 강도에 대한 참조는 WCR 센서리 렉시콘을 보면 된다.

- 짠salty: 0.15% 염화나트륨 용액(정제된 테이블 소금 사용)
- 신sour: 0.015% 구연산 용액
- 단sweet: 1.0% 수크로스 용액(백색 설탕 또는 정제된 설탕 사용)

- 쓴bitter: 강하게 로스팅된 커피(약 아그트론 #35)
- 우마미umami: 1.0% 모노나트륨글루타메이트(MSG) 용액

산미 용어

산미는 일반적으로 커피의 가장 중요한 센서리 레퍼런스 중 하나로 간주된다. 그러나 산미의 성질이나 품질은 유기산 용액의 강도만큼 쉽게 표현할 수 없다. 안타깝게도 '과즙 산미juicy acidity' 또는 '밝은 산미bright acidity' 같은 용어에 대한 센서리 레퍼런스는 없으며, 유기산을 참조로 사용하기엔 커피가 많은 다른 유기산의 혼합물을 가지고 있기 때문에 오해를 불러일으킨다. 한 예로 인산 프로파일을 지닌 것으로 인지된 커피는 사실 다른 프로파일을 가진 커피보다 매우 적은 인산을 가질 수 있다. 녹색 사과를 연상시키는 산미 때문에 말릭산을 맛보고 있다고 생각하더라도 그것이 말릭산이 아닐 가능성이 크다는 뜻이다. 산미 용어의 또 다른 문제는 과일 비유가 자주 사용된다는 것이다. 어떤 사람들은 "이 커피는 녹색 사과 같은 맛이 난다"고 말한다. 그들이 의미하는 것은 커피의 산미가 녹색 사과와 비슷하다는 것이지, 구강 내 후각에서 녹색 사과 노트가 있다는 게 아니다. 따라서 커피의 산미를 과일로 표현하는 것은 구강 내 후각이 아닌 산미에 대한 것이라는 점을 명시하지 않는 한 실용적이지 않다. 여기서 제안하는 해결책은 화이트 와인에서 빌린 유사성을 사용하여 산미의 성격을 '당도가 낮은dry' 또는 '당도가 있는sweet' 두 가지 범주로 분류하는 것이다. 거의 모든 유형의 산미가 두 범주 중 하나에 속한다.

- 당도가 낮은 산미dry acidity : 드라이한 와인과 비슷한 산미 유형이다. 허브 또는 풀맛부터 신맛tart까지 다양할 수 있다. 미성숙두나 매우 밝은 로스팅 결과물에서 나타날 수 있다.
- 당도가 있는 산미sweet acidity : 세미 스위트 와인과 비슷한 산미 유형이다. '과즙 같은juicy', '과일 같은fruit-like', '밝은bright'과 같은 산미 표현을 포함한다. 고산지에서 잘 익은 커피에서 나타난다.

마우스필 용어

입안에서의 무게와 질감을 모두 포함하는 바디 개념은 마우스필로 확장되어, 떫은맛 및 금속적인 느낌과 같은 다른 촉각적 감각을 포함한다. 이는 WCR 센서리 렉시콘에서 완전히 보완하지 않는 범주인 관계로 렉시콘 외 일부 용어가 추가되었다.

- 거친rough (아주 작은 돌 같은gritty, 분말 같은chalky, 모래 같은sandy : 추출된 커피에서의 매우 작은 입자의 느낌으로, 이브릭/체즈베 추출 방식에서 나타날 수 있다.
- 오일리oily : 입안에서 느껴지는 추출된 커피의 오일 느낌으로, 적은 양의 버터가 들어간 커피로 예를 들 수 있다. 이 질감은 마우스필 관점에서 버터나 크림의 질감으로도 나타낼 수 있다.
- 부드러운smooth(벨벳 같은velvety, 실크 같은silky, 시럽 같은syrupy : 입안에서 느껴지는 부드러운 질감으로 시럽을 예로 들 수 있다.
- 마우스 드라잉mouth drying : 혀와 입안의 표면 또는 가장자리에서 건조하고 굳어지는 느낌이나 얼얼한 감각이다. 알룸 용액과 같은 명확한 예를 들 수 있다.
- 메탈릭metalic : 통조림 캔이나 알루미늄 호일과 관련된 냄새와 입안에서의 느낌이다. 칼륨 염화물 용액으로 나타낼 수 있다.

1.4 자세한 2004 SCA 아라비카 커핑 폼 설명

SCA 아라비카 커핑 폼

SCA 아라비카 커핑 폼은 총 10개 항목으로 구성되어 있다. 가장 왼쪽에는 샘플 번호를 기입하고 로스팅 정도를 육안으로 확인해 체크한다. 당연히 로스팅 프로토콜에 따라 아그트론 58/75로 로스팅됐다면 좋겠지만 그렇지 않은 경우 샘플의 밝기가 밝으면 밝은 쪽에, 어두우면 어두운 쪽에 체크한다.

커핑 폼의 10개 항목 중 5개 네모칸으로 구성된 유니포미티Uniformity, 클린컵Clean Cup, 스위트니스Sweetness 항목을 제외한 나머지 7개 항목은 최하 6점부터 최대 10점까지 점수를 부여하도록 만들어져 있다. 중요한 것은 0.25 단위로 점수를 매길 수 있다는 사실이니 꼭 기억하자.

앞에서 언급했던 SCA의 등급 기준의 모호함은 뒤로 하고 필자가 오랜 경험을 통해 정립한 현실적인 기준을 소개한다. 우리는 평소 1에서 10, 혹은 1~100%의 척도로 선호도나 만족도를 표현한다. 오늘 먹은 음식에 99점이라는 점수를 매기면 만족도가 매우 높은 것이지만 60점을 매긴다면 만족도가 꽤 낮은 것으로 본다. 이와 같이 우리는 커핑 폼을 사용하기에 앞서 각 점수가 주는 느낌과 해당되는 표현법을 먼저 배우고 인지해야 한다.

    필자가 커핑을 처음 배울 때 가장 궁금했던 것은 나의 스승이 어떤 느낌으로 점수를 매기는지였다. 그 속마음을 너무나 알고 싶었다. 또한 컵 노트에는 'Lemony'라고 적고 7.5점을 매겼을 때 얼마만큼의 레몬 향미를 느꼈기에 7.5는 되고 8.0은 안 되는지가 알고 싶었다. 커핑을 가르치는 입장이 되어서는 이처럼 눈에 보이지 않는 것을 어떻게 가르칠 것인지에 대해 고민을 거듭하였고, 그 결과로 아래와 같은 족집게 노트를 작성했다.

위의 표 내용은 SCA의 기준과는 상당히 다르다. 커핑과 로스팅에 있어 이미 1만 시간의 법칙을 초래한 필자의 경험상, 초현실적인 접근이 매우 중요하다고 느꼈기 때문이다. 이제 항목별로 자세히 살펴보자. 물론 커피의 가공방식, 재배지역, 품종 등에 따라 조금씩 달라진다는 점은 감안해야 한다. 커핑 폼의 각 세부항목을 이해하기 전, 이 황금비법을 잘 익혀두길 바란다.

6.0 – 6.25 냄새와 향미의 뉘앙스과 완전 최악의 커피일 때 부여하는 점수다. 너무나 맛이 없고 부정적인 요소가 많이 올라온다. 굉장히 오래됐거나 변질한 커피일 것이다. 0.25의 차이는 부정적 향미의 강도와 분포도에 따라 차이가 날 것이다.

6.5 – 6.75 올드크롭의 첫 관문. 아무리 유기산이 풍부하고 신

선한 커피라도 보관상의 문제가 발생하거나 기간이 오래되면 생두 내 유기물질들이 손실되면서 종이Papery, 곡물Cereal의 계열에 들어서게 된다. 종이Papery는 6.75, 젖은 택배상자Wet Cardboard는 6.5의 느낌이다.

7.0-7.25 부정적인 요소는 전혀 없다. 그렇다고 해서 유기산이 느껴지지는 않는다. 엔자이매틱 계열로 표현할 게 하나도 없는 커피다. 그렇다면 그다음으로 휘발성이 강한 슈가브라우닝과 드라이디스틸레이션 계열로 표현한다. 견과류Nutty, 토스트Toast, 맥아Malt 등 구수함이 느껴지면 이 점수를 주면 된다. 드라이 아로마든 웻 아로마든 느낌이 딱 오지 않는 향이라면 커퍼의 인지능력 문제가 아니라 실제로 컵 안에 다양한 향이 존재하지 않는 것이므로 좌절할 필요는 없다. 이러한 커피를 맛본 초보 커퍼들은

🔽 **족집게 노트**

점수	느낌	향미 특징
6-6.25	"으악 이거 뭐야! 이게 커피야?"	고무Rubbery, 가죽Leather, 페놀Phenolic, 먼지Dusty
6.5-6.75	"어라..? 에이!"	종이Papery, 짚Strawy, 건초Hay, 젖은 택배상자Wet card board, 밍밍한Flat, 단조로운Bland
7-7.25	"흠...그럭저럭 오케이!", "음~"	토스트Toast, 견과류Nutty, 맥아Malt, 사탕수수Molasses 등 슈가브라우닝 쪽으로 인지될 때
7.5-7.75	"오 좋은데?", "이야 살아있네!"	과일Fruity, 견과류Nutty, 복합적인Complex 등 엔자이매틱(1%부터), 슈가브라우닝, 드라이디스틸레이션 표현이 많을 때
8-8.75	"와, 끝내주네! 판타스틱!"	엔자이매틱 계열의 분포도가 70% 이상일 때
9-9.25	"오 주여! 어찌 이런 커피를 나에게"	
9.5-10	로또 1등에 당첨된 듯한 느낌	

대부분 "향이 안 나네. 잘 모르겠어"라는 반응을 보인다.

7.5 – 7.75 엔자이매틱 계열이 1%라도 느껴지기 시작한다. 그 강도에 따라 7.5와 7.75로 나눌 수 있다. 엔자이매틱, 즉 유기산을 표현하는 그룹도 중요하지만 다양한 향기군을 찾아볼 수 있는 점수대에 접어든 것이다. 필자가 선호하는 점수대는 7.75 이상이다.

8.0 – 8.75 8점 이상의 커피에는 정말 다양한 유기산이 존재한다. 향에서든 맛에서든 잊혀지지 않는 느낌을 받으면 8점 이상을 부여하면 된다. 한 마디로 '판타스틱'한 커피임은 분명하다.

9 – 10 사실 이 세상에 완벽이란 존재하지 않는다. 그렇기 때문에 향후 완벽한 커피가 등장할 것을 염두에 두고 완벽에 가까운 점수는 주지 않는 것이 현실이다. 그러나 재배국에서는 본인의 커피에 9점 이상을 부여하는 생산자들이 많다. 이는 자신이 생산한 커피에 대한 자부심이 크게 작용한 것으로 객관적인 평가에 있어 9점 이상은 상당히 높은 점수라는 것을 기억해야 한다.

다음으로는 세부 점수 항목별로 전 세계 커피인이 많이 사용하는 적합한 표현 단어를 정리해보았다. 커핑은 커피 품질을 객관화, 점수화하기 위한 것이며 자료를 공유하고 공통된 언어를 사용하려는 데에도 목적이 있다. 공통된 언어란 플레이버 휠에 나열된 단어다. 따라서 아래의 황금비법은 플레이버 휠에 언급된 단어만으로 작성했다. 물론 본인만의 단어를 사용해도 괜찮지만 다른 사람과 소통하려면 누구나 이해할 수 있는 단어를 써야 한다. 1995, 2016 플레이버 휠의 내용을 모두 외울 것을 강력히 권장하지만 어렵다면 이 내용이라도 완벽히 암기하길 바란다.

단어와 점수의 연관성을 최대한 고려해 구성한 표다. 물론 가공방식, 대륙 등에 따라 점수와 표현은 조금씩 달라진다. 한글로 번역한 내용은 직역한 것도 있고 실제 커핑 시 사용하는 뉘앙스에 대한 표현으로 간주하면 된다.

↓ 황금비법, '이거라도' 꼭 기억하자

플레이버 점수		
	6 - 6.25	leather(가죽), rubbery(고무), musty(곰팡이), moldy(곰팡이), phenolic(페놀), iodine(요오드), rioy(소독약), dusty(텁텁한 곰팡이), butyric acid(숙성된 치즈), isovaleric acid(발냄새), barny(외양간), petroleum(휘발유), skunky(원두 기름 찌든내), cooked beef(구운 쇠고기), meaty brothy(육수), animalic(동물냄새), earthy(흙), humus(부식토), raw potato(날감자), mushroom(버섯), fermented(과발효), coffee pulp(커피과육, 시큼한), over ripe(과하게 익은), sweaty(땀 냄새, 암모니아), horsey(말의 냄새), carvacrol(방부제), cappy(오래된 치즈), mildewy(곰팡이), yeasty(발효취), leesy(시큼한), tallowy(지방의), fatty(지방의) 등
	6.5 - 6.75	papery(종이), flat(밍밍한), strawy(짚), cut hay(건초), wet cardboard(젖은 택배상자), filter pad(종이필터), baggy(커피 마대자루), baked(밍밍한), aged(묵은), greenish(풋내), erpsig(콩비린내), woody(나무), under ripe(덜익은, 풋내나는) 등
	7	brown(구수한), toast(구수한), malt(맥아, 구수한), nutty(구수한), neutral(구수한, 중립적인), mild(부드러운, 구수한), delicate(섬세한, 구수한), mellow(부드러운), soft(부드러운, 구수한), molasses(사탕수수), syrupy(단) 등
	7.25	peanut(땅콩), almond(아몬드), walnut(호두), hazelnut(헤이즐넛), toast(구수한)+syrupy(단), malt(맥아)+syrupy(단)
	7.5 - 7.75	엔자이매틱 계열 10~50% = 7.5 / 50~70% = 7.75 lemon(레몬), orange(오렌지), lime(라임), grapefruit(자몽), tangerine(귤), green apple(청사과), peach(복숭아), apricot(살구), pineapple(파인애플), grape(포도), muscat(머스캣), black berry(블랙베리), strawberry(딸기), blueberry(블루베리), raspberry(라즈베리), black currant(블랙커런트), plum(자두), red currant(레드커런트), bilberry(빌베리), quince(모과), banana(바나나), prune(건자두), raisin(건포도), tea rose(월계화), chamomile(캐모마일), jasmine(재스민), coffee blossom(커피 꽃), acacia(아카시아), juicy(긍정의 산미가 압도적인), onion(양파), garlic(마늘), alliaceous(파류), vegetative(채소), fresh(오이, 상추), dark green(브로콜리나 시금치 데칠 때 나는 진한 야채 육수 냄새), cucumber(오이), leguminous(콩류), garden peas(완두콩), beany(원두콩), pea pod(완두콩), nutmeg(육두구), anise(팔각), clove(정향) 등
	8 - 8.5	엔자이매틱 80~100% 풍부한 유기산과 다양한 단맛"
	8.75 -	

항목별 점수는 커핑 폼의 알맞은 칸에 기록해야 한다. 긍정적인 속성 중 몇 가지에는 다음과 같은 두 가지 척도가 있다.

- 수직 척도(위부터 아래)
  나열된 감각요소의 강도를 평가할 때, 그리고 평가자의 기록을 남길 때 쓰인다.
- 수평 척도(왼쪽에서 오른쪽으로)
  평가자가 샘플에 대한 인식과 품질에 대한 경험적 이해를 기반으로 특정 구성요소의 상대적 품질을 평가하는 데 사용한다.

SCA 커핑 폼 세부항목

다음으로 SCA 커핑 폼의 세부항목에 관해 알아보자. SCA의 커핑 프로토콜 내용을 먼저 살펴본 뒤, 좀 더 이해가 쉽도록 정리한 필자의 부가 설명을 곁들인다. 실제 커핑 시 시행해야 하는 점들을 정리했다.

#1 단계.
프래그런스/아로마

SCA

1. 샘플을 분쇄한 후 15분 이내에 뚜껑을 들어올리고 분쇄한 커피의 냄새를 맡아 드라이 아로마를 평가한다.
2. 크러스트는 최소 3분에서 최대 5분까지 그대로 둔다. 이후 세 번 저어 크러스트를 깨뜨릴 때 거품이 스푼 뒤쪽으로 흘러내리도록 하면서 부드럽게 냄새를 맡는다. 그다음 드라이, 웻 아로마 평가를 기준으로 프래그런스/아로마 점수를 매긴다.

프래그런스/아로마에는 커피 샘플의 두 가지 방향성 측면이 포함된다. 프래그런스는 갓 분쇄한 커피가 물에 젖지 않은 건조한 상태일 때 나는 냄새다. 아로마는 커피에 뜨거운 물을 붓고 휘저을 때 수증기에서 방출되는 냄새다.

김길진 프래그런스는 다음 5단계에 거쳐 평가할 수 있다. ❶ 커피에 물을 붓기 전 컵 안에 있는 분쇄 커피 냄새를 맡아 수직 척도에 그 강도를 표시한다. 강도가 강하면 위쪽, 약하면 아래쪽에 체크하면 된다. ❷ Quality 항목의 상단 줄에 가장 먼저 인지한 향을 한 단어로 기입한다. ❸ 하단에 향미 노트를 최대한 많이 기재한 뒤 ❹ 강도와 퀄리티를 고려해 수평 척도에 점수를 체크한다.

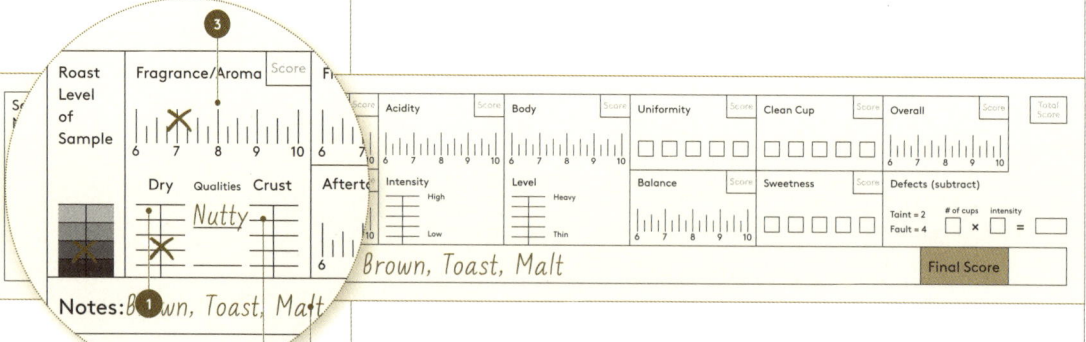

아로마는 커피에 물을 부은 뒤 4분가량 뜸을 들인 뒤 ❶ 커피가 형성한 크러스트를 깰 때 나오는 향의 강도를 Crust 수직 척도에 체크한다. ❷ 퀄리티 하단 줄에 가장 먼저 인지한 향을 한 단어로 적는다. ❸ 하단에 향미 노트를 기입하고 ❹ 강도와 퀄리티에 상응하는 점수를 수평 척도에 체크한 뒤 ❺ 프래그런스와 아로마 두 항목을 종합적으로 고려해 Total 칸에 최종 점수를 매긴다. 만약 프래그런스가 7.25, 아로마가 7.5라면 향이 개선된 점을 고려해 7.5점을 주는 것이 현명한 선택일 것이다. 숙달된 사람이 아니면 빠른 시간 안에 평가를 마치기 어려우므로 반드시 플레이버 휠을

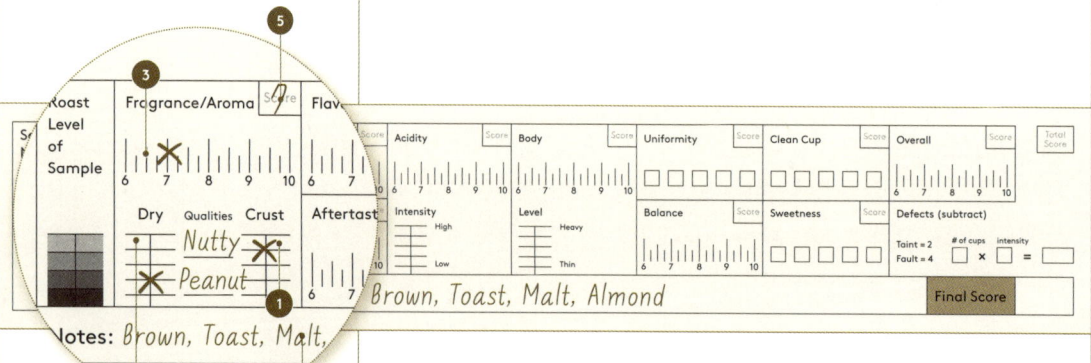

숙지하고 아로마 키트를 이용해 후각을 단련해야 한다.

프래그런스/아로마 평가를 완료하고 나면 스푼 두 개를 이용해 커피 표면의 거품, 커피찌꺼기를 걷어내는 스키밍 작업을 진행한다. 스키밍은 최대한 한 번에 끝내는 게 좋다. 스푼을 커피에 담글 때마다 커피 온도가 빠르게 떨어지기 때문이다.

#2 단계.
플레이버, 애프터테이스트, 산미, 바디, 밸런스

SCA
1. 물을 붓고 8~10분 정도 후 커피가 약 71°C가량으로 식으면 커피용액 평가를 시작한다. 커피용액을 흡입할 때 입안에서 가능한 많은 영역, 특히 혀와 입천장 전체에 닿도록 한다. 비후의 증기는 이 정도의 높은 온도에서 최대 강도를 나타내기 때문에 플레이버와 애프터테이스트를 이때 평가한다.
2. 커피가 71°C에서 60°C까지 계속 식는 동안 산미, 바디 그리고 밸런스를 차례로 평가한다. 밸런스는 플레이버, 애프터테이스트, 산미 그리고 바디가 얼마나 조화로운지에 대한 평가다.
3. 다양한 속성에 대한 커퍼의 선호도는 커피용액이 식을 때 여러 온도에서(2~3회) 평가한다. 16점 척도로 샘플을 평가하려면 커핑 폼의 해당 부분에 동그라미를 친다. 만약 점수가 달라지면(샘플이 온도 변화로 인해 품질 변화를 보일 경우) 수평 눈금을 다시 표시하고 최종 점수의 방향을 나타내는 화살표를 그린다.

플레이버
SCA 입에서 코로 전해지는 모든 미각(맛봉오리)과 비강의 향이 결합한 것이다. 커피의 기본적인 특성인 향과 산미가 주는 첫 인상과 애프터테이스트가 주는 마지막 인상 사이에서 인지되는 '중간 범위'의 노트를 나타낸다.

김길진 아로마+테이스트라고 칭한다. 초반에 느껴지는 아로마에 따른 첫 느낌에서 마지막에 이르기까지의 산미, 즉 커피의 주된 성질을 나타낸다. 맛봉오리의 감각과 입에서부터 코로 전해지는 향의 전체적인 인상이다. 플레이버 점수는 커피를 강하게 들이마 셨을 때 경험할 수 있는 전반적인 맛과 아로마의 강도와 품질 그리고 복합성을 기준으로 매긴다.

첫 슬러핑 후 ❶ 수평 척도에 먼저 체크한 뒤 ❷ 하단에 본인이 느낀 노트와 느낀 바를 작성하면 된다. 점수에 대한 이유를 충분히 기재해야 한다. 첫 슬러핑 후 바로 점수를 적지 않는 이유는 여러 번 맛을 보고 판단해야 하기 때문이다.

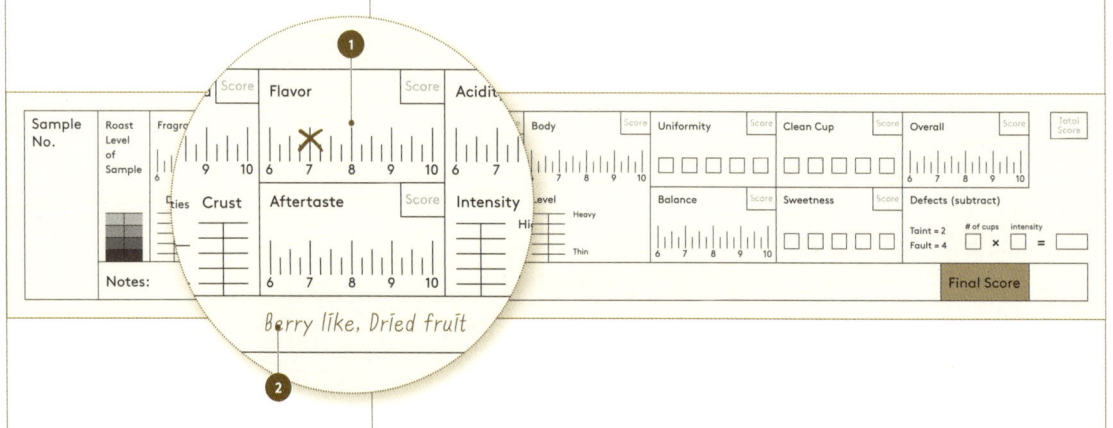

애프터테이스트

SCA 애프터테이스트는 입천장 뒤쪽에서 발산되거나 커피를 뱉거나 삼킬 때 남아 있는 긍정적인 플레이버(맛과 향)의 지속성으로 정의된다.

김길진 애프터테이스트는 쉽게 말하자면 커피를 마시고 난 후 입 안에 남은 여운과 지속성을 의미한다. 여운이란 플레이버에서 느껴지는 요소이기 때문에 플레이버가 좋으면 애프터테이스트의 점수도 높다. 물론 그 지속성에 따라 점수는 낮아질 수도, 높아질 수도 있다. 커피의 뒷맛이 짧거나 불쾌하면 낮은 점수를 부여한

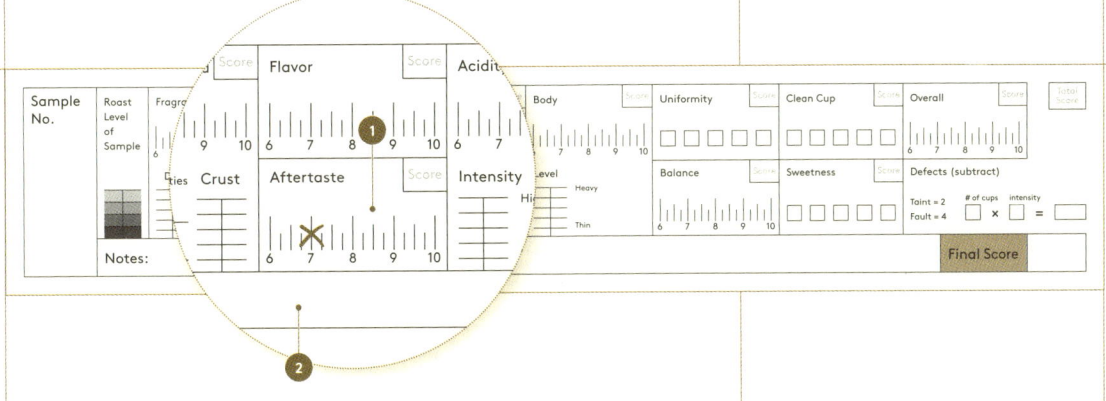

다. ① 수평 척도에 먼저 체크한 뒤 ② 하단에 본인이 느낀 노트와 느낀 바를 작성하면 된다.

액시디티

SCA 기분 좋은 산미는 종종 '밝은brightness'으로, 불쾌한 산미는 '신sour'이라고 표현한다. 최상의 산미는 커피의 생동감, 단맛, 그리고 신선한 과일 특성에 기여하며 커피를 입에 머금었을 때 거의 즉각적으로 평가된다.

김길진 액시디티는 플레이버에서 느낀 유기산의 맛에 대해 부여하는 추가점수다. 프래그런스/아로마 평가와 같이 ① 수직 척도에 강도를 먼저 평가한다. 강도가 강할수록 위쪽에, 낮을수록 아래쪽에 표시한다. 이어서 ② 수평 척도를 체크한 후 ③ 엔자이매틱 계열의 단어를 사용해 산미의 종류를 자세히 적는다.

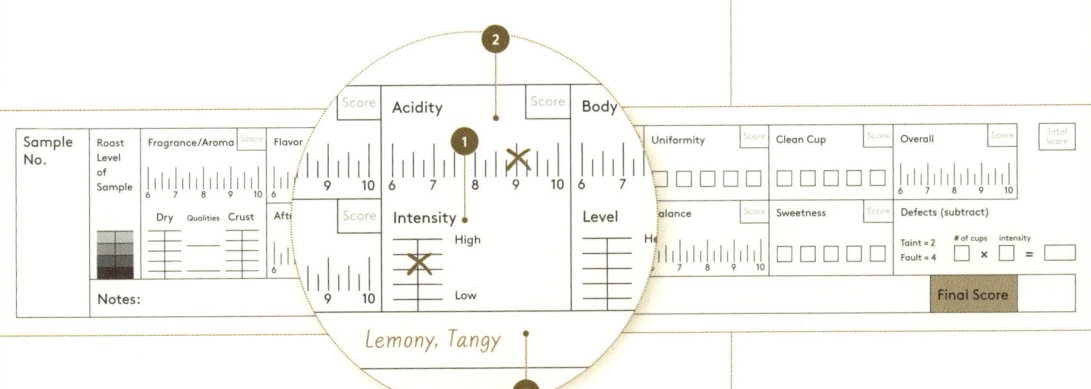

바디

SCA 바디는 입안에 머금은 액체의 촉각적 느낌이다. 이는 특히 용해되지 않은 고체와 오일로부터 추출 콜로이드가 형성된 결과로, 혀와 입천장 사이에서 감지된다.

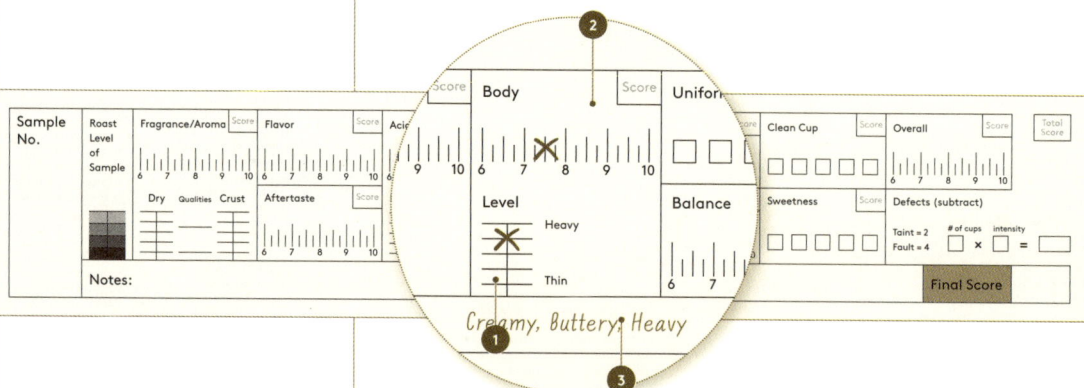

김길진 바디는 입안(보통 혀와 입천장 사이)에서 느껴지는 액체의 질감을 통해 평가한다. 또한 혀를 이용해 커피용액을 위아래로 굴리면 추출 콜로이드와 자당으로 인한 묵직함을 함께 느낄 수 있다. 무거우면서도 질감이 좋은 커피는 높은 점수를 받는다.

하지만 커피에서 현실적인 질감을 느끼기는 어렵다. 커피의 질감을 설명하는 단어 중 하나에는 버터 같은Buttery이 있다. 이 표현을 보면 빵에 발라 먹는 버터의 질감이 연상되기 마련인데 커피에서는 그 정도의 미끌거림을 느끼기 어렵다. 이땐 커피가 부드럽다고 해석할 수 있다. 그만큼 커피의 질감을 표현하는 것은 추상적인 영역이기도 하다. 그럼 커피의 질감은 어떻게 파악하면 좋을까. 맛이 좋으면 질감도 좋다는 기본적인 이론을 기억하면 질감을 평가하는 데 도움이 될 것이다. 예를 들어 신선한 우유와 상한 우유를 비교해보자. 우유 특성상 두 가지 모두에서 묵직함이 있을 텐데 신선한 우유에서는 물보다 미끌거리는 밀키milky함을 느낄 수 있는 반면, 상한 우유는 비정상적인 맛과 불쾌하면서 거친 질감을 가질 것이다. 이러한 관계성을 숙지한 뒤 혀를 부지런히 움직이며 커피용액의 무게감을 느끼다 보면 바디를 좀 더 쉽게 평가할 수 있을 것이다.

밸런스

SCA 밸런스는 커피 샘플의 플레이버, 애프터테이스트, 산미, 바디의 다양한 측면이 서로를 얼마나 잘 보완하거나 대조하는지를 평가한다.

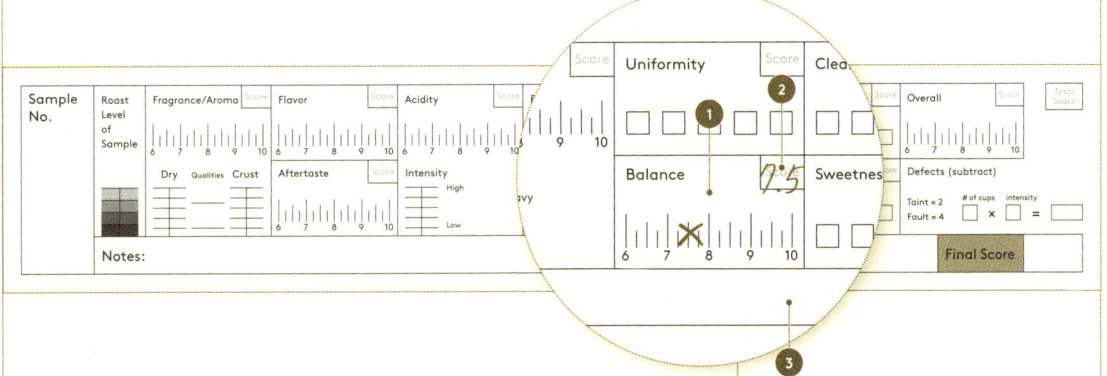

김길진 특정 샘플의 향이나 맛이 부족하거나 어떤 특징이 너무 튄다면 밸런스 점수는 낮게 책정될 것이다. 밸런스에서는 플레이버, 애프터테이스트, 산미 그리고 바디가 얼마나 조화를 이루는지를 살피는 동시에 각 요소가 서로의 부족함을 보완하는지도 본다. 다음 두 가지 조건에 따라 평가한다.

- 조건1. 밸런스 점수가 플레이버, 산미, 바디, 애프터테이스트보다 높거나 낮으면 안 된다.
- 조건2. 밸런스는 플레이버, 산미, 바디, 애프터테이스트 등 각 세부항목의 부족한 점수를 채워 전반적인 커피의 균형을 맞추는 항목이다.

#3단계
스위트니스, 유니포미티, 클린컵, 오버올

스위트니스

SCA 스위트니스는 뚜렷한 단맛뿐만 아니라 기분 좋은 향미를 의미한다. 이러한 특성들은 특정 탄수화물로 인해 느낄 수 있다. 낮은 농도의 당과 염, 그리고 산이 단맛의 인상을 만들어 낸다.

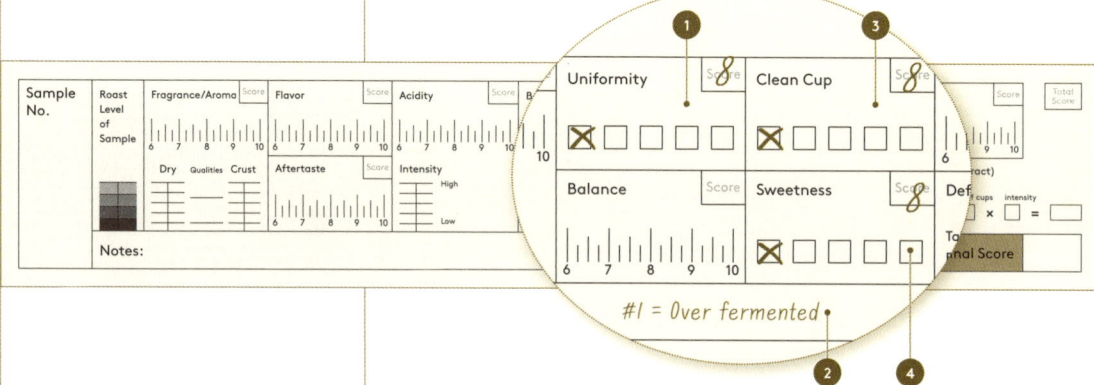

김길진 위에서 소개한 SCA의 정의만으로는 평가가 어려울 수 있다. 우선 5개 컵 중 1번 컵에서 과발효 맛이 느껴진다고 가정해보자. 그럼 커퍼는 ❶ 유니포미티에 체크한 뒤 ❷ 노트란에 '#1=Over fermented'라고 적은 후 ❸ 클린컵에도 체크를 할 것이다. 다음으로 ❹ 스위트니스에도 체크할 것인지 말 것인지를 결정해야 하는데 이 부분이 매우 어렵다. 인간은 설탕처럼 단맛이 있는 것을 혀에서 직접적으로 느껴야만 '달다'라고 표현한다. 그렇다 보니 단맛의 유무로 스위트니스를 평가하려 하면 어려울 것이다.

미국 Q-감독관이나 커퍼들은 '1번 컵이 과발효인데 단맛은 조금 있다'라는 식으로 스위트니스를 표현한다. 이 예를 그대로 분석해 보자. 1번 컵에서 시큼하고 식초의 맛이 나는 동시에 단맛이 조금 있다는 이야기인데 솔직히 확 와 닿는 설명은 절대 아니다. 차라리 '과발효 결점 향미가 미미해서 커피 맛이 크게 묻히지 않았다'라고 표현하는 게 이해가 쉬울 것 같다.

그래서 필자가 권하는 스위트니스 평가 방법은 클린컵에서 체크한 결점의 강도에 따라 체크하는 것이다. 이때 의문이 생길 수 있다. 사람마다 느끼는 결점의 강도가 다른데 그 기준은 어떻게 정해야 할까? 냉장고에 보관해둔 반찬을 꺼낸다고 상상해 보자. 우리는 용기 뚜껑을 열어 반찬의 상태를 육안으로 확인한 후 냄새를 맡아볼 것이다. 만약 안 좋은 냄새가 난다면 어떻게 할까? 먹지 않고 바로 버릴 것이다. 향에서부터 느껴지는 긍·부정 요소는 맛에서도 느껴지게 마련이기 때문이다. 다시 커피로 돌아와보자. 프래그런스와 아로마의 평가 단계에서부터 결점향이 느껴진다면 맛을 보지 않아도 부정적인 맛이 강할 것임을 예측할 수 있다. 이러한 경우 스위트니스가 없다고 할 수 있겠다. 그리고 필자는 '결점이 너무 강해서 해당 컵은 마실 수 없다'라고 이야기할 것이다.

유니포미티

SCA   유니포미티는 여러 개의 컵으로 맛본 샘플의 플레이버 일관성을 의미한다. 불균일성은 개별 컵에서 결점두가 발견된 결과다.

김길진   총 다섯 컵의 샘플의 향미 일관성을 평가하는 항목이다. 각 컵에 대해 2점을 부여하므로 모든 컵의 맛이 다르면 2점, 다섯 컵 모두 같은 향미를 지닌다면 최대 10점을 매긴다. 균일성이 떨어지는 컵의 경우 결점두 때문일 수도 있고 내추럴 커피라면 부적절한 건조로 인해 맛의 편차가 발생한 것일 수도 있다. 단, 균일성에 체크했다고 해서 무조건 결점으로 간주하는 것은 아니다. 균일성이 다른 컵을 체크했다면 노트란에 반드시 그 이유를 작성해야 한다.

클린컵

SCA   결점두, 부적절한 보관 또는 잘못된 가공으로 인해 첫 모금부터 애프터테이스트까지 방해되거나 부정적인 맛 또는 향의 느낌이 없는 것을 클린컵이라 칭한다.

김길진   한글로 직역하면 '깨끗한 컵'이라고 할 수 있지만 SCA 커핑폼에서 의도하는 클린컵이란 결점두로 인해 균일성이 떨어지는 컵이 없음을 뜻한다. 첫 슬러핑부터 애프터테이스트 사이에 부정적인 인상이 느껴지지 않으면 체크한다. 클린컵을 평가하기 위해서는 가장 일반적으로 나타나는 3대 결점 향미인 소독약Phenolic, 과발효Over-fermented, 곰팡이Moldy를 인지할 수 있어야 한다.

오버올

SCA 오버올은 커퍼가 인지하는 샘플의 전반적인 점수를 반영하는 항목이다. 커퍼의 개인적인 선호도에 따라 주관적으로 평가한다.

김길진 개개인이 인지하는 샘플의 점수 총합을 반영하는 항목이다. 샘플이 여러 가지 긍정적인 특징을 많이 가지고 있어도 '수치'적으로 좋은 점수를 받지 못한다면 낮은 점수를 부여할 수 있다. 커피가 기대에 부응하고 본연의 향미를 잘 드러냈다면 좋은 점수를 주면 된다.

#4단계
점수 매기기

SCA

1. 샘플을 평가한 뒤 하단의 Scoring 섹션에 설명된 대로 모든 점수를 더하고 오른쪽 상단의 네모칸에 총점을 기록한다.
2. 테인트(각 컵당 2점), 폴트(각 컵당 4점) 감점을 계산하여 총점에서 차감한 뒤 오른쪽 하단의 최종 점수칸에 적는다.

테인트/폴트

SCA 결점은 커피의 품질을 떨어뜨리는 부정적이거나 좋지 않은 맛이다. 이들은 테인트와 폴트 두 가지로 분류된다. 테인트는 눈에 띄지만 압도적이지는 않은 이취이며 일반적으로 향에서 발견된다. 폴트는 샘플을 맛보기 힘들 정도로 압도적인 이취이며 일반적으로 맛에서 발견된다.

김길진

❶ 프래그런스/아로마에서는 발견하지 못했지만 커피가 식었을 때 혹은 맛을 보고 난서 결점을 감지한 경우

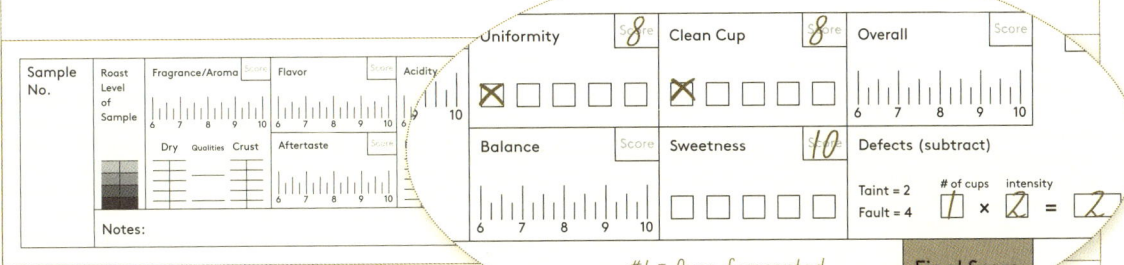

❷ 프래그런스/아로마 평가에서부터 강한 결점을 인지한 경우

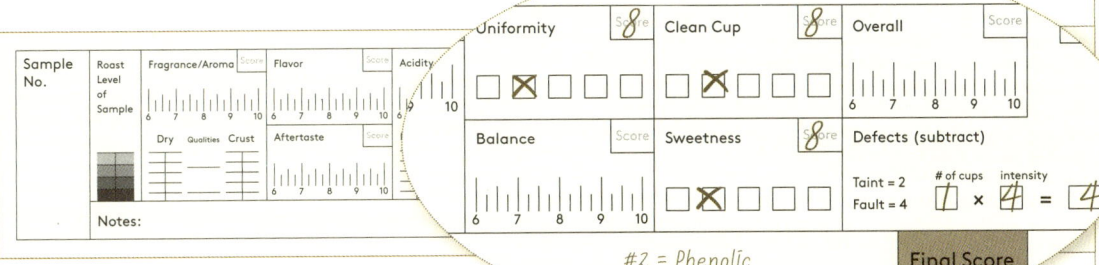

결점은 커피의 전체적인 품질을 저하시키는 요소다. 과도하지 않은 이취일 경우 테인트로 분류해 2점으로 책정하고, 맛보기 힘들 정도로 과도한 경우에는 폴트로 분류해 4점을 매긴다. 앞서 언급한 스위트니스 평가 방법을 참고해 계산하면 된다. 스위트니스에 체크하지 않았다면 약한 결점이므로 ❶ 컵 개수×2점, 체크했다면 강한 결점이니 ❷ 컵 개수×4점으로 계산해 총점에서 제한다.

최종 점수

먼저 각각의 항목에 부여한 점수를 합산하여 Total Score 칸에 기재한다. 여기에서 결점 항목의 점수를 제한 것이 최종 점수로 Final Score 칸에 적는다.

1.5 자세한 2023 SCA 커피 가치 평가 설명

이번 내용은 2023년 SCA 커피 가치 평가 프로토콜에서 발췌하여 필자가 번역하고 추가적인 의견을 기록한 것이다.

2020년 SCA가 2004년 SCA 커피 평가 시스템을 검토하기 시작하면서 시스템의 기반이 되는 '스페셜티'의 정의가 현재 산업의 관행과는 일치하지 않는다는 점이 분명해졌다. 이전 시스템의 재설계는 새로운 속성 기반 정의 위에 구축돼야 했다. 이 다년간 프로젝트의 평가 단계에 수행된 많은 프로젝트를 통해 세 가지 주요 목표가 결정됐다. 1) 사회적 가치 향상 2) 센서리 과학과의 일치 3) 구매자가 원하는 속성과 대조해 특정 커피의 가치를 발견하는 접근 방식의 투명성을 제공, 특정 커피의 속성을 비교하는 방법을 안내함으로써 구매자가 커피의 가치를 확인할 수 있도록 한다.

Tips. 커핑 점수 쉽게 계산하기

정수는 정수끼리, 소수는 소수끼리 더하면 계산기 없이도 수월하게 최종 점수를 계산할 수 있다. 예를 들어 위와 같이 커핑 폼을 작성했다면 먼저 정수만 따로 계산한다.

이 경우 7개 항목의 7점(7 × 7 = 49)에 3개 항목의 10점(10 × 3 = 30)을 합친다(49 + 30 = 79).
그다음 소수를 전부 더한 결과(0.25 + 0.5 + 0.75 + 0.5 + 0.75 + 0.5 + 0.5 = 3.75)를 정수 계산 결과와 합산한다(79 + 3.75 = 82.75).

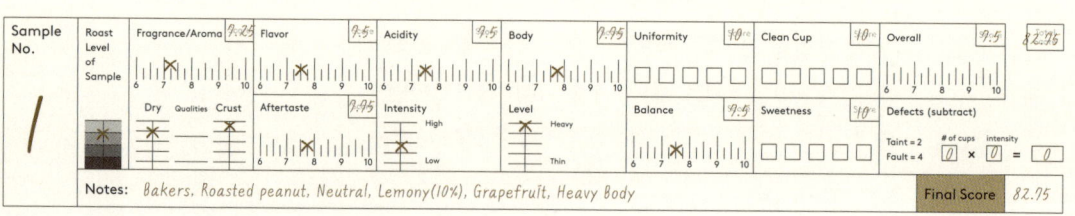

이를 위해 가치 평가 시스템은 물리적physical, 묘사적descriptive, 감성적affective, 외재적extrinsic 네 가지 평가 유형을 통해 특정 커피에 대한 고해상도 이미지를 제공한다. 물리적 및 묘사적 평가 중 내재적intrinsic 속성을 평가할 때 커퍼는 커피에 대한 외재적extrinsic 정보에 접근하지 못하도록 각 평가를 별도로 완료해야 하며, 그렇지 않으면 쉽게 편향될 수 있어 주의해야 한다.

모든 평가가 완료되면, 시스템은 가치 발견 도구로 작용한다. 평가 대상인 커피의 속성을 구매자가 가치 있는 것으로 인식하고, 원하는 것으로 식별한 속성과 비교하면 양측 모두의 가치 발견을 도와주는 명확하고 투명한 기록이 제공된다.

가치 발견 도구가 커피 산업에 가져올 수 있는 잠재적 이점은 구매자와 판매자 간의 의사소통 개선, 커피 거래의 투명성 증대 및 내재적 커피 속성을 기반으로 한 더 일관되고 정확한 가격 책정 등이 있다. 또 다른 가능한 다음 단계는 이 도구가 커피 산업에서 성공적으로 구현된 사례를 제공하거나, 이 도구를 구매자와 판매자의 요구에 더 잘 맞도록 수정하거나 개선하는 방법을 논의하는 것이다.

1.5.1 평가표 사용하기

물리적 평가에서는 사용자들이 생두의 색상, 결점, 수분 함량, 크기와 같은 내재적 속성을 기록한다. 이러한 활동 및 결과는 편견을 방지하기 위해 감각적 평가 활동이나 참가자들과 분리되어 보안 유지가 되어야 한다. 물리적 평가는 아직 연구 및 개발 중에 있지만, 이 프로토콜에는 이러한 유형의 평가를 위한 기본 접근 방식을 제시하고 있다. 감각적 서술 평가에서는 사용자들이 객관적으로 내재적 감각적 속성을 기록한다. 여기에는 프래그런스, 아로마, 향미, 후미, 산미. 단맛, 마우스필이 포함된다. 이러한 속성은 커피 테이스터스 플레이버 휠의 주요 범주에서 기본 후각 참조, CATA 감각 테스트, 강도 척도 및 자유롭게 유도된 설명어를 위한 공간을 활용하여 기록된다.

모든 감각적 평가 활동은 커피에 대한 식별 정보 없이 완료되어야 한다. 감성적 평가는 주관적인 정보로, 맛 평가나 헤도닉hedonic 선호도 같은 품질에 대한 커퍼들의 느낌을 기록한다. 커퍼들은 감각 서술 구획과 동일한 범주를 사용해 자신의 선호도나 시장 선호도를 반영하기 위해 9점 헤도닉 척도를 적용하고, 커피 품질에 대한 전반적인 느낌을 평가한다. 이 평가는 또한 물리적 평가 구획에서 확인된 물리적 결함과 구분되는 센서리 결점이 있는 컵을 기록하는 데 사용된다. 이는 이전에는 불필요한 것으로 여겨졌던 일부 감각적 속성이 일부 시장에서 인정되고 심지어 수요가 생겼기 때문이다.

외재적 평가에서는 사용자가 특별한 커피의 가치에 기여하는 정보적이거나 상징적 속성을 기록한다. 원산지나 생산자 정보와 같은 커피의 아이덴티티, 가공 정보, 물리적 평가 결과, 지속 가능성 인증, 또는 커피의 설명 같은 다른 정보가 포함된다. 이는 커피를 흥미롭게 만드는 외재적 속성들을 설명하는 서술적인 부분이다. 편향을 방지하기 위해 물리적, 감각적 서술, 감성적 평가를 수행하는 평가자는 해당 평가가 완료된 후 이 정보를 곧바로 편성해야 한다. 커피 산업 안팎에서 수행된 광범위한 연구는 외재적 속성이 우리의 감각적 인식과 품질 인상에 미치는 영향을 보여준다. 외재적 평가는 아직 연구 및 개발 단계에 있다. 하지만 이 프로토콜은 이러한 유형의 평가에 대한 기본적인 접근법을 개요화 하고 있다. 완료된 모든 평가에서 수집된 정보는 각 평가 중에서 기록된 속성을 원하는 속성이나 필요한 속성과 비교함으로써 가치 발견 도구로 활용될 수 있다.

1.5.2 묘사적 평가

묘사적 평가는 커핑의 새로운 추가 요소다. 2021년 SCA 커핑 프로토콜에 대한 설문 조사 결과, 스페셜티 커피 산업은 1~20년 전보다 설명적인 정보나 커피의 센서리 프로파일을 훨씬 더 중요시한다. 커피의 묘사적 프로파일은 여러 가지 상황에서 중요하다. 이는 커피가 필요한 프로파일이나 스타일 규격에 부합하는지를 결정하고, 고유하거나 특별한 감각적 속성을 발견하고, 커피의 향미 노트를 소비자에게까지 전달하고, 2004년 커핑 시스템하에 동일한 점수를 받았지만 크게 다른 이유로 구분할 수 있는 커피를 구별하는 데 사용될 수 있다. 많은 커피 패키지에 향미 노트가 들어

가므로 소비자에게 묘사 정보를 전달하는 것은 중요하다. 특히 가공 혁명의 등장으로 묘사 정보의 중요성은 커핑 점수를 뛰어넘었다고 할 수 있다.

2004년 커핑 프로토콜은 묘사 정보에 대해 매우 얕은 접근 방식을 가지고 있다. 커퍼들은 커피에 대한 노트를 자유롭게 유도하고 때로는 일반 노트로, 때로는 구체적인 커핑 항목 아래에 작성하였다. 노트 구조나 용어를 비롯한 방식은 체계적으로 기술하지 않아도 됐고, 커핑 점수가 명시적인 한계 내에 있으면 묘사 노트가 거의 없는 커핑 폼을 제출할 수도 있었다. 이로 인해 일부 극단적인 상황에서는 묘사적 근거 없이 커피가 매우 높거나 낮은 점수를 받곤 했다. 그러나 수년간 커핑 교육은 감각적 묘사 평가에 대한 교육을 포함하고 센서리 레퍼런스를 관습적으로 사용해왔다.

현재 거의 모든 커퍼들은 센서리 교육을 받았다. 지난 10년간의 연구들이 보여준 대로 센서리 교육 덕분에 커퍼들은 신뢰성 있는 묘사 정보를 만들어 나갈 수 있었다. 최근 SCA에서 실시한 묘사 평가 실험은 커퍼들이 몇 시간의 훈련 후 신뢰성 있는 서술을 할 수 있다는 것을 증명했다. 묘사 분석 방법은 제품의 센서리 특성을 객관적이고 양적으로 표현한다. 이는 품질의 느낌이나 생산 또는 가공과 관련된 특정 요소 또는 변수와 같은 다른 정보의 층과 상관관계를 가져 매우 강력한 도구가 될 수 있다. 전통적인 묘사적 방법은 제품의 센서리 특성의 인지 강도를 양적으로 측정하는 것에 초점을 맞추지만, 최근 개발은 묘사 정보를 수집하기 위해 질적 접근 방식을 선택했다. 후자의 예로는 CATA 테스트가 있다. 이는 제품의 주요 감각적 특성을 식별하는 빠른 감각 프로파일링 방식으로, 항목의 모든 선택지를 선택할 수 있는 방식을 뜻한다. 간단하고 빠르게 특정 항목의 대중적인 대답을 파악할 수 있지만 이 방식으로 강도를 평가하지는 않는다.

CATA 테스트를 사용하기 위해 필요한 커퍼의 훈련 강도는 전통적인 묘사적 패널과 비교해서 매우 낮다. 커퍼들은 속성의 강도를 평가하기보다는 샘플에 존재하는 속성을 식별하기만 하면 되기 때문이다. 가치 평가 시스템에서 사용하는 센서리 평가는 강도 평가와 CATA 설명을 결합해 커퍼들에게 친숙한 묘사적 접근 방식을 제공하려고 한다. 초콜릿chocolate이나 과일 맛fruity과 같은 구체적인 센서리 속성의 강도를 측정하는 대신, 기존에 커퍼들이 오랜 시간 동안 사용해온 커핑과 유사한 강도를 측정한다. 따라서 강도가 측정되는 항목은 프래그런스, 아로마, 향미, 후미, 산미, 단맛, 마우스필이다. 각 항목의 전체 강도가 평가되며 특정한 향 노트의 강도가 아니라 전체 향 강도 등이 평가된다.

묘사적 평가는 다음의 단계에 따라 수행된다. 첫 번째 단계에서는 프래그런스와 아로마를 평가하고 그 강도를 평가한다. 향에서 발견된 특징은 CATA 항목에 표시되는데 이는 코 앞쪽 비강에서 느끼는 것이다. 두 번째 단계에서는 커피를 추출해 평가하고 그 강도를 평가한다. 아로마에서 발견된 특징은 마찬가지로 코 앞쪽 비강에서 느낀 것과 관련된 것을 CATA 항목에 표시한다. 세 번째 단계에서는 추출된 커피를 여러 번 음용하면서 나머지 항목들을 평가한다. 향미와 후미의 강도를 평가하고, 이들의 특징은 향미와 후미 모두를 고려하는 CATA 목록에서 확인한다. 산미의 강도를 평가하고 그 특징은 산미 CATA 목록에서 한다. 마우스필도 동일한 방식으로 평가되며 CATA 목록에 포함되지 않은 특성은 옆 여백에 설명한다.

강도 측정

전통적인 묘사적 평가에서는 센서리 특성의 강도를 보통 15점 척도로 평가한다. 기존 묘사적 평가와의 호환성을 위해 이 프로토콜에서는 기존 척도를 묘사적 평가에 적용했다. 커핑을 진행하면서 커퍼들은 15점 척도를 사용하여 각 항목의 총 강도를 평가해야 한다. 만약 커피의 프래그런스 평가 시 강한 과일 향과 섬세한 초콜릿 향이 난다면 커퍼는 각 특성의 개별적인 강도가 아니라 향기의 총 강도를 평가해야 한다. 각 센서리 특성마다의 강도를 기억할 필요가 없기 때문에 간단하게 수정할 수 있다. 역사적으로 커퍼들은 적어도 세 가지 강도(낮음, 중간, 높음)로 항목의 강도를 평가하는 방법을 배웠다. 대부분의 커퍼들은 커피의 산미가 낮은지, 중간인지, 높은지 쉽게 판단할 수 있다. 이는 항목의 강도를 평가하는 첫 단계다. 만약 낮게 인식된다면 0에서 5 사이의 척도로 평가해야 하고, 중간이라면 5에서 10 사이로, 높다면 10에서 15 사이로 평가해야 한다. 두 번째 단계에서는 선택된 범위 내에서 강도를 미세 조정할 수 있다. 예를 들어 산미가 중간보다 높은 경우 9로 평가할 수 있다.

평가자는 정수 사이에서도 강도 척도 어디든 체크 표시를 할 수 있다. 단, 편의를 위해 체크 표시와 가장 가까운 정수가 커퍼의 결과로 기록된다. 만약 커피 시음이 끝나기 전에 항목의 강도를 변경하고 싶으면 두 번째 표시를 추가하고 화살표로 변경 방향을 보여줘야 한다. 처음 체크한 것은 지우지 않는다.

묘사 선택하기

커퍼의 질적 특성은 CATA 목록을 사용하여 기록된다. 커핑 폼에는 CATA 목록에 포함된 네 개의 평가 항목이 있다.

- 프래그런스 & 아로마 항목

프래그런스와 아로마의 강도 척도를 체크하는 항목이다. 이 목록에는 플레이버 휠의 아홉 가지 범주(꽃, 과일, 달콤한, 신/발효, 채소, 견과류/코코아, 스파이시, 로스팅된, 기타)가 포함된다. 이러한 선택사항 중 대부분은 휠의 중간 링 두 번째 단계의 단어들을 포함한다. 예를 들어 과일 범주는 베리, 건과일 및 시트러스 과일 하위 범주를 더 포함하고 있다.

이 목록에서는 프래그런스와 아로마를 모두 포괄하는 최대 다섯 개의 묘사어를 선택해야 한다. 하위 범주의 묘사어(ex. 베리)가 선택된 경우, 상위 범주(과일)도 함께 체크되어야 한다

⬇ 묘사적 평가 폼의 프래그런스와 아로마 강도 체크 척도

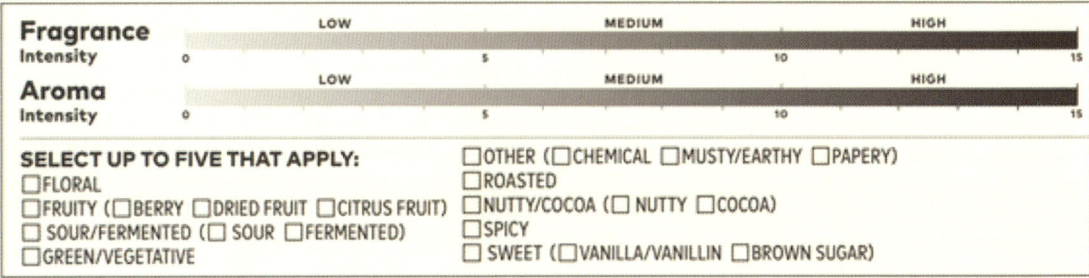

- 향미 & 후미 항목

이 항목에는 두 개의 목록이 포함되어 있다. 하나는 후각적 인식을 위한 것이고, 다른 하나는 미각적 인식을 위한 것이다. 왼쪽에 있는 후각 목록은 커피의 후각 측면을 나타내므로, 사용된 내포된 묘사어는 프래그런스와 아로마 CATA 목록과 동일하며 사용 방법도 같다(적용 가능한 경우 내포된 하위 범주를 사용하여 최대 다섯 개의 옵션에 체크). 오른쪽에 있는 주요 맛 목록은 향미와 후미 항목에서 최대 두 가지 주요 맛을 기록하기 위한 것이다. 모든 커피에는 어느 정도의 쓴맛이 있지만 쓴맛이 유독 두드러지면 이 상자에 체크해야 한다. 다른 맛 역시 샘플에서 특정 맛이 두드러질 경우, 특히 다른 커피와 함께 시음한 경우 선택해야 한다. 우측에는 미각적 인식인 주된 맛 두 가지를 선택한다.

⬇ 묘사적 평가 폼의 향미와 후미 분류
항목 * CATA 박스는 후각적 인식으로 좌측에는 적용되는 최대 5개를 선택하고 우측에는 미각적 인식으로 인지되는 주된 맛 2개를 선택한다.

Flavor Intensity / **Aftertaste Intensity** (LOW 0–5, MEDIUM 5–10, HIGH 10–15)

SELECT UP TO FIVE THAT APPLY:
- ☐ FLORAL
- ☐ FRUITY (☐ BERRY ☐ DRIED FRUIT ☐ CITRUS FRUIT)
- ☐ SOUR/FERMENTED (☐ SOUR ☐ FERMENTED)
- ☐ GREEN/VEGETATIVE
- ☐ OTHER (☐ CHEMICAL ☐ MUSTY/EARTHY ☐ PAPERY)
- ☐ ROASTED
- ☐ NUTTY/COCOA (☐ NUTTY ☐ COCOA)
- ☐ SPICY
- ☐ SWEET (☐ VANILLA/VANILLIN ☐ BROWN SUGAR)

MAIN TASTES (2)
- ☐ SALTY ☐ BITTER
- ☐ SOUR ☐ UMAMI
- ☐ SWEET

- 산미 항목

이 항목에는 두 가지 선택사항으로 이루어진 CATA 목록이 포함되고, 둘 중 하나를 선택해야 한다. 당도가 낮은 산미dry acidity는 허브herby, 풀grassy, 또는 시큼한tart 산미와 같은 특성을 포함하며, 당도가 높은 산미sweet acidity는 쥬시juicy하고 과일fruity 같으며 밝은bright 산미와 같은 특성을 포함한다.

⬇ 묘사적 평가 폼의 산미 강도 체크 척도

Flavor Intensity / **Aftertaste Intensity** (LOW 0–5, MEDIUM 5–10, HIGH 10–15)

SELECT UP TO FIVE THAT APPLY:
- ☐ FLORAL
- ☐ FRUITY (☐ BERRY ☐ DRIED FRUIT ☐ CITRUS FRUIT)
- ☐ SOUR/FERMENTED (☐ SOUR ☐ FERMENTED)
- ☐ GREEN/VEGETATIVE
- ☐ OTHER (☐ CHEMICAL ☐ MUSTY/EARTHY ☐ PAPERY)
- ☐ ROASTED
- ☐ NUTTY/COCOA (☐ NUTTY ☐ COCOA)
- ☐ SPICY
- ☐ SWEET (☐ VANILLA/VANILLIN ☐ BROWN SUGAR)

MAIN TASTES (2)
- ☐ SALTY ☐ BITTER
- ☐ SOUR ☐ UMAMI
- ☐ SWEET

- 단맛 항목

2023 커피 가치 평가 프로토콜에는 아쉽게도 단맛에 대해 간략한 설명만을 제공한다. 단맛은 추출된 커피에서 미각적 또는 후각적 인지를 통해 느끼는 단맛을 말한다. 필자가 느끼는 커피에서의 단맛은 크게 두 가지로 분류된다. 하나는 갈변 반응에 해당하는 견과류nutty, 초콜릿chocolate, 캐러멜caramel의 단맛과 효소 반응에 속해있는 과일에서 느낄 수 있는 단맛이다. 이 항목 또한 느껴지는 강도를 척도에 체크하면 된다.

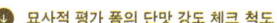
묘사적 평가 품의 단맛 강도 체크 척도

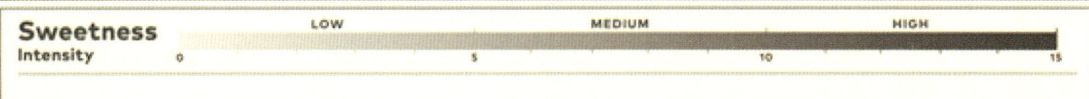

단맛을 비롯한 모든 묘사적인 항목에는 자유롭게 묘사어를 작성할 수 있다. 묘사어를 작성해야 하는 경우는 두 가지가 있다.
- 체크된 분류 박스에 정확한 묘사어가 있을 때 : 이 경우 선택한 묘사어의 의미를 보다 구체화해야 한다. 만약 확연한 블루베리 향미가 발견되면 '베리'라고 묘사할 수 있으며 이는 이른바 과일 맛에 해당된다. 또한 기존에 체크한 묘사어에 해당되지 않는 블루베리를 향미와 후미 항목에 묘사어로 작성할 수 있다.
- 어떤 카테고리에도 해당되지 않는 뚜렷한 특징을 발견했을 때 : 예를 들어 특이한 말린 토마토 노트가 발견됐다면 이 특징을 어떤 카테고리에도 넣기 힘들기 때문에 옆 공란에 메모한다.

- 마우스필 항목

이 항목에는 최대 두 개의 선택을 해야 하는 CATA 목록이 있다. 여기에선 강도(ex. 무게감의 형태)가 평가되기 때문에 마우스필을 설명한다. 입안에서의 무게와 질감을 모두 포함하는 바디의 개념은 마우스필로 확장되어, 떫은맛과 금속적인 느낌 같은 다른 촉각적 감각을 포함하도록 되어 있다.

Mouthfeel Intensity	LOW	MEDIUM	HIGH
0	5	10	15

SELECT UP TO TWO:
☐ ROUGH (GRITTY, CHALKY, SANDY) ☐ OILY ☐ MOUTH-DRYING
☐ SMOOTH (VELVETY, SILKY, SYRUPY) ☐ METALLIC

① 묘사적 평가 폼의 마우스필 강도 체크 척도

1.5.3 감성적 평가

감성적 평가는 2004년 SCA 커핑 시스템과 같은 목적으로, 샘플 커피의 품질의 느낌을 평가하고 총점으로 표현하는 것이다. 그러나 감성적 평가에는 몇 가지 새로운 사항이 도입되어 감각 분석 관행과 더욱 잘 조화되면서 더 간단하고 효과적인 방법으로 변경됐다. 2004년 SCA 커핑 프로토콜과 양식에 익숙한 커퍼를 위해 변경사항을 아래와 같이 요약해봤다.

1. 커피의 묘사는 이제 별도로 평가해야 한다. 이는 각 항목 아래의 노트 공간이 이제 감성적인 노트 작성을 위한 것임을 의미한다.
2. 밸런스와 클린컵 항목은 삭제됐다. 밸런스는 이제 전반적인 항목의 일부로 평가되며, 클린하다고 인지되는 커피는 향미나 다른 영향을 받는 항목에서 평가할 수 있다.
3. 스위트니스는 이제 척도에서 평가된다.
4. 각 항목은 9점 헤도닉 척도로 평가된다. 해당 항목의 품질은 '극도로 낮음(1)'과 '극도로 높음(9)' 사이에서 '높지도 낮지도 않음(5)'의 중심점을 포함한 범위에서 평가된다. '좋음'에서 시작하는 기존 6~10의 범위보다 더 넓은 범위다.
5. 커핑 폼에는 커핑 점수를 계산할 공간이 없다. 합산은 컴퓨터, 온라인 도구 또는 모바일 앱 중 최상의 방법으로 하고 아래 QR코드를 스캔하면 계산해주는 링크로 들어갈 수 있다. 이는 커퍼가 목표로 하는 최종 점수에 맞춰 개별 항목의 점수를 정하는 역커핑reverse cupping을 방지하기 위함이다.

② SCA 커피 가치 평가 감성적 평가 점수 계산기

감성 평가는 분쇄커피의 프래그런스의 품질의 느낌을 평가하고 뜨거운 물을 부어 크러스트를 깬 다음 아로마를 평가한다. 이후 침출식으로 추출된 커피를 여러 번 시음하면서 나머지 항목(향미, 후미, 산미, 단맛 및 마우스필)을 평가한다. 마지막으로 전반적인 품질을 평가한 뒤 결점이 있는 경우 몇 번 컵인지 그리고 결점두 이름을 기록한다.

품질의 느낌과 9점 헤도닉 척도

감성적 평가에서 중요한 원칙 중 하나는 '품질의 느낌impression of quality' 개념이다. SCA는 이 용어를 다음과 같이 정의한다.

품질의 느낌

자신의 취향 또는 알려진 시장 취향을 반영하는 커피의 독특성과 선호도에 대한 커퍼의 의견이다. 이는 전체 감성적 평가의 기반이므로 자세한 설명이 필요하다.

품질의 느낌 평가는 감성적인 테스트다. 감성적 테스트는 미국 시험 및 재료학ASTM에서 '자극물에 대한 인지, 호감, 선호 또는 감정을 평가하는 어떤 방법'으로 정의된다. 이는 품질의 느낌이 인간의 주관적 경험에 기반한다는 것을 의미한다. 이는 좋음 또는 나쁨, 높은 품질 또는 낮은 품질을 판단하는 것을 의미한다. 커피에 적용되는 이러한 선호도는 복잡한 개인적인 반응의 집합을 반영한다. 이러한 커피의 선호도는 다양한 개인적 반응의 집합을 반영한다. 극도의 쓴맛이나 부패한 아로마에 대한 거부 반응과 같은 일부 반응은 자연스러운 것이며 다른 반응(커피에서 어떤 맛이 나야 하는지에 대한 학습한 것)은 문화적인 것이다. 감성적으로 측정하기 때문에 품질의 느낌은 다양할 것이다. 품질의 느낌은 커피를 복잡한 식품으로 평가할 때 중요한 인간 반응을 반영하기 때문에 커피를 전문적으로 평가할 때 중요한 지표다. 서로 다른 사람들이 경험한 품질의 느낌은 유사한 문화, 기준 또는 선호 패턴을 공유하면 유사해질 수도 있다.

품질의 느낌은 9점 헤도닉 척도를 사용하여 품질의 느낌을 측정한다. 9점 척도는 식품 과학에서 가장 일반적으로 사용되는 감성적 측정 방법 중 하나로, 선호를 측정하는 강력한 도구임이 입증되었다. 9점 헤도닉 척도의 중심점은 숫자 5로 '높지도 낮지도 않은 품질의 느낌'을 나타낸다. 숫자 5보다 낮은 숫자는 싫어하는 정도가 강화됨을 나타내며, 숫자 1은 '극도로 낮은 품질의 느낌'을 나타낸다. 숫자 5보다 높은 숫자는 커피에 대한 긍정적인 느낌이 증가함을 나타내며, 숫자 9는 '극도로 높은 품질의 느낌'이다. SCA 커핑 시스템은 9점 헤도닉 척도의 출력을 100점 척도로 자동 변환시켜 준다.

→ 감성적 평가에 사용되는 9점 헤도닉 척도

IMPRESSION OF QUALITY

① EXTREMELY LOW   ④ SLIGHTLY LOW   ⑦ MODERATELY HIGH
② VERY LOW   ⑤ NEITHER HIGH NOR LOW   ⑧ VERY HIGH
③ MODERATELY LOW ⑥ SLIGHTLY HIGH   ⑨ EXTREMELY HIGH

커핑 시 커퍼가 느끼는 품질의 느낌을 커핑 폼에 체크해서 평가한다. 커피가 식으면서 품질의 느낌이 달라진다면 두 번째 동그라미에 체크한 뒤 화살표로 방향을 나타내면 된다. 각 항목 끝에 있는 최종final 동그라미에 최종적인 느낌을 작성하여 변경 후 최종 점수를 표기할 수 있다.

① 프래그런스 & 아로마 체크

감성적 평가의 프래그런스와 아로마 항목. 커퍼는 해당 동그라미를 채워서 품질에 대한 느낌을 평가하며, 행의 끝에 있는 최종 final 동그라미에 시간 흐름에 따른 품질에 대한 최종 느낌을 기록할 수 있다.

② 향미 & 후미 체크

③ 산미 체크

④ 스위트니스 체크

⑤ 마우스필 체크

⑥ 오버올 체크

최종적으로 전체적인 느낌인 오버올을 체크한다. 만약 균일성이 떨어지는non-uniform 컵이 있으면 하단 칸에 체크하고, 그 이유가 디펙트 때문이라면 해당 컵에 체크한 뒤 정확히 어떤 디펙트인지

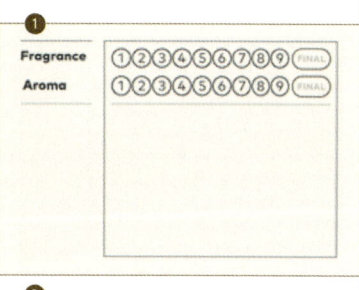

표기한다.

품질의 느낌은 감성적인 반응을 기반으로 하기 때문에 주관적인 측정이다. 하지만 커퍼는 다른 구매자나 판매자의 취향도 고려할 수 있어야 한다. 예를 들어 커퍼는 흙 맛이 나는 커피를 개인적으로 좋아하지 않을 수 있지만, 일부 소비자는 이 맛을 좋아하고 높게 평가할 수 있다. 따라서 커퍼는 다른 사람들이 가치를 두는 특정 속성을 인식할 수 있어야 하는데 이것이 바로 '알려진 시장 선호도a known market preference'라는 개념이다. 이 개념은 '상호 주관성'으로도 알려져 있으며 평가자가 다른 사람이 선호하는 맛과 냄새를 배울 수 있다는 아이디어다. 특정 커피에 대한 평가는 자신의 취향이나 잘 알려진 시장 선호도를 반영해야 하지만, 그룹 내 다른 커퍼들의 영향을 받아서는 안 된다. 선호도에 기반을 둔 점수인 만큼 다양한 문화적 배경이나 다문화적인 환경에서 품질의 느낌에 일정한 변화가 나타날 수 있다. 커퍼는 다른 커퍼들과의 일관성보다 시간이 지남에 따른 자신의 점수와 선호도의 일관성에 집중해야 한다.

결점과 균일성

결점

물리적 결점과 구분되는 감각적 결점은 일반적으로 부적절하다고 여겨지는 특정 감각적 속성이다. 이는 감각적 결점의 선택지가 감자potato, 곰팡이moldy, 페놀phenolic 등으로 제한된다는 것을 의미한다. 후자는 '리오Rio'와 관련된 맛과 의약품 맛을 포함하는 다양한 표현 범위를 가지고 있다. 과하게 익은overripe 또는 이소발레릭 산isovaleric acid(발 냄새) 등 과거에는 분명 결점으로 여겨졌던 일부 감각적 속성은 스페셜티 커피 시장에 더 강한 발효 과정이 도입되면서 논란이 되고 있다. 따라서 감각적 속성을 '바람직한' 또는 '부적절한undesirable'으로 엄격하게 분류하는 것은 쉽지 않다. 이러한 개념은 산업과 시장이 발전함에 따라 진화하며, 커퍼는 언제나 잠재적인 결점을 신중하게 판단해야 한다. 어쨌든 커퍼가 결점으로 간주하는 감각적 속성은 가능한 한 구체적으로 식별돼야 한다. 일반적으로 '결점으로 식별할 수 없다면 결점이 아닐 가능성이 높다'라는 규칙이 있다. 반면 페놀과 같은 심각한 포

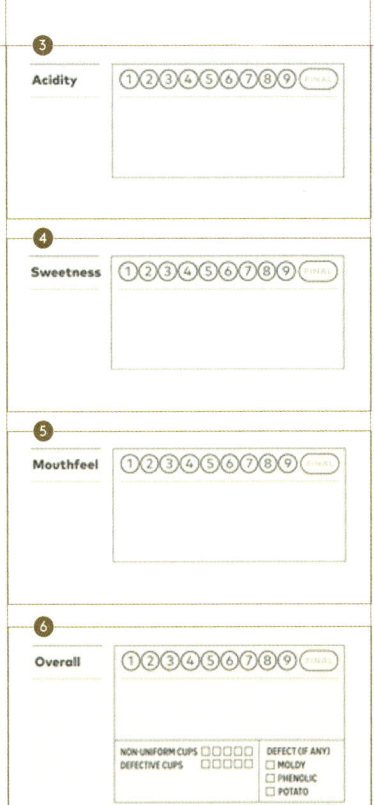

괄적 결점 아래에 모든 우스운 맛funny flavors으로 분류하는 것을 피해야 한다. 다시 말해 커퍼는 결점을 판단하기 전에 부적절한 맛이 실제로 결점인지 명확하게 이해하고, 그 맛을 매우 구체적으로 식별할 수 있어야 하며, 일반적인 용어를 피해야 한다. 커핑한 컵 중 하나 이상에서 결점이 발견되면 감성평가 커핑 폼에 결점이 있는 컵과 결점의 종류 두 가지 항목에 표시해야 한다. 한 항목에라도 제대로 표시하지 않으면 커피는 결점으로 계산되지 않는다. '컵 수' 항목에서는 결점이 발견된 컵의 해당하는 네모 칸에 표시해야 한다. 예를 들어 1번 컵과 5번 컵에서 결점이 발견됐다면 첫 번째와 다섯 번째 네모 칸에 표시해야 한다. 마지막으로 결점 유형은 '결점 유형' 선택 시 명확하게 식별되어야 한다.

균일성

균일성uniformity 항목은 감성적 형태에 포함된 구별적discriminative 평가다. 이는 한 농장 커피 품질의 균일함을 나타내는 지표다. 때로는 추출 오류로 인해 커피의 감각적 특성의 강도가 영향을 받을 수 있다. 이 같은 오류는 인간에 의한 것이기 때문에 커피의 균일성 평가는 이러한 오류에 영향을 받아서는 안 된다. 그러므로 동일한 속성이 높은 또는 낮은 강도로 인식되는 컵들 간의 양적 차이를 감점해서는 안 된다. 커핑 폼에 기록된 균일하지 못한 컵들은 모두 컵들 간의 품질적인 차이를 나타내야 한다. 즉, 특정 컵 또는 여러 개의 컵에는 뚜렷한 차이가 존재하거나 존재하지 않는 특징이 있어야 한다. 그러한 다른 특징이 나머지 컵과 동일한지와는 상관없이 품질적으로 다르다면 해당 컵을 균일하지 못한 컵으로 표시하면 된다. 커핑 폼에서 균일하지 못하다고 표시된 네모 칸은 실질적인 컵에 해당한다. 예를 들어 1번 컵과 5번 컵에 품질적으로 다른 특징이 발견된 경우, 첫 번째 네모 칸과 다섯 번째 네모 칸에 표시해야 한다. 균일성을 나타내는 컵과 결점을 나타내는 컵 사이에 일관성이 있어야 한다. 균일하지 못한 컵은 결점으로 표시할 필요는 없지만, 모든 컵에서 균일하게 결점이 있는 경우가 아니라면 모든 결점이 있는 컵들 역시 균일하지 않은 것으로 표시해야 한다.

커핑 점수

2004년 커핑 프로토콜에 따라 평가된 대부분의 커피는 커핑 점수가 80~88 사이였으며, 일부를 제외하고는 79점 미만이나 90점 이상이 되지 않았다. 100점 척도에서 영감을 받은 척도라고 할지라도 이 범위는 너무 좁으며, 때로는 각 항목에서 가장 높은 점수와 가장 낮은 점수를 받은 커피가 모두 80~88점 범위에 있다고 할 때 이해하기 어려운 점이 있었다. 이러한 이유로 감성적 커핑 폼affective form을 정보 기록으로 사용하는 것 외에도(다양한 항목의 9점 헤도닉 평가 포함) 현재의 공식은 척도를 보다 넓게 활용하도록 설계됐다. 따라서 커핑 점수는 아래와 같은 식의 결과로 0.25 단위로 반올림한다.

$$S = 0.65625 \sum_{i=1}^{i=8} h_i + 52.75 - 2u - 4d$$

S = 반올림하기 전의 커핑 점수
h = 각 감성적 항목에 대한 9점 헤도닉 점수
    i = 1(향미)부터 i = 8(오버올)까지
u = 균일하지 못한 컵의 개수
d = 결점이 있는 컵의 개수

이 공식이 감성적 커핑 폼에 포함되지 않은 이유 중 하나는 암산으로 셈하기에는 너무 복잡해서다. 또 다른 이유는 역커핑reverse cupping을 피하기 위해서다. 커퍼가 목표로 하는 최종 점수에 맞춰 각 항목의 가치를 유도하는 대신, 전체 점수를 개별 항목의 점수로부터 계산하는 방식이다. 이 공식은 스프레드시트(엑셀)나 특수 커핑 점수 계산기를 사용하여 쉽게 계산할 수 있다. 커핑 점수 공식은 일차 방정식이며, 주된 일차 변수는 다양한 커핑 항목의 품질 점수 느낌의 합이다. 예를 들어 한 커피에 대한 모든 항목의 점수가 5라면 최종 점수는 79가 될 것이다(단, 균일성이나 결점에 문제가 없다고 가정한다).

만약 모든 항목의 점수가 9라면, 최종 점수는 100이 될 것이다(다시 한번 균일성이나 결점에 문제가 없다고 가정한다). 이

두 점수인 79와 100은 일차 방정식을 기준으로 삼는다. 만약 균일성 문제가 발견된다면, 균일하지 못한 컵당 2점 빼지게 된다. 결점이 있다면 결점이 있는 컵당 4점을 깎는다. 이전 커핑 점수와 이 공식으로 계산된 새로운 점수 사이에 일차적 상관관계가 있진 않을 것이다. 새로운 감성적 커핑 폼은 이전 시스템에 비해 '품질의 느낌이 낮은' 커피에 대해 훨씬 광범위한 평가가 가능하기 때문이다. 이전 시스템의 척도는 6점(good)에서 시작했다. 새로운 공식은 척도를 보다 넓게 활용할 수 있도록 설계됐지만, 커퍼들이 이제 품질의 느낌을 '극도로 낮음'에서 '약간 낮음'까지도 선택할 수 있다는 사실은 이제 79점 아래의 커피를 더 많이 보게 될 것이라는 사실을 의미한다.

요약하자면 새로운 감성적 커핑 폼은 더 많은 유연성을 제공하고 점수 척도를 보다 넓게 활용할 수 있도록 설계됐으며, 이로 인해 이전 시스템보다 커피의 점수가 낮게 평가될 수도 있다. 이 공식은 균일성과 결점 문제를 고려하며 일차 방정식에서 기준이 되는 지점인 '앵커 포인트anchor point'를 제공한다. 커핑 점수 공식에서 앵커 포인트는 79와 100이다. 두 점수는 점수 계산에 적용되는 다른 변수들과 함께 사용되어 점수를 결정하는 데 중요한 역할을 한다.

1.5.4 외재적 속성

외재적 속성은 객체의 특성이지만 그 객체와 독립적으로 존재할 수 있는 특성을 의미한다. 이러한 속성은 객체의 기본적인 특성이나 구조에 의존하는 대신 객체의 상황이나 환경에 의존한다. 예를 들어 책의 크기, 모양, 색깔 등은 그 자체로 책의 내재적 속성이다. 이러한 속성은 책 자체의 구조와 물리적 특성에 의해 결정된다. 반면 책의 가격이나 소유자는 외재적 속성이다. 이들은 책 그 자체의 물리적 또는 구조적 특성에 의존하는 것이 아니라 외부 요인(ex. 시장 상황, 소유자의 선택 등)에 의해 결정된다. 마찬가지로 사람의 무게나 키는 내재적 속성이지만, 그들의 직업이나 소득은 외재적 속성이다. 외재적 속성은 종종 변경될 수 있으며, 같은 객체도 다른 상황이나 환경에서는 다른 외재적 속성을 가질 수 있다. 이와 반대로 내재적 속성은 대개 그 객체가 변하지 않는 한 변경되지 않는다.SCA의 스페셜티 커피 정의는 커피의 가치가 그것의 독특한 속성에 기반을 두고 있다는 개념에 기반을 두고 있다. 이런 속성들이 합쳐져서 커피를 특별하게 만든다. 새로운 가치 평가 패러다임에서 커피의 내재적 속성, 즉 그것의 물리적 및 감각적 특성은 각각 물리적, 묘사적, 감정적 평가 과정에서 평가된다. 다음 단계는 커피의 외재적 속성(스페셜티 커피의 가치에 기여하는 정보적이거나 상징적인 속성)을 식별하고 평가하는 것이다.

커피의 외재적 평가는 이러한 정보적 세부 사항을 가능한 한 많이 문서화하려고 노력하고 있다. 묘사적 감각 평가가 커피의 중요한 감각 속성을 나열하려는 것처럼, 외재적 평가는 구매자가 커피를 흥미롭게 여길 만한 모든 외재적 속성을 나열하는 설명적 활동이다. 이 평가는 SCA에서 현재 아직 개발 중이며 알파alpha 테스트 단계로 전환하고 있다. 이 단계에는 연구와 시장에서 가치 있는 것으로 밝혀진 속성들의 샘플 리스트를 기반으로 제안된 외재적 속성 리스트를 토대로 하는 사용자 연구가 포함된다. 알파 리스트에는 많은 공통 외재적 속성이 범주별로 그룹화되어 있지만, 평가자는 커피를 평가할 때 발견하는 다른 모든 속성들도 문서화하도록 권장되고 있다.

1.5.5 정보 식별

스페셜티 커피 시장은 추적 가능성과 독특한 식별성을 중요시하며, 많은 스페셜티 커피 구매자와 판매자는 커피의 원산지 정보를 중시한다. 커피에 대한 특정 정보(원산지, 품종, 가공 방식 등)는 실제로 소비자와의 직접적인 상호작용에서 생두 품질에 대한 전반적인 인상을 향상시키는 데 기여하는 것으로 나타났다. 이는 커피 품질에 대한 인상이 단순히 커피 맛만으로 결정되는 것이 아니라 그 커피에 대한 배경 정보나 이야기, 원산지 등에도 영향을 받는다는 것이다. 이렇듯 커피에 대한 정보는 소비자의 인식과 커피의 가치를 높이는 데 중요한 역할을 한다. 예를 들어 컵오브엑셀런스에서 연구자들은 특정 커피 품종과 지속 가능한 인증의 존재가 품질 점수에 긍정적이고 중요한 영향을 미쳤다는 사실을 알아냈다. 더 높은 점수는 더 높은 경매가와도 연관이 있다. 심지어 지리와 연관된 가장 작은 힌트(정확한 정보가 아니라 단지 커피가 식별 가능한 지역에서 왔다는 것)조차도 블라인드 테이스팅에서 소비자의 뇌파와 선호도에 영향을 미치는 것으로 나타났다. 제품에 이미 어느 정도 익숙한 사람들은 특히 더 그렇다고 한다.

일반적으로 발견되는 식별 속성들은 다음과 같다.

- 국가
- 지역, 또는 다른 하위 국가 지리 정보(ex. 주, 도, 시, 마을 등). 때때로 이는 농장 고도 같은 다른 지리 정보를 포함한다.
- 농장 이름
- 협동조합 이름
- 생산자 이름
- 품종 또는 품종의 혼합
- ICO 번호
- 가공 방식

가공 방식 정보

가공 혁명이 계속되면서 가공 정보와 연결된 외재적 속성은 계속해서 발전할 것으로 보인다. 지난 이십 년 동안 가공 속성은 종종 아래의 정보들을 포함하고 있다.

- 가공자 이름
- 웻 밀 또는 가공 스테이션 이름
- 건식 제분소 이름
- 가공 유형

등급 정보

물리적 평가로부터의 데이터와 농장 및 가공 정보로 커피는 분류 시스템 내에서 등급을 부여받을 수 있다. 이런 시스템 중 일부는 국제적이고 다른 일부는 개별 생산국에 의해 개발되고 관리되고 있다. 평가자는 다음과 같은 등급에 주목해야 한다.

- 크기 등급 (AA, 수프리모 등)

- 기타 등급 (EP, SHG, SHB 등)

커피 등급에서 'EP'는 'European Preparation'을 의미한다. 커피 거래에서 비롯된 이 용어는 유럽 구매자들이 전통적으로 받아들이는 커피콩 표준을 나타낸다. EP 커피는 핸드픽을 통해 결점이 있는 생두와 이물질을 제거하여 준비한다. 이 등급의 커피는 향미에 영향을 줄 수 있는 결점이나 이물질이 없도록 보장하기 위한 추가적인 과정 때문에 일반적으로 더 높은 품질로 간주된다. 그러나 등급 시스템과 그 의미는 국가마다 다르며 등급이 반드시 맛이나 품질을 나타내는 것은 아니다. 이는 주로 분류와 거래 목적으로 사용된다.

지속 가능성 인증

커피의 지속 가능성 인증 또는 검증은 구매자들과 소비자들에게 매우 중요한 요인으로 여겨질 수 있다. 2022년 한 연구에서 커피를 마시는 사람들은 농부에게 지불된 공정한 가격, 좋은 노동 관행, 번영하는 지역 사회, 환경 지속 가능성, 커피 커뮤니티 지원 등이 구매를 결정한 주요 동기로 꼽았으며, 이는 로스팅 정도와 같은 고유한 속성 정보와 함께 제공된다. 이러한 프로그램들은 일반적으로 표준에 의해 명시된 관행과 규범을 농장에서 준수하고 있음을 검증함으로써 특정 환경, 윤리, 경제 자격이 충족됐음을 보장한다.

전 세계적으로 인정받은 제3자 지속 가능성 인증에는 다음과 같은 것들이 있다.

- 열대우림동맹Rainforest Alliance : 이 인증은 환경 보호, 사회 공정성 및 경제적 건강을 촉진하기 위한 실천을 평가한다. 열대우림동맹 인증 농장들은 지속 가능한 농업 기준을 따라야 한다.
- 유기농Organic : 유기농 인증은 농작물이 합성 비료, 살충제, 및 유전자 조작을 사용하지 않고 재배된 것을 확인한다. 이는 환경에 덜 해로우면서 소비자에게 안전한 제품을 제공하려는 목표를 가지고 있다.

- 공정무역Fair Trade : 공정무역 인증은 농부와 노동자들에게 공정한 가격을 보장하고 교육과 건강 서비스를 제공하며 지속 가능한 방법으로 농작물을 재배하는 것을 촉진한다.
- SMBC 조류친화적Bird Friendly : 미국 스미스소니안 철새센터Smithsonian Migratory Bird Center에 의해 관리되며, 커피 재배가 새들의 서식지를 보호하는 방식으로 이루어진다는 것을 인증한다.
- 4C : 'Common Code for the Coffee Community'의 약자로, 커피 생산의 환경적, 사회적 및 경제적 측면을 감독하며 지속 가능성을 향상시키는 표준을 설정한다.
- 재생 유기농Regenerative Organic : 이 인증은 토양 건강, 동물 복지, 사회 공정성에 초점을 맞춰 고강도 유기농 농업을 표준으로 설정한다. 이는 농업이 기후 변화에 대한 해결책이 될 수 있음을 인정한다.

이러한 독립적 인증 시스템과 밀접하게 연관된 것이 회사가 개발한 2차 검증 체계다. 네스프레소 AAA 프로그램과 스타벅스의 C.A.F.E. 관행Practices이 그 예다.

- 네스프레소 AAA 프로그램 : 이 프로그램은 농장의 생산 효율성과 지속 가능성을 향상시키는 데 초점을 맞추고 있다. 네스프레소는 품질과 지속 가능성 기준을 충족하는 농부들에게 프리미엄 가격을 지불한다.
- 스타벅스 C.A.F.E.Coffee and Farmer Equity 관행 : 이 프로그램은 스타벅스가 공급망에서 지속 가능한 방식으로 커피를 구입하고 생산하도록 보장하는데 초점을 맞추고 있다. 이는 농부들의 삶의 질을 향상시키고 환경에 대한 영향을 최소화하는 것을 목표로 한다.

기타

위의 체크리스트는 완전한 목록을 제공하는 것은 아니다. 공급망에서 커피에 가치를 더할 수 있는 농장이나 생산자에 대한 개인적인 정보를 포함한 기타 외재적 속성은 전부 목록에 기재돼야 하며, 이는 커피의 총가치를 최종적으로 평가하는 데 도움이 된다. 앞서 언급했듯 소비자의 지불 의사와 구매자 행동에 관한 연구는 외재적 또는 상징적 속성이 구매 결정에 영향을 준다는 것을 보여준다. 슈퍼마켓에서 판매되는 커피를 예로 들면 제품에 대해 알리기 위해 라벨과 포장에 외재적 정보가 사용되는 사례를 충분히 볼 수 있다. 그 상황에서는 제품의 내재적 속성을 인지하기 어렵지만, 커피나 에스프레소를 판매하는 사람들 역시 농부의 이야기, 사진, 인증 등을 사용하여 고객들(또는 잠재적 고객들)에게 어떤 경험을 기대해야 하며, 그들이 어떤 종류의 사업을 하는지에 대한 신호를 보낼 가능성이 높다.

내재적 속성의 경우와 마찬가지로 모든 구매자와 시장이 같은 선호도를 가지고 있는 것은 아니므로 특정 속성(ex. 인증)이 자동으로 커피에 부가 가치를 부여한다고 기대해서는 안 된다. 외재적 속성 체크리스트를 스페셜티 커피 평가 과정에 추가함으로써 커퍼들은 이 정보가 스페셜티 커피 구매에 중요한 역할을 하는 것을 인식하게 된다. 또한 이는 구매자와 판매자가 맛 노트와 컵 점수를 넘어서 특성의 가치를 협상할 수 있도록 한다.

1.5.6 커피 가치 평가에 대한 권장 사항

사람들은 사용하는 맥락에 따라 '가치'라는 용어를 다르게 사용한다. 이 부분에서는 경제적, 미적, 인간적 의미에서의 가치 개념에 대해 논의하고자 한다.

경제적 가치

현대 경제학에서 가장 지배적인 가치 이론은 주관적 가치 이론이라고 한다. 단순히 말하자면 주관적 가치 이론은 상품이나 서비스의 가치가 그것을 판단하는 개인의 주관적인 필요성과 선호도에서 유래된다는 주장이다. 이 이론은 현대 경제 사고의 핵심 개념이며, 시장이 왜 그렇게 움직이는지를 설명하는 데에 이용된다.

예를 들어 같은 제품이 다른 상황에서 다른 가격에 판매되는 이유를 설명한다.

이는 본 가치 평가 시스템에서 설명적 평가와 감정적 평가를 분리하는 것이 유용한 이유 중 하나다. 또한 이는 물리적, 외재적 평가에서의 데이터 수집이 왜 중요한지를 설명한다. 객관적인 물리적, 묘사적, 외재적 데이터는 다양한 시장 참여자들에게 보고되고, 그들이 평가 중인 커피가 그들의 니즈를 충족시킬 것인지 판단하도록 한다. 한편 감성적 평가는 개인이나 시장의 감각적인 선호도를 다루며 이 정보는 항상 주관적이라는 점을 인식한다. 따라서 평가 시스템 전반에 걸친 정보 수집은 커피 시장에서 매우 유용하다. 이를 통해 개인은 커피를 전체적으로 평가하고 모든 특성을 고려하면서 커피의 가치를 인식하는 구매자를 찾을 수 있다.

이 과정을 논의할 땐 '가치'와 '가격'을 구분하는 것이 중요하다. 경제학에서 이 두 개념은 연결되어 있지만 가격은 구매자가 상품이나 서비스에 대해 판매자에게 지불하는 돈의 양을 의미한다. 반면 가치는 상품이나 서비스가 구매자에게 가지는 가치나 유용성을 의미한다. 가격은 가치의 신호 역할을 할 수 있다. 구매자는 일반적으로 가치가 더 높다고 여기는 커피에 더 많은 돈을 지불하기 때문이다. 그러나 가격은 공급과 수요 같은 다른 현상에 의해 촉발될 수도 있다. 이 시스템은 가치 평가에 초점을 두고 있어 가격 결정 도구로 사용될 수 있다. 그러나 절대 커피의 가격을 지시하거나 계산하지 않으며, 가격은 구매자와 판매자에 의해 결정될 수만 있다.

실용적인 측면에서 이 가치 평가 방법은 상업적 환경에서 커피의 전체적인 모습을 제공하는 데 사용된다. 커피 구매자와 판매자 사이의 정보 도구로, 선적 전이나 도착 보고서로, 커피 생산자에게는 보고서로, 로스터리 품질 관리 부서의 기록으로 여겨진다.

미적 가치

가치라는 단어의 두 번째 의미는 미적이다. 커피의 맛은 아름다움이 될 수 있으며, 맛있고 잘 만들어진 커피에 대한 미적인 감상은 스페셜티 커피 경험의 핵심 부분이다. 이런 감상은 경제적 거래에 영향을 줄 수 있지만, 반드시 경제적인 용어로 볼 필요는 없다. 커피 경험의 아름다움은 그 자체로 독특한 즐거움이다. 이 전체적인 가치 평가 접근법은 사람들이 커피의 두드러진 감성적, 물리적, 외재적 특성을 기록하는 데 도움을 줘 커피에 대한 미적 감상이 가능케 한다. 이는 특히 미적으로 아름다운 커피를 나중에 기억하고 식별하는 데 사용될 수 있는 약어 같은 것이다. 이런 방식으로 커피는 기술적 우수성, 전통, 요리 가치, 자연의 아름다움에 대해 인정받을 수 있다.

이해를 돕기 위해 덧붙이자면 미적 가치는 커피의 감성적인 측면을 강조한다. 예술 작품을 감상하는 것과 비슷하게 커피의 미적 가치는 그 품질과 풍미, 향기, 색깔 등의 세부적인 특성에 대한 감상에서 결정된다. 이는 경제적 가치와는 별개로 커피를 즐기는 개인의 주관적 경험에 중점을 둔다. 어떤 사람은 커피의 복잡한 풍미를 감상하는 데 매우 큰 가치를 두는 반면, 다른 사람은 그 커피의 향이나 구조에 더 많은 가치를 둘 수 있다. 이런 감상은 커피 맛을 평가하고 기록하는 데 중요한 역할을 하며, 아름다운 커피를 기억하고 식별하는 데 도움이 된다.

인간의 가치

기본적으로 모든 사람은 본질적으로 동등한 가치를 지니고 있다. 이에 따라 커피를 만드는 데 필요한 모든 인간의 노력 역시 가치가 있음을 인정해야 한다. 인간의 선호도와 주관적 경험 또한 모두 가치 있는 것이다. 이런 인식은 우리가 다른 사람들을 존경과 존엄성을 갖고 대하도록 해준다. 이 새로운 평가 방법은 커피를 생산하는 데 필요한 인간의 노력을 기록하는 데 도움이 될 수 있다. 이는 특히 외재적 섹션에서 그렇다. 개별 커피 생산자를 식별하고 그들이 속한 협동조합, 처리자, 수출용 커피를 준비한 밀러 등을 파악한다. 이 인간의 노력을 인정하려는 사람들이 전체 가치 평가 시스템의 외재적 평가에서 정보를 제공 받았다면, 커피 가치 사슬 내 많은 참여자의 기여도를 식별하고 고려할 수 있다. 인간의 선호도와 욕구도 존중된다. 감성적 평가에서 특히 그런데, 이를 통해 사람들은 자신이 좋아하는 것과 싫어하는 것을 제약 없이 자유롭게 표현할 수 있다.

이런 방식으로 전체 시스템은 모든 의미의 가치를 평가하는 데 도움이 되도록 설계되었다. 경제적 거래를 돕기 위한 수단으로, 미적 가치를 기록하는 도구로, 그리고 인간의 노력과 선호도를 인식하는 방법으로 말이다.

인간의 가치는 커피 생산과 소비 과정에서 모든 관련자의 노력과 기여를 인정하는 것이다. 커피의 가치는 단지 그 품질과 맛만을 반영하는 것이 아니라 커피를 생산, 처리, 판매, 소비하는 모든 사람의 노력과 경험을 반영해야 한다. 이를 통해 모든 커피 산업 종사자들이 공정하게 대우받고, 그들의 노력이 적절히 인정받을 수 있도록 해야 한다. 이는 커피 산업의 지속 가능성과 사회적 공정성을 증진하는데 기여한다.

전체적인 평가: 사용자 예시

이 새로운 시스템을 어떻게 사용하여 커피의 가치를 구체적이고 실용적인 방법으로 평가할 수 있을까? 구매자의 관점에서 보면 이 시스템은 구매자가 커피에서 어떤 특성이나 품질을 중요하게 생각하는지 명확히 알고 있을 때 가장 유용하게 작동한다. 구매자는 자신이 커피에서 가치를 두는 특성의 명확한 목록을 만들고, 이 목록을 기준으로 다양한 커피 샘플을 평가할 수 있다. 예를 들어, 구매자가 커피에서 가치를 두는 특성이 '과일 향', '강한 바디감', '달콤한 맛' 등이라면 각 샘플이 이 기준을 얼마나 잘 충족하는지 평가하는 데 도움이 된다.

이 시스템은 판매자에게도 유익하다. 판매자는 이 시스템을 통해 커피의 여러 가지 바람직한 특성을 보다 명확하게 강조하고, 이를 통해 잠재적 구매자에게 커피의 가치를 더욱 효과적으로 전달할 수 있다. 예를 들어 판매자는 커피의 특정한 가공 방법이나 원산지 등에 대한 정보를 통해 커피의 가치를 더욱 높일 수 있다.

아울러 이 시스템은 구매자와 판매자 간의 소통을 개선하는 데 도움이 될 수 있다. 예를 들어 판매자는 구매자가 원하는 특성의 프로파일을 요청해 어떤 샘플을 보낼 것인지를 더욱 효과적으로 결정할 수 있다. 이는 판매자가 자원을 더 효율적으로 활용하고, 구매자의 필요에 더 잘 맞는 제품을 제공할 수 있도록 돕는다.

2. CQI/UCDA 로부스타 커피 커핑

2.1 로부스타 향미에 영향을 주는 요소

2.1.1 식물 품종

커피는 식물학적으로 꼭두서니과Rubiaceae 식물로 분류된다. 커피 품종 중 코페아 카네포라Coffea canephora 또는 로부스타 품종은 우간다 등의 야생에서 발견된다. C. canephora var. Pierre, C.canephora var. quillouensis, C. stenophylla, Congensis, 그리고 C. bukobensis는 다른 종의 품종 대중적으로 로부스타로 알려져 있다. 이제 각각의 로부스타 품종이 독특하고 구별된 커핑 특성을 가질 수 있음이 분명해지고 있다.

아라비카종의 경우 카투라, 카투아이, 문도 노보, 빌라 사치, 사치모르, 콜롬비아 VCR, 카스티요 등 다양한 품종에 대한 연구가 이뤄졌다. 반면 여러 로부스타 종의 개별 감각적 특성에 대한 연구는 이뤄지지 않았으며, 각기 다른 미세 기후에서의 최적의 재배 방법도 연구되지 않았다. 이는 아마도 로부스타 종을 향상시키는 방법을 이해하는 데 가장 중요한 요건일 텐데 말이다. 파인 로부스타fine robusta를 만들어내는 요인을 이해하는 것은 전 세계 소규모 로부스타 농가의 수입 증대에 필수적이다.

인도는 지난 20년 동안 로부스타 커피에 대한 가장 발전된 연구를 수행했다. 인도에서 상업적으로 재배되고 있는 로부스타는 오래된 로부스타/페라덴이야Peradenlya, S.274, 그리고 CR 세 가지가 있다. 오래된 로부스타 또는 페라덴이야는 19세기 초기에 스리랑카(이전에는 실론으로 알려짐)에서 인도로 도입됐으며,

S.274는 1940년대 후반 인도 커피 연구소에서 첫 번째로 공개된 로부스타 선택 품종이었다.

오래된 로부스타 품종은 초콜릿과 몰트의 흥미로운 맛 뉘앙스와 함께 시트러스의 밝은 노트를 가지고 있는 반면, S.274는 초콜릿, 캐러멜, 견과류의 뉘앙스와 함께 강한 향신료를 느낄 수 있다. CR은 코페아 콘젠시스와 코페아 카네포라의 교배를 통해 개발된 하이브리드 품종이다. 주요 특성은 큰 원두, 부드럽고 매끄러우며 버터 같은 느낌, 과일의 맛 노트와 쓴맛이 거의 없다는 점이다. 식물 품종의 고유한 품질 특성이 맛에 나타나는 만큼 이는 로부스타가 파인인지 커머셜인지를 결정하는 주요 요인이 될 수 있다

2.1.2 재배 고도

로부스타가 자라는 고도는 품질에 영향을 미친다. 1,000m 이상의 고도에서는 단단한 생두가 생산되며 명확한 향미와 산미를 지닌다. 로부스타를 '파인'과 커머셜'로 분류하기 시작한 시점부터 CQI에서는 로부스타 품질에 대한 광범위한 연구를 수행했다. 고도의 영향은 2009년 8월 우간다에서 열린 첫 워크숍에서 확인됐다. 1,500m 이상의 화산 토양에서 자란 탄자니아의 내추럴 커피가 과일 맛이 풍부한 향미, 부드러운 질감, 달콤한 산미를 가지며 품질 좋은 아라비카 커피와 비교해 볼 수 있음이 확인된 것이다.

1,000m 이상의 고도에서 재배된 인도의 로부스타 커피는 향미가 또렷하며 달콤한 산미를 가지고 있다. 해발고도가 1,000m 이상인 그늘진 곳에서 재배된 로부스타 커피는 부드러움과 밝은 산미, 그리고 식물 품종에 따라 달라지는 레몬과 말린 곶감의 다양한 향미를 지니며, 이는 캐러멜, 코코아와 함께 층을 이룬다. 다양한 향미는 식물 품종의 본질적인 특성일 수 있지만, 느린 성장과 발달을 유발하는 높은 고도에서의 재배는 고유한 향미를 더욱 강화시킨다. 낮은 고도에서 재배된 동일 품종에서는 뚜렷한 향미가 느껴지지 않았으며 향미 뉘앙스가 둔화됐다.

2.1.3 셰이드 트리

인도에서 발견된 흥미로운 연구 결과는 아라비카 커피와 마찬가지로 로부스타 재배가 이루어지는 곳에 있는 셰이드 트리shade tree의 종류가 품질에 영향을 미칠 수 있다는 것이다. 과일 나무 그늘 아래에서 재배된 로부스타의 컵 프로파일이 개선됐다는 사실이 관찰됐다. 오렌지, 바나나, 사포딜라[05] 과일의 그늘 아래에서 재배된 로부스타 커피는 쓴맛이 줄어들고 밝은 산미, 과일, 견과류, 초콜릿의 향미를 지니며, 질감이 부드럽고 실키silky한 품질을 가지게 된다. 인도의 일부 농장에서 두 번째로 발견된 사실은, 후추와 가까이에 위치하거나 식물의 줄기를 타고 오르는 후추 덩굴이 있는 로부스타 커피는 상당히 독특한 향신료 노트를 지녔다. 다만 이는 모두 관능적 평가에 따른 결과이며, 진위를 확인하기 위해 수행된 과학적 연구는 아직 없다.

2.2 CQI 로부스타 프로토콜

로부스타는 아라비카보다 저급한 품종으로 간주되어 왔으며 품질 개선 노력이 이루어지지 않았다. 이와 같은 로부스타의 낮은 시장 평판은 대부분 품종 고유의 품질보다는 재배 및 가공 과정에서 보완할 수 있는 결점에 기인한다. 스페셜티 아라비카의 성공으로 입증된 것처럼 고품질 로부스타의 차별화는 소비 증가로 이어질 수 있을 뿐만 아니라 로부스타 생산자들에게 더 나은 소득을 보장하고 커피산업의 발전을 유도할 수 있다.

필자가 몸담은 CQI에서는 파인 로부스타 커피에 관한 보고서 두 번째 버전을 발간한 바 있다. 그 내용을 토대로 스페셜티 아라비카와 동등한 등급의 파인 로부스타를 정의하는 기준과 평가 방법 등에 대해 자세히 알아본다.

Q-로부스타 커피와 품질 인증을 받는 방법

파인 로부스타 기준을 충족하는 로부스타 커피는 'Q-로부스타 커피'로 인증받을 수 있다. 이는 CQI가 인증기관으로서 여러 ICPIn-Country Partners를 활용해 발행한 제3자 제품 인증이다. 전 세계에 위치한 ICP는 품질 검사를 담당하는 Q-로부스타 그레이더(이하 R그레이더)와 함께 검증 역할을 맡는다. 품질 평가의 시작

---

05 과육은 노랑에 붉은색이며 약간 떫으면서도 달콤하고 또한 텁텁하기도 한 맛은 서양모과를 연상시킨다. (네이버 지식백과)

부터 끝나는 시점까지 CQI의 프로토콜을 철저히 준수할 것을 약속한다. ICP에 도착한 생두 샘플은 세 명의 현지 R그레이더에게 할당되어 블라인드 평가가 진행된다. 이들은 평가를 마친 뒤 점수 평균을 내고 그 결과 기준을 충족하는 커피를 생산한 농장주에게는 Q-로부스타 커피 인증서가 주어진다. 생산자에 대한 모든 정보는 인증서에 기재된 링크를 통해 직접 확인할 수 있다. 반면 품질 기준에 충족하지 못한 생산자에게는 CQI 기술 보고서를 보낸다. 여기에는 결점에 대한 자세한 피드백과 함께 품질 개선이나 마케팅에 활용할 만한 커퍼의 향미 노트가 기재되어 있다.

Q-시스템의 확장으로 로부스타 커피 포함

2009년까지 아라비카 커피 가격은 완전히 회복되어 생산자들이 번영하기 시작했다. 그러나 로부스타 커피 가격은 심각하게 낮은 수준을 유지하여 많은 커피 농민이 여전히 생존을 힘들어하고 있었다. 이는 일부로부터 비난받을 만큼 매우 낮은 기준 때문이었는데, 이 기준은 런던국제금융선물옵션거래소LIFFE의 로부스타 가격 선물 거래소에서 설정됐다. 뉴욕국제커피거래소International Coffee Exchange에서 설정한 아라비카 선물 거래 기준은 커핑 평가 승인(커피 맛)과 350g 샘플당 최대 15개의 결함을 허용했지만, LIFFE는 로부스타 물량에 대해 커핑 평가를 요구하지 않았으며 500g 샘플당 최대 450개의 결함을 허용했다. 그 결과 로부스타의 상업 가격은 아라비카 상업 가격의 절반에 그치는 경향이 있었다.

로부스타 가격이 낮아짐으로써 아라비카 가격도 간접적으로 하락하는 것을 인지한 CQI는 높은 품질로 더 높은 가격을 유도하는 성공적인 Q-아라비카 모델을 기반으로 로부스타 커피용 Q-프로그램 개발에 나섰다. 로부스타 커피의 물리적 등급은 결점이 비슷하기 때문에 아라비카 커피와 매우 유사하지만, 로부스타 커피에 적합한 커핑 프로토콜을 개발하는 것은 다양한 이유로 인해 어려웠다.

로부스타 품질을 평가받고 싶거나 샘플을 제출하려면 아래의 링크에 방문하면 된다.
coffeeinstitute.org/our-work/a_common_language/

로부스타 ICP 리스트
database.coffeeinstitute.org/users/icps/robusta

커피와 물의 비율

원두 8.75g(±0.25g), 물 150㎖

커핑 컵

커핑용 컵은 강화유리 또는 자기 재질이어야 하고 상단 직경은 76~90mm에 용량은 200~266㎖여야 한다. 모든 컵은 동일한 용량과 크기, 재질이어야 한다.

물 온도

93.5°C(±1.5°C)

분쇄도

아라비카 커핑과 동일하게 입자의 70~75%가 미국 표준 20번 망체(0.841mm)를 통과할 정도여야 한다.

샘플 로스팅 시간 및 강도

샘플 로스팅 시간은 최소 9분에서 14분 이내여야 하고 커핑은 로스팅 후 8시간에서 24시간 안에 진행한다. 로스팅 시간이 아라비카(8~12분)보다 더 긴 이유는 일반적으로 로부스타가 아라비카보다 밀도가 더 높기 때문이다.

로스팅 강도는 원두 상태에서는 아그트론 48, 분쇄 상태에서는 78로 규정되어 있다. 그러나 2019년 CQI 로부스타 감독관 미팅에서 여러 감독관이 이 강도가 너무 강하다고 문제를 제기한 바 있다. 아라비카와 로부스타 모두 평균적으로 아그트론 48~52 사이에 2차크랙이 터진다. 즉, 아그트론 48에 도달할 정도면 부정적인 탄맛이 생성된다. 그리하여 잠재적으로 변경된 로부스타 샘플 로스팅 기준은 홀빈 55, 분쇄 83(±2)이다.

커핑 룸

커핑을 진행하는 공간의 크기는 최소 $10m^2$ 이상이어야 한다. 모든 커퍼를 동시에 수용할 수 있는 충분한 규모여야 하며 커핑 테이블마다 사방에 90cm의 여유공간이 있어야 한다. 만약 커핑 테이블 개수가 두 개 이상이라면 테이블 사이에 1.5m의 공간이 필요하다.

커핑 테이블

커핑 테이블(6인용)의 표면적은 최소 1m², 최소 둘레는 4.25m, 높이는 일반적으로 99~117cm여야 한다. 커핑 테이블은 모든 커퍼의 키에 맞는 편안한 높이여야 한다. 회전하는 커핑 테이블은 비효율적이며 커퍼가 움직일 수 없는 극한 상황에서만 사용한다.

커핑 스푼

커핑 스푼은 4~5㎖의 용액을 담을 수 있는 크기로 열전도가 잘 되는 재질이여야 한다.

2.3 자세한 CQI/UCDA 로부스타 커핑 폼 설명

CQI/UCDA 로부스타 커핑 폼은 총 10개 항목으로 구성되어 있다. 가장 왼쪽에는 샘플 번호를 기입하고 로스팅 정도를 육안으로 확인해 체크한다. 당연히 로스팅 프로토콜에 따라 아그트론 55/83으로 로스팅됐다면 좋겠지만 그렇지 않은 경우 샘플의 밝기가 밝으면 밝은 쪽에, 어두우면 어두운 쪽에 체크한다.

커핑 폼의 10개 항목 중 5개 네모칸으로 구성된 유니포미티, 클린컵 항목을 제외한 나머지 8개 항목들은 최하 6점부터 최대 10점까지 점수를 부여하도록 만들어져 있다. 아라비카 커핑 폼과 동일하게 0.25점 단위로 점수를 매길 수 있다는 것을 기억하자.

커핑 폼 오른쪽 상단의 품질 척도를 보면 알 수 있듯 6점대는 Good, 7점대는 Very Good, 8점대는 Excellent, 9점대는 Outstanding으로 구분되지만 이 역시 현실적인 기준은 아니다. SCA

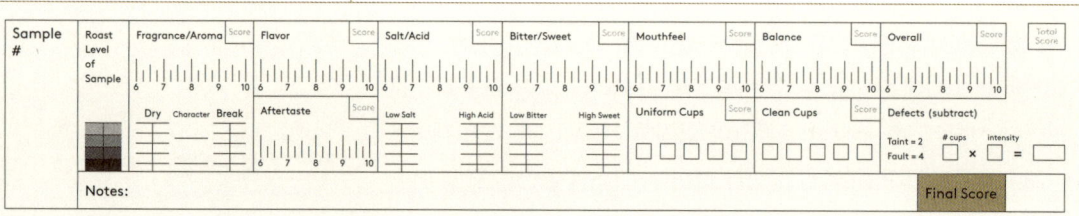

아라비카 커핑 폼에 관한 설명에서 소개했던 필자의 족집게 노트를 다시 한번 짚고 넘어가자. 물론 커피의 가공방식, 재배지역, 품종 등에 따라 조금씩 달라진다는 점은 감안해야 한다.

6.0 – 6.25 냄새와 향미의 뉘앙스과 완전 최악의 커피일 때 부여하는 점수다. 너무나 맛이 없고 부정적인 요소가 많이 올라온다. 굉장히 오래됐거나 변질한 커피일 것이다. 0.25의 차이는 부정적 향미의 강도와 분포도에 따라 차이가 날 것이다.

6.5~6.75 올드크롭의 첫 관문. 아무리 유기산이 풍부하고 신선한 커피라도 보관상의 문제가 발생하거나 기간이 오래되면 생두 내 유기물질들이 손실되면서 종이Papery, 곡물Cereal의 계열에

⬇ 족집게 노트

점수	느낌	향미 특징
6-6.25	"으악 이거 뭐야! 이게 커피야?"	고무Rubbery, 가죽Leather, 페놀Phenolic, 먼지Dusty
6.5-6.75	"어라..? 에이!"	종이Papery, 짚Strawy, 건초Hay, 젖은 택배상자Wet card board, 밍밍한Flat, 단조로운Bland
7-7.25	"흠…그럭저럭 오케이!", "음~"	토스트Toast, 견과류Nutty, 맥아Malt, 사탕수수Molasses 등 슈가브라우닝 쪽으로 인지될 때
7.5-7.75	"오 좋은데?", "이야 살아있네!"	과일Fruity, 견과류Nutty, 복합적인Complex 등 엔자이매틱(1%부터), 슈가브라우닝, 드라이디스틸레이션 표현이 많을 때
8-8.75	"와, 끝내주네! 판타스틱!"	엔자이매틱 계열의 분포도가 70% 이상일 때
9-9.25	"오 주여! 어찌 이런 커피를 나에게"	
9.5-10	로또 1등에 당첨된 듯한 느낌	

들어서게 된다. 종이Papery는 6.75, 젖은 택배상자Wet Cardboard 는 6.5의 느낌이다.

7.0 – 7.25 부정적인 요소는 전혀 없다. 그렇다고 해서 유기산이 느껴지지는 않는다. 엔자이매틱 계열로 표현할 게 하나도 없는 커피다. 그렇다면 그다음으로 휘발성이 강한 슈가브라우닝 계열과 건열반응 계열로 표현한다. 견과류Nutty, 토스트Toast, 맥아Malt 등 구수함이 느껴지면 이 점수를 주면 된다. 아라비카와 크게 다른 점 중 하나는 곡물의 표현이다. 아라비카에서 이는 올드크롭을 표현하는 용어이지만 로부스타에서는 견과류, 토스트, 맥아와 함께 구수함의 느낌으로 사용된다. 즉, 로부스타에서는 곡물이 향미 결점이 아니다.

7.5 – 7.75 엔자이매틱 계열이 1%라도 느껴지기 시작한다. 그 강도에 따라 7.5와 7.75로 나눌 수 있다. 엔자이매틱, 즉 유기산을 표현하는 그룹도 중요하지만 다양한 향기군을 찾아볼 수 있는 점수대에 접어든 것이다. 필자가 선호하는 점수대는 7.75 이상이다. 스페셜티 아라비카에는 많은 유기산이 함유되어 있어 레몬, 사과와 같은 청량감을 주는 산미로 많이 표현되는 반면, 로부스타는 좀 더 휘발성이 약한 바나나, 리치, 배, 파인애플 등으로 표현할 수 있다.

8.0 – 8.75 로부스타 또한 8점 이상의 커피에는 정말 다양한 유기산이 존재한다. 향에서든 맛에서든 잊혀지지 않는 느낌을 받으면 8점 이상을 부여하면 된다. 8점 이상을 줄 수 있는 파인 로부스타는 아라비카로 착각할 만큼 훌륭한 커피다.

9 – 10 사실 이 세상에 완벽이란 존재하지 않는다. 그렇기 때문에 향후 완벽한 커피가 등장할 것을 염두에 두고 완벽에 가까운 점수는 주지 않는 것이 현실이다. 그러나 재배국에서는 본인의 커피에 9점 이상을 부여하는 생산자들이 많다. 이는 자신이 생산한 커피에 대한 자부심이 크게 작용한 것으로 객관적인 평가에 있어 9점 이상은 상당히 높은 점수라는 것을 기억해야 한다.

다음으로는 세부 점수 항목별로 전 세계 커피인이 많이 사용하는 적합한 표현 단어를 정리해보았다. 아라비카 황금비법과 조금 다른 부분이라면 로부스타 커핑 시 자주 사용하는 부정적인 단어를 더 추가했다는 것이다. 1995, 2016 플레이버 휠의 내용을 모두 외울 것을 강력히 권장하지만 어렵다면 이 내용이라도 완벽히 암기하길 바란다.

🔻 황금비법, '이거라도' 꼭 기억하자

단어와 점수의 연관성을 최대한 고려해 구성한 표다. 물론 가공방식, 대륙 등에 따라 점수와 표현은 조금씩 달라진다. 한글로 번역한 내용은 직역한 것도 있고 실제 커핑 시 사용하는 뉘앙스에 대한 표현으로 간주하면 된다.

점수	향미 표현
6 – 6.25	leather(가죽), rubbery(고무), musty(곰팡이), moldy(곰팡이), phenolic(페놀), iodine(요오드), rioy(소독약), dusty(텁텁한 곰팡이), butyric acid(숙성된 치즈), isovaleric acid(발냄새), barny(외양관), petroleum(휘발유), skunky(원두 기름 찌든내), cooked beef(구운쇠고기), meaty brothy(육수), animalic(동물냄새), earthy(흙), humus(부식토), raw potato(날감자), mushroom(버섯), fermented(과발효), coffee pulp(커피과육, 시큼한), over ripe(과하게 익은), sweaty(땀 냄새, 암모니아), horsey(말의 냄새), carvacrol(방부제), cappy(오래된 치즈), mildewy(곰팡이), yeasty(발효취), leesy(시큼한), tallowy(지방의), fatty(지방의), soapy(비누), lactic(모유), hircine(염소냄새), gamey(썩은고기), carbolic(석탄), kerosene(등유) 등
6.5 – 6.75	papery(종이), flat(밍밍한), strawy(짚), cut hay(건초), wet cardboard(젖은 택배상자), filter pad(종이필터), baggy(마대자루), baked(밍밍한), aged(묵은), greenish(풋내), erpsig(콩비린내), woody(나무), under ripe(덜 익은, 풋내나는) 등
7	brown(구수한), toast(구수한), malt(맥아, 구수한), nutty(구수한), neutral(구수한, 중립적인), mild(부드러운, 구수한), delicate(섬세한, 구수한), mellow(부드러운), soft(부드러운, 구수한), molasses(사탕수수), syrupy(단) 등
7.25	peanut(땅콩), almond(아몬드), walnut(호두), hazelnut(헤이즐넛), toast(구수한)+syrupy(단), malt(맥아)+syrupy(단)
7.5 – 7.75	엔자이매틱 계열 10~50% = 7.5 / 50~70% = 7.75 lemon(레몬), orange(오렌지), lime(라임), grapefruit(자몽), tangerine(귤), green apple(청사과), peach(복숭아), apricot(살구), pineapple(파인애플), grape(포도), muscat(머스캣), black berry(블랙베리), strawberry(딸기), blueberry(블루베리), raspberry(라즈베리), black currant(블랙커런트), plum(자두), red currant(레드커런트), bilberry(빌베리), quince(모과), banana(바나나), prune(건자두), raisin(건포도), tea rose(월계화), chamomile(캐모마일), jasmine(재스민), coffee blossom(커피 꽃), acacia(아카시아), juicy(긍정의 산미가 압도적인), onion(양파), garlic(마늘), alliaceous(파류), vegetative(채소), fresh(오이, 상추), dark green(브로콜리나 시금치 데칠 때 나는 진한 야채 육수 냄새), cucumber(오이), leguminous(콩류), garden peas(완두콩), beany(완두콩), pea pod(완두콩), nutmeg(육두구), anise(팔각), clove(정향) 등
8 – 8.5	엔자이매틱 80~100% 풍부한 유기산과 다양한 단맛
8.75 –	

다음으로 로부스타 커핑 폼의 세부항목에 관해 알아보자. CQI의 커핑 프로토콜 내용을 먼저 살펴본 뒤, 좀 더 이해가 쉽도록 정리한 필자의 부가 설명을 곁들인다. 실제 커핑 시 시행해야 하는 점들을 정리했다.

#1단계
프래그런스/아로마

CQI

1. 샘플을 분쇄한 후 15분 이내에 뚜껑을 들어 올리고 분쇄한 커피의 냄새를 맡아 드라이 아로마를 평가한다. 강도는 1~6점으로 구성된 수직 척도에 표기한다.
2. 드라이 아로마에서 느껴지는 향미 노트를 작성하고 수평 척도에 체크한다. 드라이 아로마의 종류는 꽃에서 과일, 허브까지 다양할 것이다.
3. 물을 부은 후 최소 3분에서 최대 5분까지 뜸을 들인다. 이후 세 번 저어 크러스트를 깨뜨린 뒤 거품이 스푼 뒤쪽으로 흘러내리도록 하면서 부드럽게 웻 아로마를 맡는다.
4. 웻 아로마의 강도를 수직 척도(1~6점)에 표시한다.
5. 웻 아로마에서 느껴지는 향의 종류를 기록한다. 과일, 허브, 견과류 등 다양할 것이며 캐러멜이나 코코아도 감지될 수 있다.
6. 드라이 향과 웻 아로마 평가를 기준으로 프래그런스/아로마 점수를 매긴다. 최대 점수는 10점이다.

김길진 우선 ❶ 분쇄된 향을 맡은 뒤 Dry 란에 강도를 체크하고 ❷ Character 항목의 상단 선에 처음 인지하거나 가장 많이 느껴지는 한 가지 향을 명사로 적는다. 그 후 ❸ 상단의 수평 척도에 점수를 체크하고 ❹ 하단 노트란에 컵 노트를 최대한 자세하게 기입한다. 이때 항상 객관적인 표현을 사용해야 한다는 것을 명심하길 바란다.

드라이 아로마 평가가 끝나면 커피에 물을 붓고 4분가량 뜸을 들인 뒤 ❺ 커피가 형성한 크러스트를 깰 때 나오는 향의 강도를 Crust 수직 척도에 체크한다. 이어서 ❻ Character 하단 줄에 가장 먼저 인지하거나 압도적으로 느껴지는 한 가지 향을 명사로 적고 ❼ 수평 척도에 점수를 체크한 뒤 ❽ 하단 노트란에 최대한 자세히 컵 노트를 적는다. ❾ 마지막으로 프래그런스와 아로마 두 항목을 종합적으로 고려해 Score 칸에 점수를 적는다.

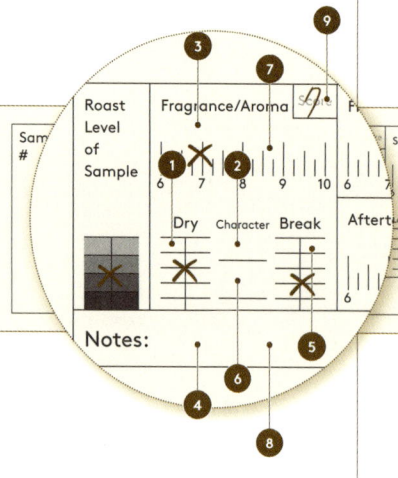

#2단계

플레이버, 애프터테이스트, 솔트/액시드, 비터/스위트, 마우스필, 밸런스

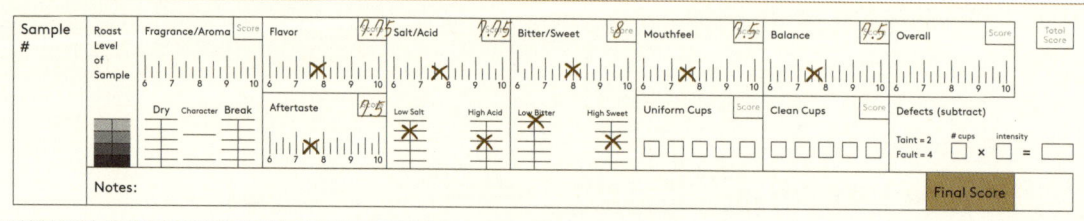

CQI

1. 물을 붓고 약 11분 후 커피가 약 70℃ 가량으로 식으면 커피용액 평가를 시작한다. 커피용액을 흡입할 때 입안에서 가능한 많은 영역, 특히 혀와 입천장 전체에 닿도록 한다.

비후의 증기는 이 정도의 높은 온도에서 최대 강도를 나타내기 때문에 플레이버와 애프터테이스트를 이때 평가한다.
2. 커피가 71°C에서 60°C까지 계속 식는 동안 솔트/액시드, 비터/스위트, 마우스필 등을 평가한다.

김길진 커핑 스푼을 이용해 커피를 슬러핑하면서 여러 항목을 동시에 평가한다. 첫 슬러핑에서 바로 점수를 매기지는 않는다. 수직/수평 척도에 먼저 표기하고 세 번 이상 맛본 뒤 항목별 최종 점수를 적는다. 노트는 최대한 자세하게 적어야 한다. 커피 온도가 너무 낮아지면 평가가 어려워지므로 최대한 빠른 시간 안에 평가한다.

플레이버

CQI 플레이버는 커피의 주요 특징인 맛과 향을 결합한 중간 지점의 노트에 따라 채점한다.

김길진 다양한 맛이 복합적으로 느껴질 때 높은 점수를 매긴다. 즉, 표현할 거리가 많은 커피가 언제나 높은 점수를 받는다. 로부스타 역시 유기산이 풍부한 커피일수록 좋다. 6점대와 같이 낮은 품질의 커피와 8점대 이상의 훌륭한 커피는 노트란에 매우 자세하고 다양한 표현을 영어로 기재해야 한다.

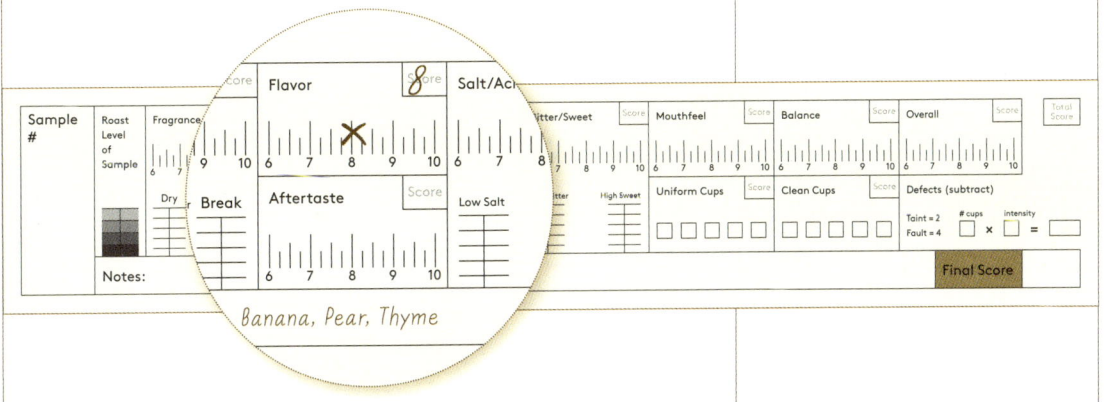

솔트/액시드

CQI 솔트/액시드는 짠맛 사이의 상대적 균형으로, 일반적으로 (아라비카 대비) 낮은 수준의 유기산, 특히 구연산과 높은 칼륨 강도에 의해 구현된다. 파인 로부스타 커피는 거친 맛을 내는 염분의 함량이 낮고 부드러운 맛을 생성하는 유기산 함량은 높다. 솔트는 1~6의 수직 척도로 평가하는데 숫자가 높을수록 염도가 낮다는 것을 의미한다. 액시드 역시 1부터 6까지의 수직 척도로 평가되며 수치가 높을수록 산도가 높다. 최고점은 10점이다.

김길진 ❶ 칼륨에 의해 혀가 마르는 듯한 느낌이 없다면 Low Salt 수직 척도 위쪽에, 혀가 마르고 아린 듯한 느낌이 나면 아래쪽에 체크한다. ❷ 유기산에 의한 산미가 강하게 느껴지면 High Acid 수직 척도 상단에, 산미를 지각하지 못하면 수직 눈금 하단에 체크 표시를 한다. 이후 ❸ 솔트와 액시드를 함께 고려하여 수평 척도에 체크한다. 참고로 염도가 극적으로 높으면서 산미까지 높은 커피는 존재하지 않는다.

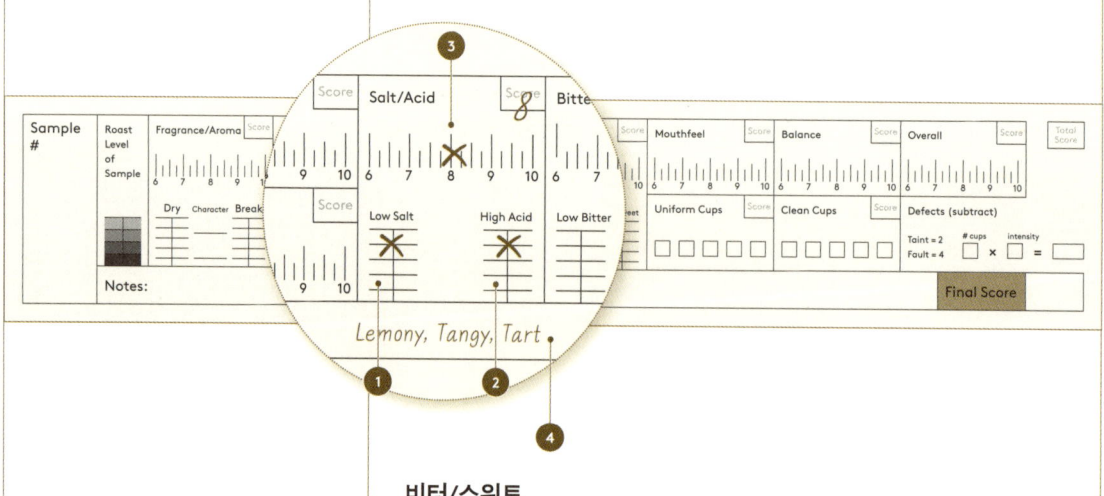

비터/스위트

CQI 비터/스위트 항목은 쓴맛과 단맛의 상대적 균형으로, 낮은 쓴맛과 높은 단맛의 조합에서 최적의 결과가 나온다. 낮은 쓴맛은 1~6점으로 구성된 수직 척도로 등급이 매겨지며 수치가 높을수록 쓴맛이 적다. 단맛 또한 1~6의 수직 척도로 평가하며 수치가 높을

수록 단맛이 높은 것이다. 최대 점수는 10점이다.

김길진 ❶ 쓴맛이 적게 느껴지면 Low Bitter 수직 척도 상단에, 반대로 쓴맛이 많이 느껴지면 하단에 체크한다. ❷ 오렌지 같은 과일 또는 설탕, 견과류, 꿀의 단맛이 많이 느껴지면 High Sweet 수직 척도 상단에, 그렇지 않으면 하단에 체크한다. ❸ 두 항목의 평가 결과를 종합적으로 고려해 수평 척도에 체크하고 ❹ 하단 노트란에 최대한 다양하게 향미 노트를 기입한다.

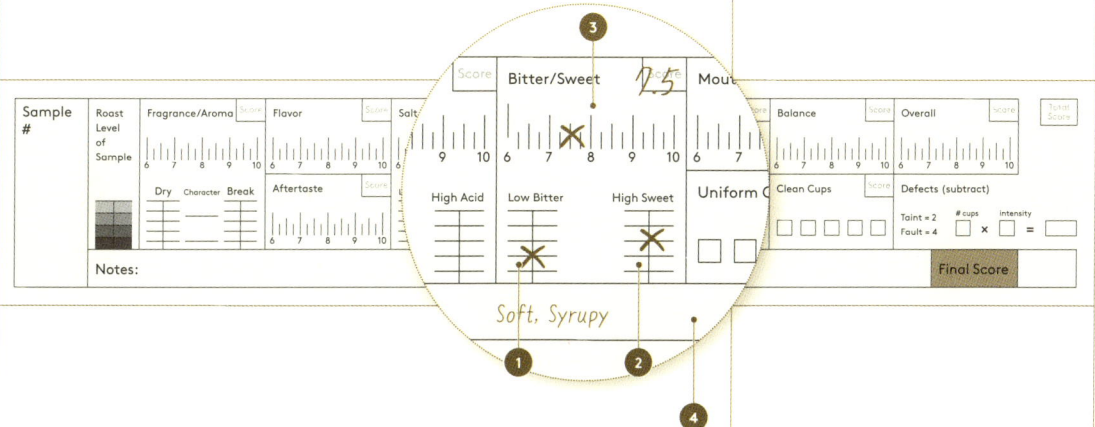

마우스필

CQI 마우스필은 무게감과 질감의 조합이다. 무게감은 분쇄원두의 미세섬유입자로 인한 느낌이며 질감은 커피입자에서 추출된 오일에 의한 것이다. 두 가지 모두 수직 척도로 평가하며 이를 합산하여 최대 10점까지 점수를 매긴다.

김길진 커피가 식으면 마우스필을 느끼기 어렵기 때문에 최대한 1차 슬러핑 시 평가를 마치도록 한다. ❶ 물과 비교했을 때의 무게(무게감)과 미끌거림(질감)을 평가해 수직 척도에 체크하고 ❷ 노트란에 그 느낌을 자세히 기록한 뒤 ❸ 무게감과 질감을 모두 고려하여 점수를 매긴다.

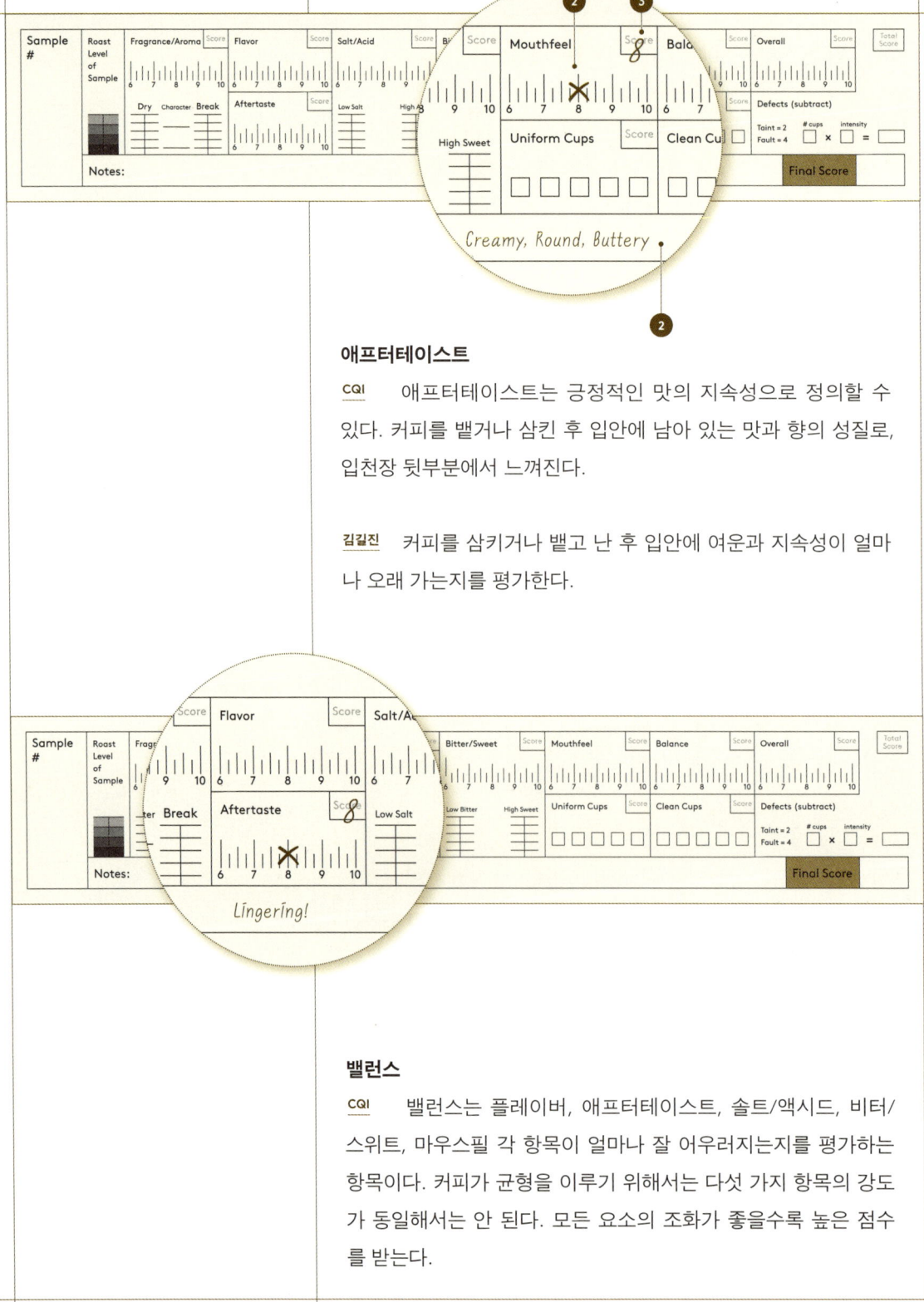

애프터테이스트

CQI 애프터테이스트는 긍정적인 맛의 지속성으로 정의할 수 있다. 커피를 뱉거나 삼킨 후 입안에 남아 있는 맛과 향의 성질로, 입천장 뒷부분에서 느껴진다.

김길진 커피를 삼키거나 뱉고 난 후 입안에 여운과 지속성이 얼마나 오래 가는지를 평가한다.

밸런스

CQI 밸런스는 플레이버, 애프터테이스트, 솔트/액시드, 비터/스위트, 마우스필 각 항목이 얼마나 잘 어우러지는지를 평가하는 항목이다. 커피가 균형을 이루기 위해서는 다섯 가지 항목의 강도가 동일해서는 안 된다. 모든 요소의 조화가 좋을수록 높은 점수를 받는다.

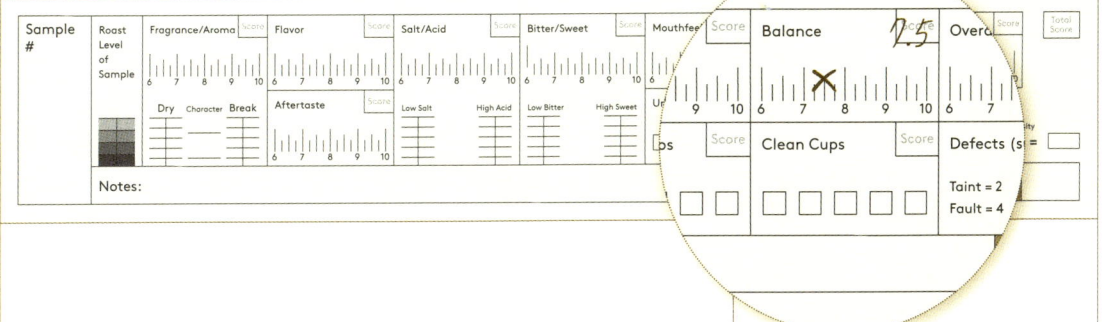

김길진 밸런스 항목의 점수를 매길 땐 다음 두 가지 조건을 명심해야 한다.

- 조건1. 밸런스 점수가 플레이버, 애프터테이스트, 솔트/액시드, 비터/스위트, 마우스필의 점수보다 높거나 낮으면 절대 안 된다.
- 조건2. 밸런스는 플레이버, 애프터테이스트, 솔트/액시드, 비터/스위트, 마우스필 각 세부항목의 부족한 점수를 채워 전반적인 커피의 균형을 맞추는 항목이다.

#3단계
유니폼컵/클린컵, 오버올

유니폼컵/클린컵

CQI 유니폼컵과 클린컵은 개별 컵 기준으로 평가된다. 이를 위해 커퍼는 각 컵을 평가하여 개당 2점의 점수를 부여한다. 이는 차별적 속성으로, 척도에 따라 평가하는 것이 아니라 균일성 또는 클린함의 존재여부에 근거하여 2점을 매긴다.

김길진 네모칸은 각 샘플 컵을 나타내는 것이다(왼쪽부터 차례로 1~5번 컵). 균일성은 말 그대로 향미의 일관성을 나타낸다. 컵마다 다른 맛이 느껴진다면 2점, 모든 컵에서 균일한 맛이 느껴진다면 최대 10점을 매긴다. 균일성이 떨어지는 컵의 경우 결점두 때문일 수도 있고 내추럴 커피라면 부적절한 건조로 인해 맛의 편차가 발생한 것일 수도 있다. 단, 균일성에 체크했다고 해서 무조건 결점으로 간주하는 것은 아니다. 균일성이 다른 컵을 체크했다면 노트란에 반드시 그 이유를 작성해야 한다.

　　　　클린컵은 한글로 직역하면 '깨끗한 컵'이라고 할 수 있지만 CQI/UCDA 커핑 폼에서 의도하는 클린컵이란 결점두로 인해 균일성이 떨어지는 컵이 없음을 뜻한다. 첫 슬러핑부터 애프터테이스트 사이에 부정적인 인상이 느껴지지 않으면 체크한다. 클린컵을 평가하기 위해서는 가장 일반적으로 나타나는 3대 결점 향미인 소독약Phenolic, 과발효Over-fermented, 곰팡이Moldy를 인지할 수 있어야 한다.

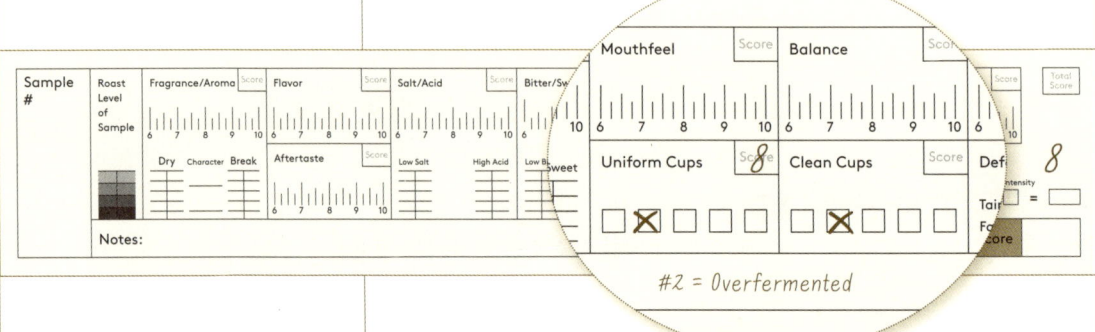

오버올

CQI　　샘플이 약 21°C의 실온에 도달하면 평가는 중단되어야 한다. 오버올 점수는 커퍼에 의해 결정되며 모든 속성에 매긴 점수를 합산하여 Total Score 칸에 기재한다.

김길진　　오버올은 샘플의 점수 총합을 기재하는 항목이다. 샘플이 여러 가지 긍정적인 특징을 많이 가지고 있어도 '수치'적으로 좋은 점수를 받지 못한다면 낮은 점수를 부여할 수 있다. 커피가 기대에 부응하고 본연의 향미를 잘 드러냈다면 좋은 점수를 주면 된다.

#4단계
테인트/폴트

CQI   테인트는 약한 결점이다. 결점이 있음에도 여전히 커피의 특성을 맛볼 수 있다면 테인트로 분류한다. 각 컵을 평가해 테인트가 발견된 컵이 있다면 2점을 차감한다.

폴트는 큰 결점이다. 강도가 너무 강해 커피의 특성이 가려지고 부정적인 맛만 느껴질 때 폴트로 분류하고 컵당 4점씩 차감한다.

김길진   결점은 커피의 전체적인 품질을 저하시키는 요소다. 과도하지 않은 이취일 경우 테인트로 분류해 2점으로 책정하고, 맛보기 힘들 정도로 과도한 경우에는 폴트로 분류해 4점을 매긴다. 로부스타 평가에는 스위트니스 항목이 없으므로 프래그런스/아로마 평가 시 결점 발견 여부를 기준으로 따진다. 향에서부터 결점을 느꼈으면 4점을, 맛을 보고서 느꼈으면 2점을 뺀다.

Part 8.

생두 무역과 선물시장

1. 생두 가격과 커피 선물시장

우리는 매일 생두를 접하고 평가한다. 그러나 정작 C마켓, 생두 구매 방법에 관한 이야기가 나오면 당황하곤 한다. 커피 거래 경험이 있는 사람이 아니라면 C마켓을 이해하긴 쉽지 않을 것이다. 최근 원-달러 환율 그리고 커피 가격 상승과 관련된 이야기가 많이 들려온다. 커피 로스터라면 언제든 해외에서 생두를 들여오는 경험을 접할 수 있으므로 C마켓이 무엇이며 어떻게 작동하는지, 커피 가격과 농부가 실제로 받는 가격이 어떻게 결정되는지를 쉽고 상세하게 설명하고자 한다.

C마켓은 선물 계약 거래뿐만 아니라 생두의 물리적 매수와 매도를 포함하는 글로벌 거래소다. 쉽게 이해하면 주식 거래소와 비슷하다. 주식이 여러 가지 여건에 따라 영향을 받듯 C마켓 또한 날씨 조건, 지정학적 사건, 수요와 공급 추세 및 소비자 동향과 같은 요인에 영향을 받는다. 설탕, 밀가루, 면, 기름, 금처럼 커피도 상품commodity으로 간주되며, 매매의 출두 흐름이 커피의 변동하는 가격, 즉 C가격에 영향을 끼치게 된다.

C마켓의 C는 Coffee나 Commodity가 아니라 'Centrals'의 약어다. 1968~1969년 중앙아메리카 생산자들은 대부분 브라질 커피와 가격을 구별하고자 현재의 C마켓을 설립했다. C마켓 설립 이전 아라비카 커피는 유니버설Universal 또는 U계약으로 거래됐다. 오늘날 중앙아메리카뿐만 아니라 많은 커피 생산국이 C마켓에서 아라비카 생두를 거래한다. 커피가 상품라는 것은 정확히 무슨 뜻일까? 세계 경제에서 상품이란 일반적으로 다른 제품 제조에 사용되는 원자재로 간주된다. 상품은 동일 유형의 다른 상품

과 교환할 수 있다. 즉, 텍사스에서 생산된 원유 한 통은 사우디아라비아에서 추출된 원유 한 통과 동일한 용도로 사용된다. 동일한 유형의 상품은 품질이 균일하다고 여겨진다. C마켓에서 거래를 허용하는 커피는 일정한 품질 기준을 충족해야 한다. 아라비카 생두여야 하며 사전에 지정된 20개 국가 중 한 곳에서 생산되어야 하고, 전 세계 8개 창고 중 하나에서 교환되어야 한다. 거래량은 3만 7,500파운드, 즉 17t이다.

C마켓은 왜 존재할까? 주식이나 채권이 아닌 커피(혹은 설탕, 밀 등 모든 상품)의 구매 및 판매에 복잡한 금융 시장이 필요한 이유는 무엇일까? 상품이 주식이나 채권처럼 거래되는 이유(및 방법)는 무엇일까? 상품 시장은 실제로 수백 년, 아니 수천 년 전부터 주식 시장을 앞서 있었으며, 상품 거래의 효율성에 의존하는 전체 문명의 상승과 하락에 긴밀하게 연결되어 있다. 오늘날 우리가 알고 있는 상품 시장은 상품 거래의 두 가지 주요 발전, 즉 현물 시장과 선물 시장에서 비롯됐다.

현물 시장은 실제 물리적 거래가 일어나는 곳으로 거래가 '현장에서' 정산되기 때문에 현물 시장이라고 불린다. 이는 상인이 상품을 호객하고 구매자가 현금으로 지불하는 전통적인 시장이다. 그러나 현물 시장에는 유동성과 가격 결정에 따른 두 가지 문제점이 있다. 현물 시장에서 물품의 유동성은 종종 비효율적이고 불안정하다. 구매자가 항상 보장되지는 않으며 시장 조건은 매우 불확실하다. 게다가 판매자가 실제로 자신의 상품을 시장에 가져올 때까지는 판매 중인 물건의 가격을 알 수 없고, 모두가 판매하는 가격을 기준으로 가격을 매길 수밖에 없다. 게다가 농부가 작물을 수확하기까지는 몇 달이 걸린다. 그동안에도 많은 일이 일어나 가격에 큰 영향을 미칠 수 있다. 생산량의 대폭 감소로 인한 가격 인상이나 예상치 못한 대량 생산으로 인한 공급 증가에 따른 가격 하락 등이 발생할 수 있다. 물론 이러한 불확실성은 구매자에게도 영향을 미친다.

이에 생산자와 구매자가 물품을 나중에 교환하기로 합의하지만 거래 조건은 거래 당일에 결정하는 선물 계약이 이뤄졌다. 현물 시장에서 문제가 된 불확실성이 해소되면서 선물 계약은 커피를 거래하는 주요 방법으로 자리매김했다. 하지만 생산자가 상품을 판매할 수 없게 되는 경우도 있다. 한 측이 파산해 거래가 철회되어버리는 상황이다. 선물 시장은 이를 해결하기 위해 등장했다. 커피 시장에서 이 시장은 C마켓으로 알려져 있으며, ICEIntercontinental Exchange에서 거래된다.

거래소는 구매와 판매 당사자들의 통제하는 제3자로, 일반적인 상황에서 파산하지 않는다는 이점이 있다. 구매자와 판매자가 직접 거래하는 대신 판매자는 거래소에 상품을 판매하고, 구매자 역시 거래소에서 이를 구매한다. 이처럼 유동성이 높은 시장에서는 대량 거래가 쉽게 이뤄지며, 참가자들은 효율적으로 자신의 포지션을 열고 닫을 수 있다. 또한 거래소를 통해 선물 계약을 체결한 두 당사자는 필요에 따라 계약을 철회할 수도 있다. 예를 들어 하나의 선박으로 커피를 계약한 구매자가 일정 시점에서 계약을 철회하려는 경우, 농부는 거래소에 계약을 판매하여 다른 사람이 해당 상품을 구매하도록 할 수 있다. 단, 계약 판매는 계약이 만료되기 전에 완료돼야 하며, 만료 시간에 계약을 보유하고 있는 사람이 물리적인 전달을 받는다. 따라서 많은 투자자는 선물 계약을 사고팔면서 실제 상품 거래와는 관계가 없는 활동을 한다. 이러한 비산업 시장 참가자들의 활동은 커피 가격에 큰 영향을 미칠 수 있지만 시장 유동성을 유지하는 데 필수적이다.

헤징hedging은 주가나 외환 등에서 예기치 못한 가격 변동을 대비해 미리 거래하는 행위를 말한다. 주식이나 외환의 공매도나 매매와 같이 위험을 줄이기 위해 사용되는 방법이다. 커피 무역에서 헤징 전략은 불확실성과 변동성이 높은 커피 시장에서 거래자와 참가자들이 현재 상황에 대응하는 방식으로, 현재 가지고 있는 포지션을 상쇄 포지션으로 보호하기 위한 전략이다. 예를 들어 커피 수확 가격의 하락 가능성에 대비하기 위해 커피 농부는 선물 계약을 이용하여 헤징할 수 있다. 이렇게 하면 수확 후 시장 가격이 하락해도 사전에 고정된 가격으로 커피 선물 계약을 팔아 손실을 최소화할 수 있다. 마찬가지로 로스터는 커피 가격 상승 가능성에 대비하고자 선물 계약을 이용해 헤징할 수 있다. 따라서 커피 무역에서 헤징은 더 예측할 수 있는 재정적 결과를 얻기 위해 사용되는 전략이라고 요약할 수 있다.

커피 무역에서의 헤징은 커피 시장에서 특히 중요한 가격 변동성과 관련된 리스크를 관리하는 데 결정적인 역할을 한다. 이 시장은 기후 조건, 지정학적 사건, 수요와 공급의 역학, 그리고 환율 변동 등 다양한 요인에 영향을 받는다. 결과적으로 커피 가격은 상당한 변동을 겪을 수 있으며, 이는 커피 농부와 커피 관련 사업에 어려움을 야기한다.

소득을 위해 판매에 의존하는 커피 농부들은 커피 시장에 제품을 출하할 때 가격 하락의 리스크를 직면한다. 이러한 리스크를 완화하기 위해 농부들은 선물 계약에 참여하여 수확 전 커피 가격을 확정할 수 있다. 이를 통해 농부들은 최소한의 수입을 보장하고 가격 하락으로 인한 손실을 방지할 수 있다.

반면 로스터들은 생두를 구매해 로스팅한 원두를 판매하는데 있어서 커피 가격 상승 위험에 직면한다. 이러한 리스크에 대비하기 위해 로스터들도 선물 계약을 활용할 수 있다. 미리 정해진 가격으로 커피를 구매하기 위해 선물 계약에 참여함으로써 스팟spot 시장 가격이 상승하더라도 고정된 원가로 커피 생두를 확보할 수 있는 것이다. 이를 통해 로스터들은 생산 및 가격 전략을 보다 효과적으로 계획하고 이익 마진을 보호할 수 있다.

이처럼 헤징은 시장 참가자들이 리스크를 관리하는 데 도움을 줄 뿐만 아니라 커피 시장 전체의 안정성에 기여한다. 헤징 전략을 채택함으로써 시장 참가자들은 가격 변동에 노출되는 정도를 줄일 수 있으며, 이는 커피 가격의 총체적인 변동성을 최소화하는 데 도움이 된다. 이러한 안정성은 생산자, 로스터, 수출업자, 소비자를 포함한 커피 무역에 관련된 모든 이해 관계자들에게 이점을 제공하며, 더 예측가능하고 지속 가능한 거래 환경을 제공한다.

C마켓 및 C가격은 스페셜티 커피 시장에서 특히 중요한데, C가격은 농부가 커피에 대해 받는 최종 가격이 아니라 일부에 지나지 않는다. 모든 아라비카 커피는 상품으로 간주되기 때문에 C가격은 품질이나 커핑 점수와 관련 없이 모든 커피에 적용된다. 중요한 점은 C가격이 커피의 벤치마크 가격으로 기능하며, 스페

셜티 커피에서는 특히 나라, 품질, 인증별 차별화가 더해져 농부가 받는 최종 금액이 결정된다는 것이다.

생두 구매는 구매자와 판매자 간의 거래이며, 커피 산업에서는 다양한 역할을 하는 많은 사람이 그 두 가지 역할을 수행한다. 가장 흔한 경우 커피 생산자(재배자)와 최종 구매자(로스터) 사이에서 여러 역할을 수행하는 중개인middlemen 또는 코요테coyotes 등이 있으며, 이들은 커피 체리를 처음 거래하는 때부터 큰 역할을 한다. 커피 생산자는 많은 부동산을 소유하거나 작은 토지를 가지고 있으며, 협동조합에 가입한 소규모 주주들과 함께 수확할 수도 있다. 생산자는 수확한 커피체리를 먼저 밀러miller에게 판매하고, 그 후 수출업자나 중개인들과 거래한다.

생산자와 수출자의 연결고리인 중개인의 수는 생산자의 위치와 경제적 수준, 경제적 상황에 따라 결정되며, 이는 커피를 전체적으로 가공할 수 있는지, 그리고 매수인에게 직접 접근할 수 있는지에 따라 좌우된다. 대규모 생산자 혹은 협동조합은 자체 가공 공장을 운영할 수 있으며 일부는 수출 라이선스를 가지고 있기 때문에 이들은 재배부터 가공에 이르는 모든 단계를 관리하고 바이어들에게 생두를 직접 판매할 수 있다. 그러나 영세한 생산자들은 가공 능력이 부족하므로 가공하지 않은 커피 체리를 직접 가공 공장에 판매하거나, 필요한 경우 중개인들을 통해 밀에서 가공 공장까지 커피를 운송한다. 운송 방식에 따라 밀은 일반적으로 체리를 전량 구매한다. 가격은 보통 100파운드당 1달러이며 최고 품질을 지향하는 밀은 완전히 숙성된 체리만 구매하기 때문에 높은 가격을 지불한다. 일부 커피 랏은 특정 농장의 이름이나 마크를 달고 구분되어 판매된다. 또 어떤 경우에는 커피가 운송됨에 따라 부분 지불이 이뤄지며, 커피가 바이어들에게 판매된 후 잔금이 지불된다. 밀은 워시드, 내추럴 또는 세미 워시드 방식에 따라 커피를 가공하며 공장의 규모와 능력, 바이어들과의 연결에 따라 도정 및 수출 과정 동안 커피를 보관할 수도 있다. 내추럴 커피 도정 능력이 없는 밀의 경우, 매수인에게 판매하는 수출자가 커피를 수령하기 전에 다시 한번 커피의 소유자가 바뀔 수 있다.

일반적으로 생두를 구입하는 수입자는 커피의 물리적인 소유와 가격 지불에 대한 책임을 지게 된다. 이후 수입자는 구매한 커피를 소비국가의 창고로 운송하는 역할을 맡으며 이때 해상 운임, 보험, 이자, 관세 및 목적지에 도착할 때까지 적용되는 모든 비용이 발생한다.

특정 거래에서 매수인인지 매도인인지 여부와는 상관없이 원산지의 최종 매도인과 소비국가의 매수인 사이 최종 서류는 대체로 동일하다. 매수자와 매도자가 연결되면 매수자는 커피 품질, 총 수량, 선적 또는 인도 시기, 그리고 가능한 가격을 문의할 것이다. 반면 매도자는 정기적으로 이용 가능한 커피를 제안할 수도 있다.

아웃라이트 가격

아웃라이트 가격outright price은 상품이나 서비스를 일괄적으로 구매할 때 지불하는 가격을 의미한다. 이 가격은 일반적으로 할인이나 다른 혜택이 적용되지 않는 기존 판매가이며 커피 선물의 경우 기본 가격은 판매자가 지정한 판매 가격에 해당한다. 커피 선물을 기본 가격으로 구매하면 일반적으로 할인 혜택을 받을 수 없고 판매자가 제시한 가격을 그대로 지불해야 한다. 따라서 커피 선물을 구매하기 전에는 가격을 비교해 볼 필요가 있다.

일부 판매자는 아웃라이트 가격보다 더 저렴한 가격에 상품을 제공하기도 한다. 이는 보통 특별한 이벤트나 프로모션 등에 따른 할인 혜택에 해당한다. 그러므로 커피 선물을 구매할 때는 할인 혜택이 제공되는지를 확인하는 것이 좋다. 판매자마다 가격이 다르다는 점도 잊지 말자. 비교적 가격이 낮은 판매자를 찾는 것이 경제적이다.

커피는 세계에서 가장 인기 있는 음료로 글로벌 무역에서 핵심 상품 중 하나가 됐다. 다른 상품과 마찬가지로 커피 가격은 거래자, 제조업자, 소비자 모두에게 중요한 고려사항이다. 커피 아웃라이트 가격은 시장에서 커피 가치를 판단하는 데 있어서 중요한 기준이다.

시장에서 최적의 가격 결과를 얻기 위해서는 커피 공급 체인이 원활히 기능해야 한다. 커피 가격은 공급과 수요의 영향을 크게 받는다. 커피 생산이 어려운 지역에서는 기후 조건, 병해충 문제, 인프라 미흡 등의 요인으로 생산량이 줄어들면서 공급이 감소하게 된다. 반면 수요 측면에서 커피는 전 세계적으로 매우 인기가 높으며 특히 서구 국가에서는 상당한 양이 소비되고 있다. 커피 가격은 공급이 감소하거나 수요가 증가함에 따라 조정된다. 거래 국가의 환율, 수출 국가의 정치적 안정성 등 다른 변수들도 가격에 영향을 미친다. 이 같은 추가적인 변동요인은 충분한 공급량과 안정된 수요가 있는 경우 영향력이 줄어들 수 있다.

공급 측면에서 각종 문제로 인해 일부 지역의 커피 생산량이 감소하면 커피 시장 전체 공급량도 줄어들 가능성이 있다. 이는 그 지역 생산자들의 수익을 감소시킬 뿐만 아니라 전체 시장 가격을 높일 수 있다. 수요 측면에서는 경제적 영향과 기후 변화 등이 영향을 미칠 수 있다. 성장하는 경제와 결합된 수요는 일반적으로 커피 가격의 상승과 엮이며, 기후 변화는 커피 생산량 감소를 초래해 가격 상승의 원인이 될 수 있다. 커피 가격 변동은 전 세계에 큰 영향을 미치므로 전 세계 커피 산업을 건강하게 유지하려면 많은 노력이 필요하다.

2020년, 브라질에서 10년 만에 가장 심각한 가뭄이 발생하면서 커피 생산이 감소하는 바람에 커피 가격이 치솟았다. 엎친 데 덮친 격으로 코로나19 팬데믹 때문에 지역 간 이동, 사회적 교류 등에 많은 제약이 걸리며 수요가 크게 줄었다. 커피 산업이 현재의 상황에 대응하려면 새로운 비즈니스 모델을 채택하고 공급 체인 기술을 변경해 수익성을 유지해야 한다. 블록체인 기술의 도입으로 공급 체인을 간소화하고, 구매자가 가격 대비 최상의 제품을 구매할 수 있도록 하는 여러 기술이 발전한다면 커피 가격은 안정적으로 흘러갈 것이다.

차등 가격

차등 가격 책정은 생산자나 판매자가 제품 및 서비스의 질이나 크기, 수요 등과 같은 다양한 요인에 따라 다른 가격을 부과하는 방법이다. 커피 산업은 차별화된 가격 책정의 대표적인 예로, 다양한 요인에 따라 커피 생두 가격을 다르게 책정한다. 생두의 가격 차이를 결정하는 요인 중 대부분은 커피 생산지의 환경 조건과 관련이 있다. 커피는 주로 적도 지역에 있는 나라에서 재배되며 일조량, 강우량, 고도, 토양의 적절한 조합이 커피 수확이 가능한 환경을 조성한다. 각 지역에서 수확된 커피는 일반적으로 품질과 수요, 제공할 수 있는 양, 생산 비용 등과 같은 요인에 따라 가격이 다르게 책정된다.

　　　커피 가격을 구분하는 첫 번째 요인은 생두의 등급이다. 생두 등급은 크기와 결점 개수에 따라 매겨진다. 커피의 최고 등급은 특수한 커피로 프리미엄 가격을 요구한다. 스페셜티 커피는 향미 프로파일을 형성하기에 유리한 환경에서 재배되며, 결점이 적고 크기는 고른 편이다.

　　　가공 방식에 따라서도 가격은 다르게 책정된다. 대표적인 커피의 가공 방식에는 워시드(습식 처리)와 내추럴(건식 처리) 두 가지가 있다. 워시드 커피는 결점두가 많이 없고 노동 집약적인 과정을 거치기 때문에 일반적으로 더 높은 가격을 요구한다. 반면 내추럴 커피는 비교적 저렴한 가격에 판매되지만 과일 같은 맛과 더 강한 풍미를 가지고 있어 마니아층을 보유하고 있다.

　　　생두의 원산지도 가격에 영향을 미친다. 높은 고도에서 재배되며 적절한 토양과 기후를 갖춘 곳에서 생산된 커피는 복합적인 맛과 향을 지녀 가격이 더 높다. 원산지는 또한 노동 비용, 정책, 전염병 발생 빈도 또는 천재지변 등의 변화로 인해 공급 양상의 변화가 있어 커피 가격 책정에 중요하게 작용한다. 특히 특정 커피 원산지나 품종에 대한 수요도 가격 차이 결정에 큰 역할을 한다. 에티오피아 예가체프, 콜롬비아 수프리모, 파나마 게이샤처럼 독특한 향미 프로파일을 가진 커피에는 수요가 몰려 가격이 상승한다. 커피 생산국의 경제적·정치적 안정도 또한 가격 차이를 가져올 수 있다. 불안정한 경제, 정치적 불안, 또는 무역 장벽 등의 문제를 겪는 국가는 생산 비용이 높아지거나 공급망에 장애가 생길 가능성이 있고 이 경우 커피 가격이 오른다. 반대로 경제적인 조건이 좋거나 정부가 커피 산업을 지원하는 곳, 효율적인 물류 인프라를 갖춘 국가는 더 경쟁력 있는 가격에 커피를 제공할 수 있을 것이다.

　　　이 밖에 특정 커피 품종이나 마이크로 랏의 희소성 등이 가격 책정 요인에 포함된다. 이들은 제한된 수량과 독특한 특성을 가지기 때문에 더 높은 가격이 매겨질 수 있다. 또한, 공정무역, 유기농, 또는 열대우림동맹 등 사회적, 환경적 또는 지속 가능한 관행을 준수함을 나타내는 인증을 받은 커피는 프리미엄 가격이 요구될 수 있다.

   결론적으로, 커피 가격은 다양한 요인에 영향을 받아 복잡하게 책정된다. 가격에 영향을 미치는 여러 요인들의 상호작용은 커피 가격 범위를 확장하며, 소비자에게는 다양한 맛과 풍미, 가격대의 선택지가 주어진다.

2. 인코텀즈 2020

앞서 언급했듯 커피와 관련된 업무는 굉장히 다양하다. 이 중 한 가지가 바로 커피 무역과 관련된 것이다. 이번 장에서는 커피 무역에 조금이나마 도움이 되고자 무역에 관련된 국제 규율에 관해 설명하고자 한다.

인코텀즈 규칙이란?

인코텀즈International Commerce Terms 규칙은 파리에 근거지를 둔 국제상업회의소(ICC)가 발행한 총 11개의 조건들로, 국제 판매 거래에서 물품 공급 조건들을 정의한다. 1936년 첫 번째 판이 출판된 이래로 연속적인 개정과 업데이트가 이뤄져 현재는 인코텀즈 2020이 효력을 가지고 있다. 2020년 판은 아마도 2030년까지 10년 동안은 효력을 유지할 것이다. 인코텀즈 2020 규칙은 영어와 프랑스어 두 개 국어로 발간된 국제상업회의소의 출판물 No. 723 EF에 포함되어 있다. 인코텀즈 2020의 개정과 작성은 10명의 전문가들로 구성된 초안 그룹Drafting Group이 맡았다. 그동안 이러한 전문가 그룹은 유럽연합 국가들(주로 프랑스와 영국) 출신으로 구성됐지만 이번에는, 호주, 중국, 미국, 터키 등의 전문가들도 포함되었다. 대부분의 전문가들은 법률 분야 배경을 가지고 있지만 이 중 세 명은 물류와 통관 분야 전문가들로, 이러한 그룹 구성은 복잡한 용어(법률 영어)보다 더 쉬운 언어(일반 영어)를 사용한 새로운 버전의 개정을 가능케 했다. 덕분에 이번 2020년 판은 국제 거래 실무에 더 가까워졌다. 인코텀즈 2020의 준비 과정은 길었다. 초안 그룹은 2017년 4월, 파리에서 처음으로 모였으며

2019년 5월에 최종 버전을 전달했다. 2년 동안 여러 국가들의 ICC 국가 위원회를 통해 3,000건 이상의 제안과 의견을 받아 본문을 보완했다. 최종 버전은 국제상업회의소가 100주년을 맞이한 2019년 9월에 발표됐다. 인코텀즈는 사법 규칙으로 특정 국가 혹은 초국가적 기관의 법을 근거로 하지 않는다. 인코텀즈 규칙은 사업체들(수출자와 수입자)에 의해 이뤄지는 국제 거래 운영의 일부 측면들을 규제하기 위해 국제상업회의소 내에서 제정되는 일련의 규칙이다. 이는 법적 효력을 가지고 있지 않기 때문에 국제 무역에서 이러한 규칙들을 사용해야 한다는 의무는 존재하지 않는다. 인코텀즈 규칙의 사용은 매매 계약 당사자들의 수락을 조건으로 한다. 인코텀즈의 유효성은 규칙들이 널리 알려져 있으며 국제 무역의 이해 관계자들(수출자, 수입자, 운송인, 운송주선인, 통관업자, 은행 및 보험회사 등)에 의해 쓰인다는 것이다. 따라서 인코텀즈 규칙은 매도인과 매수인이 물품의 인도에 관한 조건에 합의하는 데 도움을 주며, 이러한 합의가 보편적으로 알려진 규칙들(인코텀즈 2020: 인코텀즈 분류의 개정 과정 및 초안)과 일치한다는 점에서 매우 유용하다. 인코텀즈는 '사용되는 운송 방식', '주 (국제) 운송에 대한 지불', 그리고 '운송에서의 위험 이전'과 관련된 세 개 기준에 따라 분류될 수 있다. 이 중에서 인코텀즈 2020의 분류의 주요 접근 방식은 사용되는 운송 방식이다.

사용되는 운송 방식

첫 번째 기준은 사용되는 운송 방식이다. 인코텀즈 2020 버전에는 모든 운송 방식(육상, 항공, 혹은 해상), 혹은 다중 방식(복합운송)에 사용될 수 있는 일곱 가지 인코텀즈가 존재한다. 반대로 오직 해상 운송 및 내륙 수로(운하, 강, 호수) 운송에만 사용될 수 있는 인코텀즈는 네 가지가 있다.

모든 운송 방식 및 복합운송에 대한 인코텀즈
EXW, FCA, CPT, CIP, DAP, DPU, DDP.

해상과 내륙 수로 운송에 대한 인코텀즈
FAS, FOB, CFR, CIF.

주 운송에 대한 지불

두 번째 분류 기준은 원산지 국가와 목적 국가 사이에 국제 운송에 해당되는 주 운송에 대한 지불이다. 인코텀즈는 매수인(수입자)이 부담하는 주 운송비 지불과 매도인(수출자)이 부담하는 주 운송비 지불을 구별한다.

매수인(수입자)이 주 운송비를 지불하는 인코텀즈
EXW, FCA, FAS, FOB.

매도인(수출자)이 주 운송비를 지불하는 인코텀즈
CPT, CFR, CIP, CIF, DAP, DPU, DDP.

물품 운송에서(원산지 혹은 목적지에서) 위험 이전

마지막으로, 우리는 매도인이 물품을 인도하는 의무에 따라 원산지 국가에서 운송 위험 이전이 발생하는 인코텀즈와 목적 국가에서 인도 의무가 발생하는 기타 인코텀즈를 구별해야 한다.

원산지 국가에서 위험 이전이 발생하는 인코텀즈
EXW, FCA, FAS, FOB, CPT, CFR, CIP, CIP.

목적 국가에서 위험 이전이 발생하는 인코텀즈
DAP, DPU, DDP.

알파벳 'C'가 붙는 인코텀즈(CPT, CFR, CIP, CIF)의 경우, 매도인이 목적 국가로 향하는 국제 운송비를 지불하지만, 운송 위험은 물품이 운송 수단에 적재될 때 원산지 국가에서 이전된다는 것에 주목해야 한다. 따라서 의무 운송 보험을 포함하는 인코텀즈 CIF와 CIP에서 보험에 가입하고, 보험료를 지불하는 당사자는 매도인이다. 그러나 보험 수혜자는 운송 위험을 부담하는 매수인이다.

인코텀즈 2020의 변경사항

인코텀즈 2020은 이전 버전인 2010에 비해 크게 달라지지 않았다. 2010 버전과 비교해 무엇이 달라지고 유지됐는지 살펴본다.

11 인코텀즈 분류

유일한 변화는 인코텀 DAT(터미널 인도)가 DPU(도착지 양하 인도)로 대체된 것이다. 그러나 명칭만 변경됐을 뿐 두 조건은 동일한 기능과 의무를 가진다.

해상 인코텀즈에 비해 우선시되는 복합운송 인코텀즈

인코텀즈의 우선순위를 수립하기 위해 운송 형태에 대한 기준이 유지된다. 복합운송의 광범위한 이용에 따라 복합운송 인코텀즈가 국제 물류의 현실에 훨씬 더 적합하다는 점을 고려해 복합운송 조건들(모든 운송에 대한)이 1순위로 분류되며, 해상 조건들은 그 뒤에 이어진다.

매도인과 매수인 의무들의 유사성

각 당사자에 대한 10개의 의무가 유지됐지만, 일부 작은 변경이 있다(예를 들어 '물품 검사' 섹션을 '수출/수입 통관' 섹션에 녹였다). 마찬가지로 순서가 달라졌으며 인코텀즈 규칙에서 핵심 측면으로 간주되는 물품 인도와 위험 이전에 관련된 의무들이 섹션의 처음에 놓였다.

복합운송 인코텀즈로만 다뤄지는 컨테이너 물품

인코텀즈 2010 버전의 가장 주요한 변화 중 하나였으며, 인코텀즈 2020에서도 유지된다. 물품이 컨테이너로 운송되는 경우, 인코텀즈 2020 규칙은 인도가 항구에서 수행된다 하더라도 해상 조건들이 사용되지 않아야 한다는 점을 명확하게 명시한다. 이에 대한 근거는 컨테이너가 선박에 적재되기 전, 항구 터미널에 인도된다는 것이다. 이러한 경우 FOB, CFR 혹은 CIF는 사용되지 않아야 하며, 이를 대신하여 상응하는 복합운송 조건인 FCA, CPT와 CIP가 사용된다.

"인코텀즈 CIF 규칙은 오직 해상 혹은 내륙 수로 운송에만 사용되어야 한다. 하나 이상의 운송 방식이 사용되는 경우, 이러한 방식은 일반적으로 물품이 컨테이너 터미널에서 운송인에게 인도되는 경우에 해당되기 때문에, 사용해야 하는 적합한 규칙은

CIF가 아닌 CIP이다."

그럼에도 불구하고 인코텀즈 2010에 도입된 이러한 변경사항은 매우 느리게 시행됐으며 수출업자, 수입업자, 운송인, 운송주선인 대다수는 이를 사용하지 않고 있다. 따라서 물품이 컨테이너로 운송될 때 해상 인코텀즈, 특히 FOB와 CIF가 계속해서 사용될 것으로 예측된다. 이 외에 인코텀즈 2020 본문에서 이러한 변경사항은 '의무' 섹션이 아니라 각 4개의 해상 인코텀즈에 관한 '사용자를 위한 설명문(Explanatory Notes for Users)'에 포함되어 있다. 따라서 인코텀즈 2020 규칙들에 따른 의무 준수 요구조건이 아닌 '조언'이나 '제안'으로 간주될 수 있다.

인코텀즈 2010의 본질적 요소들이 인코텀즈 2020에서 유지됐다는 사실에도 불구하고 이러한 새로운 버전을 뒷받침하고 일반 변경과 특정 변경으로 분류될 수 있는 변경사항이 존재했다.

일반 변경사항
일반 변경사항은 인코텀즈의 시행을 규제하는 내용이라기보다 형식과 관련된 변경사항들이다. 처음으로 규칙을 사용하는 모든 사람이 인코텀즈 규칙을 쉽게 이해하고 실행할 수 있도록 하는 것이 목적이다.

법률 용어를 줄이고 더 단순한 언어 사용
인코텀즈 2020의 전문가 위원회 혹은 초안 그룹이 수행한 첫 번째 과제는 2010 버전의 내용을 검토하고, 법률에 대한 전문성이나 지식을 갖추고 있지 않은 대다수 사용자들의 이해를 저해하는 세부조항 및 법률 용어들을 삭제하는 것이었다. 즉, 법률 용어(법률 영어)의 사용에서 벗어나 국제 무역 시장과 더 분명하게 연관되는 문제를 다루는 것이다. 또한 27개 언어로 이뤄진 인코텀즈의 공식 번역을 장려했다. 초안 그룹을 구성하는 10명의 구성원들 중 3명이 법률 전문가가 아니라 물류 전문가라는 점은 이 같은 언어의 변화를 이끌어냈다.

비용 분담에 대한 추가 세분화

국제 무역 운영(물류, 서류, 통관)의 비용 분담 같은 필수 주제와 관련, 충족돼야 하는 각 10개의 의무들에 대해 매도인과 매수인에 해당되는 더 상세한 세분화가 이뤄졌다. 예를 들어 인코텀 CIP에서 매도인은 여덟 가지 비용을 부담해야 하며, 매수인은 일곱 가지 비용을 부담해야 한다(2010 버전에서는 각각 세 가지와 여섯 가지였다). 이러한 방식으로 사용자는 매수인과 매도인이 각 인코텀즈에 대해 부담해야 하는 비용들의 포괄적 목록을 갖게 되며, 이는 가격 제안(매도인의 경우)이나 제안들의 비교(매수인의 경우) 시 계산이 더욱 수월해지도록 한다.

인코텀즈와 국제 상업 계약의 관계

인코텀즈와 국제 상업 계약들(국제 매매 계약, 운송 계약, 보험 계약, 신용장 계약) 사이의 관계가 명확하게 규명된다. 새로운 버전의 인코텀즈는 인코텀즈가 이러한 계약들의 일부분이 아니며, 당사자들에게 인코텀즈의 사용을 요구하지 않고, 또한 당사자들에 대해 인코텀즈의 실행에 대한 법적 구속력을 갖지도 않는다는 것을 설명한다.

11개 인코텀즈의 의무 비교

새로운 버전의 후반부에는 각 11개 인코텀즈에서 10개의 매도인 의무들과 10개의 매수인 의무들에 대한 비교(본문)가 존재한다. 이는 가장 중요한 고려사항으로 간주되는 의무를 기반으로, 특정 거래에 가장 적합한 인코텀즈의 선택을 용이하게 만들려는 목적을 가지고 있다. 예를 들어 운송에서 위험의 이전이 필수적인 요소라고 간주되는 경우, 어디에서 위험이 이전되는지 인코텀즈에 문의할 필요 없이 11개 인코텀즈의 위험 이전 장소를 한번에 비교할 수 있다. 일반적 특성을 가진 이러한 변경사항은 인코텀즈에 대한 이해를 촉진하고 각 상황에 가장 적합한 인코텀을 선택하도록 돕는다. 즉, 인코텀즈의 새로운 버전이 이전 버전에 비해 훨씬 더 포괄적이라는 뜻이다. 인코텀즈 2010은 150페이지로 구성된 반면 인코텀즈 2020은 203페이지로 구성되어 있다.

인코텀즈는 무엇을 위해 사용되는가?

인코텀즈는 수출자와 수입자가 국제 무역 운영과 관련된 다수의 사안들에 대해 합의해야 하는 필요성에서 비롯된다. 따라서 국제상업회의소는 국제 매매에서 인도 조건들에 관한 의무들을 규정하는 규칙들을 수립했다. 특히 인코텀즈의 목적은 다음을 정확하게 정의하는 것이다.

- 물품들은 어디로 인도되는가
- 수출과 수입 운영에 필요한 서류들과 통관 수속
- 물품 운송에서 위험 이전
- 매도인과 매수인 사이에서 물류와 통관 비용들의 분담

인도 장소

인코텀즈의 첫 번째 기능은 물품이 운송 수단(트럭, 항공기, 선박, 열차)에서 적재, 혹은 양하[01] 준비가 됐을 때 물품의 인도 장소를 정확하게 정의하는 것이다. 인코텀즈를 지칭하는 세 개의 이니셜에 따라 다음 내용이 가능한 정확하게 포함되어야 한다.

- 물품이 인도되는 특정 장소: 매도인 혹은 매수인의 주소, 운송 센터, 물류 플랫폼, 터미널, 부두, 항구, 공항 등.
- 물품이 인도되는 도시(도, 주)
- 물품이 인도되는 국가

세계 지리는 매우 방대하므로 인도할 도시와 국가를 언급하는 것은 굉장히 중요하다.

인코텀즈 2020에 따라 물품의 특정 인도 장소가 지정되지 않은 상태에서 여러 장소가 존재하는 경우(ex. 동일한 도시 안에 여러 지점을 가진 회사) 매도인은 더 적합한 하나의 장소를 선택할 수 있다. 국가 명칭 뒤에는 국제상업회의소가 발간한 가장 최신 버전

---

01 물건을 땅에 내리는 것.

이 사용되고 있다는 것을 반영하기 위해 '인코텀즈 2020'이라는 문구를 포함해야 한다. 인도 장소를 선택할 땐 모든 운송 방식(복합운송 포함)에 대한 인코텀즈와 오직 해상 운송에만 사용될 수 있는 인코텀즈를 구별해 각 인코텀즈에 있어 가장 일반적이고 정확한 장소를 고려해야 한다.

'EXW(공장 인도)'에서 인도 장소는 일반적으로 매도인의 사업장으로, 매수인에게 보내는 운송인(보통 트럭)에게 알려줄 정확한 주소를 포함하는 것이 권장된다.

'FCA(운송인 인도)'의 경우에는 매도인의 사업장, 혹은 매도인의 국가에 존재하는 운송 허브, 물류 플랫폼, 공항 혹은 항구 같은 시설이나 운송 인프라가 될 수 있다. 물품을 컨테이너로 운반하는 복합운송이라면 물류 시설에 있는 컨테이너 터미널로 인도 장소를 식별하는 것이 권장된다.

'CPT(운송비 지급 인도)'와 'CIP(운송비·보험료 지급 인도)' 인코텀즈의 경우 국제 항해가 이뤄졌다면 인도 장소들은 다양할 것이며 항상 매도인의 국가가 될 것이다. 이는 통관이 필요하지 않은 국가 내 매도인의 사업장이나 시설, 운송 인프라가 될 수 있다. 물품이 선박을 통해 컨테이너로 운반되는 경우 가장 일반적인 방식은 목적 국가 항구의 컨테이너 터미널에서 물건을 인도받는 것이다. 이때 선박에서 물품의 양하 비용은 보통 매도인이 부담한다.

명칭에 'D'가 들어가는 인코텀즈라면 인도 장소는 매수인의 국가다. 'DPU(도착지 양하 인도)'의 경우 운송 센터, 공항, 항구 같은 구매자 국가의 특정 장소에 위치하며, 'DAP(도착지 인도)'와 'DDP(관세 지급 인도)'는 보통 매도인의 사업장이 된다. DPU와 DAP는 통관이 없으며 DDP는 매도인이 수행하는 통관이 존재한다.

해상 인코텀즈에서 인도 장소는 항상 항구다. 이는 선적항이나 목적항이 될 수 있다(CFR과 CIF). 'FAS(선측 인도)'의 경우 인도는 항구 부두에서 이뤄지므로 부두 번호 혹은 명칭을 포함하는 것이 권장된다. 'FOB(본선인도)', 'CFR(운임포함인도)'과 'CIF(운임·보험료 포함 인도)' 인코텀즈에서는 일단 물품이 본선에 놓이면 인도가 수행되기 때문에 선적항, 혹은 목적항을 명시하는 것으로 충분하다.

서류와 통관 절차

인코텀즈의 두 번째 기능은 무역 거래에서 발생되는 서류들을 취득해야 하는 당사자(수출자 혹은 수입자)를 규정하는 것이다. 이러한 서류들에서 물품 인도를 증명하는 데 사용되는 서류와 통관에 필요한 기타 서류들이 구별될 수 있다.

물품 인도 증명 서류

매도인은 상업 목적을 위해 법적 준수와 비용 지불, 매수인에게 물품을 인도하는 의무를 입증하는 서류를 취득해야 한다. 이를 'POD(인도의 증빙)'라고 부른다. 특히 지불 수단이 신용장이고 신용장 개설 시 요구되는 서류들의 인도에 따라 지불이 이뤄진다면 인도를 입증하기 위해 어떤 종류의 서류가 필요한지 반드시 알고 있어야 한다.

인도를 입증하는 서류에는 기본적으로 두 가지 유형이 있다.

운송인의 인도 수령증 Delivery receipt

인코텀즈 EXW, FCA, DAP, DPU, DDP에서 사용된다. 매수인의 운송인(예 FCA), 혹은 매수인 본인(예, DDP)이 서명해야 한다.

국제 운송 서류들

인코텀즈 FOB, CPT, CIP, CFR, CIF에서 사용된다. 서류는 사용되는 운송 형태에 따라 좌우된다:

육상 도로화물탁송장 Consignment note CMR
해상 선하증권 Bill of Lading B/L
항공 항공화물운송장 Airway Bill AWB
열차 철도화물운송장 Railway Bill of Lading CIM
복합운송 복합운송 선하증권 Multimodal bill of lading FBL

인코텀즈 2020에 따르면 매도인은 요청에 따라 매수인에게 필요한 모든 지원을 제공해야 하며, 매수인을 대신하여 인도를 증명하는 운송 서류를 취득해야 할 의무가 있다. 이러한 서류가 양도 가능하고 여러 장의 원본으로 발급되는 경우(ex. 선하증권

B/L) 매도인은 매수인에게 원본 전체 세트를 제공해야 한다.

인코텀즈 CIP와 CIF에서 매도인은 매수인을 위해 운송 보험을 취득할 의무가 있다. 따라서 운송 서류를 제공하는 것 외에도 인도를 증명하기 위해 매도인은 매수인에게 보험증권이나 운송 증명서 사본을 제공해야 한다.

통관 서류

인코텀즈는 또한 원산지 국가와 목적 국가에서 통관을 위해 어떤 당사자(매도인 혹은 매수인)가 서류를 취득해야 하는지 규정한다. 이러한 서류에는 수출과 수입 신고서(SAD), 물품 가격 신고서, 선적 전 검사, 라이선스와 허가, 증명서 등이 포함된다.

인코텀즈 2020에서는 처음으로 경유 국가들에서 서류 제출을 누가 책임져야 하는지 규정한다. 인도 장소에서 운송 위험을 맡는 사람에게 책임이 할당된다는 것이 규칙이다. 따라서 운송 위험이 원산지(매도인의 국가)에서 이전되는 인코텀즈 EXW, FCA, FAS, FOB, CPT, CFR, CIP에서 경유지 통관에 대한 책임은 매수인에게 있다. 반대로 인코텀즈 DAP, DPU, DDP에서 위험이 목적지에서 이전됨에 따라 통과 국가들에서 통관 책임은 매도인에게 맡겨진다.

다음 표는 수출, 경유, 수입 통관에 대한 서류 취득의 책임이 누구에게 있는지를 정리한 것이다. EXW에서 매수인은 세 가지 서류를 취득해야 하며 DDP에서는 매도인이 모든 서류에 대한 책임을 맡는다. 나머지 인코텀즈에서 수출 통관은 매도인에 의해, 수입 통관은 매수인에 의해 수행된다. 경유지 통관은 물품 운송 중 어떤 당사자가 위험을 부담하는지에 달려 있다.

운송	인코텀즈	수출 통관	경유 통관	수입 통관
모든 방식	EXW	매수인	매수인	매수인
	FCA	매도인	매수인	매수인
	CPT	매도인	매수인	매수인
	CIP	매도인	매수인	매수인
	DAP	매도인	매도인	매수인
	DPU	매도인	매도인	매수인
	DDP	매도인	매도인	매수인
해상	FAS	매도인	매수인	매도인
	FOB	매도인	매수인	매수인
	CFR	매도인	매수인	매수인
	CIF	매도인	매수인	매수인

2.1 EXW(공장인도)

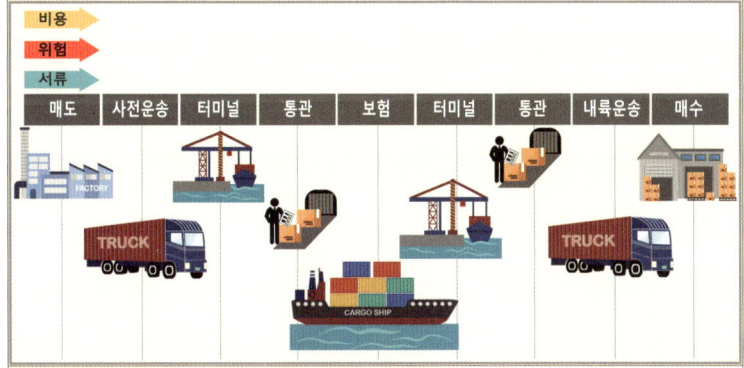

EXW 사용 방법

EXW는 매도인이 국내에 있는 자신의 사업장(공장 혹은 창고)에서 물품을 인도함에 따라 매도인에 대한 최소한의 의무와 비용, 위험을 대표하는 인코텀즈다. 매도인은 첫 번째 운송 수단(보통 트럭)에 물품을 적재하는 것에 대해서도 책임을 지지 않는다. 통관이 적용되는 경우 매도인이 수출을 위한 물품 통관을 하지 않는 유일한 인코텀즈다. 역으로 EXW 조건에 따라 매도인은 모든 인코텀즈 중에서 가장 질 낮은 서비스를 제공하며 국제 물류의 일부분을 담당하는 다른 회사에 밀려 경쟁력을 잃는다. 이러한 조건은 국제 경험이 적고, 매수인이 매도인의 사업장에서 물품을 수거하기 위해 트럭을 보내는 혼재 화물 그룹화groupage 운영(박스, 펠릿)을 수행하는 수출회사에 적합하다. 가득 채운 컨테이너를 보내는 경우, 보통 매수인이 보낸 트럭에 매도인이 컨테이너를 적재하는 FCA를 사용하는 것이 더 적합하다. 매도인이 자신의 국가에서 물품을 인도한다면 보통 FCA가 더 선호되기 때문에 EXW를 사용하는 것은 권장되지 않는다.

EXW의 주요 특징
- 운송 방식

EXW는 특히 복합운송(컨테이너)을 포함한 모든 운송 방식(육상, 해상, 항공)에서 사용될 수 있다.

- 물품의 인도 장소와 수령

보통 EXW 인코텀즈를 사용하는 경우 물품 인도 장소는 매도인의 사업장이다(공장 혹은 창고). 매도인이 여러 사업장을 가지고 있다면 이 중 어떤 곳에서 물품이 인도되는지 정확히 명시해야 한다. 매매 계약 시 특정 장소가 지정되지 않고, 가능한 여러 인도 지점이 존재하는 경우, 매도인이 적합한 장소를 선택할 수 있다. 매도인이 적기에 통보했다면 매수인은 합의된 날짜에 정해진 장소에서 물품을 수거해야 한다.

- 물품의 적재 / 양하

매도인은 첫 번째 운송 수단(보통 트럭)으로의 적재 없이 지명된 인도 장소에서 매수인에게 물품을 인도한다. 따라서 첫 번째 운송 수단으로의 적재에 대해서는 매수인이 위험을 안게 된다.

- 인도 서류

물품을 수거하기 위해 운송 수단(보통 트럭)을 보내는 당사자가 매수인이기 때문에 매도인은 매수인에게 서류로 물품의 인도를 입증할 의무가 없다. 사용되는 인도 서류는 매도인의 사업장으로 매수인이 보낸 운송인의 인도 증명서이며, 복합운송의 경우에는 매도인이 이전에 제공한 정보에 따라 매수인에 의해 고용된 운송주선인이 발급하는 FCR FIATA 증명(운송주선인 화물 운송 증명서)다.

- 수출 / 경유 / 수입 절차에 대한 서류

매도인은 오직 물품과 동반되는 상업 서류들(송장과 포장 명세서)을 매수인에게 제공할 의무를 갖는다. 그러나 매도인은 라이선스, 허가, 증명서 등과 같이 수출 운영에 필요한 기타 문서들을 매수인이 취득하도록 지원해야 한다. 서류 발급에 필요한 비용은 매수인이 부담한다. 또한 매도인은 매수인이 경유 통관과 목적 국가로의 수입 수속을 완료하는 데 필요한 서류들을 취득하도록 도움을 주고 필요한 정보를 제공해야 한다. 매수인은 이러한 정보와 서류를 취득하는 데 들어간 비용을 매도인에게 지불해야 한다. 각종 운송 서류(도로화물탁송장 CMR. 선하증권 B/L, 항공화물운송장 AWB, 철도화물운송장 CIM과 FIATA 선하증권 FBL)는 매수인이 취득해야 한다. 당사자들이 합의하거나 일반적인 관행이라면 매도인은 전자 절차를 사용해 매수인에게 서류를 제공할 수 있다.

- 운송 계약

어떤 당사자도 다른 당사자에 대해 운송 계약을 체결해야 하는 의무를 갖지 않는다. 어떤 경우든 자체 수단 혹은 계약에 따른 운송은 매도인 국가의 인도 장소에서 최종 목적지로 물품을 운송하는 비용과 위험을 부담하는 매수인에 의해 수행된다.

- 운송에서 위험 이전

물품 운송 위험은 인도 시점, 즉 물품이 첫 번째 운송 수단(보통 트럭)에 적재되기 전에 매도인에게서 매수인에게로 이전된다. 따라서 첫 번째 운송 수단에 물품을 적재할 때부터의 위험은 매수인이 감수한다. 위험을 이전하기 위해 운송되는 물품은 매매 계약의 대상 물품으로 식별되고 개별화될 수 있어야 한다. 또한 매도인은 임의대로 인도 장소에 물품을 두었다는 것을 신뢰할 수 있는 방식으로 매수인에게 통보해야 한다.

- 보험 계약

어떤 당사자도 물품 운송에 대한 보험 계약의 의무를 갖지 않는다. 그러나 매수인은 최소한 물품의 국제 운송을 보장하기 위해 운송 보험에 가입하는 것이 권장된다. 이 경우 매도인은 매수인이 보험에 가입하는 데 필요한 정보를 제공해야 한다.

- 수출 / 경유 / 수입 통관

수출과 수입 통관에 모든 비용과 세금은 매수인이 부담한다. 그러나 매도인은 통관 의무를 준수하는 데 필요한 모든 서류(수출 / 경유 / 수입 허가, 선적 전 검사, 또는 필요한 기타 공식 서류 포함)를 취득할 수 있도록 매수인의 요청과 비용에 따라 지원할 의무가 있다.

- 보안 요구조건

매도인은 물품 운송과 수출, 경유, 수입 통관에서 보안과 관련하여 이용할 수 있는 정보를 매수인에게 제공할 의무가 있다.

- 매도인과 매수인 사이에 비용 분담

매도인은 국제 무역의 일반 관행에 따라 물품의 포장, 점검, 표시만을 책임진다. 또한 매도인은 매매 계약에 포함된 특정 포장 요구조건을 준수한다. 다음과 같이 모든 기타 운영 및 물류비용은 매수인이 부담한다.

- 첫 번째 운송 수단에서 물품의 적재
- 매수인과 계약을 체결한 운송인을 통해, 또는 자체 운송 수단을 통해 운송 센터, 항구, 공항으로 운송하는 내륙 운송(사전운송)
- 인도 장소에 대한 운송 안전 요구조건들을 준수할 의무
- 수출 통관의 비용과 세금
- 매도인 국가의 운송 센터, 항구, 공항에서 터미널

비용(창고 임대, 물품 취급 및 적재)
- 목적 국가로의 주 운송
- 운송 보험(가입되는 경우)
- 매수인 국가의 운송 센터, 항구, 혹은 공항에서 터미널 비용(양하, 취급, 창고 임대). 경유와 수입 통관의 비용과 세금.
- 매수인과 계약한 운송인, 혹은 매수인의 자체 운송 수단을 통해, 운송 센터, 항구, 공항에서 매수인 사업장으로 내륙운송
- 매수인의 사업장에서 물품의 양하

- 결제 방법

EXW는 선불Payment in advance, 상품인도결제cash on delivery, 청산계정open account, 혹은 수표 같은 지류 결제 방법 없이 사용되어야 한다. 이는 매도인이 합의된 조건에 따라 물품을 인도했음을 입증할 운송 서류를 가지고 있지 않아 신용장 서류로 포함되지 않기 때문이다. 또한 신용장이 인도를 입증하기 위해 운송 서류를 요구하고 매수인이 매도인의 사업장에서 물품을 수거하도록 운송인을 보내지 않은 경우 매도인은 필요한 인도 서류를 가지고 있지 않기 때문에 신용에 효력을 부여할 수 없을 것이다. 지류 결제 방법을 이용하는 경우(신용장, 혹은 화환 신용장), 'F' 혹은 'C'로 시작하는 인코텀즈를 사용하는 것이 더 좋다.

- EXW 사용에 대한 실용적 조언

EXW는 11개 인코텀즈 중 첫 번째 인코텀즈로 매도인의 의무가 가장 적다. 매도인은 오직 자신의 사업장에서 물품을 인도하기만 하면 된다. 이는 매도인이 국제 거래 관리에서 비용과 위험을 부담하지 않고 가장 낮은 가격의 견적을 제시할 수 있는 인코텀즈다. 매도인이 수출 운영비용에 관한 계산 없이 즉시 견적을 낼 수 있다는 점에서 로컬 마켓에서의 판매와 유사하다. 매수인이 전체 물류 관리를 맡아야 하는 방식이기 때문에 국제 물류 관리를 포함하는 다른 제공자들에 비해 경쟁력이 없다. EXW에서 일정 규모의 국제 사업을 운영하는 회사들은 국제 운송 이용 시 할인과 우선

운임을 얻지 못한다. 이러한 할인이 최종 가격에 적용되지 않고 추가 소득원이 되거나 최종 가격 인하에 적용된다면 제의가 좀 더 경쟁력 있게 된다.

첫 번째 운송 방식에 물품을 적재할 땐 EXW 규칙에 따라 적재가 매도인에 의해 수행돼야 한다. 그러나 실제로는 대부분 매도인이 적재 비용과 위험을 부담한다. 이는 트럭이 물품을 적재할 수단을 가지고 있지 않거나, 대기업이나 다국적 기업의 경우 보안상의 이유로 매도인이 보내는 운송인처럼 허가되지 않은 인력이 자체 시설에 들어갈 수 없기 때문이다. 매수인이 첫 번째 운송 수단에 대한 적재 비용이나 위험을 부담할 의향이 없다면 FCA 같은 다른 인코텀즈를 사용하는 것이 더 적합하다.

EXW는 수출인이 물품 수출을 위한 통관 수속을 수행하지 않는 유일한 인코텀즈다. 따라서 매도인은 물품 수출을 입증할 서류를 갖지 못하므로 과세(VAT) 혹은 기타 규정의 목적을 위해 매수인은 통관 대행업자 혹은 운송 대리인에게 수출 통관이 이루어졌음을 입증하는 SAD(단일 행정 문서, issue nº 3) 사본을 요청해야 한다. 또한 매도인은 물품 수출에 대한 증거로 운송 서류(CMR, B / L, SWB, AWB, FBL)를 요청할 수 있다. 통관 없이 물품의 자유로운 이동이 가능한 통합 경제 구역(예, EU)이라면, VAT 목적에 따라 물품 반출을 입증하는 덴 목적 국가에서 물품의 수하인이 서명하고 밀봉한 운송 서류, 혹은 운송인의 인도 증명서로 충분할 것이다.

- EXW는 다음 유형의 국제 거래에 있어 유용하다.
    - 국제 무역에 대한 지식과 경험이 매우 부족한 회사의 첫 번째 수출
    - 완전한 투명성과 경영 방식에 대한 신뢰가 존재하는, 동일한 다국적 그룹 소속 계열사들 간에 국제 매매.
    - 통관 없이 물품이 자유롭게 이동하는 통합 경제 구역(ex. EU)에서 매매.
    - 매수인이 매도인의 사업장에서 매우 적은 비용과 위험으로 물품을 수거하고, 트럭에 적재하기 위해

운송인을 보내는 소량의 혼재 화물(펠릿, 박스)
- 전체 여정에 대해 단일 운송 서류가 존재하고 물품의 자유로운 이동이 가능한 구역으로 보내지기 때문에 통관을 수행할 필요가 없는 만재 화물(전체를 채운 컨테이너, 혹은 트럭). 그러나 매수인이 보낸 트럭에 매도인에 의해 물품이 적재되는 경우 FCA를 이용하는 것이 바람직하다.

2.2 FCA(운송인 인도)

FCA 사용 방법

FCA는 매도인의 사업장과 매도인 국가에 위치한 운송 센터, 항구, 공항, 컨테이너 터미널 등 다양한 지점들 양쪽에서 물품 인도가 가능한 매우 유연한 인코텀즈다. 따라서 이 인코텀즈를 사용하는 경우 인도 장소를 명확하게 명시하는 것이 매우 중요하다. FCA는 어떤 형태의 화물(일반 화물, 만재 화물, 혼재 화물)에도 사용될 수 있으며, 여러 결제 수단(청산계정, 은행 송금, 신용장 등)을 허용한다. FCA에서 매도인은 수출 통관 비용을 부담하고 완료해야 하며 수출 통관에 필요한 서류의 취득에 대해서도 책임을 진다. 수입 통관 수속은 매수인에 의해 수행된다.

물품이 컨테이너로 운송되고 인도 장소가 선적항인 경우 인코텀즈 2020 규칙은 FOB 대신 FCA 사용을 권장한다. 이는 통상적으로 컨테이너가 선박에 적재되는 것이 아니라 항구의 컨테이너 터미널에서 인도되기 때문이다. FCA는 국제 무역에서 가장 많이 사용되는 인코텀즈이며, 아마도 매도인이 자신의 국가에서 물품을 인도하고 국제 물류를 관리하고 싶어 하지 않는 대부분의 매매에서 EXW를 대체할 것이다.

FCA의 주요 특징

- 운송 방식

FCA는 특히 복합운송(컨테이너)을 포함한 모든 운송 방식(육상, 해상, 항공)으로 사용될 수 있다.

- 물품의 인도 장소와 수령

매도인은 다음 두 가지 장소에서 매수인에게 물품을 인도한다.

- 매도인의 사업장(공장이나 창고)
- 매도인 국가의 다른 장소(운송 센터, 터미널, 항구, 공항, 컨테이너 터미널)

이 중 후자가 더 많이 사용된다. 매도인이 특정 장소를 지정하지 않은 상태에서 여러 잠재적 인도 지점들이 존재하는 경우 매수인은 자신에게 가장 편리한 장소를 선택할 수 있다. 매수인은 매도인이 적기에 통보한 경우, 합의된 날짜와 장소에서 물품을 수거해야 한다.

- 물품의 적재 / 양하

물품이 매도인의 사업장(공장이나 창고)에서 인도되는 경우, 매도인이 첫 번째 운송 수단(보통 트럭)에 물품을 적재해야 한다. 상품이 다른 지점(운송 센터, 항구, 공항)에서 인도된다면 매도인은 양하 준비가 된 물품을 인도해야 하며 국제 운송을 위해 매수인이 지정한 운송인에게 인도해야 한다.

- 인도 서류

매도인은 합의된 조건에 따라 매수인에게 물품이 인도됐음을 입증하는 서류를 제공해야 한다. 서류는 보통 매수인이 고용한 국제 운송인 혹은 운송주선인에게 매도인이 고용한 운송인이 인도한 물품에 대한 인도 증명서다.

　　　　물품이 매도인의 사업장에서 인도되는 경우, 인도 서류는 보통 매수인이 매도인의 사업장으로 보낸 운송인의 수령증이다. 복합운송 FIATA FCR의 경우, 증명서는 매도인이 이전에 제공한 정보에 따라 운송주선인에 의해 발급된다.

- 수출 / 경유 / 수입 절차에 대한 서류

매도인은 물품과 동반되는 상업 서류들(상업 송장과 포장 명세서)을 매수인에게 제공할 의무가 있다. 또한 매도인은 수출 통관에 필요한 모든 서류(수출 SAD, 수출 허가, 선적 전 검사, 그리고 필요한 기타 공식 서류- 증명서, 허가증 등)를 취득해야 한다.

　　　　이 외에 매도인은 매수인이 목적 국가에 대한 수입과 경유 통관 수속을 완료하는데 필요한 서류를 얻을 수 있도록 필요한 정보와 도움을 제공해야 한다. 매수인은 이러한 정보와 서류를 취득하는 데 들어간 비용을 매도인에게 지불해야 한다. 각종 운송 서류(도로화물탁송장 CMR, 선하증권 B/L, 항공화물운송장 AWB, 철도화물운송장 CIM과 FIATA 선하증권 FBL)는 매수인이 취득해야 한다. 당사자들이 합의하거나 일반 관행인 경우 매도인은 전자 절차를 통해 매수인에게 서류들을 제공할 수 있다.

- 운송 계약

인도 장소(매도인의 국가)에서 최종 목적지까지 물품의 운송을 책임져야 하는 당사자는 매수인이다. 그러나 매수인은 매수인의 위험 부담과 일반적 조건들에 따른 운송을 매도인에게 요청할 수 있다. 매도인은 요청을 거부할 수 있으며, 이 경우 매도인은 가능한 한 신속하게 매수인에게 통보해야 한다.

- 운송에서 위험 이전

물품 운송에서 위험은 인도 시점에 매도인에게서 매수인에게 이전된다. 다음 두 가지의 가능성이 존재한다.

- 물품이 매도인의 사업장(공장이나 창고)에서 매수인에게 인도되는 경우, 위험은 물품이 첫 번째 운송 수단(보통 트럭)에 적재되었을 때 이전된다.

- 물품이 매도인 국가의 다른 장소(운송 센터, 항구, 공항)에서 인도되는 경우, 위험은 물품이 첫 번째 운송 수단에서 매수인이 지정한 운송 수단으로 적재되기 전에 이전된다.

매수인은 다음의 경우 물품이 합의된 시간과 장소에서 인도된 순간부터 운송에 대한 모든 위험을 부담하게 된다.

- 매도인에게 물품을 가져갈 운송인의 이름을 통보하지 않은 경우.
- 매수인이 지명한 운송인이 합의된 날짜 혹은 시한까지 물품을 가져가지 않은 경우.

이러한 상황에 매수인은 합의된 인도일부터 혹은 (특정 날짜가 존재하지 않는 경우) 합의된 인도 기간 완료에서부터 물품 운송에 대한 모든 비용(보관)과 위험(분실 혹은 손상)을 부담한다. 위험을 이전하기 위해 운송되는 물품은 매매 계약의 대상 물품으로 식별되고 개별화될 수 있어야 한다. 또한 매도인은 임의대로 인도 장소에 물품을 두었음을 신뢰할 수 있는 방식으로 매수인에게 통보해야 한다.

- 보험 계약

어떤 당사자도 물품 운송에 대한 보험 계약의 의무를 갖지 않는다. 그러나 매수인은 최소한 물품의 국제 운송을 보장하기 위해 운송 보험에 가입하는 것이 권장된다. 이 경우 매도인은 매수인이 보험에 가입하는 데 필요한 정보를 제공해야 한다.

- 수출 / 경유 / 수입 통관

수출 통관의 모든 절차, 비용, 세금은 매도인이 부담한다. 경유와 수입 통관의 모든 절차, 비용, 세금은 매수인이 부담한다.

- 보안 요구조건

매도인은 자체 수단(보통 트럭)을 통해서든, 매도인이 고용한 운송인에 의해서든 인도 장소에 대한 운송 안전 요구조건을 준수해야 한다. 이 외에 매도인은 수출 통관에서 모든 보안 요구조건들을 준수해야 하며, 경유와 수입 통관의 보안과 관련하여 가지고 있는 정보를 매수인에게 제공할 의무가 있다.

- 매도인과 매수인 사이에 비용 분담

매도인은 다음의 운영비용을 부담한다.
- 물품의 포장, 점검, 표시
- 첫 번째 운송 수단에 물품 적재
- 매수인이 계약한 운송인 또는 자체 운송 수단을 통해 매도인 국가 내 운송 센터, 항구, 공항에 대한 내륙 운송(사전운송)
- 수출 통관 비용과 세금

매수인은 다음의 운영비용을 부담한다.
- 매도인 국가의 운송 센터, 항구, 항공에서 터미널 비용(창고 임대, 취급, 적재)
- 경유와 수입 통관 비용과 세금
- 매수인이 계약한 운송인을 통해, 혹은 자체 운송 수단을 통해, 운송 센터, 항구, 공항에서 매수인의 사업장까지 내륙 운송
- 매수인의 사업장에서 물품의 양하

- 결제 방법

FCA는 모든 결제 방법(선불, 상품인도결제, 청산계정, 은행 송금, 혹은 수표)을 사용할 수 있으며, 지류 결제(신용장, 혹은 화환 신용장)도 가능하다. 지류 결제 시 매도인은 주 운송을 계약하는 당사자가 매수인이기 때문에 물품 인도를 입증하는 운송 서류 취득을 보장해야 한다. 이를 위해 매도인은 매수인이 고용한 운송인 혹은 운송주선인에게 사용된 국제 운송 서류(CMR, B/L, SWB, AWB 혹은 FBL) 사본을 요청해야 한다. 이러한 서류는 보통 물품 인도에 대한 증거로 신용을 회수하는 데 필요하다.

인코텀즈 2020 버전에서는 새로운 옵션이 수립됐다. 해상 운송의 경우 매수인은 매도인을 대신하여 선하증권 B/L을 발급하

도록 고용된 해운회사에 '본선(on board)' 표기를 지시할 수 있다. 이는 물품이 본선에 적재되었음을 입증한다. 선하증권 B/L은 신용장을 개설하는 절차에서 매도인에 의해 물품 인도를 입증하고, 이에 따라 신용을 회수하는 데 사용되는 가장 일반적인 운송 문서다. 그러나 이 옵션은 매매 계약에서 상호 합의되어야 한다. 인코텀즈 2020 버전은 '매수인의 의무' 섹션이 아니라 인코텀즈 FCA에 대한 '설명문' 섹션에 이러한 옵션을 포함하고 있다.

- FCA 사용에 대한 실용적 조언

FCA는 매도인이 자신의 국가에서 물류를 관리하고 수출 통관을 수행함에 따라 EXW보다 판매자의 더 많은 관여를 요구하는 조건이다. 그러나 양쪽 활동은 과도하게 복잡하지 않아 수출회사는 최소한 FCA 조건에 따라 견적을 제의할 것이다. 이 외에 FCA는 사용되는 운송 형태에 따라 물품 인도의 여러 장소를 허용하기 때문에 매우 유연한 인코텀즈다. 또한 복합운송에 매우 적합하다.

FCA 사용에 대한 여러 대안이 존재하며 선택은 인도 장소에 달려 있을 것이다.

- FCA 공장 혹은 창고: 만재 화물(트럭 혹은 컨테이너)에 대해 EXW에 대한 대안으로 이 옵션을 사용하는 것이 권장된다. 인도는 매도인의 사업장에서 매도인의 위험 부담에 따라 물품이 트럭에 적재되면 이루어진다.
- FCA 운송 센터: 주로 혼재 화물에 사용된다. 매도인은 터미널 혹은 운송 센터에서 매수인이 지정한 운송인에게 물품이 인도될 때까지 내륙 운송(사전운송)비를 지불한다. 물품의 인도는 매수인이 지정한 국제 운송인의 적재대에 트럭이 위치될 때 이루어진다.
- FCA 항구 혹은 항구 터미널: 꽉 채워진 컨테이너를 사용할 때 FOB를 대체하는 가장 적합한 인코텀즈다. 매도인은 자신의 사업장에서 지정된 항구의 컨테이너 터미널까지 컨테이너의 운송을 책임진다. 인도는 물품을 운반하는 트럭이

항구의 컨테이너 터미널에 도착할 때 이루어진다. THC(터미널 화물 취급 비용)라고 알려진 터미널에서의 모든 취급 운영들은 매수인이 부담한다.
- FCA 공항: 매도인은 자신의 사업장에서 물품을 인도하도록 지정된 공항까지 운송비용을 부담한다. 물품은 차량이 배정된 터미널의 적재대에 주차될 때 인도된 것으로 이해된다. 추가 취급은 매수인이 부담한다.
- FCA 철도: 물품의 인도는 매도인에 의해 고용된 내륙 운송인이 철도 터미널의 적재대에 트럭을 놓을 때 이루어진다.

FCA 인코텀즈는 자체 운송 차량(트럭, 밴)을 소유하고 있으며 혼재 화물(박스 혹은 펠릿)을 사용해 수출하는 회사들에게 적합하다. 이는 물품을 인도 장소(운송 터미널, 항구, 공항)까지 운송하는 데 있어 적은 비용과 위험을 수반한다. 일반적으로 인도 장소는 매도인의 사업장에서 그리 멀지 않다.

- FCA는 다음 유형의 국제 운송에 유용하다.
  - 해외 시장 경험이 많지 않으며 목적 국가에 물품을 인도하는 국제 물류를 관리하고 싶어 하지 않는 회사들
  - 매도인이 자신의 시설에서 첫 번째 운송 수단(보통 트럭)에 대한 적재를 수행하는 것이 바람직한 만재 화물(트럭, 컨테이너) 수출
  - 매도인이 물품을 본인의 사업장에서 가까운 국내 다른 장소(운송 센터, 항구, 공항)로 인도하기 위해 본인 소유의 운송 차량을 사용하는 혼재 화물 수출
  - 물품이 자유롭게 이동함에 따라 수출 통관이 필요하지 않은 통합 경제 구역(ex. EU)에서의 매매
  - EU 국가들에서 고객에게 판매가 이루어지지만 물품이 제3국(EU 외 국가)으로 보내지는 경우,

세금 목적을 위해 매도인이 EU에서 물품 반출을
입증하는 서류들을 취득하는 것이 바람직한 경우.

결론적으로 FCA는 매우 유연한 인코텀즈로 점차 사용이 증가하고 있다. 아마 이는 매도인이 자신의 국가에서 물품을 인도하고, 국제 물류를 관리하고 싶어 하지 않는 대부분의 수출에서 EXW를 대체할 것이다.

2.3 FAS(선측 인도)

FAS 사용 방법

FAS는 오직 해상 운송에서만 사용된다. 매도인은 물품을 합의된 선적항에서 매도인이 지정한 선박 옆에 놓음으로써 인도한다. 수출 통관은 매도인이 수행한다. 이 인코텀즈는 곡물, 목재, 광물, 강철 제품 등과 같이 포장되지 않으며 개별화될 수 없는 특정 상품과 원자재에만 사용된다. 인도는 이러한 형태의 제품에 특수화된 터미널을 갖춘 항구에서 이루어진다. 물품이 컨테이너로 운반되는 경우 FCA는 선박 옆이 아니라 항구 터미널에서 인도되는 컨테이너로 사용되어야 한다.

수출 통관은 매도인에 의해 수행되어야 한다. 보통 선박 옆에 놓기 전 물품 통관을 수행한다. FAS를 사용하는 경우, 매수인은 선박에 대한 물품 적재를 책임진다. 따라서 매도인은 선적항의 방식들에 대해 정확히 알아야 한다.

FAS의 주요 특징

- 운송 방식

이 인코텀즈는 오직 해상 혹은 육상 수로(강, 운하, 호수) 운송의 경우에만 사용될 수 있다. 물품이 컨테이너로 운반된다면 선박 옆이 아닌 항구 터미널에서 인도되는 컨테이너로 FCA를 사용해야 한다. 이 외에 매도인이나 매수인은 물품이 부두, 본선에 놓이는 날짜에 대해 통제권을 갖지 못하기 때문에 인도일을 맞추기가 어렵다.

- 물품의 인도 장소와 수령

매도인은 지정된 선적항 부두에서 매수인이 지명한 선박 옆에 물품을 인도해야 한다. 물품을 가져가는 선박의 정박지에 상품을 놓는 것으로는 충분하지 않다. 선박이 존재하거나 멀리서도 보여야 한다. 인도는 합의된 날짜나 시간 안에 이루어져야 한다.

해상에서(떠 있는 상태에서) 물품 운송 중 판매될 수 있는 제품(원료, 원자재 등)의 경우 이 인코텀즈의 규칙은 물품이 '선측'에 인도되거나 '이렇게 인도된 물품을 제공할 수 있다'고 명시한다. 후자는 매수인이 선측에 물품을 놓은 이후, 예를 들어 목적항으로 항해 중 인도할 수 있는 상품을 뜻하는 것으로, 첫 번째 매수인은 첫 번째 매매 서류를 사용해 또 다른 매수인에게 물품을 판매할 수 있다.

물품은 선박이 국제 운송을 수행하기 위해 정박하는 부두에 놓여야 한다. 부두의 선택은 상품의 형태, 운송을 수행하는 해운회사에 달려 있다. 그러므로 매수인은 매도인에게 부두의 이름이나 번호, 그리고 지정된 항에서 물품을 수거하는 선박명을 통보해야 한다. 항구 구역 내에서 매수인이 특정 적재 장소를 표시하지 않았다면 매도인은 물품을 인도하기에 가장 편리한 장소를 선택할 수 있다. 매수인은 매도인이 적기에 통보한 경우 선적항에서 합의된 날짜에 물품을 수거해야 한다.

- 물품의 적재 / 양하

물품은 적재를 위해 항구 혹은 선박에서 이용할 수 있는 운송 매체(크레인, 컨베이어 벨트 등)에 접근 가능하도록 적절한 적재 준비가 된 상태로 선측에 인도된다.

- 인도 서류

매도인은 합의된 조건들에 따라 물품이 인도되었음을 보여주는 서류를 매수인에게 제공해야 한다. 보통 이러한 서류는 선적을 위해 물품을 수령했음을 명시하며 해운회사가 발급하는 부두 수취증dock receipt이다. 본선에서 물품 수령을 인정하며 일등 항해사가 서명한 본선 수취증mate's receipt이 사용될 수 있다.

- 수출 / 경유 / 수입 절차 서류

매도인은 매수인에게 물품과 동반되는 상업 서류들(상업 송장과 포장 명세서)을 제공할 의무가 있다. 또한 매도인은 수출 통관에 필요한 모든 서류(수출 SAD, 수출 허가, 선적 전 검사와 필요한 기타 공식 서류 – 증명서, 허가증 등)를 취득해야 한다.

이 외에 매도인은 매수인이 목적 국가에 대한 수입과 경유 통관 수속을 완료하는 데 필요한 서류를 얻을 수 있도록 매수인에게 필요한 정보와 도움을 제공해야 한다. 매수인은 이러한 정보와 서류를 취득하는 데 들어간 비용을 매도인에게 지불해야 한다. 운송 서류들(선하증권 B/L, 해상화물운송장)은 해상 운송을 임대하는 당사자인 매수인이 취득해야 한다. 당사자들이 합의하거나 일반 관행인 경우 매도인은 전자 절차를 통해 매수인에게 서류들을 제공할 수 있다.

- 운송 계약

선적항에서 최종 목적지까지 물품의 운송을 계약해야 하는 당사자는 매수인이다. 그러나 매수인은 매수인의 위험 부담과 일반적 조건들에 따른 운송 계약을 매도인에게 요청할 수 있다. 매도인은 요청을 거부할 수 있으며, 이 경우 매도인은 가능한 한 신속하게 매수인에게 통보해야 한다.

- 운송에서 위험 이전

물품 운송에서 위험은 인도 시점, 즉 물품이 선측, 화물 취급 매체 가까이에 놓였을 때 매도인에게서 매수인에게 이전된다.

　　　　　매수인은 다음의 경우 상품이 합의된 시간과 장소에서 인도된 시점부터 운송에 대한 모든 위험을 부담하게 된다.
- 합의된 기간 내에 매도인에게 적재 부두, 선박명, 정확한 적재 일자를 통보하지 않은 경우
- 매수인이 지명한 선박이 합의된 시간에 오지 않거나 물품을 관리하지 않는 경우.

　　　　　이러한 상황에서 매수인은 합의된 인도일부터 혹은 (특정 날짜가 존재하지 않는 경우) 합의된 인도 기간 완료에서부터 물품 운송에 대한 모든 비용(창고 임대)과 위험(분실 혹은 손상)을 부담한다. 위험을 이전하기 위해 운송되는 물품은 매매 계약의 대상 물품으로 식별되고 개별화될 수 있어야 한다. 또한 매도인은 임의대로 인도 장소에 물품을 두었음을 신뢰할 수 있는 방식으로 매수인에게 통보해야 한다.

- 보험 계약

어떤 당사자도 물품 운송에 대한 보험 계약의 의무를 갖지 않는다. 그러나 매수인은 최소한 물품의 국제 운송을 보장하기 위해 운송 보험에 가입하는 것이 권장된다. 이 경우 매도인은 매수인이 보험에 가입하는 데 필요한 정보를 제공해야 한다.

- 원산지 국가에서 물품 검사

선적 전 물품의 의무 검사 비용은 이러한 검사가 매도인 국가의 규정이나 제도에 따라 요구되는 경우를 제외하고 매수인이 부담한다. 규정이나 제도에 따라 요구된다면 비용은 매도인이 부담한다.

- 수출과 수입 통관

수출 통관의 모든 절차, 비용, 세금은 매도인이 부담한다. 경유와 수입 통관의 모든 절차, 비용, 세금은 매수인이 부담한다.

- 보안 요구조건

매도인은 자체 수단(보통 트럭)을 통해 이루어지든, 매도인이 고용한 운송인에 의해 이루어지든 인도 장소에 대한 운송 안전 요구

조건을 준수해야 한다. 이 외에 매도인은 수출 통관에서 모든 보안 요구조건을 준수해야 하며, 경유와 수입 통관의 보안과 관련하여 가지고 있는 정보를 매수인에게 제공할 의무가 있다.

- 매도인과 매수인 사이에 비용 분담

매도인은 다음의 운영비용을 부담한다.
- 물품의 포장, 점검, 표시
- 첫 번째 운송 수단에 물품 적재
- 매수인이 계약한 운송인 또는 자체 운송 수단을 통해 매도인 국가 내 운송 센터, 항구, 공항에 대한 내륙 운송(사전운송)
- 수출 통관 비용과 세금
- 선적항에서의 비용(창고 임대, 취급)

매수인은 다음의 운영비용을 부담한다.
- 선적항에서 선박에 적재
- 목적항까지 해상 운송
- 인도 장소에 대한 운송 안전 요구조건들을 준수해야 하는 의무
- 보험 운송(가입된 경우)
- 목적항에서 터미널 비용(양하, 취급, 창고 임대)
- 경유와 수입 통관의 비용과 세금
- 매수인이 계약한 운송인을 통해, 혹은 자체 운송 수단을 통해, 운송 센터, 항구, 공항에서 매수인의 사업장까지 내륙 운송
- 매수인의 사업장에서 물품의 양하

- 결제 방법

FAS는 모든 결제 방법(선불, 상품인도결제, 청산계정, 은행 송금, 혹은 수표)을 사용할 수 있으며, 또한 지류 결제(신용장, 혹은 화환 신용장)도 가능하다. 지류 결제의 경우 선박에 대한 물품 선적을 확인시켜주는 본선 적재 선하증권 B/L을 사용하는 것이 권장된다. 매도인은 이를 위해 매수인이 고용한 운송인 혹은 운송주선인

에게 사용된 국제 운송 서류(CMR, B/L, SWB, AWB 혹은 FBL) 사본을 요청해야 한다. 매도인은 선하증권에 'to order(지시식)' 조항을 포함할 수 있으며, 이에 따라 결제가 이루어질 때까지 물품의 소유권을 유지한다. 인도를 입증하기 위해 본선 수취증이 사용될 수 있다.

다른 한편으로 선하증권 B/L에 물품 소유권 조건을 명시함에 따라 운송을 관리하는 운송인 혹은 운송주선인(보통 매수인이 지명하는)은 매도인이 물품의 소유자이기 때문에 매도인에게 B/L 사본을 제공해야 한다. 매도인은 인도를 입증하는 서류로 B/L을 은행에 제시하고, 이에 따라 신용장을 회수하는 데 어떤 어려움도 겪지 않게 된다.

- FAS 사용에 대한 실용적 조언

FAS는 해상 혹은 수로 운송의 사용을 요구하는 인코텀즈이며 실제로 원자재와 벌크 국제 운송에만 사용된다. 물품은 특수화된 항구 터미널이 존재할 때만 선측 부두에 놓일 수 있다. 물품이 FCL(만재 화물) 컨테이너로 운송되는 경우 보통 물품을 항구의 컨테이너 터미널에서 운송인에게 인도하며 선측에 놓지 않는다. 이러한 경우 인코텀즈 FCA가 FAS 대신 사용된다.

물품이 LCL(소량 혼재 화물) 컨테이너로 다른 회사 물품들과 그룹화되는 경우, 화주가 선측에서 선박으로 적재되는 다른 컨테이너들과 함께 운반되는 컨테이너에 여러 회사들의 물품을 병합한 경우에는 FAS가 아닌 FCA가 사용된다. 따라서 선박에 적재하기 어려운 벌크와 기계류를 제외하고 대부분의 물품은 선측 부두에 놓일 수 없다. 인도 장소가 선적항일 땐 보통 인코텀즈 FCA가 사용되며 물품이 본선에서 인도될 때 사용돼야 하는 인코텀즈는 FOB다. 간혹 과도하게 높은 흘수draft 때문에 매수인이 임대한 선박이 부두에서 적재될 수 없으면 바지선을 필요로 할 수 있다. 이때 바지선의 비용은 항구의 절차에 따라 매도인 혹은 매수인이 부담하게 된다. FAS를 사용할 때 매수인은 선박에 대한 물품 적재를 책임지므로 선적항의 방식들에 대해 정확히 알고 있어야 한다.

- FAS는 주로 두 가지 유형의 운영에 사용된다.

- 포장되거나 개별화되지 않는 곡물, 목재, 광물, 연료, 철강 제품, 건축 자재 등과 같은 제품들을 운송하는 수출
- 항구까지 트럭으로 운반되는 기계와 장비를 운송하는 수출. 트럭은 선측 부두에 주차되므로 기계는 트럭에서 선박으로 직접 적재된다.

2.4 FOB(본선인도)

FOB 사용 방법

가장 오래된 인코텀즈 중 하나로 CIF와 함께 해상 운송에서 널리 사용되고 있다. 매도인은 물품을 선적항에서 매수인이 지정한 선박의 본선에 놓음으로써 인도한다. 터미널 비용과 수출 통관은 매도인이 부담한다. FOB는 벌크, 중량 화물 및 일반 화물에 사용하는 것이 바람직하다. 본선에 적재하기 복잡한 물품의 경우(ex. 기계류) 일부 위험을 수반할 수 있으므로 매도인이 적재가 완료되고 물품이 인도될 때까지 이러한 위험을 부담하는 것이 바람직하다.

물품 인도 지점이 선적항인 경우 인코텀즈 2020 규칙에서는 FOB 대신 FCA 사용을 권장한다. 컨테이너가 통상적으로 본선에 적재되지 않고 항구의 컨테이너 터미널에서 인도되기 때문이다. FOB는 전통적으로 가장 널리 사용되는 인코텀즈 중 하나였지만 해상 운송의 발전과 판매 전략으로써 물류의 중요성이 강조되면서 점차 CFR 혹은 CIF 같은 다른 조건들로 대체되고 있다.

FOB의 주요 특징

- 운송 방식

이 인코텀즈는 오직 해상 혹은 육상 수로(강, 운하, 호수)에 대해 사용될 수 있다. 상품이 단일 고객의 상품으로 완전히 채워진 컨테이너로 운반되든FCL 여러 고객의 상품들과 함께 채워진 컨테이너로 운반되든LCL 컨테이너는 보통 선박에 적재되지 않고 터미널에서 인도되기 때문에 FOB 사용이 권장되지 않는다. 이 외에 상품이 선박에 적재되는 경우 매도인이나 매수인은 이에 대한 통제권을 갖지 못한다. 인코텀즈 2020 규칙은 운송 상품이 컨테이너로 운반되는 경우 FOB 대신 FCA를 사용하도록 권장한다.

- 물품의 인도 장소와 수령

매도인은 선적항에서 매수인이 지명한 본선에서 물품을 인도해야 한다. 인도는 합의된 날짜 혹은 시한 내에 이루어져야 한다. 매수인이 특정 적재 지점을 명시하지 않은 경우, 매도인은 선적항 내에서 가장 적합한 지점을 선택할 수 있다.

인코텀즈 2020에는 '매도인은 적재항에서 매수인이 지명한 선박 본선에 물품을 두어 인도해야 한다'고 기재되어있다. 이는 상품을 선박에 놓기 위해 필요한 세 가지 조치들을 포함하는 것으로 이해된다 - 화물(선박 본선에 상품 선적), 적재(선창 혹은 갑판에 놓이는), 고정(항해 중 움직이지 않도록 단단히 묶음). 인코텀즈 2020에 명확하게 명시되어 있지는 않지만 상품이 선적되고 선창이나 선박의 갑판에 놓여 고정되기 전까지 위험은 매도인에게서 매수인에게로 이전되지 않는다.

해상에서 운송 중 판매될 수 있는 제품(원료, 원자재 등)의 경우 이 인코텀즈 규칙은 물품이 '본선에서' 인도되거나 '이렇게 인도된 물품을 조달할 수 있다'고 명시한다. 후자는 매수인이 선측에 물품을 놓은 후, 예를 들어 목적항으로의 항해 중 물품이 인도될 수 있다는 의미로, 첫 번째 매수인은 첫 번째 판매에 대한 서류를 사용해 또 다른 매수인에게 물품을 판매할 수 있다. 매수인은 매수인이 적기에 적합하게 통보한 경우 합의된 날짜에 선적항에서 물품을 수거해야 한다.

- 물품의 적재 / 양하

물품은 본선에서 인도되어야 한다(즉, 선박 적재는 매도인이 책임진다). 인코텀즈 2020에 따라 선박 적재는 전체적으로 매도인에 의해 수행돼야 한다.

- 인도 서류

매도인은 합의된 조건에 따라 물품이 인도됐음을 입증하는 서류를 매수인에게 제공해야 한다. 본선에서 물품 수령을 인정하는 일등 항해사가 서명한 본선 수취증 또한 사용될 수 있다. 본선 수취증의 장점은 매도인이 직접 취득할 수 있다는 것으로, 선하증권 B/L의 경우에는 매수인의 운송인에게 요청해야 한다. 매수인은 물품 소유권을 구성하며 소유자가 매도인이기 때문에 선하증권 B/L의 사본을 매도인에게 제공할 의무가 없다.

- 수출 / 경유 / 수입 절차 서류

매도인은 물품과 동반되는 상업 서류들(상업 송장과 포장 명세서)을 매수인에게 제공할 의무가 있다. 또한 매도인은 수출 통관에 필요한 모든 서류(수출 SAD, 증명서, 허가와 승인 등)를 취득해야 한다. 이 외에 매도인은 매수인이 목적 국가에 대한 수입과 경유 통관 수속을 완료하는 데 필요한 서류를 얻을 수 있도록 매수인에게 필요한 정보와 도움을 제공해야 한다. 매수인은 이러한 정보와 서류를 취득하는 데 들어간 비용을 매도인에게 지불해야 한다.

운송 서류들(선하증권 B/L, 해상화물운송장 SWB)은 해상 운송을 임대하는 당사자인 매수인이 취득해야 한다. 당사자들이 합의하거나 일반 관행인 경우 매도인은 전자 절차를 통해 매수인에게 서류들을 제공할 수 있다.

- 운송 계약

선적항에서 최종 목적지까지 물품의 운송을 임대해야 하는 당사자는 매수인이다. 그러나 매수인은 매수인의 위험 부담과 일반적 조건에 따른 운송 계약을 매도인에게 요청할 수 있다. 매도인은 요청을 거부할 수 있으며, 이 경우 매도인은 가능한 신속하게 매수인에게 통보해야 한다.

- 운송에서 위험 이전

물품 운송에서 위험은 인도 시점, 즉 물품이 선적항에서 매수인이 선택한 본선에 놓일 때(적재와 고정) 매도인에게서 매수인에게 이전된다.

매수인은 다음의 경우 상품이 합의된 시간과 장소에서 인도된 시점부터 운송에 대한 모든 위험을 부담하게 된다.

- 매도인에게 적재 부두, 선박명, 정확한 적재 일자를 합의된 기간 내에 통보하지 않은 경우
- 매수인이 지명한 선박이 합의된 시간에 오지 않거나, 혹은 물품을 관리하지 않는 경우. 이러한 상황에서 매수인은 합의된 인도일부터 혹은 (특정 날짜가 존재하지 않는 경우) 합의된 인도 기간 완료에서부터 물품 운송에 대한 모든 비용(창고 임대)과 위험(분실 혹은 손상)을 부담한다.

위험을 이전하기 위해 운송되는 물품은 매매 계약의 대상 물품으로 식별되고 개별화될 수 있어야 한다. 또한 매도인은 임의대로 인도 장소에 물품을 두었음을 신뢰할 수 있는 방식으로 매수인에게 통보해야 한다.

- 보험 계약

어떤 당사자도 물품 운송에 대한 보험 계약의 의무를 갖지 않는다. 그러나 매수인은 최소한 물품의 국제 운송을 보장하기 위해 운송 보험에 가입하는 것이 권장된다. 이 경우 매도인은 매수인이 보험에 가입하는 데 필요한 정보를 제공해야 한다.

- 수출 / 경유 / 수입 통관

수출 통관의 모든 절차, 비용, 세금은 매도인이 부담한다. 경유와 수입 통관의 모든 절차, 비용, 세금은 매수인이 부담한다.

- 보안 요구조건

매도인은 자체 수단(보통 트럭)을 통해 이루어지든, 매도인이 고용한 운송인에 의해 이루어지든 인도 장소에 대한 운송 안전 요구

조건을 준수해야 한다. 이 외에 매도인은 수출 통관에서 모든 보안 요구조건을 준수해야 하며, 경유와 수입 통관의 보안과 관련하여 가지고 있는 정보를 매수인에게 제공할 의무가 있다.

- 매도인과 매수인 사이에 비용 분담

매도인은 다음의 운영비용을 부담한다.
    - 물품의 포장, 점검, 표시
    - 첫 번째 운송 수단에 물품 적재
    - 매수인이 계약한 운송인을 통해, 또는 자체 운송 수단을 통해, 매도인 국가 내 운송 센터, 항구, 공항에 대한 내륙 운송(사전운송)
    - 수출 통관 비용과 세금

매수인은 다음의 운영비용을 부담한다.
    - 목적항까지 해상 운송
    - 인도 장소에 대한 운송 안전 요구조건들을 준수할 의무
    - 운송 보험(가입하는 경우)
    - 목적항에서 터미널 비용(양하, 취급, 창고 임대)
    - 경유와 수입 통관 비용과 세금
    - 매수인이 계약한 운송인을 통해, 혹은 자체 운송 수단을 통해, 운송 센터, 항구, 공항에서 매수인의 사업장까지 내륙 운송
    - 매수인의 사업장에서 물품의 양하

- 결제 방법

FOB는 모든 결제 방법(선불, 상품인도결제, 청산계정, 은행 송금, 혹은 수표)을 사용할 수 있으며, 지류 결제(신용장, 혹은 화환 신용장)도 가능하다. 지류 결제 시에는 선박에 물품 선적을 확인시켜주는 본선 선하증권 B/L(on board B/L)을 사용하는 것이 권장된다. 매도인은 선하증권에 'to order(지시식)' 조항을 포함할 수 있으며, 이에 따라 결제가 이루어질 때까지 물품의 소유권을 유지할 수 있다. 본선 수취증 또한 인도 입증에 사용될 수 있다.

다른 한편으로 선하증권 B/L에 물품 소유권 조건을 명시함에 따라 운송을 관리하는 운송인 혹은 운송주선인(보통 매수인이 지명하는)은 매도인이 물품의 소유자이기 때문에 매도인에게 B/L 사본을 제공해야 한다. 매도인은 인도를 입증하는 서류로 B/L을 은행에 제시하고 이에 따라 신용장을 회수하는 데 어떤 어려움도 겪지 않게 된다.

- FOB 사용에 대한 실용적 조언

FOB는 19세기 초 영국 상인들에 의해 승인된 것으로 모든 인코텀즈 중 가장 오래된 인코텀즈다. 이는 오직 해상 운송을 위해 만들어졌으며(당시 해상 운송은 유일한 국제 운송 수단이었다) 오늘날에도 인코텀즈 2020 규칙에 따라 오로지 해상 운송에만 사용되고 있다. 그러나 간혹 인도 장소가 공항일 때 국제 항공 운송에 FOB가 사용된다. 이 경우 결제 방법이 신용장이고 매매 계약에서 합의된 조건에 차이가 발생하는 경우 문제가 심각해질 수 있다.

이 인코텀즈에서 선적항의 모든 취급 비용은 매도인이 부담한다. 국제 물류 용어에서 이러한 비용은 THC(터미널 화물 취급 비용)로 알려져 있다. THC에는 본선 물품 적재 비용이 포함되지만 보통 운임(매수인이 지불)과 함께 청구되며 중복 회수를 피하기 위해 매수인과 매도인은 본선 물품 적재 비용을 누가 부담할 것인지 합의해야 한다. 단, 인코텀즈 2020 규칙에 따르면 이 비용은 매도인이 부담하는 게 맞다.

FOB는 물품이 FCL 혹은 LCL의 형태에서 컨테이너로 운반되는 해상 운송 운영들에 전적으로 적합한 것은 아니다. 물품이 항구의 컨테이너 터미널에 인도되고 이후 다른 컨테이너들과 함께 적재되는 경우 인코텀즈 2020 규칙은 FOB 대신 FCA의 사용을 권장한다.

로로선(roll-on/roll-off)에서는 물품이 램프를 통해 선박으로 직접 들어가기 때문에 물품이 실제로 선박에 적재되는 것이 아니다. 즉, 물품이 본선 적재되는 것이 아니므로 FOB 대신 FCA, CFR 혹은 CIF 같은 다른 인코텀즈를 사용하는 것이 더 적합하다.

물품이 부가가치를 가지고 있거나 기계류와 같이 섬세한 취급을 필요로 한다면 선박 적재 위험이 더 크다. 매도인이 물품 적재를 통제하는 것이 바람직한 경우이므로 FOB를 사용하는 것이 권장된다. 물품이 본선 적재 전이나 적재 중에 손상되면 매도인이 책임질 것이며 적재가 완료된 후 손상되더라도 비용은 매도인이 부담할 것이다.

　　　　FOB를 사용할 때 선적항에서 물품 도난 위험과 근로자 파업 위험은 매도인이 부담한다. 반대로 물품을 수거하는 선박의 지연으로 인해 발생하는 선적항에서 물품의 창고 임대 비용은 매수인이 부담한다.

- FOB는 다음 형태의 국제 운영에 유용하다.
    - 매도인이 해상 운송 관리에 대한 경험이 없고, 따라서 이러한 운송의 협상과 반출을 매수인이 수행하는 것이 바람직한 수출
    - 거래 규모, 혹은 사용되는 운송 항로로 인해 매수인이 매도인보다 더 저렴한 운송(화물) 가격을 얻을 수 있는 수출
    - FCA가 사용돼야 하는 컨테이너의 경우를 제외하고 선박으로 운송되는 일반 화물, 혹은 대량 물품

FOB는 전통적으로 가장 널리 사용되는 인코텀즈 중 하나였지만 해상 운송의 발전과 판매 전략으로써 물류의 중요성이 강조되며 점차 CFR 혹은 CIF 같은 기타 'C' 조건들로 대체되고 있다. 또한 물품이 컨테이너로 운송되는 경우 FOB의 사용을 피하라는 인코텀즈 2020의 권장으로 인해 인도가 선적항에서 이루어질 때 인코텀즈 FOB가 점차 인코텀즈 FCA로 대체되고 있다.

2.5   CFR(운임 포함 인도)

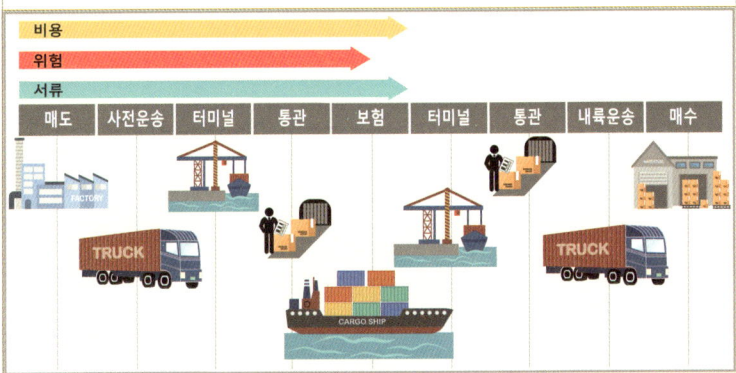

CFR 사용 방법

CFR은 주로 일반 화물과 대량 물품에 사용되는 해상 운송 인코텀즈다. CFR에서 매도인은 선적항에서 본선에 물품을 인도하며 목적항에 대한 운임을 관리하고 지불한다. 따라서 운송 위험이 이전되는 지점(선적항)은 매도인이 운송비용을 부담하는 지점(목적항)과 다르다. 선적항에서 터미널 비용과 수출 통관은 매도인이 부담한다. 인코텀즈 CFR과 CIF의 유일한 차이점은 CFR에서 매도인은 선적항에서 목적항까지 운송 보험에 가입할 의무가 없다는 것이다.

CFR의 주요 특징

- 운송 방식

물품이 컨테이너로 운송되고 인도 장소가 목적항인 경우, 인코텀즈 2020 규칙은 CFR 대신 CPT의 사용을 권장한다. 이는 컨테이너가 보통 본선에 적재되기 전 항구의 터미널에서 인도되기 때문이다. 이 외에 매도인이나 매수인은 상품이 선박에 적재될 때 통제권을 갖지 못한다.

- 물품의 인도 장소와 수령

매도인은 자신이 선택한 선적항의 본선에서 물품을 인도해야 한다. 인코텀즈 2020에는 '매도인은 본선에 놓음으로써 물품을 인도해야 한다'고 기재되어있다. 이는 상품을 선박에 놓기 위해 필요한 세 가지 조치들을 포함하는 것으로 이해된다 - 화물(선박 본선에 상품 선적), 적재(상품이 선박의 선창 혹은 갑판에 놓임), 고정(항해 중 움직이지 않도록 단단히 묶음). 인코텀즈 2020에 명확하게 명시되어 있지는 않지만 모든 세 가지 조치에서 위험은 매도인에게 속하는 것으로 해석할 수 있다. 상품이 선적되고 선창이나 선박의 갑판에 놓여 고정되기 전까지 위험은 매도인에게서 매수인에게로 이전되지 않는다.

매도인은 자신이 선택한 선적항에서 본선에 물품을 인도하거나 이렇게 인도된 물품을 조달해야 한다. 이 마지막 구절 '이렇게 인도된 물품 조달'은 상품이 첫 번째 인도 이후, 예를 들어 해상에서 물품 운송 중 본선에서 매수인에게 인도될 수 있다는 의미다. 따라서 첫 번째 매수인은 이미 시작된 운영 서류를 사용해 또 다른 매수인에게 물품을 판매할 수 있다. 이러한 유형의 판매는 원료, 원자재, 연료 등과 같은 제품의 국제 무역에서 사용된다.

매도인은 선적항, 그리고 물품을 목적 국가에서 지정된 항구로 운송할 선박을 선택할 책임이 있다. 매수인이 특정 항구에서 물품을 선적하길 원한다면 매매 계약 시 명시해야 한다. 인도는 정해진 날짜 혹은 시한 내에 이루어져야 한다. 당사자들이 합의한다면 매수인은 물품 선적에 대한 날짜 혹은 시한, 그리고 목적항의 물품 수령 지점을 결정할 권리를 갖는다. 매수인은 매도인이 적기에 매수인에게 통보했다는 전제하에 목적항에서 매도인이 고용한 운송인에게서 물품을 수거할 의무가 있다.

- 물품의 적재 / 양하

물품은 본선에서 인도되며 양하 준비를 마친다. 운송 계약에 매도인이 부담한다고 명시하지 않은 한 목적항에서의 물품 양하에 대한 비용과 위험은 매수인이 부담한다. 이렇게 계약에 명시된 경우 매도인은 양 당사자들이 합의하지 않으면 매수인에게 환불을 청구할 수 없다.

- 인도 서류

인도 의무를 입증하는 서류는 '운임 선불(freight prepaid)'이라는 표현이 기재된 선하증권 B/L이다. 이는 물품의 매매 가격에 운임이 포함된다는 것을 의미한다.

　　　　　인도를 입증하는 운송 서류는 다음 요구조건들을 충족해야 한다.
- 계약 물품을 포함한다.
- 선적에 대해 수립된 기한 이내의 날짜를 가져야 한다.
- 매수인이 목적항에서 운송인에게 물품 인도를 요구할 수 있도록 허용한다.
- 달리 합의되지 않는 한, 매수인이 선적항에서 목적항으로 항해 중 또 다른 매수인에게 물품을 판매할 수 있도록 허용한다. 이 경우 선하증권 B/L은 유통 가능한 서류이기 때문에 매도인은 매수인이 매매를 할 수 있도록 원본의 전체 세트를 매수인에게 제공해야 한다.

- 수출 / 경유 / 수입 절차 서류

매도인은 물품과 동반되는 상업 서류들(상업 송장과 포장 명세서)을 매수인에게 제공할 의무가 있다. 또한 매도인은 수출 통관에 필요한 모든 서류(수출 SAD, 수출 허가서, 선적 전 검사와 필요한 기타 공식 서류 – 증명서와 승인서 등)를 취득해야 한다. 해상 운송 서류(선하증권 B/L)는 매도인이 취득해야 한다. 이 외에 매도인은 매수인이 목적 국가에 대한 수입과 경유 통관 수속을 완료하는데 필요한 서류를 얻을 수 있도록 매수인에게 필요한 정보와 도움을 제공해야 한다. 매수인은 이러한 정보와 서류를 취득하는 데 들어간 비용을 매도인에게 지불해야 한다. 당사자들이 합의하거나 일반 관행인 경우 매도인은 전자 절차를 통해 매수인에게 서류들을 제공할 수 있다.

- 운송 계약

선적항에서 목적항까지 물품의 운송을 준비해야 하는 당사자는 매도인이다. 매도인은 운송을 임대할 때 두 항구 사이에 일반적인 운송 항로와 운송되는 물품 형태에 적합한 선박 형태를 선택할 것이다.

- 운송에서 위험 이전

물품 운송에서의 위험은 매도인이 선택한 선적항에서 물품이 본선 인도된 후 이전된다. 이 순간부터 매수인은 목적항에 물품이 도착할 때까지 해상 운송 중 발생할 수 있는 위험들을 포함하여 모든 운송 위험을 부담한다. 위험을 이전하기 위해 운송되는 물품은 매매 계약의 대상 물품으로 식별되고 개별화될 수 있어야 한다. 또한 매도인은 임의대로 인도 장소에 물품을 두었음을 신뢰할 수 있는 방식으로 매수인에게 통보해야 한다.

- 보험 계약

어떤 당사자도 운송 보험에 가입할 의무는 없다. 매수인이 국제 운송에 대한 보험으로 물품을 보장하길 원하는 경우 매수인은 보험에 가입하거나 매도인이 운송 보험에 가입하지만, 손상의 경우 매수인이 보험 수혜자가 되는 CFR과 동등한 인코텀즈 CIF를 사용해야 한다.

- 보안 요구조건

매도인은 자체 수단(보통 트럭)을 통해 이루어지든 매도인이 고용한 운송인에 의해 이루어지든 인도 장소에 대한 운송 안전 요구조건을 준수해야 한다. 이 외에 매도인은 수출 통관에서 모든 보안 요구조건을 준수해야 하며, 경유와 수입 통관의 보안과 관련하여 가지고 있는 정보를 매수인에게 제공할 의무가 있다.

- 수출과 수입 통관

수출 통관의 모든 비용과 세금은 매도인이 부담한다. 경유와 수입 통관의 모든 비용, 세금은 매수인이 부담한다.

- 매도인과 매수인 사이에 비용 분담

매도인은 다음의 운영비용을 부담한다.
    - 물품의 포장, 점검, 표시
    - 첫 번째 운송 수단에 물품 적재
    - 매수인이 계약한 운송인을 통해, 또는 자체 운송 수단을 통해, 매도인 국가 내 운송 센터, 항구,

공항에 대한 내륙 운송(사전운송) 인도 장소에
대한 운송 안전 요구조건들을 준수할 의무
- 수출 통관 비용과 세금
- 선적항에서의 비용(창고 임대, 취급, 적재)
- 목적항으로 해상 운송

매수인은 다음의 운영비용을 부담한다.
- 운송 보험(가입하는 경우)
- 목적항에서 터미널 비용(양하, 취급, 창고 임대)
- 매수인이 계약한 운송인 혹은 자체 운송 수단을 통해 운송 센터, 항구, 공항에서 매수인의 사업장까지 내륙 운송
- 경유와 수입 통관 비용과 세금
- 매수인의 사업장에서 물품의 양하

- 결제 방법

CFR은 모든 결제 방법을 사용할 수 있다. 그러나 물품이 특정 가치를 가지고 있는 경우 운송을 보장하는 보험을 갖추기 위해 신용장이 필요하다. 이 경우 CFR과 동일하지만 매수인을 위해 매도인이 보험을 구매하는 인코텀즈 CIF를 사용해야 한다.

CFR을 신용장, 혹은 화환 신용장으로 사용한다면 운송 계약 이외에 선하증권 B/L은 또한 물품 소유를 이전하는 역할을 한다. 이러한 점에서 매도인은 선하증권에 'to order(지시식)' 조항을 포함할 수 있으며, 이에 따라 결제가 이루어질 때까지 물품의 소유권을 유지할 수 있다.

- CFR 사용에 대한 실용적 조언

CFR은 과거에 C&F 혹은 C+F와 같은 명칭으로 불렸는데, 이는 부정확한 명칭임에도 여전히 사용되고 있다. 인코텀즈 2020 규칙에 따라 사용되는 용어는 오직 CFR이 되어야 한다.

인코텀즈 CFR은 오로지 해상 운송에 사용되며 FOB, CIF 같은 기타 해상 인코텀즈와는 다음과 같은 본질적인 차이점을 가지고 있다.

- FOB 관련: CFR에서 매도인은 운송비용을 부담하지만 FOB에서는 매수인이 부담한다.
- CIF 관련: CFR에서 매도인은 운송 보험에 가입할 의무를 가지고 있지 않지만, CIF에서 매도인은 손상 발생의 경우 매수인이 수혜자가 되는 보험에 가입해야 한다.
- 이 외에 이러한 세 가지 조건에서 물품 운송에 대한 위험은 동일한 장소에서 이전된다. 즉, 물품이 일단 매도인 국가의 선적항에서 본선에 놓이면 위험은 매수인에게 이전된다.

컨테이너로 물품을 운송하는 경우 컨테이너는 본선에 적재된 상태가 아니라 항구의 컨테이너 터미널에서 인도되기 때문에 CFR의 사용은 권장되지 않는다. 벌크 혹은 원자재의 경우 이러한 물품들의 특징에 더 적합한 FAS 같은 기타 인코텀즈가 존재하기 때문에 마찬가지로 CFR은 적합하지 않다. 부가가치가 높은 물품(ex. 기계류)의 경우 CIF 같이 운송 보험 가입을 요구하는 인코텀즈를 사용하는 것이 바람직하다. 매수인에게 CFR은 적재를 수행할 운송인이나 선박의 선택에 관여하지 않는다는 단점을 가지고 있다. 따라서 매수인은 운송 계약에 대해 완전히 파악하고 있어야 한다.

다음의 경우 CFR을 사용하는 것이 권장된다.
- 매도인이 매수인 국가의 항구에 물품을 운송하고 싶어 하지만, 운송 보험 가입 비용이나 운송 위험을 부담하지 않고자 하는 해상 운송의 경우.
- CPT가 사용되어야 하는 컨테이너 운송을 제외하고, 선박으로 이동하는 일반 화물, 혹은 대량 물품.
- 목적항으로의 운송 중 물품을 매매할 가능성이 존재하는 해상 운송의 경우. 단, 사용되는 인코텀즈가 CIF가 아니기 때문에 이러한 물품은 보험 보장이 되지 않는다.

2.6 CIF(운임·보험료 포함 인도)

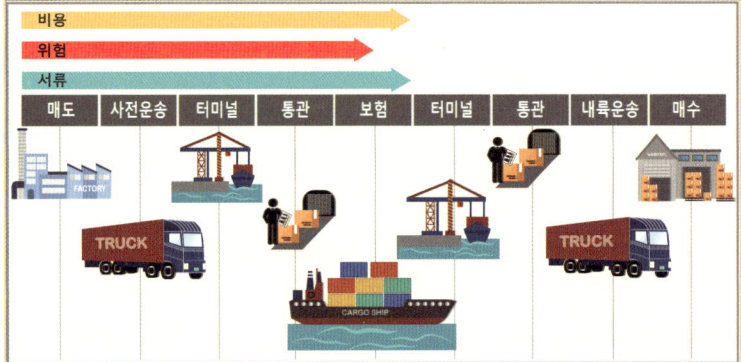

CIF 사용 방법

CIF는 역사적으로 널리 사용되어온 인코텀즈다. 매수인 국가의 목적항에 물품을 놓는 것 이외에 CIF 가격은 관세와 수입세를 적용하기 위해 대부분의 통관 수속에서 사용되므로 이 인코텀즈를 사용하면 물품의 수입 통관이 용이해진다.

CIF에서 매도인은 선적항에서 본선에 물품을 인도하며 목적항에 대한 운임을 관리하고 지불한다. 따라서 운송 위험이 이전되는 지점(선적항)은 매도인이 운송비용을 부담하는 지점(목적항)과 다르다. 선적항의 터미널 비용은 매도인이 부담한다. CFR 인코텀즈와 달리 매도인은 최소한 선적항에서 목적항까지 항로를 보장하는 운송 보험에 가입할 의무가 있다. 보험은 계약 가격 + 10%(즉, 110%)를 보장해야 한다. CIP와 달리 CIF에서 매도인은 협회적하약관Institute Cargo Clauses - IUA / LMA의 보험증권 분류에서 조항 C와 유사한 최소한의 보장을 지닌 보험에 가입할 의무만을 갖는다. 이 보험의 수혜자, 즉 재난 발생 시 보험사에 보상을 신청하는 당사자는 매수인이다.

CIF의 주요 특징

- 운송 방식

CIF는 오직 해상 운송에 사용되며 보통 소비재와 고부가가치 산업 제품 양쪽의 일반 화물에 사용된다. 물품이 컨테이너로 운송되는 경우 인코텀즈 2020 규칙은 인코텀즈 CIP 사용을 권장한다. 이는 컨테이너가 본선 적재된 상태가 아니라 보통 항구 컨테이너 터미널에서 인도되기 때문이다. 이 외에 매도인이나 매수인 모두 상품이 선박에 적재될 때 통제권을 갖지 못한다.

- 물품의 인도 장소와 수령

매도인은 자신이 선택한 선적항에서 본선에 물품을 인도해야 한다. 인코텀즈 2020 규칙에는 '매도인은 본선에 놓음으로써 물품을 인도해야 한다'고 기재되어있다. 이는 상품을 선박에 놓기 위해 필요한 세 가지 조치를 포함하는 것으로 이해된다 - 화물(선박 본선에 상품 선적), 적재(상품이 선박의 선창 혹은 갑판에 놓임), 고정(항해 중 움직이지 않도록 단단히 묶음). 인코텀즈 2020에 명확하게 명시되어 있지는 않지만 모든 세 가지 조치에서 위험은 매도인의 측에 속하는 것으로 해석할 수 있다. 상품이 선적되고 선창이나 선박의 갑판에 놓여 고정되기까지 위험은 매수인에게 이전되지 않는다.

매도인은 자신이 선택한 선적항에서 본선에 물품을 인도하거나 이렇게 인도된 물품을 조달해야 한다. '이렇게 인도된 물품 조달'이라는 구절은 상품이 첫 번째 인도 이후, 예를 들어 해상에서 물품 운송 중 본선에서 매수인에게 인도될 수 있음을 의미한다. 따라서 첫 번째 매수인은 이미 시작된 운영 서류를 사용해 또 다른 매수인에게 물품을 판매할 수 있다. 이러한 유형의 판매는 원료, 원자재, 연료 등과 같은 제품의 국제 무역에서 사용된다.

매도인은 선적항 그리고 물품을 목적 국가에서 지정된 항구로 운송할 선박을 선택할 책임이 있다. 매수인이 특정 항구에 물품을 선적하길 원한다면 이는 매매 계약에 명시돼야 한다. 인도는 정해진 날짜 혹은 시한 내에 이뤄져야 한다. 당사자들이 합의하는 경우 매수인은 물품 선적에 대한 날짜 혹은 시한, 그리고 목적항의 물품 수령 지점을 결정할 권리를 갖는다. 매수인은 매도인이 적기에 매수인에게 통보했다는 전제하에 목적항에서 매도인이 고용한 운송인에게서 물품을 수거할 의무가 있다.

- 물품의 적재 / 양하

물품은 본선에서 인도되고, 양하 준비를 마친다. 운송 계약에서 매도인이 부담해야 한다고 명시하지 않는 한 목적항에서 물품을 양하하는 비용과 위험은 매수인이 부담한다. 계약에 명시된 경우 매도인은 양 당사자들이 합의하지 않는 한 매수인에게 환불을 요청할 수 없다.

- 인도 서류

인도 의무는 운송 서류와 보험 서류 두 개의 서류로 입증된다. 첫 번째는 물품의 매매 가격에 운임이 포함된다는 것을 의미하는 '운임 선불'이라는 표현이 기재된 선하증권 B/L이다. 운송 보험 서류는 보험증권 혹은 보험 증명서가 될 수 있다.

인도를 입증하는 운송 서류는 다음 요구조건들을 충족해야 한다.
- 계약 물품을 포함한다.
- 선적에 대해 수립된 기한 이내의 날짜를 가져야 한다.
- 매수인이 목적항에서 운송인에게 물품 인도를 요구할 수 있도록 허용한다.
- 달리 합의되지 않는 한, 매수인이 선적항에서 목적항으로 항해 중 또 다른 매수인에게 물품을 판매할 수 있도록 허용한다. 이러한 경우, 선하증권 B/L은 유통 가능한 서류이기 때문에, 매도인은 매수인이 매매를 할 수 있도록 원본의 전체 세트를 매수인에게 제공해야 한다.

- 수출 / 경유 / 수입 절차 서류

매도인은 물품과 동반되는 상업 서류들(상업 송장과 포장 명세서)을 매수인에게 제공할 의무가 있다. 또한 수출 통관에 필요한 모든 서류(수출 SAD, 수출 허가서, 선적 전 검사와 필요한 기타 공식 서류 - 증명서와 승인서 등)를 취득해야 한다. 해상 운송 서류(선하증권 B/L)는 매도인이 취득해야 하며, 합의된 조건들에 따라 보험에 가입되었다는 것을 입증하는 운송 보험증권, 혹은 보험 증명서 사본을 제공해야 한다. 이 외에 매도인은 매수인이 목적 국가에 대한 수입과 경유 통관 수속을 완료하는 데 필요한 서류를 얻을 수 있도록 매수인에게 필요한 정보와 도움을 제공해야 한다. 매수인은 이러한 정보와 서류를 취득하는 데 들어간 비용을 매도인에게 지불해야 한다. 당사자들이 합의하거나 일반 관행인 경우 매도인은 전자 절차를 사용하여 매수인에게 서류들을 제공할 수 있다.

- 운송 계약

선적항에서 목적항까지 물품의 운송을 준비해야 하는 당사자는 매도인이다. 매도인은 운송을 임대할 때 두 항구 사이에 일반적인 운송 항로와 운송되는 물품 형태에 적합한 선박 형태를 선택할 것이다.

- 운송에서 위험 이전

물품 운송에서의 위험은 매도인이 선택한 선적항에서 물품이 본선 인도된 후 이전된다. 이 순간부터 매수인은 목적항에 물품이 도착할 때까지 해상 운송 중 발생할 수 있는 위험들을 포함한 모든 운송 위험을 부담한다. 위험을 이전하기 위해 운송되는 물품은 매매 계약의 대상 물품으로 식별되고 개별화될 수 있어야 한다. 또한 매도인은 임의대로 인도 장소에 물품을 두었음을 신뢰할 수 있는 방식으로 매수인에게 통보해야 한다.

- 보험 계약

인코텀즈 CIF에서 매도인은 매수인에 대해 최소한 인도항에서 목적항까지 운송을 보장하는 보험증권에 가입할 의무가 있다. 그러나 매도인은 오직 협회적하약관 Institute Cargo Clauses - IUA / LMA 의 보험증권 분류에서 조항 'C'로 알려진 최소한의 보장 범위를 가진 증권을 구매해야 한다. 매수인이 추가 보장을 원한다면 매도인과 구체적으로 합의하거나 스스로 보험증권에 가입해야 한다.

  매도인이 가입하는 운송 보험은 다음 요구조건들을 충족해야 한다.

- 최소한 인도항에서 목적항까지 물품 운송을 보장한다.
- 최소한 매매 계약 가격 + 10%를 보장한다. 즉,

- 보험 금액은 계약 가격의 110%가 되어야 한다.
- 최소한 협회적하약관(IUA / LMA)의 조항 C 또는 유사한 기타 조건에 명시된 위험들을 보장한다. 그리고 우수한 평판을 가진 보험회사와 계약을 체결한다.
- 매매 계약과 동일한 통화로 계약을 체결한다.
- 보험 수혜자(매수인 또는 물품에 대한 피보험 이익을 가진 다른 회사 혹은 개인)에게 재난의 경우 보험회사에 직접 청구할 권리를 부여한다.

매도인은 매수인에게 보험 계약을 입증하고 보험 운영에 대한 모든 데이터가 담긴 서류(보험증권 혹은 증명서)를 제공해야 한다. 보통 증명서는 피보험자인 매도인이 원본의 뒷면 혹은 빈칸에 매수인에게 서류, 즉 보험증권에 대한 권리를 부여한다고 배서했음을 입증하는 데 사용된다. 매수인이 요청하면 매도인은 매수인의 비용과 위험 부담으로 의무 보험 계약에 제시된 것들을 초과하는 보장을 제공하는 운송 보험에 가입해야 한다. 이러한 보장은 협회적하약관(IUA/LMA)에 의해 발행되는 조항 A 혹은 B, 또는 전쟁면책약관War Clause, 혹은 파업면책약관Strike Clause 같은 기타 조항들에 따라 제공될 수 있다.

- 수출 / 경유 / 수입 통관

수출 통관의 모든 절차, 비용, 세금은 매도인이 부담한다. 경유와 수입 통관의 모든 절차, 비용, 세금은 매수인이 부담한다.

- 보안 요구조건

매도인은 자체 수단(보통 트럭)을 통해 이루어지든 매도인이 고용한 운송인에 의해 이루어지든 인도 장소에 대한 운송 안전 요구조건을 준수해야 한다. 이 외에 매도인은 수출 통관에서 모든 보안 요구조건들을 준수해야 하며, 경유와 수입 통관의 보안과 관련하여 가지고 있는 정보를 매수인에게 제공할 의무가 있다.

- 매도인과 매수인 사이에 비용 분담

매도인은 다음의 운영비용을 부담한다.

- 물품의 포장, 점검, 표시
- 첫 번째 운송 수단에 물품 적재
- 매수인이 계약한 운송인 또는 자체 운송 수단을 통해 매도인 국가 내 운송 센터, 항구, 공항에 대한 내륙 운송(사전운송)
- 인도 장소에 대한 운송 안전 요구조건들을 준수하는 의무
- 수출 통관 비용과 세금
- 선적항에서 비용 (창고 임대, 취급, 적재)
- 목적항까지 해상운임
- 선적항에서 목적항까지 운송 보험(최소 보장)

매수인은 다음의 운영비용을 부담한다.
- 목적항에서 터미널 비용(양하, 취급, 창고 임대)
- 경유와 수입 통관 비용과 세금
- 매수인이 계약한 운송인 혹은 자체 운송 수단을 통해 운송 센터, 항구, 공항에서 매수인의 사업장까지 내륙 운송
- 매수인의 사업장에서 물품의 양하

- 결제 방법

CIF는 어떤 결제 방법이든 사용할 수 있다. 매도인이 해상 운송을 임대하고 이에 따라 신용장 결제 조건을 충족시키기 위해 나머지 서류와 함께 매수인에게 제공할 수 있는 선하증권 B/L을 매도인이 갖게 되기 때문에 지류 결제가 유용하다. 이 외에 매도인이 체결하는 운송 계약은 인코텀즈에 대해 인도 장소를 명시하는 것이며 이는 신용장 발행에서 언급되는 동일한 장소다.

CIF가 신용장 혹은 화환 신용장으로 사용되는 경우 운송 계약 이외에 선하증권 B/L은 또한 물품의 소유권을 이전하는 역할을 한다. 이러한 점에서 매도인은 선하증권에 'to order(지시식)' 조항을 입력할 수 있으며 이에 따라 결제가 이뤄질 때까지 물품의 소유권을 유지할 수 있다.

- CIF 사용에 대한 실용적 조언

인코텀즈 CIF에서 매도인은 매도인 국가의 목적항까지 해상 운송 비용과 관리를 맡기 때문에 국제 물류에서 중요한 역할을 한다. 다른 한편으로 매도인이 해상 운송을 통해 수출한다면 운송주선인 및 물류 운영자들과의 계약 체결로 더 낮은 운임이나 수량 할인의 이득을 얻을 수 있다. 이러한 혜택은 오퍼의 경쟁력을 개선시키는 매매 가격으로 이전되거나 수출 수익률 증대를 가져오는 이익에 포함될 수 있다. 또한 매도인은 수입 통관을 수행하지 않지만 대부분의 통관법이 수입 절차를 수행하도록 매수인에게 제공되는 서류(송장)에서 이미 계산된 CIF 가격에 따라 관세와 수입세를 적용하기 때문에 어쨌든 수입 통관을 용이하게 만든다. 다른 인코텀즈 대비 CIF의 차별점은 매도인이 보험에 가입하고 보험료를 지불하는 당사자이며, 재난 시 보험 수혜자가 매수인이라는 점이다. 따라서 인코텀즈 CIF에 따라 거래를 마무리 짓기 전, 매수인은 매도인에게 우수한 평판을 가지고 있으며 매도인 국가에서 보험료를 지급할 수 있는 회사의 보험을 가입하도록 요청해야 한다.

인코텀즈 2020에 따라 CIF를 사용하는 경우 매도인은 최소한의 보험 보장 범위로 보험에 가입해야 하는 의무를 갖는다. 이러한 보장 범위는 런던 협회적하약관(IUA/LMA)의 조항 C와 일치한다. 그러나 물품이 특정 가치를 갖는 경우(실제로 모든 제조 제품이 그러하듯) 매수인은 최대 보장 범위(조항 A)로 가입해야 한다. 보통 매수인이 결제 방법으로 신용장을 사용할 때 이러한 조건들을 요구할 수 있다. 매도인과 매수인이 보험에 관한 합의에 도달하지 못하면 매수인은 자체적으로 추가 보험에 가입하는 선택권을 갖는다.

인코텀즈 CIF는 오직 해상 운송에 사용돼 보통 소비재와 고부가가치 산업 제품(ex. 기계류)을 포함하는 일반 화물에 사용된다. 물품이 FCL 혹은 LCL의 형태에서 컨테이너로 운반되는 경우 컨테이너는 본선 적재가 아니라 항구 터미널에서 인도되기 때문에 인코텀즈 2020은 CIF가 아닌 CIP 사용을 권장한다.

다음 경우에서 CIF를 사용하는 것이 권장된다.
- 이미 해상 운송에 대한 경험을 가지고 있으며

- 매도인이 이러한 운송 임대를 수행하는 것이 바람직한 회사들의 수출.
- 매도인이 매년 조달 수량이나 사용되는 운송 항로에 따라 매수인보다 더 저렴한 운송(화물) 가격을 얻을 수 있는 수출.
- 물품의 가격, 혹은 매수인의 요구조건에 따라 선적항과 목적항 사이에 물품 운송을 보장하는 보험을 취득할 필요가 있는 수출.
- 매도인이 운송과 목적지에서의 양하에 대한 위험을 부담하지 않고(이러한 위험을 부담하는 경우 인코텀즈 DPU가 사용돼야 한다) 매도인 국가의 항구에 물품을 놓기 원하는 수출.
- 인코텀즈 CIP가 사용되어야 하는 컨테이너 운송을 제외하고, 선박으로 운송되는 일반 화물, 혹은 대량 물품.

2.7 CPT(운송비 지급 인도)

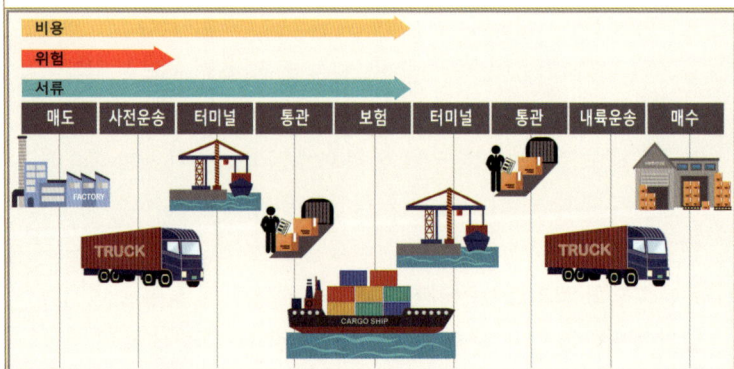

CPT를 사용하는 방법

인코텀즈 CPT에서 상품의 인도는 매도인이 국제 운송을 수행하기 위해 고용한 운송업자에게 상품을 제공할 때 발생한다. 매도인은 목적지까지의 국제 운송 비용을 관리하고 부담한다. 따라서 운송 위험 이전 지점(상품이 판매자의 국가에서 운송업자에게 인도될 때)은 매도인이 운송 비용을 부담하는 지점(구매자의 국가에서 지정된 목적지)과 다르다. 운송업자가 여럿이라면(ex. 다중 모드 운송 또는 트럭-비행기 또는 트럭-배가 있는 경우) 운송 위험은 첫 번째 운송업자에게 상품이 인도될 때 매도인에게서 매수인에게로 이전된다. 인코텀즈 CIP와는 달리 매도인은 인도 지점에서 목적지까지의 상품을 보호하기 위한 운송 보험에 가입할 의무가 없다. 이 인코텀즈에서 매도인은 수출 통관 수수료를 완료하고 부담해야 하며 중간 및 수입 통관은 인수자에게 해당된다.

CPT 주요 특성

- 상품의 인도 및 수령 장소

판매자는 자신이 선택한 장소에서, 대체로 자국 내에서, 자신이 고용한 운송업자에게 상품을 제공할 때 인도 의무를 이행한다. 판매자와 구매자가 특정 인도 장소에 합의하지 않았다면 판매자는 자신에게 맞는 장소를 선택할 수 있다. 인도는 약정된 날짜가 마감일 내에 이루어져야 한다. 목적지까지 여러 차례의 연속적인 운송업자가 상품을 운송할 경우 첫 번째 운송업자에게 상품이 인도될 때 인도 의무가 이행된 것으로 간주 된다. 판매자가 적절한 시기에 제대로 통보한 경우 구매자는 약정된 장소와 날짜에 상품을 수령해야 한다.

- 상품의 적재 / 양하

상품은 매도인이 고용한 첫 번째 운송업자에게 적재된 상태로 전달된다. 따라서 목적지에서 상품의 양하에 관한 모든 비용과 위험은 매수인이 부담한다. 목적지에서의 하역은 해운을 제외하고는 일반적으로 매도인이 지불하지만 인코텀즈 규칙에 따르면 매수인이 부담해야 한다. 운송계약에 따라 하역 비용을 매도인이 부담하는 경우, 양 당사자가 동의하지 않는 한 매수인은 환불을 요구할 수 없다. 매수인은 도로상의 화물 운송 CMR(육상 운송), 선하증권 B/L(해상 운송), 항공 운송증 AWB(항공 운송), 철도 운송증 CIM(기차 운송) 또는 FIATA 선하증권 FBL(다중 모드 운송)과 같이 고용될 운송 유형에 대한 일반적인 운송 문서를 매수인에게 제공해야 한다. 이 문서들은 일반적으로 명시적이라서 상품은 개인 또는 회사의 이름으로 발송된다. 선하증권 B/L도 '지시서에 따라' 사용될 수 있으므로 원본 문서의 소지자는 인증을 통해 상품의 소유권을 다른 개인 또는 회사에 전달할 수 있다.

상품의 인도를 증명하는 데 사용되는 운송 문서는 다음 요건을 충족해야 한다.

- 계약상의 상품을 포함한다.
- 적재 또는 선적에 대해 설정된 기간 내에 날짜가 표시되어야 한다.
- 구매자가 목적지에서 운송업체에게 상품의 인도를 요구할 수 있도록 해야 한다.
- 당사자 간의 합의 또는 일반적인 영업 관행에 따라 운송 문서는 매수인이 상품을 인도 장소에서 목적지까지의 운송 중에 다른 매수인에게 판매할 수 있도록 허용해야 한다. 이를 위해 매도인은 협상 가능한 문서(ex. 선하증권 B/L)의 원본 전체 세트를 매수인에게 제공해야 한다.

2.8 CIP(운임·보험료 지급 인도)

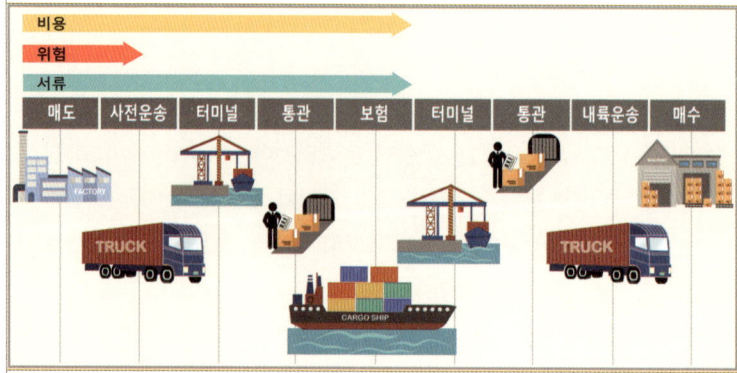

CIP 사용 방법

인코텀즈 CIP에서 매도인은 본인이 임대한 첫 번째 운송 수단에 물품을 적재할 때 자국에서 물품을 인도하며 매수인 국가의 목적지로 물품을 운반하는 국제 운송비용을 지불한다. 매수인은 물품이 매도인 국가에서 운송인에게로 인도됐다면 모든 위험을 부담하게 된다. 차후에 목적지로 물품을 운반하기 위해 운송인이 사용되는 경우, 위험은 물품이 첫 번째 운송인에게 인도될 때 매수인에게 이전된다.

　　　　인코텀즈 CIP에 따라 매도인은 국제 운송 중 물품의 분실 및 손상에 대해 매수인이 부담하는 위험을 보장하기 위해 보험에 가입해야 한다. 결과적으로 매도인이 보험에 가입하고 보험료를 지불하지만 보험의 수혜자는 매수인이다. 매수인은 인코텀즈 CIP에서 매도인이 광범위한 보장 범위의 보험(협회적하약관의 조항 A)에 가입해야 한다. 단, 당사자들은 보장 범위(협회적하약관의 조항 C)가 더 좁은 보험 가입에 대해 합의할 수 있다. 마지막으로 매도인은 수출 통관 수속을 완료하고 수출 통관 비용을 부담해야 하며, 수입 통관은 매수인이 부담한다.

CIP의 주요 특징

- 운송 방식

CIP는 모든 운송 방식(육상, 해상, 항공)에 사용될 수 있으며, 복합 운송(컨테이너)에도 사용될 수 있다.

- 물품의 인도 장소와 수령

매도인은 보통 자국 내 자신이 선택한 장소에서 직접 고용한 운송인이 물품을 이용할 수 있도록 할 때 물품 인도 의무를 이행한다. 매도인과 매수인이 인도 장소에 대해 합의하지 않았다면 매도인은 적합한 장소를 선택할 수 있다. 인도는 정해진 날짜, 시한 내에 이뤄져야 한다. 목적지까지 물품을 운송하는 운송인이 여럿인 경우 인도 의무는 물품이 첫 번째 운송인에게 인도됐을 때 이행된 것으로 간주된다. 매수인은 매도인이 적기에 적합하게 통보했다면 합의된 날짜와 장소에서 물품을 수거해야 한다.

- 물품의 적재 / 양하

물품은 매도인이 임대한 첫 번째 운송 수단에 적재됐을 때 인도된다. 목적지에서 물품 양하에 대한 모든 비용과 위험은 매수인이 부담한다. 목적지까지 물품을 운송하는 매도인이 고용한 운송인은 운송 수단(트럭, 선박, 항공기)을 가능한 한 무료로 사용하려하므로 양하는 보통 매도인이 지급한 항구 비용(터미널 양하)에 포함되는 것이 일반적이다. 즉, 인코텀즈 규칙에 따라 매수인이 부담해야 하지만, 해상 운송의 경우를 제외하고 목적지에서 양하는 보통 매도인이 지불한다. 이 경우 운송 계약에 따라 양하 비용은 매도인이 부담하며 양 당사자들이 합의하지 않는 한 환불을 요청할 수 없다.

- 인도 서류

인도는 다음 두 개의 서류에 따라 입증된다.
- 운송 문서: 운송 형태에 따라 도로화물탁송장 CMR(육상 운송), 선하증권 B/L(해상 운송), 항공화물운송장 AWB(항공 운송), 철도화물운송장 CIM(철도 운송), 혹은 FIATA 선하증권 FBL(복합운송)이 될 수 있다. 여기에는 계약 물품이 포함된다.
- 운송 보험 서류: 보험증권 혹은 보험 증명서.

물품 인도를 입증하기 위해 사용되는 운송 서류는 다음 요구조건을 충족해야 한다.
- 계약 물품을 포함한다.
- 적재 혹은 선적에 대해 수립된 기한 이내의 날짜를 가져야 한다.
- 매수인이 목적지에서 운송인에게 물품 인도를 요구할 수 있도록 허용한다.
- 당사자 간 합의됐거나 일반적 사업 관행인 경우 운송 서류는 매수인이 선적항에서 목적항으로 운송 중 또 다른 매수인에게 물품을 판매할 수 있도록 허용한다. 이를 위해 매도인은 매수인이 매매를 할 수 있도록 선하증권 B/L 같은 유통 가능 서류의 원본 전체 세트를 제공해야 한다.

- 수출 / 경유 / 수입 절차 서류

매도인은 물품과 동반되는 상업 서류들(상업 송장과 포장 명세서)

을 매수인에게 제공할 의무가 있다. 또한 수출 통관에 필요한 모든 서류(수출 SAD, 수출 허가서, 선적 전 검사와 필요한 기타 공식 서류 – 증명서와 승인서 등)를 취득해야 한다. 해상 운송 서류(선하증권 B/L)는 매도인이 취득해야 한다. 아울러 매도인은 합의된 조건들에 따라 보험에 가입됐다는 것을 입증하는 운송 보험증권, 혹은 보험 증명서 사본을 매수인에게 제공해야 한다. 이 외에 매도인은 매수인이 목적 국가에 대한 수입과 경유 통관 수속을 완료하는 데 필요한 서류 그리고 인도 장소에서 최종 목적지까지 물품 운송에서 보안과 관련된 서류들을 얻을 수 있도록 매수인에게 필요한 정보와 도움을 제공해야 한다. 매수인은 이러한 정보와 서류를 취득하는 데 들어간 비용을 매도인에게 지불해야 한다.

운송 서류들(도로화물탁송장 CMR, 선하증권 B/L, 항공화물운송장 AWB, 철도화물운송장 CIM과 FIATA 선하증권 FBL)은 매도인이 취득해야 한다. 당사자들이 합의하거나 일반 관행인 경우 매도인은 전자 절차를 통해 매수인에게 서류들을 제공할 수 있다.

- 운송 계약

인도 장소에서 목적 장소까지 물품의 운송을 준비해야 하는 당사자는 매도인이다. 매도인은 운송을 임대할 때 운송되는 물품 형태에 적합한 운송 수단(트럭, 항공기, 선박)에 따라 두 장소(인도 장소와 목적 장소) 간 일반적인 운송 경로를 선택할 것이다.

- 운송에서 위험 이전

물품 운송에 대한 위험은 매수인 국가의 목적지까지 물품을 운송하는 운송인에게 물품이 인도된 후 이전된다. 물품 운송에 여러 운송인이 관여한다면 위험은 물품이 첫 번째 운송인에게 인도될 때 이전된다. 따라서 매수인은 인도 장소에서 목적 장소까지 국제 운송 중 발생할 수 있는 위험들을 포함한 모든 운송 위험을 부담한다. 위험을 이전하기 위해 운송되는 물품은 매매 계약의 대상 물품으로 식별되고 개별화될 수 있어야 한다. 또한 매도인은 임의대로 인도 장소에 물품을 두었음을 신뢰할 수 있는 방식으로 매수인에게 통보해야 한다.

- 보험 계약

인코텀즈 CIP에서 매도인은 최소한 인도 장소에서 목적 장소까지 운송을 보장하는 보험증권에 가입해야 할 의무가 있다. 실제로 가입되는 것은 국제 운송에 관한 보험이다. 이때 협회적하약관(IUA/LMA)의 증권 분류에서 조항 A로 알려진 광범위한 보장 범위를 가진 증권을 구매해야 한다. 그러나 당사자들은 보장 범위(협회적하약관의 조항 C)가 더 좁은 보험에 가입하기로 합의할 수 있다.

매도인이 가입하는 운송 보험은 다음 요구조건을 충족해야 한다.

- 최소한 인도 장소에서 목적 장소까지 물품 운송을 보장한다.
- 최소한 매매 계약 가격 + 10%를 보장한다. 즉, 보험액은 계약 가격의 110%가 되어야 한다. 최소한 협회적하약관(IUA/ LMA)의 조항 A, 또는 유사한 조건에 명시된 위험들을 보장한다.
- 우수한 평판을 가진 보험회사와 계약한다.
- 매매 계약과 동일한 통화로 계약한다.
- 보험 수혜자(매수인, 혹은 물품에 대한 피보험 이익을 가진 다른 회사 혹은 개인)에게 재난의 경우 보험회사에 직접 청구할 권리를 부여한다.

매도인은 매수인에게 보험 계약을 입증하고 보험 운영에 대한 모든 데이터가 담긴 서류(보험증권 혹은 증명서)를 제공해야 한다. 보통 증명서는 피보험자인 매도인이 원본의 뒷면 혹은 빈칸에 매수인에게 서류, 즉 보험증권에 대한 권리를 부여한다고 배서했음을 입증하는 데 사용된다. 매수인이 요청하면 매도인은 매수인의 비용과 위험 부담으로 의무 보험 계약에 제시된 것들을 초과하는 보장을 제공하는 운송 보험에 가입해야 한다. 이러한 추가 보장은 협회적하약관(IUA/LMA)에 의해 발행되는 전쟁면책약관War Clause 혹은 파업면책약관Strike Clause을 포함한다.

- 수출 / 경유 / 수입 통관

수출 통관의 모든 비용과 세금은 매도인이 부담한다. 경유와 수입 통관의 모든 비용, 세금은 매수인이 부담한다.

- 보안 요구조건

매도인은 자체 수단(보통 트럭)을 통해 이루어지든, 매도인이 고용한 운송인에 의해 이루어지든 인도 장소에 대한 운송 안전 요구조건을 준수해야 한다. 이 외에 매도인은 수출 통관에서 모든 보안 요구조건을 준수해야 하며, 경유와 수입 통관의 보안과 관련하여 가지고 있는 정보를 매수인에게 제공할 의무가 있다.

- 매도인과 매수인 사이에 비용 분담

매도인은 다음의 운영비용을 부담한다.
  - 물품의 포장, 점검, 표시
  - 첫 번째 운송 수단에 물품 적재
  - 매수인이 계약한 운송인 또는 자체 운송 수단을 통해 매도인 국가 내 운송 센터, 항구, 공항에 대한 내륙 운송(사전운송)
  - 인도 장소에 대한 운송 안전 요구조건들을 준수하는 의무
  - 수출 통관 비용과 세금
  - 매도인 국가의 운송 센터, 항구, 공항에서 터미널 비용 (창고 임대, 취급, 적재)
  - 목적 국가까지 주 운송
  - 인도 장소에서 목적 장소까지 운송 보험(최소 보장 범위)

매수인은 다음의 운영비용을 부담한다.
  - 매도인 국가의 운송 센터, 항구, 공항에서 터미널 비용 (창고 임대, 취급, 적재)
  - 매수인 국가의 운송 센터, 항구, 공항에서 터미널 비용 (양하, 취급, 창고 임대)
  - 경유와 수입 통관 비용과 세금
  - 매수인이 계약한 운송인을 통해, 혹은 자체 운송 수단을 통해, 운송 센터, 항구, 공항에서 매수인의

사업장까지 내륙 운송
- 매수인의 사업장에서 물품의 양하

- 결제 방법

CIP는 어떤 결제 방법이든 사용할 수 있다. 매도인이 운송을 임대하고, 이에 따라 신용장 결제 조건을 충족시키기 위해 나머지 서류와 함께 매수인에게 제공할 수 있는 해당 운송 서류(CMR, B/L, AWB 혹은 FBL)를 매도인이 갖게 되므로 지류 결제가 유용하다. 이 외에 매도인이 체결하는 운송 계약은 인코텀즈에 대해 인도 장소를 명시하는 것이며, 이는 신용장 발행에서 언급된 것과 동일한 장소여야 한다. 아울러 상품은 보통 신용장 개설에 대해 수립되는 요구조건 중 하나인 광범위한 보장 범위(조항 A)를 가진 보험으로 보장된다.

- CIP 사용에 대한 실용적 조언

인코텀즈 CIP는 매도인이 높은 수준의 서비스를 매수인에게 제공하고, 목적 국가에 물품을 놓는 현재의 추세에 따라 점차 사용이 증가하고 있다. 이는 매우 다재다능한 인코텀즈로 모든 운송 수단과 화물 형태(일반, 만재 화물, 혼재 화물)에 사용될 수 있다. CPT와 CIP의 유일한 차이점은 CIP에서 매도인은 목적지까지 물품 운송에 대한 보험에 가입하고 보험료를 지불해야 하지만, 재난 발생 시 보험회사에 보상 청구를 할 수 있는 보험 수혜자는 매수인이라는 것이다. 따라서 인코텀즈 CIP에 따라 거래를 마무리 짓기 전, 매수인은 매도인에게 평판이 우수하고 매수인 국가에서 보험료를 지급할 수 있는 보험회사와 계약을 체결하도록 요구해야 한다.

인코텀즈 2010에 따라 CIP에서 매도인은 최소 보장 범위의 보험에 가입할 의무를 가지며, 그 보장 범위는 런던 협회적하약관(IUA/LMA)의 조항 C와 일치한다. 그러나 당사자들은 보장 범위가 더 좁은 보험 가입에 합의할 수 있다(협회적하약관의 조항 C). 이러한 합의는 도로로 운송되고 kg당 대략 10유로의 운송 보험을 포함하는 CMR 운송 서류를 통해 수행되는 낮은 가치를 지닌 물품의 경우에 해당된다.

CIP를 사용하는 매도인에게 있어 한 가지 장점은 일단 매수인의 국가에 물품을 놓았다면 매도인은 수입 통관을 하지 않는다는 것이다. 일부 국가의 통관 수속은 매우 복잡하다는 점에서 이는 큰 장점이다. 해상 운송의 경우 대부분의 통관 수속에서 CIF 가격(혹은 기타 운송 수단의 경우 이와 동등한 가격)이 수입세에 적용되기 때문에 목적 국가에서의 통관을 용이해진다. 매수인에게 있어 인코텀즈 CIP는 고국에서 물품을 수령하고 운송 보험에 따라 보장을 받을 수 있다는 점에서 매우 유리하지만, 국제 운송 위험은 매수인이 부담해야 한다.

이 외에 매수인이 인코텀즈 CIP를 사용하고 물품 인도와 동시에 결제가 이뤄지면 매수인은 매도인이 운송인에게 물품의 목적지 변경을 지시하지 않도록 보장해야 한다. 매도인이 운송인에게 새로운 지시를 내리는 걸 방지하는 데 사용되는 운송 서류(CMR, B/L, AWB)의 중복 원본을 매수인에게 제공한다. 그러나 선하증권 B/L은 보통 이러한 기능을 가지지 않는다. 대신 매도인이 운송인에게 제3자 혹은 명기된 것과 다른 장소에 물품을 인도하도록 지시하는 것을 방지하는 '처분 조항(disposal clause)'을 가지고 있다.

- 다음의 경우 CIP 사용이 권장된다.
    - 매도인이 목적 국가에 물품을 놓고 운송 보험으로 보장함으로써 매수인에게 우수한 수준의 서비스를 제공하고 싶어 하는 경우.
    - 통관이 존재하지 않아 수출 및 수입 물품을 통관할 필요가 없는 인근 국가 간의 육상 운송(트럭) 운영. 이 경우 CIP를 사용하는 매도인은 물품을 매수인의 사업장(공장이나 창고)에서 인도할 수 있다. DAP는 운송 위험을 매도인이 부담한다는 점을 제외하고 이와 동일하다.
    - 특정 가치를 지닌 물품의 항공 운송에는 신용장을 결제 방법으로 사용해 청구를 입증해야 하는 위험이 존재한다. 매도인은 신용장 결제에 대해 물품 인도 서류(항공화물운송장 포함)를 제공한다.
    - 물품이 복합운송 선하증권 FBL이라는 단일 운송

서류와 함께 컨테이너로 운반되는 복합운송 운영.
인코텀즈 2020은 물품이 항구에서 인도되는
경우에도 CIF 대신 CIP 사용을 권장한다.

2.9 DAP(도착장소 인도)

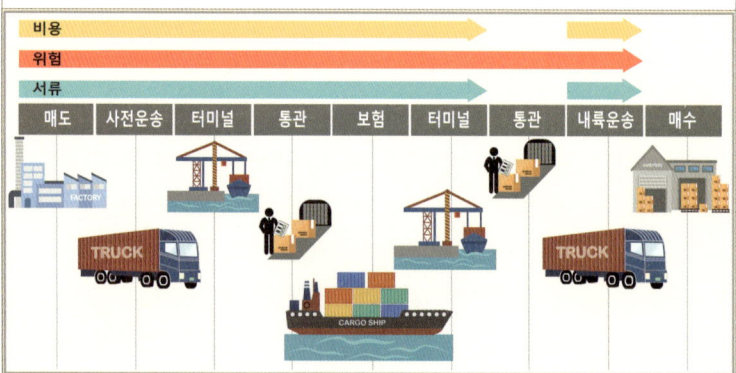

DAP 사용 방법
인코텀즈 DPA에서 매도인은 양하 없이 매수인 국가의 목적 장소에서 물품을 인도한다. 운송 위험은 물품이 인도되는 동일한 장소에서 매수인으로부터 매도인에게로 이전된다. 인도 장소는 공급 물품을 사용하는 창고, 물품을 배포하는 창고 등 매수인의 사업장 혹은 목적 국가 근처 장소가 될 수 있다.

이 인코텀즈에서 매도인은 수출과 경유 통관 수속을 완료하고 통관 비용을 부담해야 하지만, 수출 통관은 매수인이 책임진다. 매도인이 수입 통관까지 수행하는 경우에는 인코텀즈 DDP가 사용돼야 한다. DPA는 매도인이 매수인의 사업장에서 물품을 인도하길 원하지만 통관 절차가 존재하지 않아 수입 통관을 수행할 필요가 없는 동일한 경제 구역(ex. EU) 내 국가 사이에서 매우 유용한 인코텀즈다.

DAP의 주요 특징
- 운송 방식

DAP는 모든 운송 방식(육상, 해상, 항공)으로 사용될 수 있으며,

특히 복합 운송(컨테이너)에도 사용될 수 있다.

- 물품의 인도 장소와 수령

매도인은 보통 매수인의 사업장(공장이나 창고)이나 근처 장소에 해당되는 합의된 목적 장소에서 물품을 인도해야 한다. 당사자들이 인도 장소를 합의하지 않았다면 매도인은 자신에게 적합한 장소를 선택할 수 있다. 인도는 합의된 날짜 혹은 시한에 이뤄져야 한다. 매수인은 매도인이 적기에 적법한 절차에 따라 통보한 경우 목적 장소에서 매도인이 고용한 운송인으로부터 물품을 수거해야 한다.

- 물품의 적재 / 양하

매도인은 목적 장소로 운송하도록 자신이 임대한 운송 수단에서 양하 준비가 된 물품을 인도한다. 따라서 목적 장소에서 양하에 대한 모든 비용과 위험은 매수인이 부담한다. 운송 계약에서 양하 비용을 매도인이 부담하기로 했다면 매도인은 양 당사자들이 합의하지 않는 한 이 비용의 환불을 청구할 수 없다.

- 인도 서류

매도인은 목적 장소에서 매수인이 물품을 수거하도록 허용하는 서류를 매수인에게 제공해야 한다. 일반적으로 이러한 서류는 매도인이 고용한 운송인의 인도 증명서(물품이 매수인의 사업장에서 인도되는 경우) 혹은 매수인 운송인이 서명한 인도 증명서(물품이 매수인 국가의 또 다른 장소에서 인도되는 경우)이다.

- 수출/수입 절차 서류

매도인은 물품과 동반되는 상업 서류들(상업 송장과 포장 명세서)을 매수인에게 제공할 의무가 있다. 또한 수출 통관에 필요한 모든 서류(수출 SAD, 수출 허가서, 선적 전 검사 및 필요한 기타 공식 서류 - 증명서, 승인 등)를 취득해야 한다. 이 외에 매도인은 매수인이 목적 국가에 대한 수입 통관 수속을 완료하는 데 필요한 서류를 얻을 수 있도록 매수인에게 필요한 정보와 도움을 제공해야 한다. 매수인은 이러한 정보와 서류를 취득하는 데 들어간 비용을 매도인에게 지불해야 한다. 운송 서류들(도로화물탁송장 CMR, 선하증권 B/L, 항공화물운송장 AWB, 철도화물운송장 CIM 과 FIATA 선하증권 FBL)은 매도인이 취득해야 한다. 당사자들이 합의하거나 일반 관행인 경우 매도인은 전자 절차를 통해 매수인에게 서류들을 제공할 수 있다.

- 운송 계약

목적항의 터미널 혹은 목적 장소까지 운송을 준비해야 하는 당사자는 매도인이다. 이는 매도인 국가에서 사전운송, 국제 운송, 매수인 국가의 목적 장소까지 내륙운송을 포함한다.

- 운송에서 위험 이전

일단 물품이 목적 장소에서 양하 준비된 상태로 인도되면 위험은 매수인에게서 매도인에게 이전된다. 따라서 인도 장소에서 양하에 대한 위험은 매수인이 부담한다. 위험을 이전하기 위해 운송되는 물품은 매매 계약의 대상 물품으로 식별되고 개별화될 수 있어야 한다. 또한 매도인은 임의대로 인도 장소에 물품을 두었음을 신뢰할 수 있는 방식으로 매수인에게 통보해야 한다.

- 보험 계약

어떤 당사자도 물품 운송에 대한 보험 계약을 체결할 의무는 가지고 있지 않다. 그러나 매도인은 자신이 위험을 부담하는 국제 운송에 대해 운송 보험에 가입하는 것이 권장된다. 이러한 측면에서 매수인은 요청에 따라 운송 보험 가입에 필요한 모든 정보를 매도인에게 제공해야 한다.

- 수출 / 경유 / 수입 통관

수출과 경유 통관의 모든 비용과 세금은 매도인이 부담한다. 수입 통관의 모든 비용, 세금은 매수인이 부담한다.

- 매도인과 매수인 사이에 비용 분담

매도인은 다음의 운영비용을 부담한다.
  - 물품의 포장, 점검, 표시

- 첫 번째 운송 수단에 물품 적재
- 매수인이 계약한 운송인 또는 자체 운송 수단을 통해 매도인 국가 내 운송 센터, 항구, 공항에 대한 내륙 운송(사전운송)
- 인도 장소에 대한 운송 안전 요구조건들을 준수하는 의무
- 수출과 경유 통관의 비용과 세금
- 매도인의 국가에서 터미널 비용 (창고 임대, 취급, 적재)
- 목적 국가까지 주 운송
- 운송 보험(가입하는 경우)
- 매수인의 국가에서 터미널 비용 (창고 임대, 취급, 적재)
- 매수인의 국가에서 인도 장소까지 내륙 운송

매수인은 다음의 운영비용을 부담한다.
- 수입 통관 비용과 세금
- 매수인이 계약한 운송인 혹은 자체 운송 수단을 통해 운송 센터, 항구, 공항에서 매수인의 사업장까지 내륙 운송
- 매수인의 사업장에서 물품의 양하

- 결제 방법

DPU와 물품이 목적지에서 인도되는 다른 두 개의 인코텀즈(DAP, DDP)는 신용장 같은 지류 결제 방법을 사용하지 않아야 한다. 이 경우 요청돼야 하는 운송 서류는 보통 매수인의 운송인이 서명한 운송인의 인도 증명서로, 이는 목적지에서 물품이 수령됐음을 증명하는 역할을 한다. 이러한 점에서 매도인은 신용장을 회수하기 위해 서류를 취득하는 운송인의 유효성과 속도에 의존하게 된다. 더욱이 해상 운송의 경우 신용장을 회수하기 위해 필요한 서류를 완수하는 데 몇 주 정도가 더 소요될 것이다. 반면 신용장이 목적지에서 물품 수령을 입증하는 서류를 요구하지 않는 경우, 매도인은 스스로 생성한 서류들(송장, 포장 명세서, 원산지 증명서, 운송

서류 등)로 신용장을 회수할 수 있지만, 물품이 목적지에 제때 도착하지 않으면 매수인은 신용장을 결제하지 않을 것이다. 그러나 매도인이 이미 신용장을 회수했다면 갈등이 발생한다. 즉, 매도인이 수출 결제 방법으로 신용장을 사용하려 한다면 인도를 입증하는 운송 서류를 매도인이 통제할 수 있으며, 물품이 원산지 국가에서 국제 운송인에게 인도된 경우 신용장을 회수할 수 있게 하는 인코텀즈 CIP 혹은 CIF를 사용하는 것이 권장된다.

- DAP 사용에 대한 실용적 조언

인코텀즈 2020 버전에서 처음으로 만들어진 DAP는 삭제된 인코텀즈 DDU(관세 부지급 인도조건)와 동일한 기능을 가정한다. DAP에서 물품은 목적 국가에서 매수인의 사업장이나 특정 지점 혹은 물품 운송과 물품의 최종 목적지를 연계시켜주는 근처 도시에서 인도된다. 목적 국가의 특정 지점에서 물품이 인도됨에 따라 합의된 인도 조건을 충족시키기 위해 매수인이 수입 통관 수속을 수행하고 수입세를 지불해야 한다. 따라서 통관 수속이 까다로운 국가로 수출하는 경우, 매도인은 인도에서 지연이 발생하지 않도록 매수인이 적합한 수입 절차를 수행할 것임을 확신할 수 있어야 한다.

이 인코텀즈는 통관 절차가 존재하지 않아 매수인이 수입 통관을 할 필요가 없는 동일한 경제 구역에 속한 두 국가 사이에서 이뤄지는 매매에 더 적합하다. 통관이 존재하는 국가들에서 사용되면 통관 지연의 가능성이 존재하며, 이 경우 창고 임대 비용은 매도인이 부담한다. 또한 매도인이 목적 국가에서 물류 서비스(운송, 보험, 창고 임대, 화물 취급 등)를 임대한다면 이러한 서비스에 대한 간접세(VAT)는 세금 목적을 위해 공제되지 않을 수 있다. 만약 환급받는다고 해도 비용이 많이 들어가며 환급 자체가 어려울 수도 있다.

물품이 목적지에서 인도되는 다른 두 개의 인코텀즈, 즉 DPU, DDP와 DAP의 주요 차이점은 다음과 같다.

- DAP에서 물품은 운송 터미널을 제외한 목적 국가의 특정 지점에서 양하 준비된 상태로 인도되는 반면 DPU에서 물품은 목적 국가의 운송

- 터미널에서 양하된 상태로 인도된다.
- DAP에서 수입 통관은 매수인이 수행하지만 DDP에서는 매도인이 수행한다.

다음 경우에 인코텀즈 DAP 사용이 권장된다.
- 바람직하게 만재 화물(꽉 채워진 트럭이나 컨테이너)로 이뤄지며 통관 수속이 존재하지 않는 국가 사이의 매매. 이 경우 매도인은 수입 통관을 하지 않고 매수인의 사업장에서 물품을 인도하고 싶어 한다.
- 매도인이 인코텀즈 DPU가 사용돼야 하는 터미널이나 운송 인프라 대신, 목적 국가의 내륙 지점에서 물품을 인도하고 싶어 하며 통관 수속이 존재하지 않는 국가 사이의 매매.
- 통관 수속이 존재하지만 매도인이 경험을 가지고 있으며 매수인이 적절하게 절차들을 수행해 물품 인도를 지연시키지 않을 것이라고 확신할 수 있는 국가 사이의 매매
- 매도인이 운송 보험에 가입할 뿐 아니라 재난 발생 시 보상을 관리할 수 있도록 보험 수혜자에 해당되는 것이 바람직한 높은 원가를 지닌 물품(ex. 보석류, 장비, 턴키 플랜트)의 수출.

2.10 DPU(도착지 양하 인도)

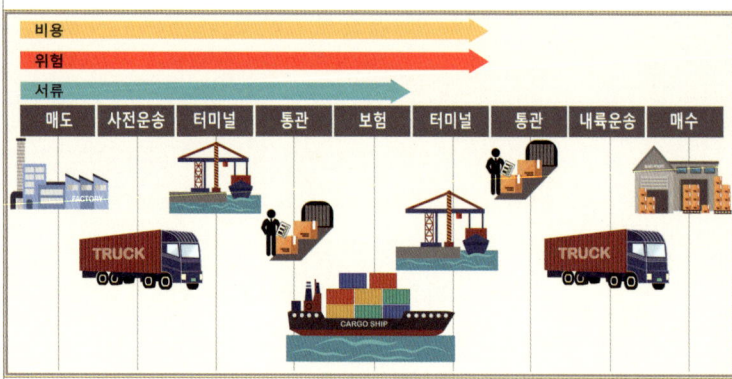

DPU 사용 방법

이 인코텀즈는 인코텀즈 2020 버전에서 처음 등장했다. 이는 개정되면서 사라진 인코텀즈 DAT(터미널인도)와 동일한 기능 및 의무를 가정한다. 인코텀즈 DPU에서 매도인은 매수인 국가의 항구 터미널 혹은 또 다른 목적 장소에서 양하된 상태로 물품을 인도한다. 터미널의 개념은 매우 광범위하며 운송 터미널(육상, 항공, 해상)과 물류 인프라(항구, 공항, 철도역) 혹은 부두, 창고 및 자유지대 free zone와 유사한 시설들을 포함한다.

여러 인도 장소가 허용되므로 매도인과 매수인은 인도를 위해 선택한 지점을 명확하게 언급해야 하며, 이에 따라 매도인에 의해 이뤄진 국제 운송에 대한 계약이 해당 선택에 적용될 수 있다. DPU는 물품이 목적지에서 양하된 상태로 인도되는 유일한 인코텀즈다. 결과적으로 DPU와 DAP의 유일한 차이점은 DPU에서는 물품이 양하된 상태로 인도되고 DAP에서는 양하 준비가 된 상태로 인도된다는 것이다.

매도인이 인도 터미널에서 매수인의 사업장(공장이나 창고)과 같이 매수인 국가의 또 다른 장소로 물품을 운반하는 경우 인코텀즈 DPU는 사용되지 않아야 한다. 이러한 상황에 적합한 인코텀즈는 DAP 혹은 DDP다. 인코텀즈 DPU에서 매도인은 수출과 경유 통관 수속을 완료하고 통관 비용을 부담해야 하지만, 수입 통관은 매수인이 부담한다.

DPU의 주요 특징

- 운송 방식

DPU는 모든 운송 방식(육상, 해상, 항공)으로 사용될 수 있으며, 특히 복합 운송(컨테이너)에도 사용될 수 있다.

- 물품의 인도 장소와 수령

매도인은 운송 터미널(육상, 항공, 해상), 물류 인프라(항구, 공항, 철도역) 또는 부두, 창고, 자유 지대 같은 유사 시설들처럼 상품을 하역할 수 있는 시설을 갖춘 장소에서 상품을 인도해야 한다. 인도는 합의된 날짜, 혹은 시한에 이루어져야 한다. 매수인은 매도인이 적기에 적법한 절차에 따라 통보한 경우 목적항의 터미널에서 매도인이 고용한 운송인으로부터 물품을 수거할 의무가 있다.

- 물품의 적재 / 양하

매도인은 물품을 목적항 혹은 목적 장소로 운송하도록 임대한 운송 수단에서 양하된 상태로 물품을 인도한다. 따라서 목적 장소에서 상품을 양하하는 것에 대한 모든 비용과 위험은 매도인이 부담한다.

- 인도 서류

매도인은 목적 장소에서 매수인이 물품을 수거하도록 허용하는 서류를 매수인에게 제공해야 한다. 일반적으로 이러한 서류는 매도인이 고용한 운송인의 인도 증명서로, 매수인의 운송인이 서명해야 한다. 인도가 항구에서 이루어질 때 사용되는 서류는 '양하 discharge'라는 언급이 명시된 선하증권 B/L이다.

- 수출 / 경유 / 수입 절차 서류

매도인은 물품과 동반되는 상업 서류들(상업 송장과 포장 명세서)을 매수인에게 제공할 의무가 있다. 또한 수출 통관에 필요한 모든 서류(수출 SAD, 수출 허가서, 선적 전 검사 및 필요한 기타 공식 서류 - 증명서, 승인 등)를 취득해야 한다. 이 외에 매도인은 매수인이 목적 국가에 대한 수입 통관 수속을 완료하는 데 필요한 서류를 얻을 수 있도록 매수인에게 필요한 정보와 도움을 제공해야 한다. 매수인은 이러한 정보와 서류를 취득하는 데 들어간 비용을 매도인에게 지불해야 한다. 운송 서류들(도로화물탁송장 CMR, 선하증권 B/L, 항공화물운송장 AWB, 철도화물운송장 CIM 과 FIATA 선하증권 FBL)은 매도인이 취득해야 한다. 당사자들이 합의하거나 일반 관행인 경우 매도인은 전자 절차를 통해 매수인에게 서류들을 제공할 수 있다.

- 운송 계약

목적항의 터미널 혹은 목적 장소까지 운송을 준비해야 하는 당사자는 매도인이다. 이는 매도인 국가에서의 사전운송, 매수인 국가의 목적 터미널까지의 국제 운송을 포함한다.

- 운송에서 위험 이전

물품이 목적 장소에서 양하되면 위험은 매수인에게서 매도인에게 이전된다. 따라서 인도 장소에서 양하에 대한 위험은 매도인이 부담한다. 위험을 이전하기 위해 운송되는 물품은 매매 계약의 대상 물품으로 식별되고 개별화될 수 있어야 한다. 또한 매도인은 임의대로 인도 장소에 물품을 두었음을 신뢰 있는 방식으로 매수인에게 통보해야 한다.

- 보험 계약

어떤 당사자도 물품 운송에 대한 보험 계약을 체결할 의무는 없다. 그러나 매도인은 자신이 위험을 부담하는 국제 운송에 대해 운송보험에 가입하는 것이 권장된다. 이때 매수인은 매도인의 보험 가입을 가능하게 만드는 데 필요한 모든 정보를 매도인에게 제공해야 한다.

- 수출 / 경유 / 수입 통관

수출과 경유 통관의 모든 비용과 세금은 매도인이 부담한다. 수입 통관의 모든 비용, 세금은 매수인이 부담한다.

- 보안 요구조건

매도인은 자체 수단(보통 트럭)을 통해 이루어지든 매도인이 고용한 운송인에 의해 이루어지든 인도 장소에 대한 운송 안전 요구 조건을 준수해야 한다. 이 외에 매도인은 수출 통관에서 모든 보안 요구조건을 준수해야 하며 수입 통관의 보안과 관련하여 가지고 있는 정보를 매수인에게 제공할 의무가 있다.

- 매도인과 매수인 사이에 비용 분담

매도인은 다음의 운영비용을 부담한다.
  - 물품의 포장, 점검, 표시
  - 첫 번째 운송 수단에 물품 적재
  - 매수인이 계약한 운송인 또는 자체 운송 수단을 통해 매도인 국가 내 운송 센터, 항구, 공항에 대한 내륙 운송(사전운송)
  - 인도 장소에 대한 운송 안전 요구조건들을 준수하는 의무
  - 수출과 경유 통관의 비용과 세금
  - 매도인의 국가에서 터미널 비용 (창고 임대, 취급, 적재)
  - 목적 국가까지 주 운송
  - 운송 보험(가입하는 경우)
  - 매수인의 국가에서 터미널 비용(창고 임대, 취급, 양하)

매수인은 다음의 운영비용을 부담한다.
  - 수입 통관 비용과 세금
  - 매수인이 계약한 운송인 혹은 자체 운송 수단을 통해 인도 장소에서 매수인의 사업장까지 내륙 운송
  - 매수인의 사업장에서 물품의 양하

- 결제 방법

DPU와 물품이 목적지에서 인도되는 다른 두 개의 인코텀즈(DAP, DDP)는 신용장 같은 지류 결제 방법을 사용하지 않아야 한다. 이 경우 요청돼야 하는 운송 서류는 보통 매수인의 운송인이 서명한

운송인의 인도 증명서로, 이는 목적지에서 물품이 수령됐음을 증명하는 역할을 한다. 이러한 점에서 매도인은 신용장을 회수하기 위해 서류를 취득하는 운송인의 유효성과 속도에 의존하게 된다. 더욱이 해상 운송의 경우 신용장을 회수하기 위해 필요한 서류를 완수하는 데 몇 주 정도가 더 소요될 것이다. 반면 신용장이 목적지에서 물품 수령을 입증하는 서류를 요구하지 않는 경우, 매도인은 스스로 생성한 서류들(송장, 포장 명세서, 원산지 증명서, 운송 서류 등)로 신용장을 회수할 수 있지만, 물품이 목적지에 제때 도착하지 않으면 매수인은 신용장을 결제하지 않을 것이다. 그러나 매도인이 이미 신용장을 회수했다면 갈등이 발생한다. 즉, 매도인이 수출 결제 방법으로 신용장을 사용하려 한다면 인도를 입증하는 운송 서류를 매도인이 통제할 수 있으며, 물품이 원산지 국가에서 국제 운송인에게 인도된 경우 신용장을 회수할 수 있게 하는 인코텀즈 CIP 혹은 CIF를 사용하는 것이 권장된다.

- DPU 사용에 대한 실용적 조언

인코텀즈 2020 버전에 처음 등장한 DPU는 개정되면서 사라진 인코텀즈 DAT(터미널인도)와 동일한 기능 및 의무를 가정한다. 새로운 인코텀즈가 만들어진 이유는 목적지에서 양하를 위한 시설을 갖춘 인도 장소(항구, 공항, 운송 터미널, 자유 지대 등)의 상당한 확산과 다양성에 있다. 따라서 이 인코텀즈를 사용하는 경우 인도가 이루어지는 장소를 명시하는 것이 매우 중요하다.

DPU는 모든 운송 수단으로 사용될 수 있지만 물품이 매수인 국가의 항구에서 인도되는 경우에 사용하는 것이 더 적합하다. 이러한 매수인 국가의 항구에서 매도인은 통제하길 원하는 물품의 양하에 대해 더 높은 비용과 위험을 부담한다. 매도인은 선적항에서 목적항까지 화물 운송을 임대해야 하며, 목적항에서 비용은 매도인이 부담하기 때문에 운임에 물품 하역 비용이 포함되는 화물 운송 형태(하역비부담조건liner terms)를 임대해야 한다.

DPU 사용에 대한 여러 대안이 존재하며 선택은 인도 장소에 달려있다.

- 목적항에서 DPU 부두: 벌크 화물, 중량 화물, 복합 화물(기계류)의 경우 이 대안을 사용하는

것이 권장된다. 물품이 목적항의 부두에 놓이면 인도가 이루어진다. 이는 인코텀즈 2020에서 삭제되었으며 인코텀즈 2000에 포함되었던 인코텀즈 DEQ(부두인도조건)와 동일하다.
- 목적항에서 DPU 터미널: 매도인이 목적항에서 양하되는 컨테이너를 인도하고 싶어 하는 경우에 적합하다. 매도인은 목적항 터미널까지 운송에 대한 위험과 비용을 부담한다.
- 목적 국가에서 DPU 물류 지대: 변환을 거치고 유리한 세금 및 통관 수속 시스템에서 이득을 얻기 위해 자유 지대, 자유 창고, 혹은 보세 창고에서 인도되는 물품에 적합하다.
- 목적 국가에서 DPU 운송 허브: 도로에서 혼재 화물로 운반되고 목적 국가의 운송 허브에서 인도되며 이후 매수인의 부담으로 매수인 사업장에 운반되는 물품에 적합하다.
- 목적 국가에서 DPU 항공 화물 센터: 항공기에서 혼재 화물로 운송되고 항공 화물 취급에 전문화된 물류 플랫폼에서 인도되는 물품에 적합하다.
- 목적 국가에서 DPU 철도 터미널: 철도 터미널 도크에서 양하된 상태로 공급되는 일반 화물 혹은 만재 화물의 경우.

물품이 목적지에서 인도되는 다른 두 개의 인코텀즈, 즉 DAP, DDP와 DPU의 주요 차이점은 다음과 같다.
- DPU에서 물품은 양하된 상태로 인도되지만, DAP에서는 양하 준비가 된 상태로 인도된다.
- DPU에서 수입 통관은 매수인이 수행하지만, DDP에서는 매도인이 수행한다.

다음 유형의 수출에서는 DPU 사용이 권장된다.
- 매수인이 목적항의 부두에 물품을 놓기 원하는 중량 화물, 벌크 화물 및 복합 화물(기계류)의 운영

- 목적항에서 양하된 상태로 인도되는 만재 컨테이너의 매매
- 물품이 매수인 국가의 터미널과 물류 플랫폼에 인도된 후 매수인의 부담에 따라 매수인의 사업장으로 운반되는 혼재 화물 운영
- 유리한 세금과 통관 수속 체계로부터 이득을 얻기 위해 항구 물류 지대(자유 지대, 자유 창고, 혹은 보세 창고)에서 인도되는 물품
- 위험한 상태에 있거나 복잡한 통관 수속이 존재하는 국가로의 수출. 이 경우 목적 국가의 세관 근처에 물류 센터를 가진 이웃 국가에 물품을 인도하는 것이 바람직하며, 이에 따라 매수인은 해당 장소에서 물품을 수거하고 국가에서 수입 절차를 수행할 수 있다. 이는 인코텀즈 2010 버전에서 삭제된 이전의 인코텀즈 DAF(국경인도조건)의 사용과 유사하다.

2.11   DDP(관세 지급 인도)

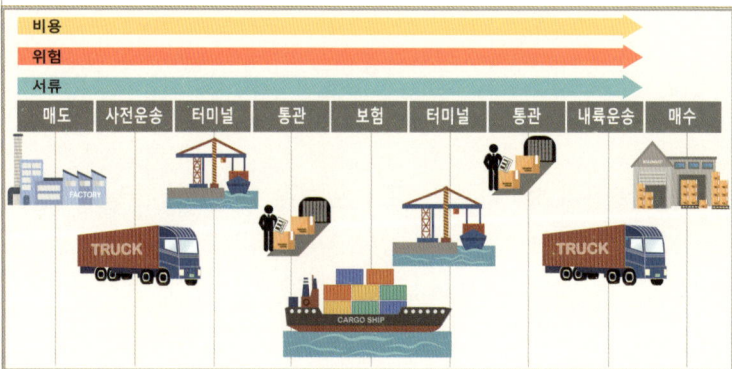

DDP 사용 방법

인코텀즈 DDP에서 매도인은 양하 없이 목적 국가에서 매수인의 사업장 혹은 인근 장소에 물품을 인도한다. 운송 위험은 물품이 인도되는 동일한 장소에서 매도인으로부터 매수인에게 이전된다. DDP는 인코텀즈 EXW와 정반대다. 매수인 국가의 합의된 장소에

서 물품을 인도하기 위해 수입 절차를 포함한 모든 운영 비용과 위험을 매도인이 부담하기 때문에 매도인의 의무가 가장 크다. 매도인이 부담하지 않는 유일한 비용은 인도 장소에서 물품의 양하다. 세금 특히 VAT는 당사자들이 매매 계약 시 매수인이 지불한다고 합의하지 않는 한 매도인이 지불한다. 이 경우 'DDP VAT 미지급'으로 알려진 DDP의 변형이 사용돼야 한다.

인코텀즈 DDP와 DAP의 유일한 차이점은 DDP에서 수입 통관의 모든 비용과 세금을 매도인이 지불하는 반면, DPA에서는 매수인이 지불한다는 것이다. 매도인이 스스로 혹은 대리인을 통해 수입 통관을 수행할 자격을 가지고 있지 않은 경우 인코텀즈 DDP는 사용되서는 안 된다. 원산지 국가와 목적 국가 사이에 통관 수속이 존재하지 않고(ex. 유럽연합) 물품이 매도인의 사업장에서 인도되는 경우, 인코텀즈 DAP는 수입 통관을 필요로 하지 않기 때문에 DDP 대신 사용돼야 한다.

DDP의 주요 특징

- 운송 방식

DDP는 모든 운송 방식(육상, 해상, 항공)으로 사용될 수 있으며, 특히 복합 운송(컨테이너)에도 사용될 수 있다.

- 물품의 인도 장소와 수령

매도인은 보통 매수인의 사업장(공장이나 창고)이나 인근 장소에 해당되는 합의된 목적 장소에 물품을 인도해야 한다. 당사자들이 인도 장소에 대해 합의하지 않았다면 매도인은 적합한 장소를 선택할 수 있다. 인도는 합의된 날짜 혹은 시한에 이루어져야 한다. 매수인은 매도인이 적기에 적법한 절차에 따라 통보한 경우, 목적 장소에서 매도인이 고용한 운송인으로부터 물품을 수거할 의무가 있다.

- 물품의 적재 / 양하

매도인은 목적 장소까지 운송을 위해 임대한 운송 수단에서 양하 준비가 된 물품을 인도한다. 목적 장소에서 양하의 모든 비용과 위험은 매수인이 부담한다. 운송 계약에서 양하 비용을 매도인이 부담하기로 했다면 매도인은 양 당사자들이 합의하지 않는 한 양하 비용의 환불을 청구할 수 없다.

- 인도 서류

매도인은 매수인이 목적 장소에서 물품을 수거할 수 있도록 허용하는 서류를 매수인에게 제공해야 한다. 보통 이러한 서류는 매도인이 고용한 운송인의 매수인 서명을 포함한(물품이 매수인의 사업장에서 인도되는 경우) 인도 증명서 혹은 매수인의 운송인 서명을 포함한(물품이 매수인 국가의 또 다른 장소에서 인도되는 경우) 인도 증명서다.

- 수출 / 경유 / 수입 절차 서류

매도인은 물품과 동반되는 상업 서류들(상업 송장과 포장 명세서)을 매수인에게 제공할 의무가 있다. 또한 수출 통관에 필요한 모든 서류(수출 SAD, 수출 허가서, 선적 전 검사, 그리고 필요한 기타 공식 서류)를 취득해야 한다. 이 외에 매도인은 매수인이 목적 국가에 대한 수입과 경유 통관 수속을 완료하는 데 필요한 서류를 얻을 수 있도록 매수인에게 필요한 정보와 도움을 제공해야 한다. 매수인은 이러한 정보와 서류를 취득하는 데 들어간 비용을 매도인에게 지불해야 한다. 운송 서류들(도로화물탁송장 CMR, 선하증권 B/L, 항공화물운송장 AWB, 철도화물운송장 CIM과 FIATA 선하증권 FBL)은 매도인이 취득해야 한다. 당사자들이 합의하거나 일반 관행인 경우 매도인은 전자 절차를 통해 매수인에게 서류들을 제공할 수 있다.

- 운송 계약

목적항의 터미널 혹은 목적 장소까지 운송을 준비해야 하는 당사자는 매도인이다. 이는 매도인 국가에서의 사전운송, 국제 운송, 그리고 매수인 국가에서 목적 장소까지의 내륙운송을 포함한다.

- 운송에서 위험 이전

일단 물품이 양하 준비된 상태로 목적 장소에서 인도됐다면 위험은 매수인에게서 매도인에게 이전된다. 따라서 인도 장소에서 양하 위험은 매수인이 부담한다. 위험을 이전하기 위해 운송되는 물품은 매매 계약의 대상 물품으로 식별되고 개별화될 수 있어야 한다. 또한 매도인은 임의대로 인도 장소에 물품을 두었음을 신뢰할 수 있는 방식으로 매수인에게 통보해야 한다.

- 보험 계약

어떤 당사자도 운송 보험에 가입할 의무를 갖지 않는다. 그러나 매도인은 자신이 위험을 부담하는 국제 운송에 대해 운송 보험에 가입하는 것이 권장된다. 매수인은 요청에 따라 운송 보험 가입에 필요한 모든 정보를 매도인에게 제공해야 한다.

- 수출 / 경유 / 수입 통관

수출, 경유, 수입 통관의 모든 비용과 세금은 매도인이 부담한다.

- 보안 요구조건

매도인은 자체 수단(보통 트럭)을 통해 이루어지든 매도인이 고용한 운송인에 의해 이루어지든 인도 장소에 대한 운송 안전 요구조건을 준수해야 한다. 이 외에 매도인은 수출, 경유와 수입 통관에서 모든 보안 요구조건들을 준수해야 한다.

- 매도인과 매수인 사이에 비용 분담

매수인은 매수인의 사업장에서 물품 양하 비용만을 부담한다. 그 외 다른 모든 비용은 매도인이 부담한다.
  - 물품의 포장, 점검, 표시
  - 첫 번째 운송 수단에 물품 적재
  - 매수인이 계약한 운송인 또는 자체 운송 수단을 통해 매도인 국가 내 운송 센터, 항구, 공항에 대한 내륙 운송(사전운송)
  - 수출과 경유 통관의 비용과 세금
  - 인도 장소에 대한 운송 안전 요구조건들을 준수하는 의무
  - 매도인 국가에서 터미널 비용 (창고 임대, 취급, 적재)

- 목적 국가까지 주 운송
- 운송 보험(가입하는 경우)
- 목적항에서 터미널 비용(양하, 취급, 창고 임대)
- 경유와 수입 통관 비용과 세금
- 매수인 국가에서 터미널 비용 (창고 임대, 취급, 적재)
- 매수인 국가의 인도 장소까지 내륙 운송
- 수입 통관 비용과 세금
- 매수인이 계약한 운송인 또는 자체 운송 수단을 통해 운송 센터, 항구, 공항에서 매수인 사업장까지 내륙 운송
- 매수인의 사업장에서 물품의 양하

- 결제 방법

물품이 목적지에서 인도되는 DDP와 다른 두 개의 인코텀즈(DAP와 DPU)는 신용장 같은 지류 결제는 사용하지 않아야 한다. 이 경우 요청되어야 하는 운송 서류는 보통 매수인의 운송인이 서명한 운송인의 인도 증명서로, 이는 목적지에서 물품이 수령됐음을 입증하는 역할을 한다. 이때 매도인은 신용장을 회수하기 위해 서류를 취득하는 운송인의 유효성과 속도에 의존하게 된다. 더욱이 해상 운송의 경우 신용장을 회수하기 위해 필요한 서류를 완수하는 데 몇 주 정도가 소요될 것이다. 반면 신용장이 목적지에서 물품 수령을 입증하는 서류를 요구하지 않는 경우, 매도인은 스스로 생성한 서류들(송장, 포장 명세서, 원산지 증명서, 운송 서류 등)로 신용장을 회수할 수 있지만, 물품이 목적지에 제때 도착하지 않으면 매수인은 신용장을 결제하지 않을 것이다. 그러나 매도인이 이미 신용장을 회수했다면 갈등이 발생한다. 즉, 매도인이 수출 결제 방법으로 신용장을 사용하려 한다면 인도를 입증하는 운송 서류를 매도인이 통제할 수 있으며, 물품이 원산지 국가에서 국제 운송인에게 인도된 경우 신용장을 회수할 수 있게 하는 인코텀즈 CIP 혹은 CIF를 사용하는 것이 권장된다.

- DDP 사용에 대한 실용적 조언

DDP는 EXW와 정반대의 성격을 지닌 인코텀즈로, 매도인이 목적 국가의 합의된 지점에 물품을 놓기까지 모든 비용과 세금을 지불한다. 매도인이 부담하지 않는 유일한 비용은 인도 장소에서 물품의 양하 비용이다. 매수인에게는 매도인이 물품 취급을 책임지고 국제 운송의 비용과 위험을 부담하는 인코텀즈 DDP가 가장 유리한 옵션이다. 또한 매수인은 무엇이 더 경쟁력 있는지 보기 위해 현지 제공자들의 제안과 해외 공급자들의 제안(모든 비용이 포함된)을 비교할 수 있다.

이 인코텀즈에서 인도 장소는 보통 매수인의 사업장(공장이나 창고)으로, 이에 따라 매수인은 완전한 물류 서비스(도어 투 도어door to door)를 제공하게 된다. 그러나 물품이 혼재 화물로 운송된다면 물품은 터미널 혹은 운송 센터로 인도되는 것이 일반적이다. 이 경우 매도인은 'DDP 운송인'을 이용해야 한다. DDP는 매도인이 운송과 통관, 세금 신고를 수행해야 하는데, 이 같은 절차들은 때때로 매우 복잡할 수 있어서 매도인에게는 국제 물류 관리에 대한 경험이 요구된다. 매도인은 최상의 안전과 속도 조건에 따라 절차를 진행하기 위해 현지의 지원을 필요로 할 것이다. 또한 수입 통관이 매도인에 의해 수행되기 때문에 통관 규정의 변화(ex. 관세 인상 혹은 수입 허가 요구조건 변경)는 계약 가격에 포함시키기 어려운 높은 수출 운영비용을 의미할 것이다.

재무적 관점에서 매도인이 목적 국가에서 운송 서비스(터미널에서 물품 취급, 내륙운송, 보험 등)를 임대할 때 이러한 서비스에 대한 간접세(ex. VAT)는 공제되지 않거나, 환급에 매우 높은 비용이 들어가거나, 환급이 아예 어려울 수 있다는 점이 고려되어야 한다.

이 외에 DDP에서 수입세와 VAT는 매도인이 부담하는데 이는 물품 대금 중 만회하기 어려운 상당한 부분에 해당될 수 있다. 따라서 세금을 가격에 포함하거나 VAT는 매수인이 부담하는 것으로 매수인과 합의해야 한다. 이 경우 'DDP VAT 미지급'으로 알려진 DDP의 변형이 사용돼야 한다.

DDP와 DAP의 유일한 차이점은 DDP에서는 수입 통관의 모든 비용과 세금을 매도인이 부담하는 반면 DAP에서는 매수인이 부담한다는 것이다. 두 국가 사이에 통관 수속이 존재하지 않는 경우(ex. EU) 수입 통관이 필요하지 않기 때문에 DDP가 사용되어야 한다.

다음 경우에 인코텀즈 DDP 사용이 권장된다.

- 국제 무역과 물류에 대한 광범위한 경험과 지식을 가지고 있으며 고객에게 완전한 서비스를 제공하고 싶어 하는 회사의 수출.
- 동일한 다국적 그룹에 속하는 회사들의 매매 거래. 이 경우 해외 지점들에 물품을 보내는 것과 관련된 모든 비용과 위험을 본사가 부담한다.
- 매도인이 빠르고 안전한 방식으로 수입 절차를 수행할 수 있는 통관 대행업자 혹은 운송주선인을 두고 있는 국가로의 수출
- 높은 원가를 가진 물품(ex. 보석류, 의료기기 등)의 수출. 이 경우 매도인이 전체 수출 과정에 걸쳐 물품에 대한 통제권과 소유권을 갖는 것이 바람직하며, 문제가 발생할 시 매도인은 문제 해결 조치를 취하거나 운송인 혹은 보험회사에 청구를 제기할 것이다.
- 배송회사를 통한 긴급 화물(ex. 예비부품). 이러한 서비스는 보통 도어 투 도어이며 매도인은 고객이 통관 절차를 수행하거나 돈을 쓰지 않도록 서비스를 제공한다.

인코텀즈 DDP가 제기할 수 있는 여러 문제에도 불구하고 물류의 발전과 고객들에게 완전한 서비스를 제공할 필요성에 따라 DDP의 사용이 점차 증가하고 있다.

Part 8. 샛두 무역과 선물시장

참고문헌

BAdler, E., M.A. Hoon, K.L. Mueller, J. Chandrashekar, N.J.P. Ryba, C.S. Zuker, A Novel Family of Mammalian Taste Receptors, Cell, 2000(100): p. 693.

Amrani-Hemaimi, M., Cerny, C., Fay, L.B., 1995. Mechanisms of formation of alkylpyrazines in the Maillard reaction. Journal of Agricultural and Food Chemistry 43 (11), 2818-2822.

Arya, M., Rao, L.J.M., 2007. An impression of coffee carbohydrates. Critical Reviews in Food Science and Nutrition 47 (1), 51-67. The

Baggenstoss, J., Poisson, L., Kaegi, R., Perren, R., Escher, F., 2008a. Coffee roasting and aroma formation: application of different time-temperature conditions. Journal of Agricultural and Food Chemistry 56 (14), 5836-5846.

Avenet, P., F. Hofmann, B. Lindemann, Transduction in taste receptor cells requires cAMP-dependent protein kinase, Nature, 1988(331): p. 351.

Baggenstoss, J., Poisson, L., Kaegi, R., Perren, R., Escher, F., 2008b. Roasting and aroma for- mation: effect of initial moisture content and steam treatment. Journal of Agricultural and Food Chemistry 56 (14), 5847-5851.

Baggenstoss, J., Poisson, L., Luethi, R., Perren, R., Escher, F., 2007. Influence of water quench cooling on degassing and aroma stability of roasted coffee. Journal of Agricultural and Food Chemistry 55 (16), 6685-6691.

Balzer, H.H., 2001. Chemistry I: non-volatile compounds. In: Coffee. Blackwell Science Ltd, p. 18-32.

Becker, R., Schlabs, B., Weisemann, C., 1989. In: Process for Improving the Quality of Robusta Coffee. Jacobs Suchard AG, Patent US 5019413A.

Bekedam, E.K., Schols, H.A., Van Boekel, M.A.J.S., Smit, G., 2008. Incorporation of chlorogenic acids in coffee brew melanoidins. Journal of Agricultural and Food Chemistry 56 (6), 2055-2063.

Bekedam, E.K., Van Boekel, M.A.J.S., Smit, G., Schols, H.A., 2006. Isolation and characterization of high molecular weight coffee melanoidins. In: Proceedings of the 21st International Scientific Colloquium on Coffee, Montpellier, France, ASIC, Paris, France, p. 156e160.

Belitz, H.D., Grosch, W., Schieberle, P., 2009. Food Chemistry, fourth ed. Springer-Verlag Berlin Heidelberg.

Blank, I., 2002. Gas chromatography-olfactometry in food aroma analysis. In: Marsili, R. (Ed.), Flavor, Fragrance, and Odor Analysis. CRC Press, New York, p. 297e331.

Blank, I., 2015. Understanding flavour as a major driver of product quality. In: Taylor, A.J., Mottram, D.S. (Eds.), Flavour Science, Proceedings 14th. Weurman Flavour Research Symposium, Cambridge, UK, p. 383e390.

Blank, I., Sen, A., Grosch, W., 1992. Potent odorants of the roasted powder and brew of Arabica coffee. Zeitschrift fu" r Lebensmittel-Untersuchung und Forschung 195 (3), 239e245. van Boekel, M.A.J.S., 2006. Formation of flavour compounds in the Maillard reaction. Biotechnology Advances 230e233.

Bradbury, A.G.W., 2001. Chemistry I: non-volatile compounds. In: Coffee. Blackwell Science Ltd, p. 1e17.

Bradbury, A.G.W., Halliday, D.J., 1990. Chemical structures of green coffee bean polysaccharides. Journal of Agricultural and Food Chemistry 38 (2), 389e392.

Britta Folmer, The Craft and Science of Coffee : the roast – creating the beans' signature p. 245e270

Britta Folmer, The Craft and Science of Coffee : the chemistry of roasting-decoding flavor formation p. 273e303

Caldwell, M.L., 2009. Food and Everyday Life in the Postsocialist World. Indiana University Press.

Cantergiani, E., Brevard, H., Krebs, Y., Feria-Morales, A., Amado, R., Yeretzian, C., 2001.

Caterina, M.J., M.A. Schumacher, M. Tominaga, T.A. Rosen, J.D. Levine, D. Julius, The capsaicin receptor: a heat-activated ion channel in the pain pathway, Nature, 1997(389): p. 816.

Characterisation of the aroma of green Mexican coffee and identification of mouldy/earthy

defect. European Food Research and Technology 212 (6), 648e657.

Cerny, C., Grosch, W., 1992. Evaluations of potent odorants in roasted beef by aroma extract dilution analysis. Zeitschrift fü̈r Lebensmitteluntersuchung und Forschung A 194, 323e325.

Chaudhari, N., A.M. Landin, S.D. Roper, A metabotropic glutamate receptor variant functions as a taste receptor, Nat. Neurosci., 2000(3): p. 113.

Clarke, R.J., 1987. Roasting and grinding. In: Clarke, R. (Ed.), Coffee, Volume 2: Technology. Elsevier Science Publishers LTD, London, UK, p. 73e107.

Clifford, M.N., Johnston, K.L., Knight, S., Kuhnert, N., 2003. Hierarchical scheme for LC-MSn identification of chlorogenic acids. Journal of Agricultural and Food Chemistry 51 (10), 2900e2911.

Clifford, M.N., Marks, S., Knight, S., Kuhnert, N., 2006. Characterization by LC-MSn of four new classes of p-coumaric acid-containing diacyl chlorogenic acids in green coffee beans.

Coffee Quality Institue, Robusta Green Grading Defect Hand Book

Dalla Rosa, M., Lerici, C.R., Piva, M., Fini, P., 1980. Processi di trasformazione del caffe` : aspettichimici, fisici e tecnologici. Nota 5: Evoluzione di alcuni caratteri fisici del caffe` nel corso dei trattamenti termici condotti a temperatura costante. Industrie delle Bevande 9, 466e472.

Darboven, A., 1995. In: Process for Improving the Quality of Green Coffee by Treatment with Steam and Water. Darboven GmbH & Co, Patent EP 0755631 A1. Davidek, T., Devaud, S., Robert, F., Blank, I., 2006. Sugar fragmentation in the Maillard reaction cascade: isotope labeling studies on the formation of acetic acid by a hydrolytic beta-dicarbonyl cleavage mechanism. Journal of Agricultural and Food Chemistry 54 (18), 6667e6676.

De Maria, C.A.B., Trugo, L.C., Moreira, R.F.A., Werneck, C.C., 1994. Composition of green coffee fractions and their contribution to the volatile profile formed during roasting. Food Chemistry 50 (2), 141e145.

De Maria, C.A.B., Trugo, L.C., Neto, F.R.A., Moreira, R.F.A., Alviano, C.S., 1996a. Composition of green coffee water-soluble fractions and identification of volatiles formed during roasting. Food Chemistry 55 (3), 203e207.

De Maria, C.A.B., Trugo, L.C., Neto, F.R.A., Moreira, R.F.A., Alviano, C.S., 1996b. The GC/MS identification of volatiles formed during the roasting of high molecular mass coffee aroma precursors. Journal of the Brazilian Chemical Society 7 (4), 267e270.

Dorfner, R., Ferge, T., Kettrup, A., Zimmermann, R., Yeretzian, C., 2003. Real-time monitoring of 4-vinylguaiacol, guaiacol, and phenol during coffee roasting by resonant laser ionization time of flight mass spectrometry. Journal of Agricultural and Food Chemistry 51 (19), 5768e5773.

Dorfner, R., Ferge, T., Yeretzian, C., Kettrup, A., Zimmermann, R., 2004. Laser mass spectrometry as on-line sensor for industrial process analysis: process control of coffee roasting. Analytical Chemistry 76 (5), 1386e1402.

Dirinck, P.J., H.L. de Pooter, G.A. Willaert, N.M. Schamp, Flavor quality of cultivated strawberries: the role of the sulfur compounds, J. Agric. Food Chem., 29(2), p. 316,

1981.

Dunkel, A., Steinhaus, M., Kotthoff, M., Nowak, B., Krautwurst, D., Schieberle, P.,

Erickson, R.P., The evolution of neural coding ideas in the chemical senses, Physiol Behav., 2000, 69(1–2): p. 3.

Farah, A., 2012. Coffee constituents. In: Coffee. Wiley-Blackwell, p. 21e58.

Farah, A., de Paulis, T., Trugo, L.C., Martin, P.R., 2005. Effect of roasting on the formation of chlorogenic acid lactones in coffee. Journal of Agricultural and Food Chemistry 53 (5), 1505e1513.

Fischer, C., 2005. Kaffee - Ä̈nderung physikalisch-chemischer Parameter beim Rö̈sten, Quenchen und Mahlen. Unpublished Dissertation, TU Braunschweig, Germany.

Fischer, M., Reimann, S., Trovato, V., Redgwell, R.J.,

2001. Polysaccharides of green Arabica and Robusta coffee beans. Carbohydrate Research 330 (1), 93e101.

Fischer, M., Wohlfahrt, S., Varga, J., Saraji-Bozorgzad, M., Matuschek, G., Denner, T., Zimmermann, R., 2014. Evolved gas analysis by single photon ionization-mass spectrometry. Journal of Thermal Analysis and Calorimetry 116 (3), 1461e1469.

Frank, O., Blumberg, S., Kunert, C., Zehentbauer, G., Hofmann, T., 2007. Structure determination and sensory analysis of bitter-tasting 4-vinylcatechol oligomers and their identification in roasted coffee by means of LC-MS/MS. Journal of Agricultural and Food Chemistry 55 (5), 1945e1954.

Frank, O., Ottinger, H., Hofmann, T., 2001. Characterization of an intense bitter-tasting 1H,4H-quinolizinium-7-olate by application of the taste dilution analysis, a novel bioassay for the screening and identification of taste-active compounds in foods. Journal of Agricultural and Food Chemistry 49 (1), 231e238.

Frank, S., Wollmann, N., Schieberle, P., Hofmann, T., 2011. Reconstitution of the flavor signature of Dornfelder red wine on the basis of the natural concentrations of its key aroma and taste compounds. Journal of Agricultural and Food Chemistry 59, 8866e8874.

Frank, O., Zehentbauer, G., Hofmann, T., 2006. Screening and identification of bitter compounds in roasted coffee brew by taste dilution analysis. In: Wender, L.P.B., Mikael Agerlin, P. (Eds.), Developments in Food Science, 43. Elsevier, p. 165e168. Ginz, M., Balzer, H.H., Bradbury, W.A.G., Maier, G.H., 2000. Formation of aliphatic acids by carbohydrate degradation during roasting of coffee. European Food Research and Technology 211 (6), 404e410. Glöss, A.N., Schoenbaechler, B., Klopprogge, B., D'Ambrosio, L., Chatelain, K., Bongartz, A., Strittmatter, A., Rast, M., Yeretzian, C., 2013. Comparison of nine common coffee extraction methods: instrumental and sensory analysis. European Food Research and Technology 236 (4), 607e627.

Gilbertson, T.A., S. Damak, R.F. Margolskee, The molecular physiology of taste transduction, Curr. Opinion Neurobiol., 2000(10): p. 519.

Gilbertson, T.A., P. Avenet, S.C. Kinnamon, S.D. Roper, Proton currents through amiloride-sensitive Na channels in hamster taste cells: role in acid transduction, J. Gen. Physiol., 1992(100): p. 803.

Global Netotiator, Business Publication, INCOTERMS 2020, Obligation, Costs&Risk

Glöss, A.N., Vietri, A., Wieland, F., Smrke, S., Schönbächler, B., López, J.A.S., Petrozzi, S., Bongers, S., Koziorowski, T., Yeretzian, C., 2014. Evidence of different flavour formation dynamics by roasting coffee from different origins: on-line analysis with PTR-ToF-MS. International Journal of Mass Spectrometry 324e337, 365e366.

Gretsch, C., Sarrazin, C., Liardon, R., 1999. Evolution of coffee aroma characteristics during roasting. In: Proceedings of the 18th International Scientific Colloquium on Coffee, Helsinki, Finland, ASIC, Paris, France, p. 27e34.

Grosch, W., 1998. Flavour of coffee. A review. Nahrung-Food 42 (6), 344e350.

Grosch, W., 1999. Key odorants of roasted coffee: Evaluation, release, formation. In: Proceedings of the 19th International Scientific Colloquium on Coffee, Helsinki, Finland, ASIC, Paris, France, p. 17e26.

Grosch, W., 2001a. Chemistry III: volatile compounds. In: Clarke, R.J., Vitzthum, O.G. (Eds.), Coffee e Recent Developments. Blackwell Science Ltd, London, UK, p. 67e89.

Grosch, W., 2001b. Evaluation of the key odorants of foods by dilution experiments, aroma models and omission. Chemical Senses 26 (5), 533e545.

Grub, H., R. Pelzer, R. Hopp, R. Emberger, H.-J. Bertram, Compositions which have a physiological cooling effect, and active compounds suitable for these compositions, U.S. Patent 5266592, 1993, Haarmann & Reimer GmbH.

Hänig, D.P., ZurPsychophysik des Geschmackssinnes, Phil. Stud., 1901(17): p. 576.

Hashim, L., Chaveron, H., 1995. Use of methylpyrazine ratios to monitor the coffee roasting. Food Research International 28 (6), 619e623.

Heck, G.L., S. Mierson, J.A. Desimone, Salt taste transduction occurs through an amiloride-sensitive sodium transport pathway, Science, 1984, 223(403).

Hertz-Schünemann, R., Dorfner, R., Yeretzian, C., Streibel, T., Zimmermann, R., 2013. On-line process monitoring of coffee roasting by resonant laser ionisation time-of-flight mass spectrometry: bridging the gap from industrial batch roasting to flavour formation inside an individual coffee bean. Journal of Mass Spectrometry 48 (12), 1253e1265.

Ho, C.T., Hwang, H.I., Yu, T.H., Zhang, J., 1993. An overview of the Maillard reactions related to aroma generation in coffee. In: Proceedings of the 15th International Scientific Colloquium on Coffee, Montpellier, France, ASIC, Paris, France, p. 519e527.

Hofmann, T., Bock, J., Heinert, L., Kohl, C.D., Schieberle, P., 2002. Development of selective chemosensors for the on-line monitoring of coffee roasting by SOMMSA and COTA technology. Heteroatomic Aroma Compounds 826, 336e352.

Hofmann, T., Schieberle, P., 1997. Identification of potent aroma compounds in thermally treated mixtures of glucose/cysteine and rhamnose/cysteine using aroma extract dilution techniques. Journal of Agricultural and Food Chemistry 45 (3), 898e906.

Hofmann, T., Schieberle, P., 1998. Identification of key aroma compounds generated from cysteine and carbohydrates under roasting conditions. Zeitschrift fü r Lebensmitteluntersuchung und-Forschung A 207 (3), 229e236.

Hofmann, T., 2014. Nature's chemical signatures in human olfaction: a foodborne perspective for future biotechnology. Angewandte Chemie International Edition in English 53 (28), 7124e7143.

Holscher, W., Steinhart, H., 1992a. Formation pathways for primary roasted coffee odorants. Abstracts of Papers of the American Chemical Society 204, 114eAGFD.Holscher, W., Steinhart, H., 1992b. Investigation of roasted coffee freshness with an improved headspace technique. Zeitschrift fü r

Hollowood, T.A., J.M. Davidson, L. DeGroot, R.S.T. Linforth, A.J. Taylor, Taste

release and its effect on overall flavor perception, in Chemistry of Taste: Mechanisms, Behavior, and Mimics, P.G.D. Paredes, Ed., Amer. Chem. Soc., Washington, D.C., 2002, p. 166.

Lebensmitteluntersuchung und -Forschung 195 (1), 33e38.

Leffingwell, J.C., Cool without Menthol & Cooler than Menthol. Leffingwell &

Associates, http://www. leffingwell.com/ cooler_than_menthol.htm, 2001. Accessed March 18, 2004.

Holscher, W., Steinhart, H., 1994. Formation pathways for primary roasted coffee aroma compounds. In: Thermally Generated Flavors, p. 206e217.

Holscher, W., Vitzthum, O.G., Steinhart, H., 1992.

Prenyl alcohol source for odorants in roasted coffee. Journal of Agricultural and Food Chemistry 40 (4), 655e658.

Hoon, M.A., E. Adler, J. Lindemeier, J.F. Battey, N.J. Ryba, C.S. Zuker, Putative

mammalian taste receptors: a class of taste-specific GPCRs with distinct topographic selectivity, Cell, 1999(96): p. 541.

Huschke, R., 2007. Industrial Coffee Refinement. Moderne Industrie, Freising, Germany.

Illy, A., Viani, R., 1995. Espresso Coffee: The Chemistry of Quality. Academic Press Limited, London.

Jaiswal, R., Matei, M.F., Golon, A., Witt, M., Kuhnert, N., 2012. Understanding the fate of chlorogenic acids in coffee roasting using mass spectrometry based targeted and non-targeted analytical strategies. Food & Function 3 (9), 976e984.

Jinks, A., D.G. Laing, A limit in the processing of components in odour mixtures, Perception, 1999(28): p. 395.

Joseph A. Rivera, Alchemy in the Roasting Lab, The Book of Roast 2017, 191e197

Joseph A. Rivera, The Science Behind Coffee Aroma, The Book of Roast 2017, 199e207

Journal of Agricultural and Food Chemistry 54 (12), 4095e4101.d'Acampora Zellner, B., Dugo, P., Dugo, G., Mondello, L., 2008. Gas chromatography-olfactometry in food flavour analysis. Journal of Chromatography A 1186 (1e2), 123e143.

Kawai, K., K. Sugimoto, K. Nakashima, H. Miura,Y. Ninomiya, Leptin as a modulator of sweet taste sensitivities in mice, Proc. Natl. Acad. Sci., 2000(97): p. 11044.

Kinnamon, S.C., V.E. Dionne, K.G. Beam, Apical localization of K channels in taste cells provides the basis for sour taste transduction, Proc. Natl. Acad. Sci.(USA), 1988(85): p. 7023.

Keast, R.S.J., P.H. Dalton, P.A.S. Breslin, Flavor interactions at the sensory level, in Flavor Perception, A.J. Taylor, D. Roberts, Eds., Blackwell Publ., Ames, 2004, p. 228.

Kenmochi, H., T. Akiyama, Y. Yuasa, T. Kobayashi, A. Tachikawa, Method for

producing para-menthane-3,8-diol, U.S. Patent 5959161, 1999. Takasago International Corporation.

Kenneth Davids, Saying Coffee The Naming Revolution, The Book Of Roast 2017 33e39

Kerler, J., Poisson, L., 2011. Understanding coffee

aroma for product development. New Food Magazine 14 (6), 39e43.

Ky, C.L., Louarn, J., Dussert, S., Guyot, B., Hamon, S., Noirot, M., 2001. Caffeine, trigonelline, chlorogenic acids and sucrose diversity in wild Coffea arabica L. and C. canephora P. accessions. Food Chemistry 75 (2), 223e230.

Leahy, M.M., G.A. Reineccius, Comparison of methods for the isolation of volatile

compounds from aqueous model systems, in Analysis Volatiles: Methods, Applica-

tions, Procedures, P. Schreier, Ed., de Gruyter, New York, 1984, p. 19.

Ledl, F., Schleicher, E., 1990. The Maillard reaction in food and in the human body e new results in chemistry, biochemistry and medicine.

Angewandte Chemie 102 (6), 597e626.

Leffingwell J.D., Olfaction — A Review, http://www.leffingwell.com/olfaction.htm.

2004. Accessed April 25, 2005. 52. Pernollet, J.-C. L. Briand, Structural recognition between odorants, olfactory-binding proteins and olfactory receptors — first events in odour coding, in Flavor Perception, A.J. Taylor, D.D. Roberts, Eds., Blackwell Publ., Ames, 2004, p. 86.

Liepman, A.H., Nairn, C.J., Willats, W.G., Sorensen, I., Roberts, A.W., Keegstra, K., 2007. Functional genomic analysis supports conservation of function among cellulose synthase-like a gene family members and suggests diverse roles of mannans in plants. Plant Physiology 143 (4), 1881e1893.

Limacher, A., Kerler, J., Davidek, T., Schmalzried, F., Blank, I., 2008. Formation of furan and methylfuran by Maillard-type reactions in model systems and food. Journal of Agricultural and Food Chemistry 56 (10), 3639e3647.

Lin, W., T.E. Finger, B.C. Rossier, S.C. Kinnamon, Epithelial Na+ channel subunits in rat taste cells: localization and regulation by aldosterone, J. Comp. Neurol., 1999, 405/406.

Lin, W., S.C. Kinnamon, Physiological evidence for ionotropic and metabotropic

glutamate receptors in rat taste cells, J. Neurophysiol., 1999(82): p. 2061.

Linden, R.W.A., Taste, in Clinical Oral Science, Harris M, M. Edgar, M.S. Wright,

Eds., Oxford Publ., Oxford, 1998, p. 167.

Lindermann, B., Receptors and transduction in taste, Nature, 2001(413): p. 219.

Maarse, H., C.A. Visscher, L.C. Willemsens, L.M. Nijssen, M.H. Boelens, Volatile

Compounds in Food: Qualitative and Quantitative Data, TNO Nutrition and Food

Research, Zeist, The Netherlands, 1994.

Maier, H.G., 1993. Status of research in the field of non-volatile coffee components. In: Proceedings of the 15th International Scientific Colloquium on Coffee, Montpellier, France, ASIC, Paris, France, p. 567e576.

Malnic, B., J. Hirono, T. Sato, L.B. Buck, Combinatorial receptor codes for odours, Cell, 1999(96): p. 713.

Mann, N.M., Management of smell and taste problems, Cleveland Clinic J. Med.,

2002(69): p. 329.

Marsili, R., Ed., Flavor, Fragrance, and Odor Analysis, Marcel Dekker, New York,

2002, p. 425.

Matsunami, H., J.P. Montmayeur, L. Buck, A family of candidate taste receptors in human and mouse, Nature, 2000(404): p. 601.

McGarrick, J., Taste & Smell, http://www.umds.ac.uk/physiology/jim. Accessed

April 25, 2005.

Mestdagh, F., Thomas, E., Poisson, P., Kerler, J., Blank, I., 2013. Learning from other industries insights from coffee on advanced sensory-analytical correlations. In: Proceedings of the 15th Australian Wine Industry Technical Conference, Sydney, p. 102e106.

M.H. Boelens, Volatile Compounds in Food-Database (from Volatile Compounds in Food, Qualitative and Quantitative Data, 7th ed., (1996), Supplement 1 (1997) and

Supplement 2 (1999), TNO Nutrition and Food Research Institute, Zeist, The Netherlands, 2000.

Milo, C., Badoud, R., Fumeaux, R., Bobillot, S., Fleury, Y., Huynh-Ba, T., 2001. Coffee flavour precursors: contribution of water non-extractable green bean components to roasted coffee flavour. In: Proceedings of the 19th International Scientific Colloquium on Coffee, Trieste, Italy, ASIC, Paris, France, p. 87e96.

Moreira, A.S., Nunes, F.M., Domingues, M.R., Coimbra, M.A., 2012. Coffee melanoidins: structures, mechanisms of formation and potential health impacts. Food & Function 3 (9), 903e915.

Müller, C., Hofmann, T., 2005. Screening of raw coffee for thiol binding site precursors using "in bean" model roasting experiments. Journal of Agricultural and Food Chemistry 53 (7), 2623e2629.

Müller, C., Lang, R., Hofmann, T., 2006. Quantitative

precursor studies on di- and trihydroxybenzene formation during coffee roasting using "in bean" model experiments and stable isotope dilution analysis. Journal of Agricultural and Food Chemistry 54 (26), 10086e10091.

Nehring, U.P., Maier, H.G., 1992. Indirect determination of the degree of roast in coffee. Zeitschrift fü r Lebensmittel-Untersuchung und Forschung 195 (1), 39e42.

Nagaraju, V.D., Murthy, C.T., Ramalakshmi, K., Rao, P.N.S., 1997. Studies on roasting of coffee beans in a spouted bed. Journal of Food Engineering 31 (2), 263e270. 306 The Craft and Science of Coffee The Chemistry of RoastingdDecoding Flavor Formation Chapter 12 P307

Nelson, G., M.A. Hoon, J. Chandrashekar, Y. Zhang, N.J.P. Ryba, C.S. Zuker, Mammalian sweet taste receptors, Cell, 2001(106): p. 381.

Naim, M., R. Seifert, B. Nürnberg, L. Grünbaum, G. Schultz, Some taste substances are direct activators of G-proteins, Biochem. J., 1994(927): p. 451.

Nijssen, L.M., 1996. Volatile Compounds in Food: Qualitative and Quantitative Data. TNO Nutrition and Food Research Institute.

Ninomiya, Y., N. Shigemura, R. Ohta, K. Yasumatsu, K. Sugimoto, K. Nakashima, B. Lindemann, Leptin and sweet taste, Vitam. Horm., 2002(64): p. 221.

Nunes, F.M., Coimbra, M.A., 2001. Chemical characterization of the high molecular weight material extracted with hot water from green and roasted arabica coffee. Journal of Agricultural and Food Chemistry 49 (4), 1773e1782.

Nunes, F.M., Cruz, A.C., Coimbra, M.A., 2012. Insight into the mechanism of coffee melanoidin formation using modified "in bean" models. Journal of Agricultural and Food Chemistry 60 (35), 8710e8719.

Oosterveld, A., Harmsen, J.S., Voragen, A.G.J., Schols, H.A., 2003. Extraction and character-
ization of polysaccharides from green and roasted Coffea arabica beans. Carbohydrate Polymers 52 (3), 285e296.

Ottinger, H., Bareth, A., Hofmann, T., 2001. Characterization of natural "cooling" compounds formed from glucose and l-proline in dark malt by application of taste dilution analysis. Journal of Agricultural and Food Chemistry 49 (3), 1336e1344.

Ottinger, H., T. Soldo, T. Hoffmann, Systematic studies on structure and physiological activity of cyclic alpha-keto enamines, a novel class of cooling compounds, J. Agric. Food Chem., 2001(49): p. 5383.

Peier, A.M., A. Moqrich, A.C. Hergarden, A.J. Reeve, D.A. Andersson, G.M. Story, T.J. Earley, I. Dragoni, P. Mcintyre, S. Bevan, A. Patapoutian, A TRP channel that senses cold stimuli and menthol, Cell, 2002, 108(5): p. 705.

Poisson, L., Schmalzried, F., Davidek, T., Blank, I., Kerler, J., 2009. Study on the role of precursors in coffee flavor formation using in-bean experiments. Journal of Agricultural and Food Chemistry 57 (21), 9923e9931.

Rawson, N.E., X. Li, The cellular basis of flavour perception: taste and aroma, in Flavor Perception, A.J. Taylor, D.D. Roberts, Eds., Blackwell Publ., Ames, 2004,

p. 57.

Redgwell, R.J., Curti, D., Fischer, M., Nicolas, P., Fay, L.B., 2002. Coffee bean arabinogalactans: acidic polymers covalently linked to protein. Carbohydrate Research 337 (3), 239e253.

Romani, S., Cevoli, C., Fabbri, A., Alessandrini, L., Dalla Rosa, M., 2012. Evaluation of coffee roasting degree by using electronic nose and artificial neural network for off-line quality control. Journal of Food Science 77 (9), C960eC965.

Sanches-Silva, A., Rodrı́guez-Bernaldo de Quiro's, A., Lo'pez-Herna'ndez, J., Paseiro-Losada, P., 2004. Determination of hexanal as indicator of the lipidic oxidation state in potato crisps using gas chromatography and high-performance liquid chromatography. Journal of Chromatography A 1046 (1e2), 75e81.

Sarrazin, C., Le Quere, J.L., Gretsch, C., Liardon, R., 2000.

Reid, G., M.L. Flonta, Cold current in thermoreceptive neurons, Nature, 2001(413): p. 480.Representativeness of coffee aroma extracts: a comparison of different extraction methods. Food Chemistry 70 (1), 99e106.

Roujou De Boubee, D., C.V. Leeuwen, D. Dubourdieu, Organoleptic impact of

2-methoxy-3-isobutylpyrazine on red Bordeaux and Loire wines: effect of environmental conditions on concentrations in grapes during ripening, J. Agric. Food Chem., 2000(48): p. 4830.

Schenker, S., 2000. Investigations on the Hot Air Roasting of Coffee Beans. Unpublished Dissertation No. 13620, Eidgenoessische Technische Hochschule Zuerich (ETH), Switzerland.

SCA Coffee Value Assessment Protocol, 2023

Schaefer, M.L., K. Yamazaki, K. Osada, D. Restrepo, G.K. Beauchamp, Olfactory fingerprints for major histocompatibility complex-determined body odors II : relationship among odor maps, genetics, odor composition, and behavior, J. Neurosci., 2002(22): p. 9513.

Schaefer, M.L., D.A. Young, D. Restrepo, Olfactory fingerprints for major histocompatibility complex-determined body odors, J. Neurosci., 2001(21): p. 2481.

Schenker, S., Handschin, S., Frey, B., Perren, R., Escher, F., 2000. Pore structure of coffee beans affected by roasting conditions. Journal of Food Science 65 (3), 452e457.

Schenker, S., Heinemann, C., Huber, M., Pompizzi, R., Perren, R., Escher, F., 2002. Impact of roasting conditions on the formation of aroma compounds in coffee beans. Journal of Food Science 67 (1), 60e66.

Schnermann, P., Schieberle, P., 1997. Evaluation of key odorants in milk chocolate and cocoa mass by aroma extract dilution analyses. Journal of Agricultural and Food Chemistry 45, 867e872.

Schramm, E., Kürten, A., Hölzer, J., Mitschke, S., Mühlberger, F., Sklorz, M., Wieser, J., Ulrich, A., Pütz, M., Schulte-Ladbeck, R., Schultze, R., Curtius, J., Borrmann, S., Zimmermann, R., 2009. Trace detection of organic compounds in complex sample matrixes by single photon ionization ion trap mass spectrometry: real-time detection of security-relevant compounds and online analysis of the coffee-roasting process. Analytical Chemistry 81 (11), 4456e4467.

Seifert, R.M.B., R.G. Guadagni, D.G. Black, G. Harris, Synthesis of some 2-methoxy-3-alkylpyrazines with strong bell pepper-like aromas, J. Agric. Food Chem., 18,

p. 246, 1970.

Semmelroch, P., Grosch, W., 1996. Studies on character impact odorants of coffee brews. Journal of Agricultural and Food Chemistry 44 (2), 537e543.

Smith, D.V., C.A. Ossebaard, Amiloride suppression of the taste intensity of sodium chloride: evidence from direct magnitude scaling, Physiol Behav., 1995(57): p. 773.

Somoza, V., 2005. Five years of research on health risks and benefits of Maillard reaction products: an update. Molecular Nutrition & Food Research 49 (7), 663e672.Spadone, J.C., Liardon, R., 1989. Analytical study of the evolution of coffee aroma compounds during storage. In: Proceedings of the 13th International Scientific Colloquium on Coffee, Paipa, Colombia, ASIC, Paris, France, p. 145e157.

Smith, D.V., R.F. Margolskee, Making sense of taste, Sci. Amer., 2001(284): p.32.

Smith, D.V., S.J. St. John, Neural coding of gustatory information, Curr. Opinion Neurobiol. (1999), 9(4), p. 427.

Spadone, J.C., Takeoka, G., Liardon, R., 1990. Analytical investigation of Rio off-flavor in green coffee. Journal of Agricultural and Food Chemistry 38 (1), 226e233.

Spielman, A.L., T. Huque, H. Nagai, G. Whitney, J.G. Brand, Generation of inositol phosphates in bitter taste transduction, Physiol Behav., 1994(56): p. 1149.

Spielman, A.I., H. Nagai, G. Sunavala, M. Dasso, H. Breer, I. Boekhoff, T. Huque, G. Whitney, J.G. Brand, Rapid kinetics of second messenger production in bitter taste, Amer. J. Cell Physiol., 1996(270): p. 926.

Steinhart, H., Luger, A., 1995. Amino acid pattern of steam treated coffee. In: Colloq. Sci. Int. Cafe, [C. R.], 16th. Seizieme Colloque Scientifique International sur le Cafe, vol. 1, p. 278e285.

Summa, C.A., De la Calle, B., Brohee, M., Stadler, R.H., Anklam, E., 2007. Impact of the roasting degree of coffee on the in vitro radical scavenging capacity and content of acrylamide. LWT e Food Science and Technology 40 (10), 1849e1854.

Sunarharum, W.B., Williams, D.J., Smyth, H.E., 2014. Complexity of coffee flavor: a compositional and sensory perspective. Food Research International 62, 315e325.

Tamanna, N., Mahmood, N., 2015. Food processing and Maillard reaction products: effect on human health and nutrition. International Journal of Food Science 2015, 1e6.

Taylor, A., Measuring proximal stimuli in flavour perception, in Flavor Perception,A.J. Taylor, D.D. Roberts, Eds., Blackwell Publ., Ames, 2004, p. 1.

Taylor, A.J., D.D. Roberts, Eds. Flavor Perception. Blackwell Publ., Ames, 2004,

p. 283.

Terry Davis, The Heat is On, A Roaster's Guide to Heat Transfer, The Book Of Roast 2017 173e177

Theurillat, V., Leloup, V., Liardon, R., Heijmans, R., Bussmann, P., 2006. Impact of roasting conditions on acrylamide formation in coffee. In: Proceedings of the 21st International Scientific Colloquium on Coffee,

Montpellier, France, ASIC, Paris, France, p. 590e595.

TNO, Volatile Compounds in Foods, AJ Zeist, The Netherlands, Nutrition and Food Research, Utrechtseweg, 1995.

Tressl, R., Helak, B., Kersten, E., Nittka, C., 1993. Formation of Flavor Compounds by Maillard Reaction. In: Hopp, R., Mori, K. (Eds.), Recent Developments in Flavor and Fragrance Chemistry; Proceedings of the 3rd Haarmann & Reimann Symposium, Kyoto 1992. Verlag Chemie, Weinheim, New York Basel Cambridge, p. 167e181.

Tressl, R., Kossa, T., Renner, R., Koppler, H., 1976. Gas chromatographic-mass spectrometric investigations on the formation of phenolic and aromatic hydrocarbons in food (author's transl). Zeitschrift für Lebensmittel-Untersuchung und -Forschung 162 (2), 123e130.

Trugo, L.C., 1985. Carbohydrates. In: Clarke, R.J. (Ed.), Coffee, Chemistry, vol. 1. Springer, Netherlands, p. 83e114.

Variyar, P.S., Ahmad, R., Bhat, R., Niyas, Z., Sharma, A., 2003. Flavoring components of raw monsooned arabica coffee and their changes during radiation processing. Journal of Agricultural and Food Chemistry 51 (27), 7945e7950.

Viani, R., Horman, I., 1974. Thermal behavior of trigonelline. Journal of Food Science 39 (6), 1216e1217.

Viani, R., Petracco, M., 2007. Coffee. In: Ullmann's Encyclopedia of Industrial Chemistry. WileyVCH Verlag GmbH & Co. (KGaA), p. 1e32.

Wei, F., Furihata, K., Koda, M., Hu, F., Miyakawa, T., Tanokura, M., 2012. Roasting process of coffee beans as studied by nuclear magnetic resonance: time course of changes in composition. Journal of Agricultural and Food Chemistry 60 (4), 1005e1012.

Wieland, F., Glöss, A.N., Keller, M., Wetzel, A., Schenker, S., Yeretzian, C., 2012. Online monitoring of coffee roasting by proton transfer reaction time-of-flight mass spectrometry (PTR-ToF-MS): towards a real-time process control for a consistent roast profile. Analytical and Bioanalytical Chemistry 402 (8), 2531e2543.

Wei, E.T., D.A. Seid, AG-3-5: a chemical producing sensations of cold, J. Pharm. Pharmacol., 1983(35): p. 110.

Willem Boot, Reflections on Roasting Fundamentals, The Book of Roast 2017, 226e230

Willem Boot, The Naked Bean Roasting to Perfeciton, The Book of Roast 2017, 242e246

Willem Boot, Roast Right the First Time, The Book of Roast 2017, 253e256

Wong, K.H., Abdul Aziz, S., Mohamed, S., 2008. Sensory aroma from Maillard reaction of individual and combinations of amino acids with glucose in acidic conditions. Journal of Food Science and Technology 43 (9), 1512e1519.

Yaylayan, V.A., Keyhani, A., 1999. Origin of 2,3-pentanedione and 2,3-butanedione in D-glucose/L-alanine maillard model systems. Journal of Agricultural and Food Chemistry 47 (8), 3280e3284.

로스팅 바이블

세상의 모든 로스터를 위한 로스팅 지식 총집합체

2023년 11월 8일 초판 1쇄 발행
2024년 10월 28일 초판 2쇄 발행

지은이 김길진
펴낸이 홍성대
책임편집 홍유정
디자인 오늘의풍경
사진 월간《Coffee》, 김길진
일러스트 Bella Lee

펴낸곳 아이비라인
출판등록 2001년 12월 27일 제311-2003-00049호
주소 (04321) 서울시 용산구 한강대로 295 남영빌딩 506호
전화 (02) 388-5061 **팩스** (02) 388-9880
홈페이지 www.the-cup.co.kr

ISBN 978-89-93461-63-3 13590

· 이 책은 저작권법에 따라 보호받는 저작물이므로 무단 전재와 무단 복제를 금합니다.